小学5年生
漢字にぐーんと強くなる
目次

JN048020

KUMON

この本のしくみと使い方

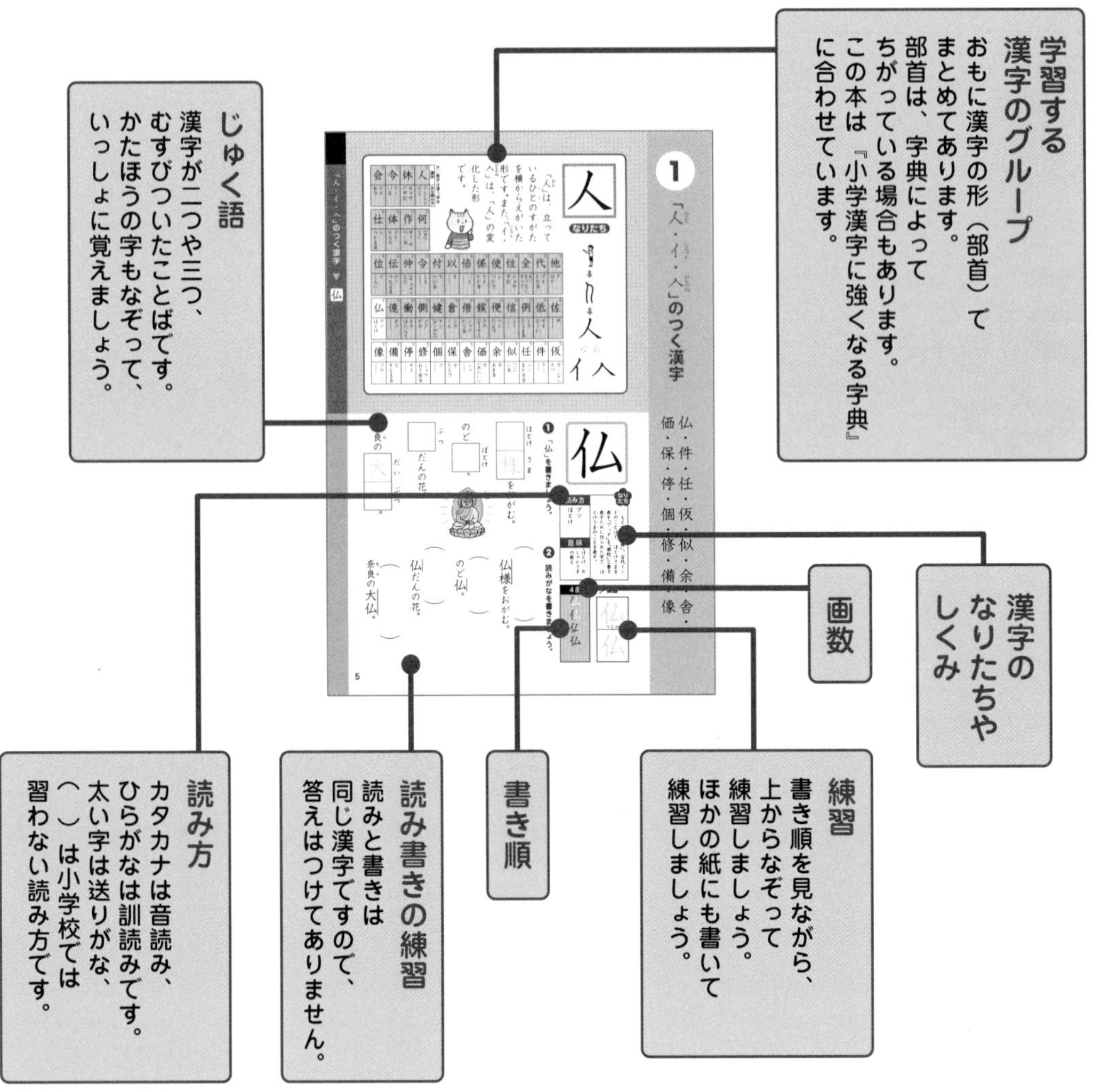

音訓さくいん

五年生の漢字 193字

五年生で習う漢字のすべての読み方を、五十音（あいうえお…）順にならべています。

ギ 技 17
ギ 義 159
きく 効 116
きずく 築 157
ギャク 逆 77
キュウ 久 162
キュウ 旧 104
キュウ 救 101
キョ 居 122
キョ 許 45
キョウ 経 37
キョウ 境 66
キョウ 興 166
きわ 際 86
キン 均 62
キン 禁 113

く

ク 久 162
ク 句 90
くらべる 比 139

け

ケ 仮 7
ゲ 解 146
ケイ 型 67
ケイ 経 37
ケイ 境 66
ケツ 潔 28
けわしい 険 86
ケン 件 6
ケン 険 86
ケン 検 34
ゲン 限 86
ゲン 現 141
ゲン 眼 143
ゲン 減 25

こ

コ 故 100
コ 個 13
こ 粉 150
ゴ 護 49
コウ 効 116
コウ 厚 160
コウ 格 35
コウ 耕 143
コウ 航 149
コウ 鉱 128
コウ 構 35
コウ 興 166
コウ 講 48
こえ 肥 124
こえる 肥 124
コク 告 92
こころざし 志 69
こころざす 志 69
こころよい 快 70
こたえる 応 70
ことわる 断 140
こな 粉 150
こむ 混 25
こやし 肥 124
こやす 肥 124
ころす 殺 150
コン 混 25

さ

サ 再 165
サ 査 34
サイ 再 165
サイ 災 136
サイ 妻 106
サイ 財 51
サイ 殺 150
サイ 採 18
サイ 際 86
ザイ 在 61
ザイ 財 51
ザイ 罪 156
さか 逆 77
さかい 境 66
さからう 逆 77
さくら 桜 32
さげる 提 21
ささえる 支 163
さずかる 授 20
さずける 授 20
サツ 殺 150
ザツ 雑 146
サン 酸 144
サン 賛 57

し

シ 士 163
シ 支 163
シ 史 92
シ 示 112
シ 志 69
シ 枝 32
シ 師 135
シ 資 53
シ 飼 144
ジ 示 112
ジ 似 7
シキ 織 42
シキ 識 49
シチ 質 57
シツ 質 57
しめす 示 112
シャ 謝 48
シャ 舎 9
シュ 修 13
ジュ 授 20
シュウ 修 13
ジュツ 述 76
ジュツ 術 129
ジュン 準 27
ジョ 序 160
ショウ 招 18
ショウ 性 73
ショウ 政 101
ショウ 証 46
ショウ 象 166
ショウ 精 147
ショウ 賞 55
ジョウ 条 31
ジョウ 状 120
ジョウ 情 73
ジョウ 常 135
ショク 織 42
ショク 職 149

す

ス 素 38
すい 酸 144
すぎる 過 79
すくう 救 101
すごす 過 79
すべる 統 39

せ

セイ 性 73
セイ 制 83
セイ 政 101
セイ 情 73
セイ 勢 117
セイ 製 132
セイ 精 147
ゼイ 税 109
セキ 責 52
セキ 績 42
セツ 殺 150
セツ 接 20
セツ 設 46
ゼツ 絶 38
せめる 責 52

そ

ソ 祖 113
ソ 素 38
ソウ 総 39
ゾウ 造 79
ゾウ 象 166
ゾウ 像 14
ゾウ 増 66
ゾウ 雑 146
ソク 則 83
ソク 測 27
ゾク 属 122
そこなう 損 21
そこねる 損 21
ソツ 率 154
そなえる 備 14
そなわる 備 14
ソン 損 21

た

タイ 貸 55
タイ 態 71
たえる 絶 38
たがやす 耕 143
たしか 確 118
たしかめる 確 118
たつ 断 140
たつ 絶 38
たもつ 保 10
たやす 絶 38
ダン 団 97
ダン 断 140

ち

チ 質 57
チク 築 157
チョ 貯 58
チョウ 張 143

つ

ついえる 費 58
ついやす 費 58
つぐ 接 20
つくる 造 79
つげる 告 92
つとまる 務 117
つとめる 務 117
つね 常 135
つま 妻 106
つみ 罪 156

て

テイ 停 11
テイ 提 21
テイ 程 109
テキ 適 80

と

トウ 統 39
ドウ 堂 67
ドウ 銅 128
ドウ 導 157
とかす 解 146
トク 得 94
とく 解 146
ドク 毒 159
ドク 独 121
とける 解 146
とこ 常 135
とまる 留 110
とめる 留 110
とる 採 18
トン 団 97

な

ながい 永 23
なさけ 情 73
ならす 慣 73
なれる 慣 73

に

にる 似 7
ニン 任 6

ぬ

ぬの 布 134

ね

ネン 燃 136

の

ノウ 能 125
のべる 述 76

は

ハ 破 118
はか 墓 64
はかる 測 27
バク 暴 105
はる 張 143
ハン 犯 121
ハン 判 83
ハン 版 140
バン 判 83

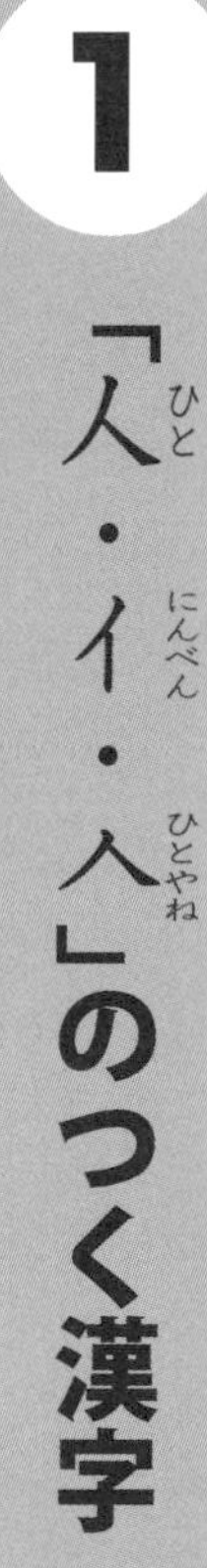

1 「人(ひと)・亻(にんべん)・𠆢(ひとやね)」のつく漢字

仏・件・任・仮・似・余・舎・価・保・停・個・修・備・像・

人(ひと)

なりたち

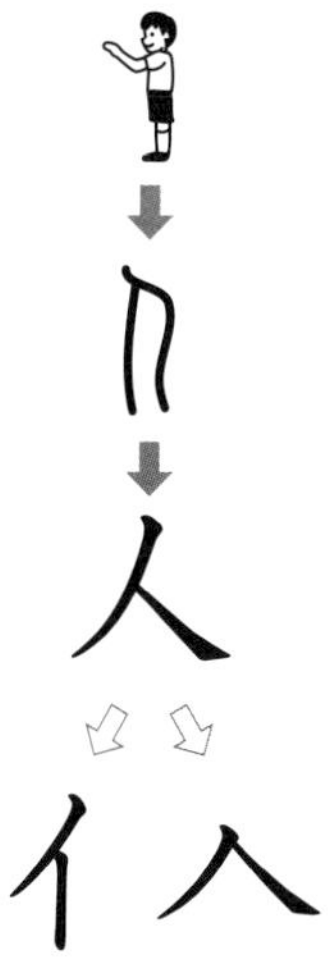

「人(ひと)」は、立っているひ・と・のすがたを横からとらえがいた形です。また、「亻(にんべん)・𠆢(ひとやね)」は、「人」の変化した形です。

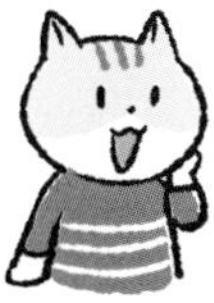

※○数字は習う学年

漢字	人①	休①	今②	会②
主な読み方	ジン・ニン ひと	キュウ やすむ	コン いま	カイ あう

漢字	何②	作②	体②	仕③
主な読み方	(カ) なに	サク・サ つくる	タイ からだ	シ つかえる

漢字	他③	代③	全③	住③	使③	係③	倍③	以④	付④	令④	仲④	伝④	位④
主な読み方	タ ほか	ダイ かわる	ゼン まったく すべて	ジュウ すむ	シ つかう	ケイ かかる	バイ ―	イ ―	フ つける	レイ ―	(チュウ) なか	デン つたえる	イ くらい

漢字	佐④	低④	例④	信④	便④	候④	借④	倉④	健④	側④	働④	億④	仏⑤
主な読み方	サ ―	テイ ひくい	レイ たとえる	シン ―	ベン たより	コウ (そうろう)	シャク かりる	ソウ くら	ケン (すこやか)	ソク がわ	ドウ はたらく	オク ―	ブツ ほとけ

漢字	仮⑤	件⑤	任⑤	似⑤	余⑤	価⑤	舎⑤	保⑤	個⑤	修⑤	停⑤	備⑤	像⑤
主な読み方	カ・(ケ) かり	ケン ―	ニン まかせる	(ジ) にる	ヨ あまる	カ (あたい)	シャ ―	ホ たもつ	コ ―	シュウ おさめる	テイ ―	ビ そなえる	ゾウ ―

仏

なりたち
もとの字は「佛」。古代インドのことばで、ほとけさまを表す「ブッダ」を「佛陀」と書き表すために作られた字で、ほ・と・け・さ・ま・のことを表す。

読み方
ブツ
ほとけ

意味
- ほとけ、おしゃかさまの教え

4画
仏 仏 仏 仏

練習
仏 ↖とめる
仏

1 「仏」を書きましょう。

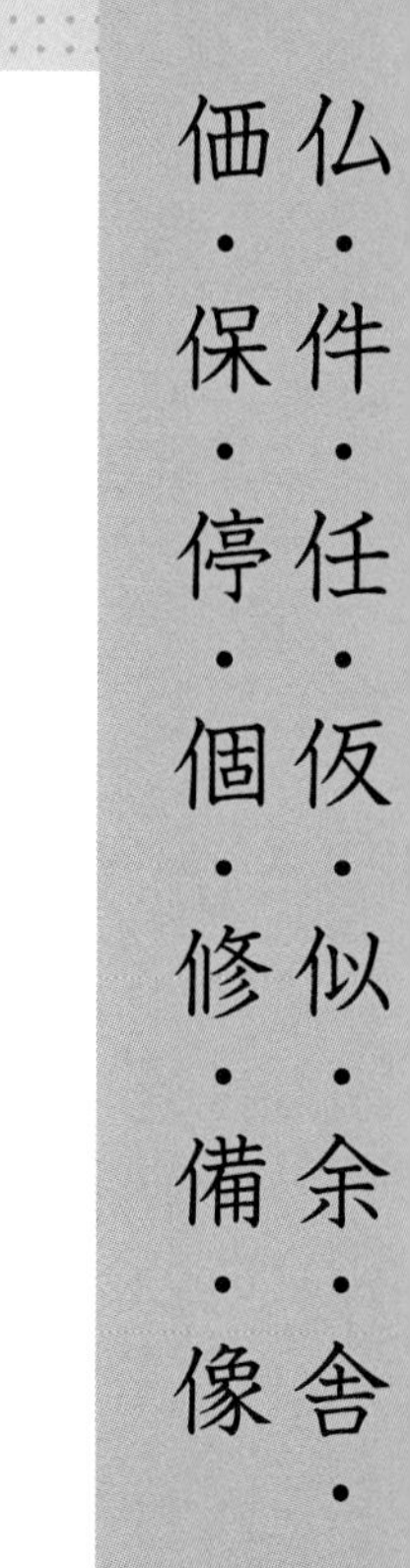

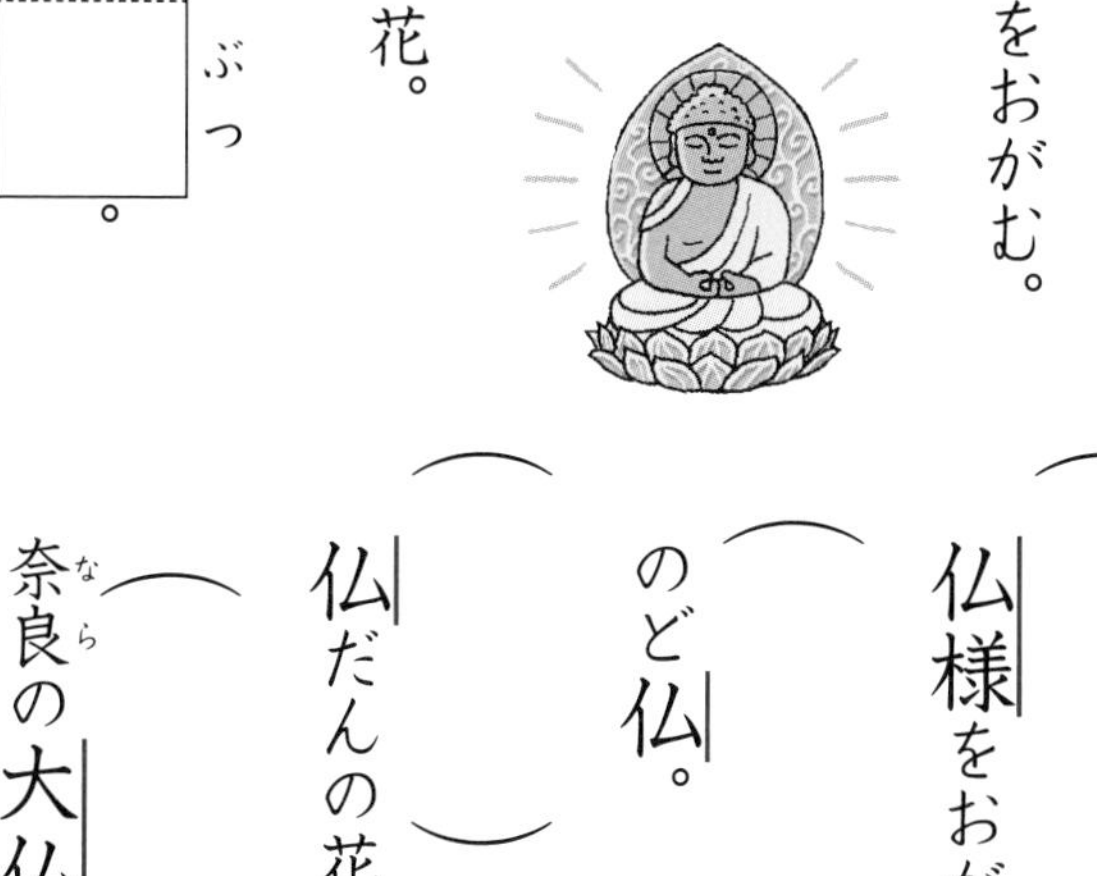

ほとけ [　] 様(さま)をおがむ。

のど [　](ぼとけ)。

[　](ぶつ)だんの花。

奈良(なら)の [大](だい) [　](ぶつ)。

2 読みがなを書きましょう。

仏様をおがむ。(　　)

のど仏。(　　)

仏だんの花。(　　)

奈良(なら)の大仏。(　　)

件

なりたち
「イ(ひと)」と「牛(うし)」を合わせた字。人も牛も一つ一つしっかり数えなければならないので、いいかげんにしてはおけないものごとを表す。

読み方
ケン

意味
・ことがらの一つ

6画
件 件件件件件件

練習
つき出す
件 件

❶「件」を書きましょう。

じけん
事件が起きる。

じょうけん
条件を出す。

事故(じこ)のけんすう
事故の件数。

ようけん
用件をきく。

❷読みがなを書きましょう。

事件が起きる。（　　）

三つの条件を出す。（　　）

交通事故の件数。（　　）

電話で用件をきく。（　　）

任

なりたち
「イ(ひと)」と「壬(もと、真ん中がふくらんでいる糸まきのこと。後に荷物をかかえこむこと)」を合わせた字で、人がかかえこんだ役目のことを表す。

読み方
ニン
まかせる
まかす

意味
・役目
・まかせる

6画
任 任任任任任任

練習
長く
任 任

❶「任」を書きましょう。

せきにん
責任をもつ。

担(たん)にん
担任の先生。

仕事をまか
仕事を任す。

人にまか
人に任せる。

❷読みがなを書きましょう。

責任をもつ。（　　）

担(たん)任の先生。（　　）

仕事を任す。（　　）

人に任せる。（　　）

仮

なりたち
もとの字は「假」。「亻(ひと)」と「尸(おおい)」と「二(そえる印)」と「又(手)」を合わせ、おおいをかぶせて本当のものをかりにかくすことを表す。

読み方	意味
カ (ケ) かり	・一時のまにあわせ ・にせ

6画 仮

練習 仮 仮（はらう）

❶「仮」を書きましょう。

（かてい）□定の話。

（かせつ）□説を立てる。（かりの説を考える）

（かり）□の名前。

（かり）□住(ず)まい。

❷読みがなを書きましょう。

仮定（　）の話。

仮説（　）を立てる。

仮（　）の名前をよぶ。

一年間の仮（　）住まい。

似

なりたち
「亻(ひと)」と「以(すきを持って仕事をする)」を合わせた字。人が道具で、もとのものと同じ形をつくることから、にる、にせるの意味を表す。

読み方	意味
(ジ) にる	・にている

7画 似

練習 似（わすれずに） 似

❶「似」を書きましょう。

よく（に）□た色の服。

顔が（に）□ている。

（にがおえ）□顔絵。

本物に（に）□せる。

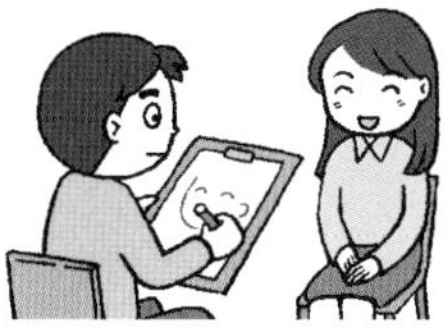

❷読みがなを書きましょう。

よく似（　）た色の服。

顔が似（　）ている。

似顔絵（　）をかく。

本物に似（　）せる。

ドリル

点

1つ・5点

❶ ——線の漢字の読みがなを書きましょう。

① 仏様をおがむ。（　　）

② 担（たん）任の先生。（　　）

③ 事件が起きる。（　　）

④ 仮住（ず）まい。（　　）

⑤ よく似た色の服。（　　）

⑥ 仏だん。（　　）

⑦ 仕事を任す。（　　）

⑧ 仮説を立てる。（　　）

⑨ 似顔絵をかく。（　　）

⑩ 交通事故（じこ）の件数。（　　）

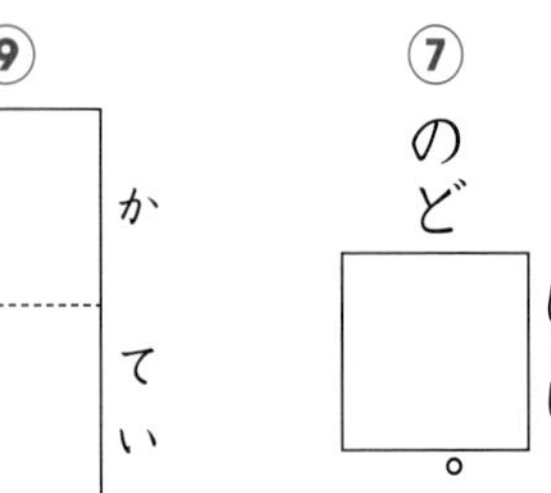

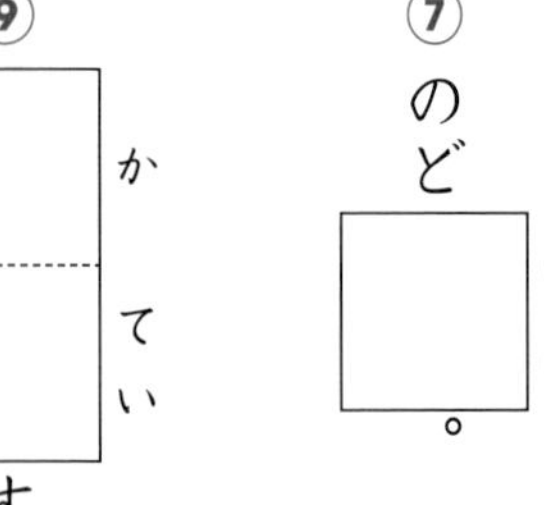

❷ 読みがなにあう漢字を書きましょう。

① 〔せき にん〕（責）をもつ。

② 奈良（なら）の〔だい ぶつ〕。

③ 〔じょう けん〕（条）を出す。

④ 〔かり〕の名前でよぶ。

⑤ 顔が〔に〕ている。

⑥ 〔よう けん〕をきく。

⑦ のど〔ぼとけ〕。

⑧ 人に〔まか〕せる。

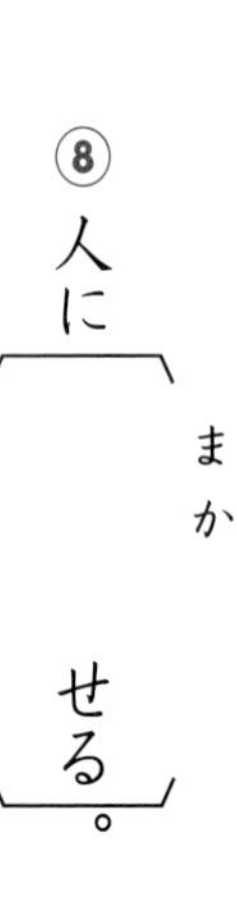

⑨ 〔か てい〕する。

⑩ 本物に〔に〕せる。

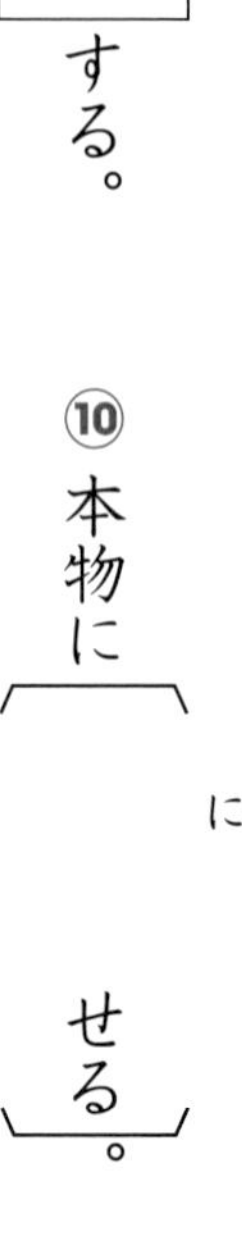

余

なりたち
「亼（亼型をしたスコップ）」と「八（左右に開く印）」を合わせた字。スコップで土をほりおこし、ゆとりがあるようにすること。

読み方
ヨ
あまる
あます

意味
・残る
・そのほか

7画

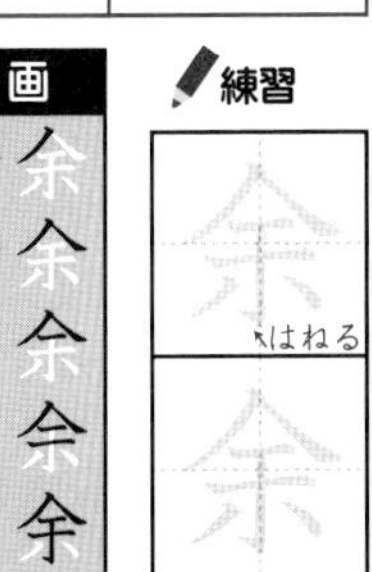

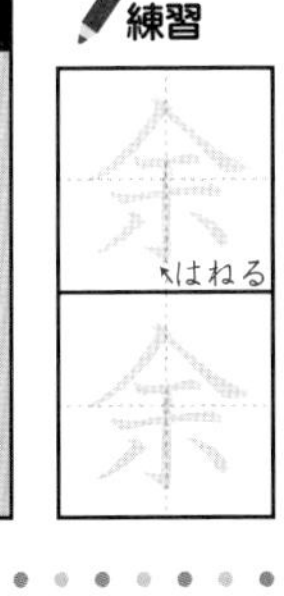

練習

❶ 「余」を書きましょう。

（よぶん）[　]分なお金。

（よけい）[　]計な話。

ご飯が（あま）[　]る。

ひまをもて（あま）[　]す。
（ひまでどうしていいかにこまる）

❷ 読みがなを書きましょう。

余分（　）なお金。

余計（　）な話はしない。

ご飯が余（　）る。

ひまをもて余（　）す。

舎

なりたち
もとの字は「舍」。「亼（「余」を簡単にした字。土をゆったりと広げるスコップの形）」と「口（場所）」を合わせ、ゆったりと休む場所を表す。

読み方
シャ
—

意味
・建物

8画

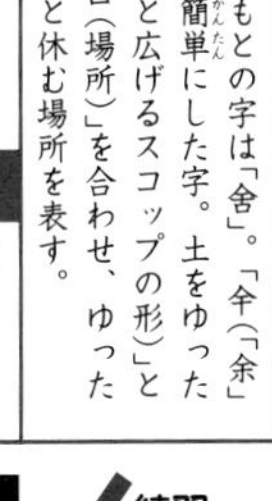

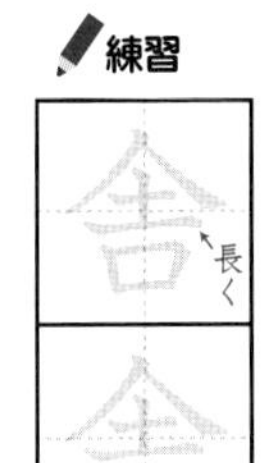

練習

❶ 「舎」を書きましょう。

学校の（こうしゃ）校[　]。

学生の（しゅくしゃ）宿[　]。

庁（ちょう）（しゃ）[　]に入る。

古い（かんしゃ）官[　]。
（役所などが建てた家）

❷ 読みがなを書きましょう。

学校の校舎（　）。

学生の宿舎（　）。

庁舎（ちょう）（　）に入る。

古い官舎（　）。

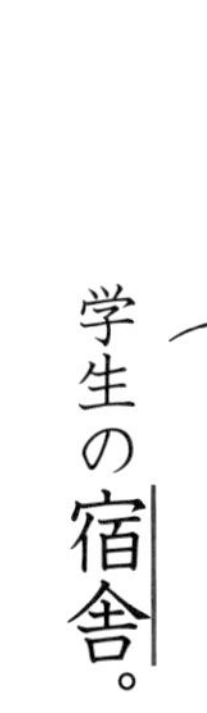

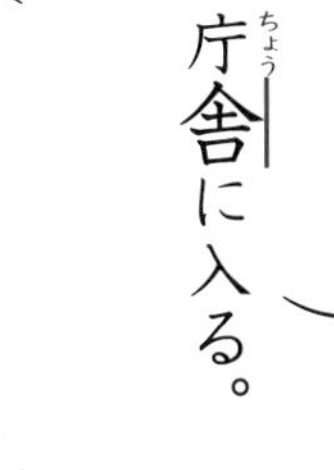

価

なりたち
もとの字は「價」。「イ(ひと)」と「西(おおいかくす)」と「貝(お金)」を合わせ、人がしまっておいた品物を売ることから、ねだんのことを表す。

読み方	意味
カ (あたい)	•ねだん •ねうち

8画

練習 「西」としない

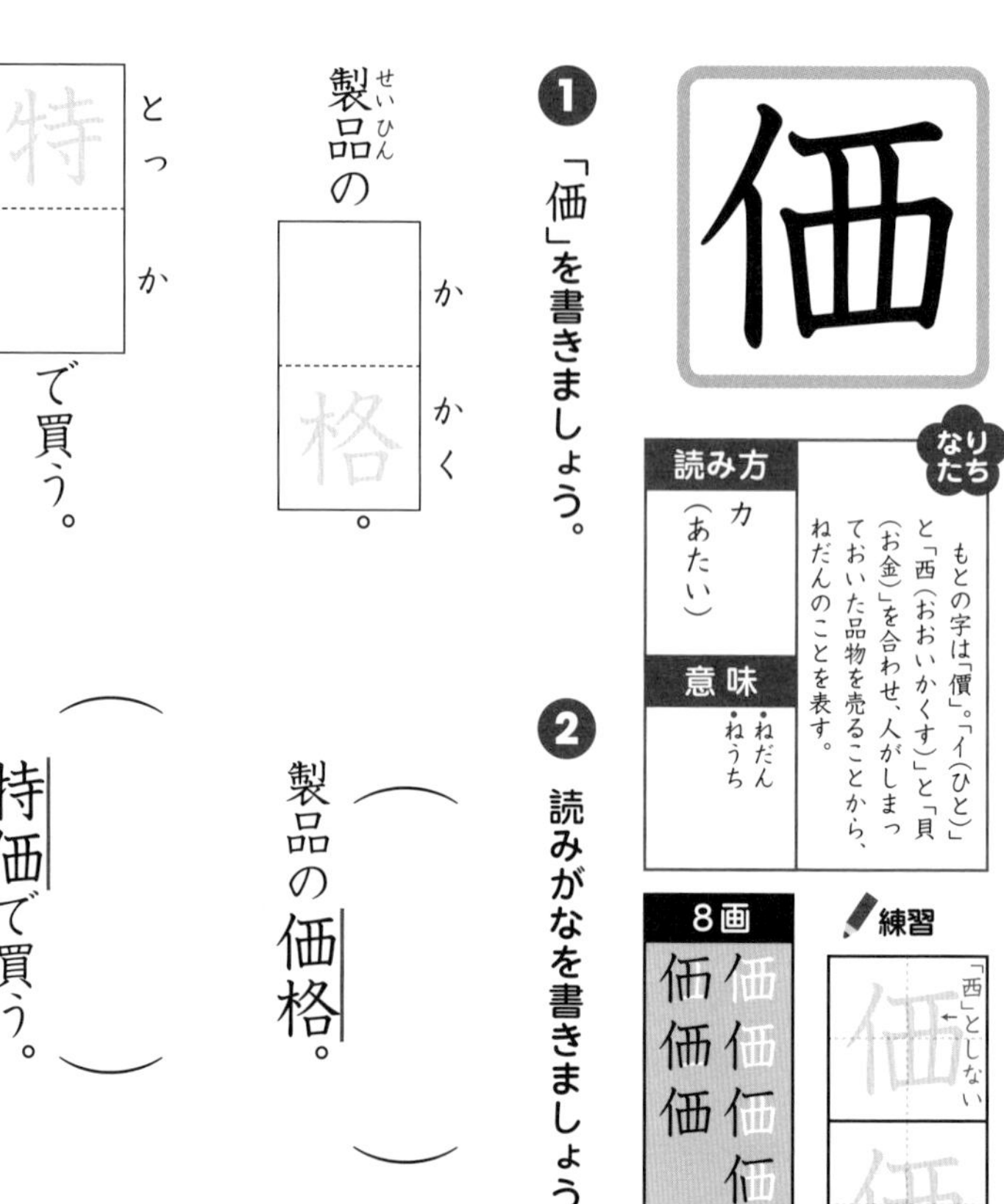

1 「価」を書きましょう。

製品(せいひん)の［か］格(かく)。

特(とっ)［か］で買う。

［か］値(ち)のある絵。

高い評(ひょう)［か］。

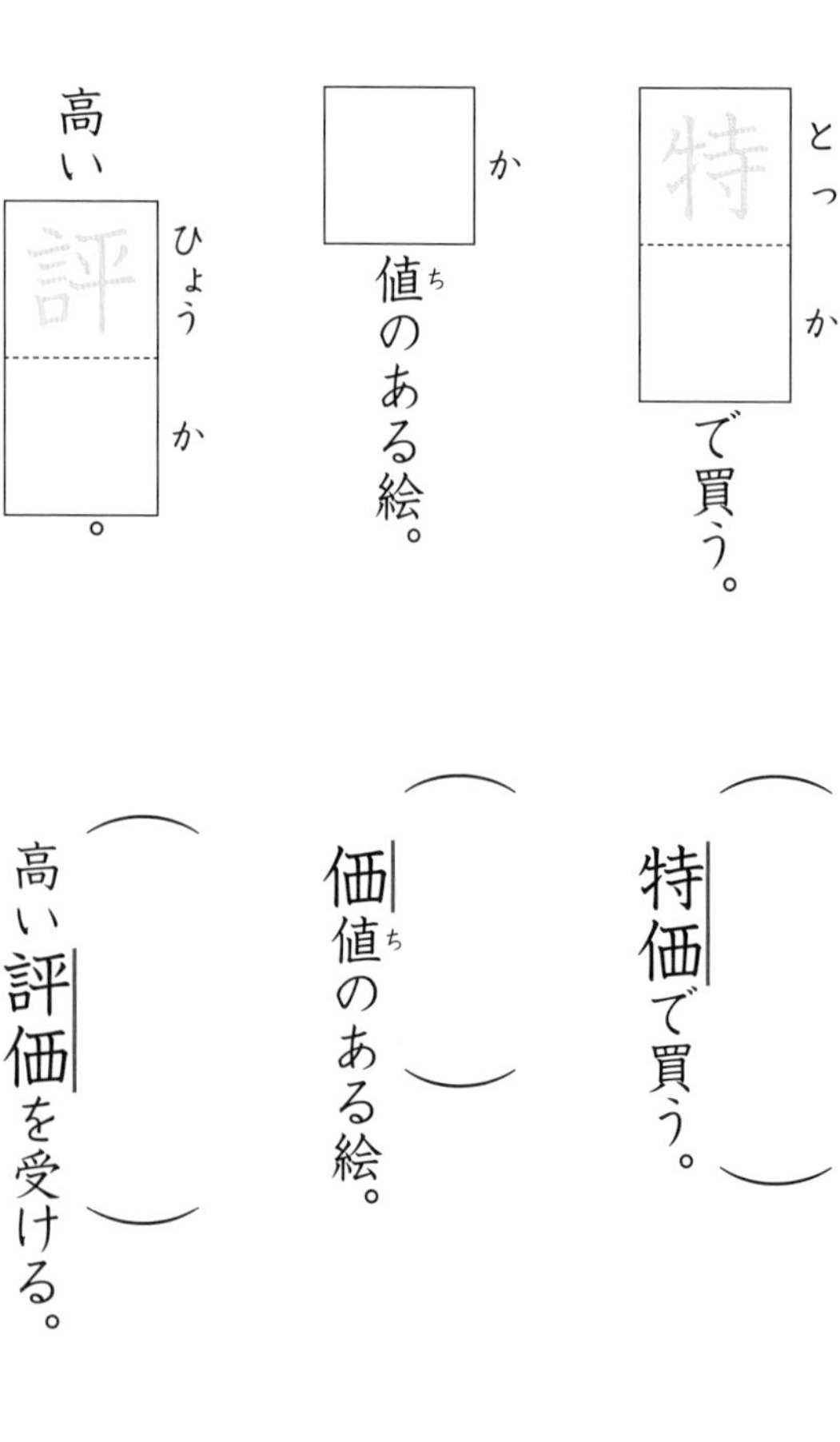

2 読みがなを書きましょう。

製品の価格。（　　）

特価で買う。（　　）

価値(ち)のある絵。（　　）

高い評価を受ける。（　　）

保

なりたち
「イ(ひと)」と「呆(赤ちゃんを大切に守る)」を合わせた字で、中のものを大切に守っていくことを表す。

読み方	意味
ホ たもつ	•守る •もち続ける

9画

練習 「ホ」としない

1 「保」を書きましょう。

［ほ］護(ご)する。
(害を受けないように、かばい守る)

［ほ］育園(いくえん)。

一定に［たも］つ。

健康を［たも］つ。

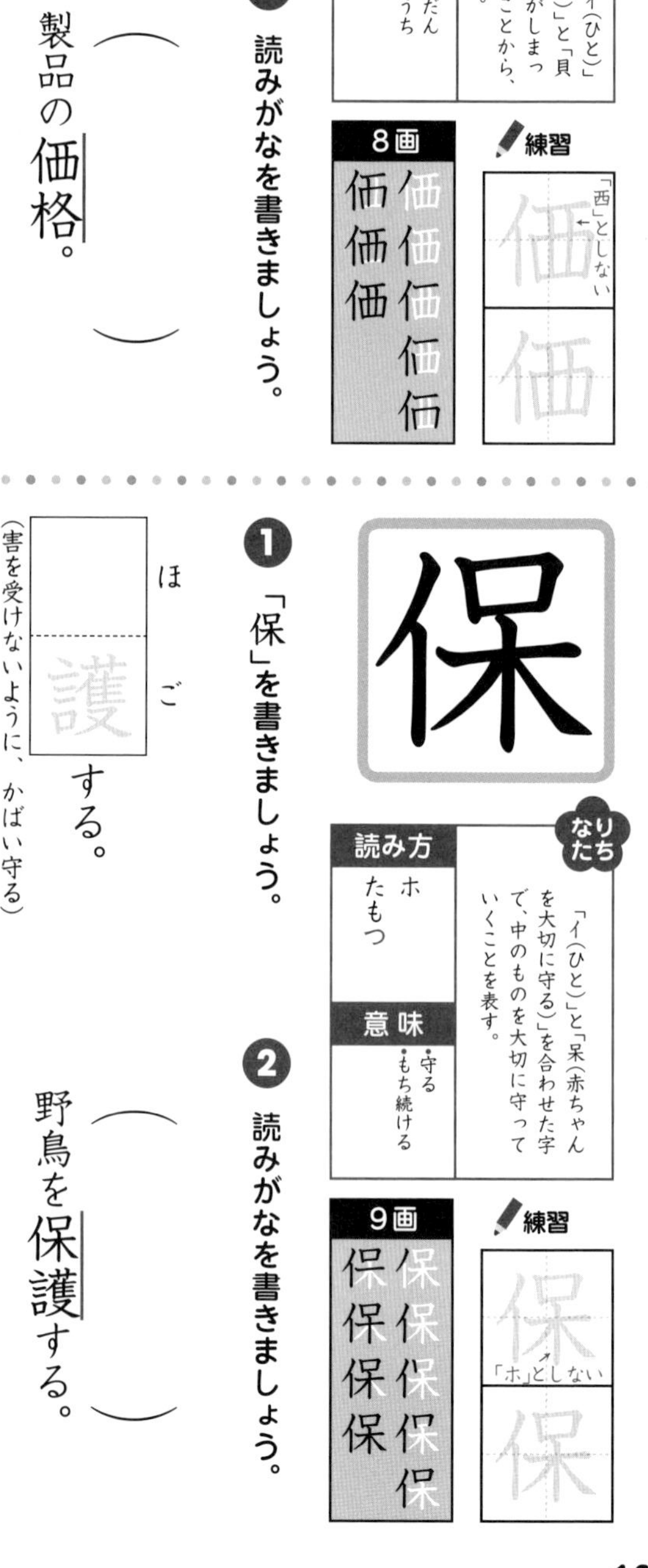

2 読みがなを書きましょう。

野鳥を保護する。（　　）

保育園の庭。（　　）

温度を一定に保つ。（　　）

健康を保つ。（　　）

停

なりたち
「イ(ひと)」と「亭(土台にくぎを打って動かないようにした建物)」を合わせた字。人がじっとと止まって動かないことを表す。

読み方
テイ
—

意味
•とまる
•とちゅうでやめる

11画

練習
はねる

❶「停」を書きましょう。

（ていし）止する。

（ていでん）電になる。

（ていしゃ）車位置。

（ていりゅうじょ）留所。

❷読みがなを書きましょう。

電車が停止する。（　　）

災害（さいがい）で停電する。（　　）

車の停車位置。（　　）

バスの停留所。（　　）

漢字の音と訓

漢字は中国から伝わりました。中国で使われていた読み方が「音読み」で、この本の「読み方」では、かたかなで表しています。

一方、日本にもともとあることばを、漢字に当てはめた読み方が「訓読み」です。この本の「読み方」では、ひらがなで表しています。

音を表す漢字の部分

張・帳

花・貨

「長」が、「チョウ」という音を表す。
「化」が、「カ」という音を表すよ。

どちらも
カと読むよ

花
貨

ドリル

1つ・5点　　点

1 ――線の漢字の読みがなを書きましょう。

① 高い評価。（　　）
② ひまをもて余す。（　　）
③ 古い官舎。（　　）
④ 野鳥を保護する。（　　）
⑤ 余計な話。（　　）
⑥ 電車が停止する。（　　）
⑦ 一定に保つ。（　　）
⑧ 庁（ちょう）舎に入る。（　　）
⑨ バスの停留所。（　　）
⑩ 特価で買う。（　　）

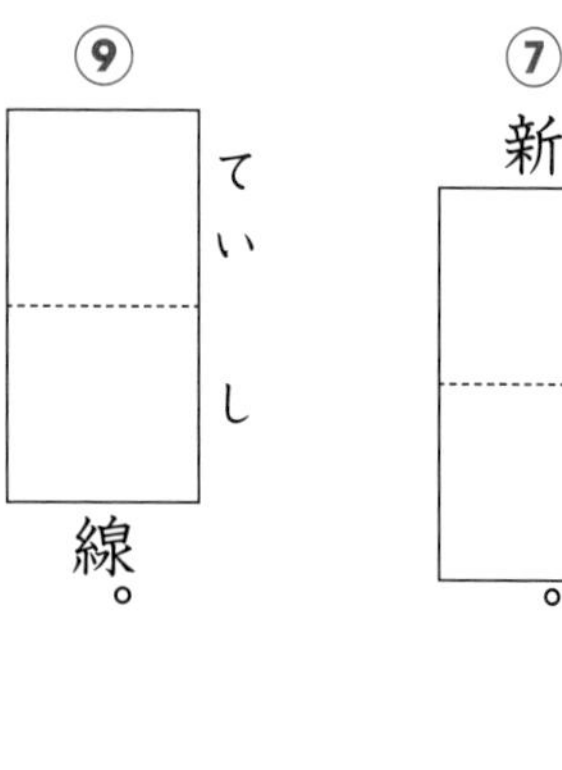

2 読みがなにあう漢字を書きましょう。

① （ほいくえん）。
② 製品（せいひん）の（かかく）。
③ （よぶん）なお金。
④ 学生の（しゅくしゃ）。
⑤ （か）値（ち）のある絵。
⑥ （ていでん）になる。
⑦ 新（しん）（こうしゃ）。
⑧ 健康を（たも）つ。
⑨ （ていし）線。
⑩ ご飯が（あま）る。

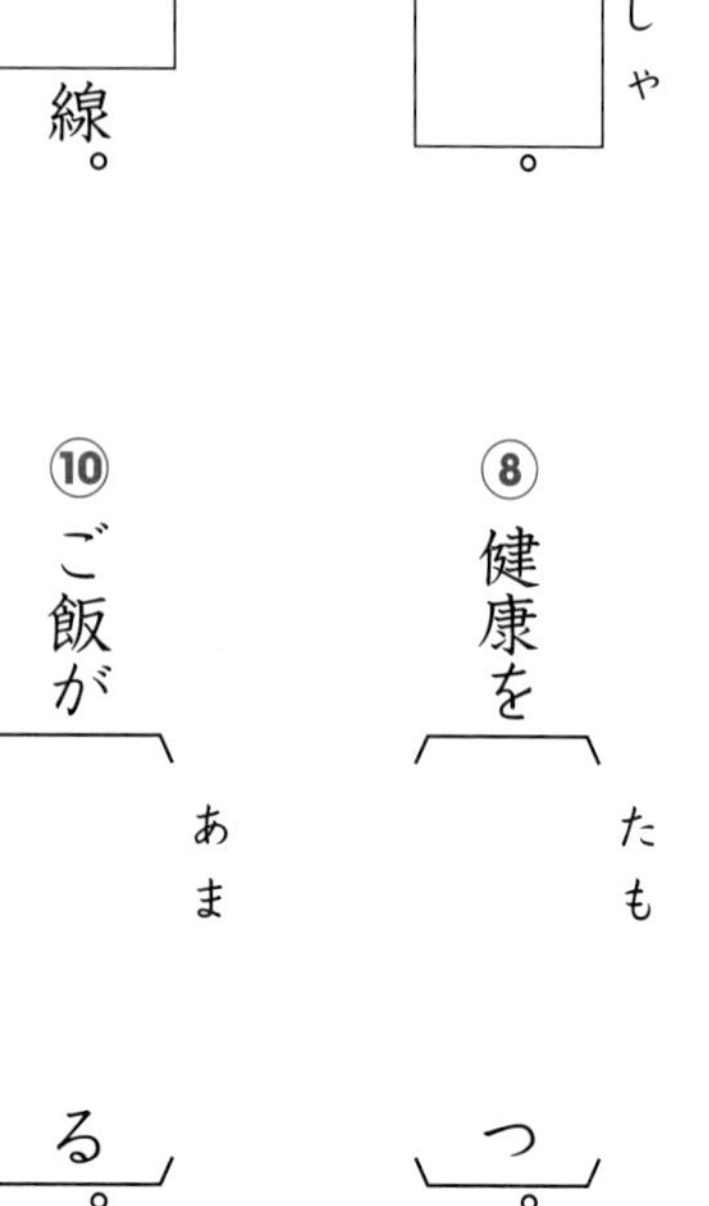
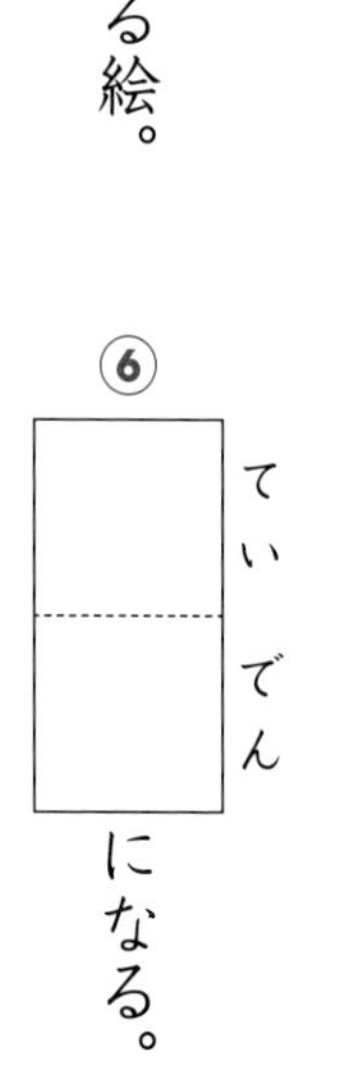
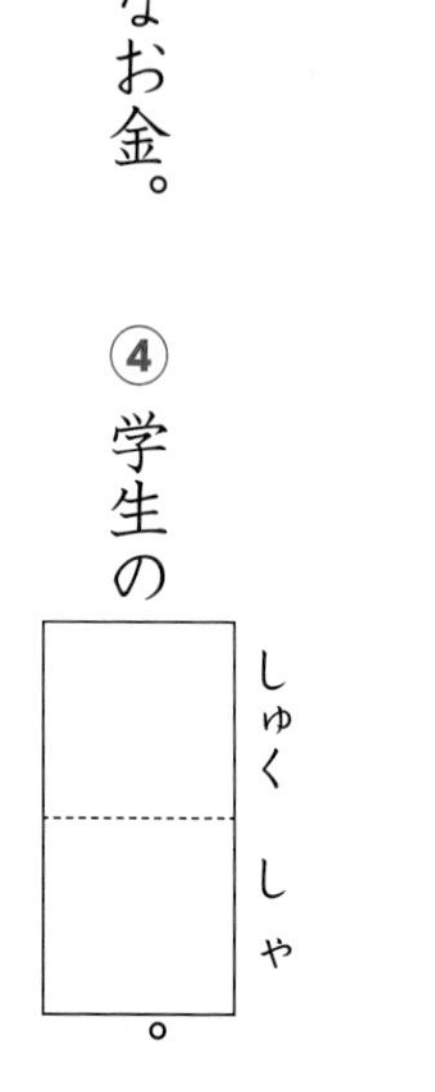
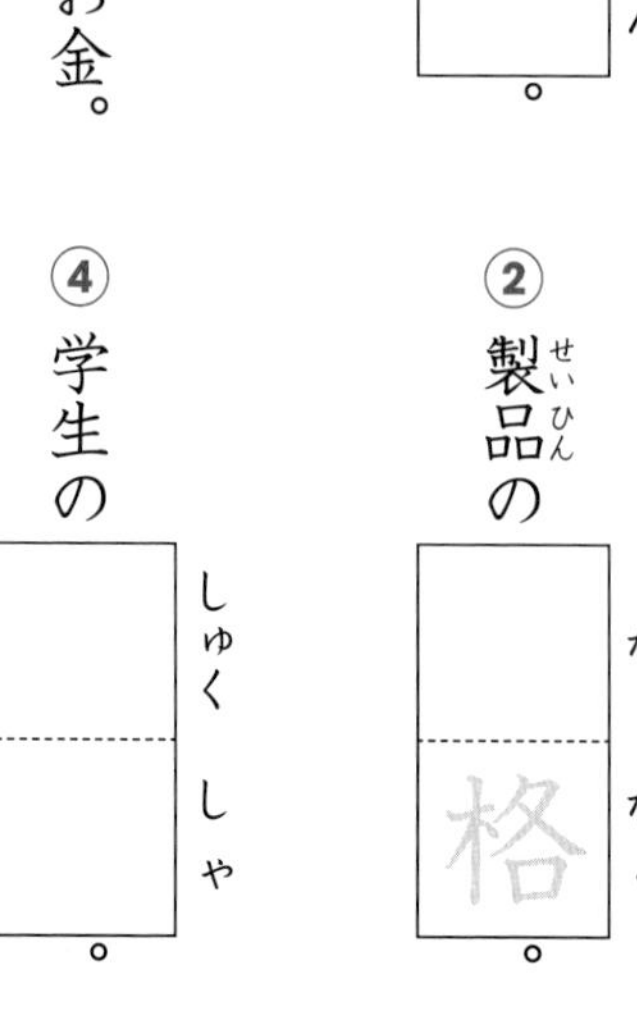

個

なりたち
「亻(ひと)」と「固(古くて固いがいこつ)」を合わせた字。固くて、一つ一つきちんと決まった形をしているもののことを表す。

読み方
コ

意味
・全体の中の一つ
・数えることば

10画

練習

❶「個」を書きましょう。

三(さん)［こ］のボール。

［こ｜人(じん)］と団体(だんたい)。

玉の［こ｜数(すう)］。

［こ｜性(せい)］をのばす。
（その人だけがもっている性しつをのばす）

❷ 読みがなを書きましょう。

三個（　）のボール。

個人（　）と団体。

玉の個数（　）を数える。

個性（　）をのばす。

修

なりたち
「攸(すらりとしている人)」と「彡(かざりの印)」を合わせた字。きちんと形を整える、また、きちんと学問を身につけることを表す。

読み方
シュウ
(シュ)
おさめる
おさまる

意味
・なおす
・かざる
・学問を身につける

10画

練習
わすれずに

❶「修」を書きましょう。

［しゅう｜理(り)］する。

ことばを［しゅう］飾(しょく)する。
（ことばをかざったりくわしくしたりする）

学問を［おさ］める。

医学を［おさ］める。

❷ 読みがなを書きましょう。

機械を修理（　）する。

ことばを修飾（　）する。

学問を修（　）める。

医学を修（　）める。

備

なりたち　「イ(ひと)」と「𤰇(矢を何本も用意して入れておく入れ物)」を合わせた字。人のそばに必要に応じてそろえておく、そなえることを表す。

読み方　ビ　そなえる　そなわる

意味　•用意しておく　•身につく　•用意

12画

練習　はねる

❶ 「備」を書きましょう。

遠足の［準］［　］。（じゅんび）

冷ぼうの［設］［　］。（せつび）

台風に［　］える。（そな）

［　］え付ける。（そな）

❷ 読みがなを書きましょう。

遠足の準備をする。（　　）

冷ぼうの設備。（　　）

台風に備える。（　　）

消火器を備え付ける。（　　）

像

なりたち　「イ(ひと)」と「象(ぞう。大きくて目立つすがた)」を合わせた字。人の目立つりっぱなすがたのことを表す。

読み方　ゾウ　―

意味　•形やすがた　•人の形ににせて作ったもの

14画

練習　はねる

❶ 「像」を書きましょう。

［想］［　］する。（そうぞう）

公園の［銅］［　］。（どうぞう）

［現］［　］する。（げんぞう）
（フィルムなどを薬品につけて、写したものが表れるようにする）

［自］［画］［　］。（じがぞう）
（自分でかいた自分の顔やすがたの絵）

❷ 読みがなを書きましょう。

未来を想像する。（　　）

公園の銅像。（　　）

フィルムを現像する。（　　）

自画像をかく。（　　）

ドリル

1つ・5点　　点

❶ ――線の漢字の読みがなを書きましょう。

① 冷ぼうの設備。（　　）
② フィルムの現像。（　　）
③ 学問を修める。（　　）
④ 個人と団体。（　　）
⑤ 大水に備える。（　　）
⑥ 未来を想像する。（　　）
⑦ 自画像をかく。（　　）
⑧ 遠足の準備。（　　）
⑨ 玉の個数を数える。（　　）
⑩ 修飾することば。（　　）

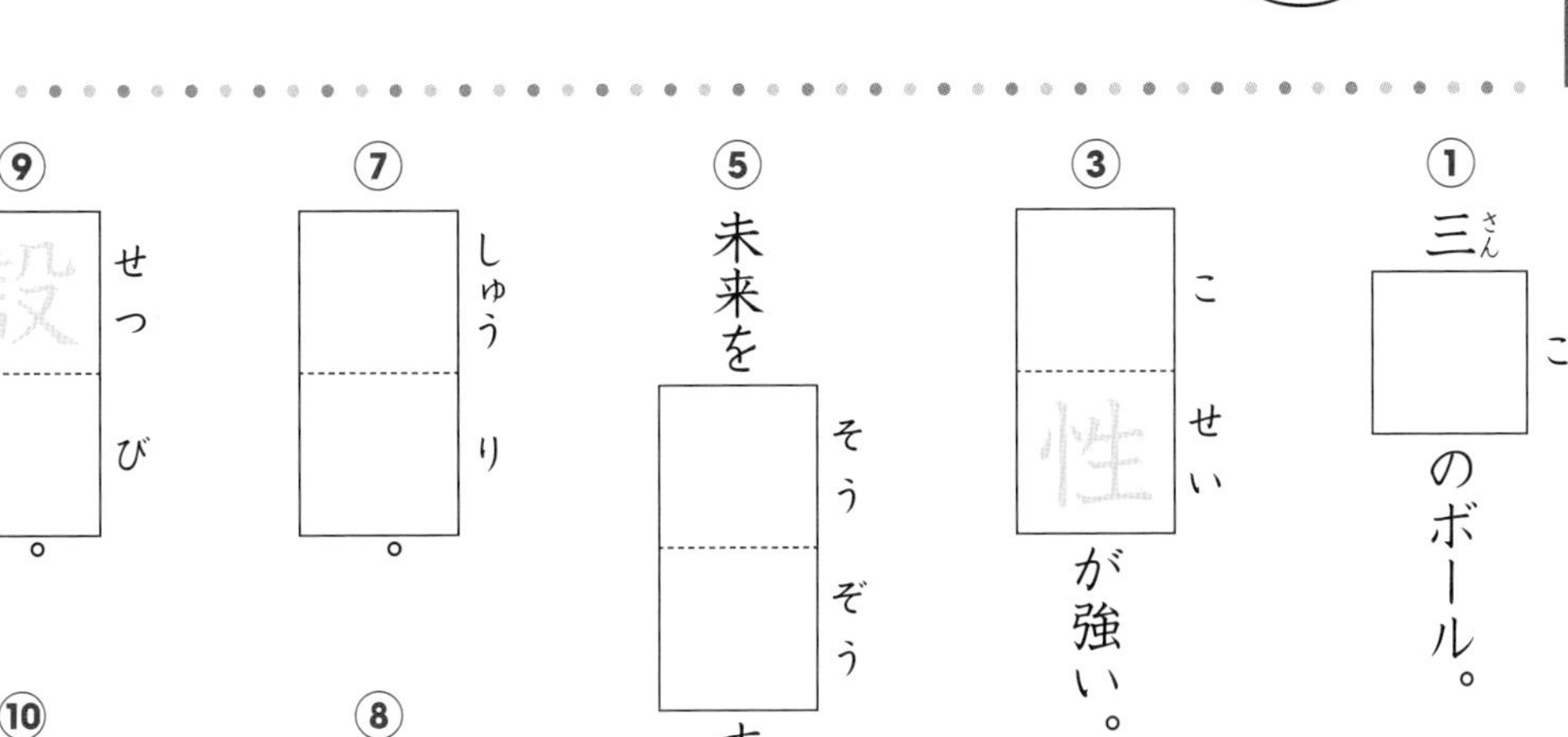

❷ 読みがなにあう漢字を書きましょう。

① 三［こ］のボール。
② 仕事の［じゅんび］。
③ ［こせい］が強い。
④ 公園の［どうぞう］。
⑤ 未来を［そうぞう］する。
⑥ 玉の［こすう］。
⑦ ［しゅうり］。
⑧ 台風に［そなえる］。
⑨ ［せつび］。
⑩ 医学を［おさめる］。

まとめドリル

点
1つ・5点

❶ 読みがなにあう漢字を書きましょう。

① 豊(ゆた)かな［　］(こ)性(せい)。

② 車が［　］(てい)止(し)する。

③ 評(ひょう)［　］(か)が高い。

④ ［　］(か)定(てい)の話。

⑤ 遠足の準(じゅん)［　］(び)。

⑥ 条(じょう)［　］(けん)を満たす。

⑦ のど［　］(ぼとけ)。

⑧ 公園の銅(どう)［　］(ぞう)。

⑨ ［　］(かり)の名前。

⑩ 責(せき)［　］(にん)をもつ。

❷ 読みがなにあう漢字を書きましょう。

① 新(しん)［　｜　］(こう しゃ)。

② ［　｜　］(ほ いく)所(じょ)。

③ 車の［　｜　］(しゅう り)。

④ 奈良(なら)の［　｜　］(だい ぶつ)。

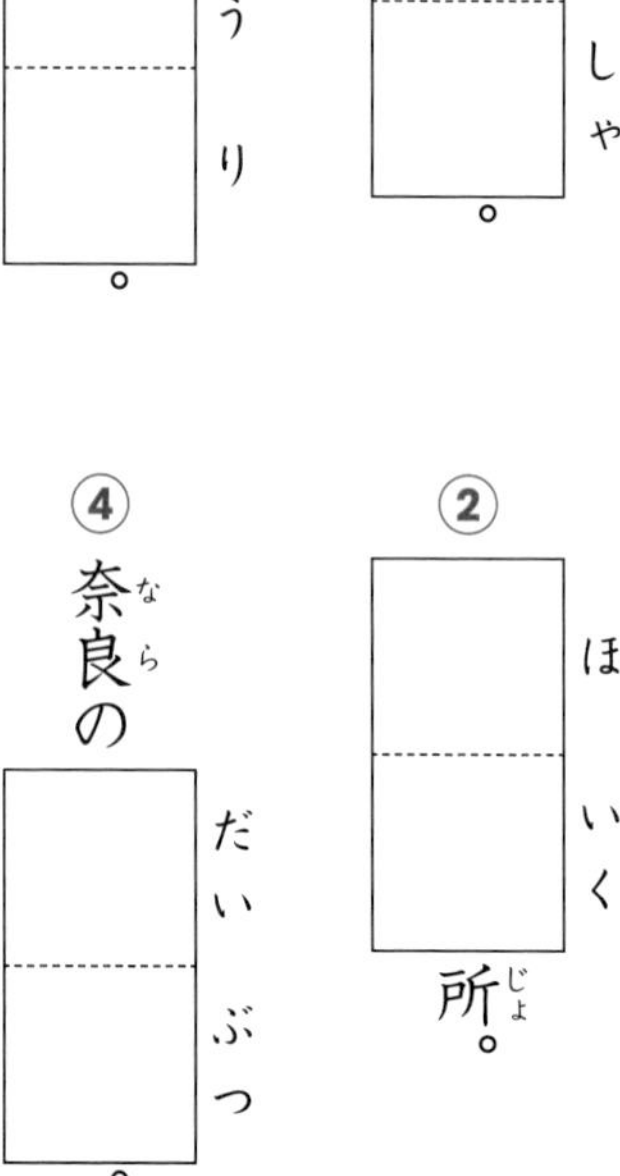

❸ 次のことばを漢字と送りがなで〔　〕に書きましょう。

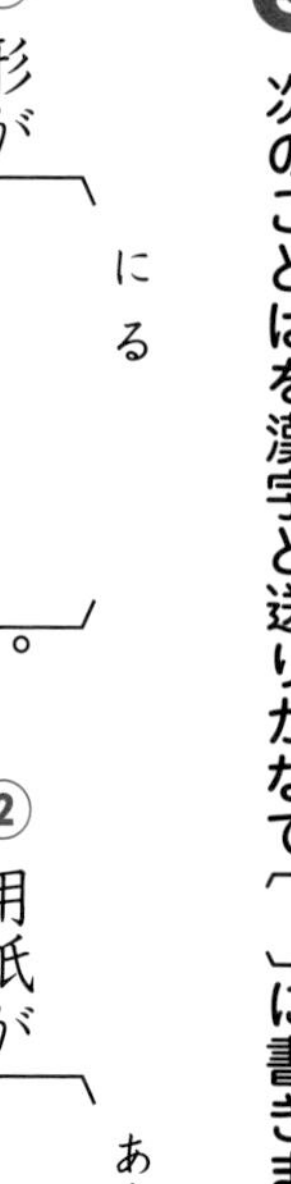

① 形が〔　　〕(にる)。

② 用紙が〔　　〕(あまる)。

③ 冬に〔　　〕(そなえる)。

④ 平和を〔　　〕(たもつ)。

⑤ 人に〔　　〕(まかせる)。

⑥ 学業を〔　　〕(おさめる)。

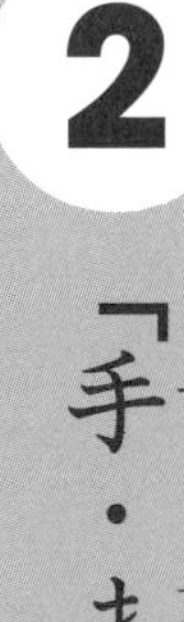

「手・扌」のつく漢字

技・招・採・授・接・提・損

手

なりたち

手 → 扌

「手」は、ての形をえがいたものです。また、「扌」は、「手」の変化した形です。

「手」や「扌」のつく漢字には、手の動きやはたらきに関係するものが多くあります。

「扌」の書き方に注意しよう。

①②③ 扌 はねる

※○数字は習う学年

漢字	主な読み方
手①	シュ て・(た)
才②	サイ ―
打③	ダ うつ
投③	トウ なげる
指③	シ ゆび さす
持③	ジ もつ
拾③	(シュウ) ひろう
折④	セツ おる
挙④	キョ あげる
技⑤	ギ (わざ)
招⑤	ショウ まねく
採⑤	サイ とる
授⑤	ジュ (さずける)
接⑤	セツ (つぐ)
提⑤	テイ (さげる)
損⑤	ソン (そこなう)

技

なりたち
「扌(て)」と「支(細かい枝を手に持つ)」を合わせた字。手先を使って細かい仕事をするわざの意味を表す。

読み方
ギ
(わざ)

意味
・うでまえ

7画

技 技 技 技 技 技 技

練習

技 技

1 「技」を書きましょう。

高い ぎじゅつ［　　］［術］。

陸上 きょうぎ［競］［　　］。

とくぎ［特］［　　］をもつ。

きゅうぎ［球］［　　］大会。

2 読みがなを書きましょう。

技術（　　）が進歩する。

陸上競技（　　）の選手。

特技（　　）をもつ。

球技（　　）大会に出る。

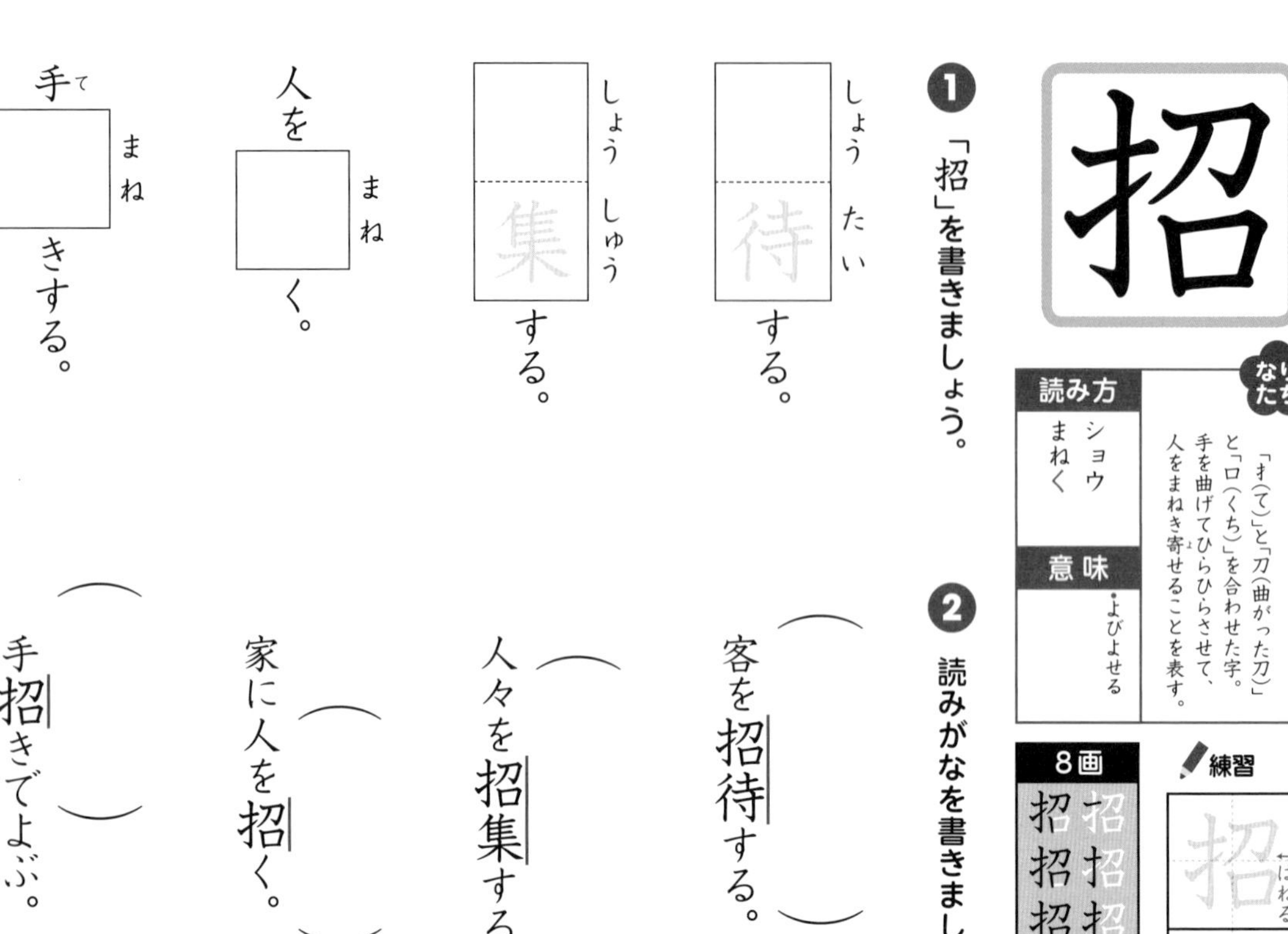

招

なりたち
「扌(て)」と「刀(曲がった刀)」と「口(くち)」を合わせた字。手を曲げてひらひらさせて、人をまねき寄せることを表す。

読み方
ショウ
まねく

意味
・よびよせる

8画

練習 ←はねる

❶ 「招」を書きましょう。

- □待（しょうたい）する。
- □集（しょうしゅう）する。
- 人を□（まね）く。
- 手（て）□（まね）きする。

❷ 読みがなを書きましょう。

- 客を招待（　　）する。
- 人々を招集（　　）する。
- 家に人を招（　　）く。
- 手招（　　）きでよぶ。

採

なりたち
「扌(て)」と「采(つめのある手先で、木の芽をつみとる)」を合わせた字。手でとること、また、選んでとることを表す。

読み方
サイ
とる

意味
・手でつまみとる
・選びとる

11画

練習 わすれずに

❶ 「採」を書きましょう。

- □集（さいしゅう）する。
- □用（さいよう）する。
- 議案の□決（さいけつ）。
- 山菜を□（と）る。

❷ 読みがなを書きましょう。

- 虫を採集（　　）する。
- 人を採用（　　）する。
- 議案を採決（　　）する。
- 山菜を採（　　）る。

ドリル

1つ・5点　点

1 ――線の漢字の読みがなを書きましょう。

① 技術の進歩。（　　）
② 人々を招集する。（　　）
③ 手招きする。（　　）
④ 山菜を採る。（　　）
⑤ 球技が得意。（　　）
⑥ 陸上競技。（　　）
⑦ 採用試験。（　　）
⑧ 友達を招待する。（　　）
⑨ 特技をもつ。（　　）
⑩ 議案を採決する。（　　）

2 読みがなにあう漢字を書きましょう。

① 植物（さいしゅう）。
② （さいよう）する。
③ （きょうぎ）大会。
④ （しょうたい）する。
⑤ 手（まね）きする。
⑥ （とくぎ）をもつ。
⑦ 高い（ぎじゅつ）。

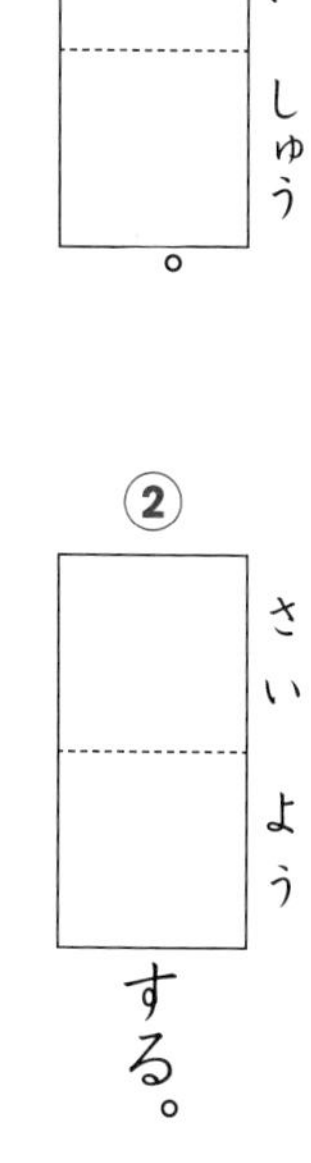

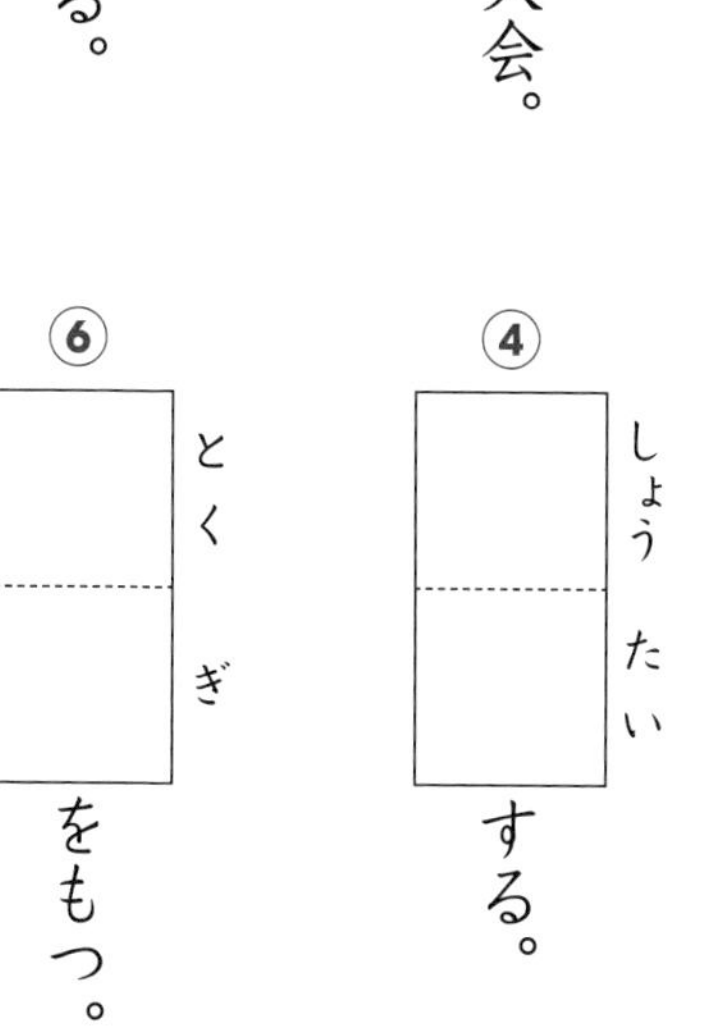

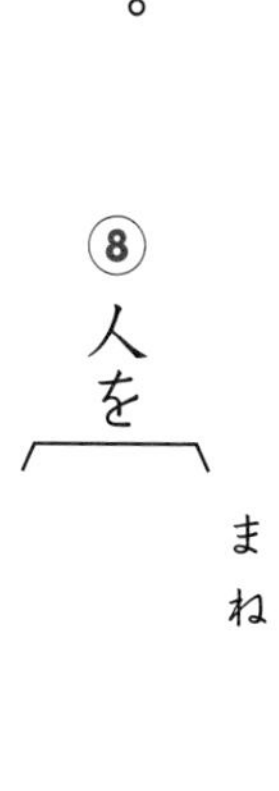

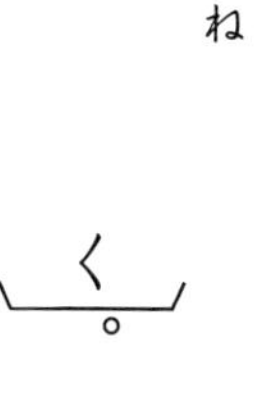

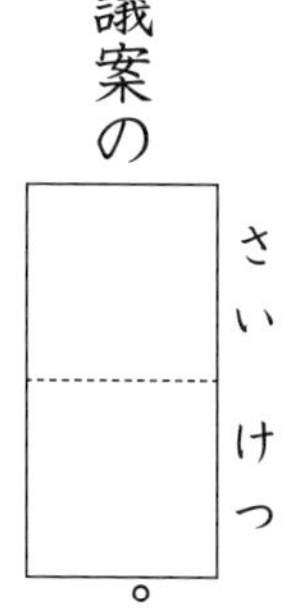

⑧ 人を（まね）く。
⑨ 議案の（さいけつ）。
⑩ 決を（と）る。

なりたち
「扌（手）」と「受（手から手にわたして、受け取らせる）」を合わせた字。相手が受け取れるように、手わたす、さずけることを表す。

読み方	意味
ジュ（さずける）（さずかる）	・目上の人があたえる ・教える

11画
練習 右から

❶「授」を書きましょう。

楽しい（じゅ）業。

大学の教（きょう じゅ）。

（でん じゅ）伝　する。（わざや方法を教えさずける）

（じゅ しょう）　賞　式。（賞をわたす式）

❷読みがなを書きましょう。

楽しい授業。（　）

大学の教授。（　）

技術（ぎじゅつ）を伝授する。（　）

授賞式に出席する。（　）

なりたち
「扌（て）」と「妾（主人にしたがい、いつもぴったりついている女のめしつかい）」を合わせた字。よりそってつく、近づくことを表す。

読み方	意味
セツ（つぐ）	・つなぐ ・近づく

11画
練習

❶「接」を書きましょう。

円に（せっ）する線。

（せつ ぞく）　続　する。

（ちょく せつ）直　話す。

台風の（せっ きん）　近。

❷読みがなを書きましょう。

円に接する線。（　）

コードを接続する。（　）

先生に直接話す。（　）

台風の接近。（　）

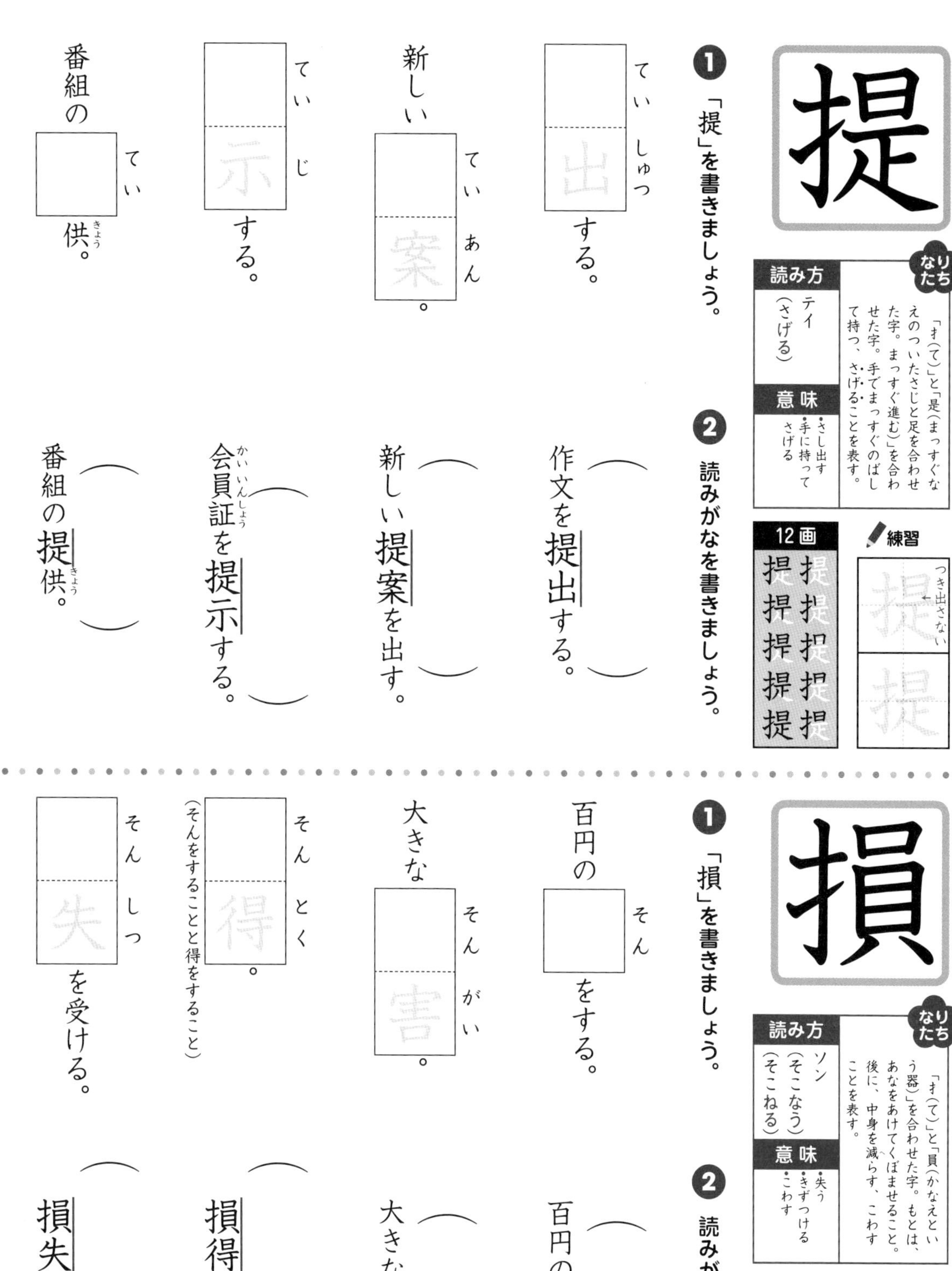

提

なりたち
「扌(て)」と「是(まっすぐなえのついたさじと足を合わせた字。まっすぐ進む)」を合わせた字。手でまっすぐのばして持つ、さげることを表す。

読み方
テイ
(さげる)

意味
•さし出す
•手に持ってさげる

12画

練習
つき出さない

❶ 「提」を書きましょう。

（ていしゅつ）□出する。

新しい（ていあん）□案。

（ていじ）□示する。

番組の（てい）□供(きょう)。

❷ 読みがなを書きましょう。

作文を提出する。（　　）

新しい提案を出す。（　　）

会員証(かいいんしょう)を提示する。（　　）

番組の提供(きょう)。（　　）

損

なりたち
「扌(て)」と「員(かなえという器)」を合わせた字。もとは、あなをあけてくぼませること。後に、中身を減らす、こわすことを表す。

読み方
ソン
(そこなう)
(そこねる)

意味
•失う
•きずつける
•こわす

13画

練習
はねる

❶ 「損」を書きましょう。

百円の（そん）□をする。

大きな（そんがい）□害。

（そんとく）□得。
(そんをすることと得をすること)

（そんしつ）□失を受ける。

❷ 読みがなを書きましょう。

百円の損をする。（　　）

大きな損害。（　　）

損得を考えない。（　　）

損失を受ける。（　　）

ドリル

点

1つ・5点

1 ―線の漢字の読みがなを書きましょう。

① 国語の<u>授業</u>。（　　）
② <u>直接</u>聞いた話。（　　）
③ <u>損失</u>を受ける。（　　）
④ 会員証（かいいんしょう）を<u>提示</u>する。（　　）
⑤ 円に<u>接</u>する線。（　　）

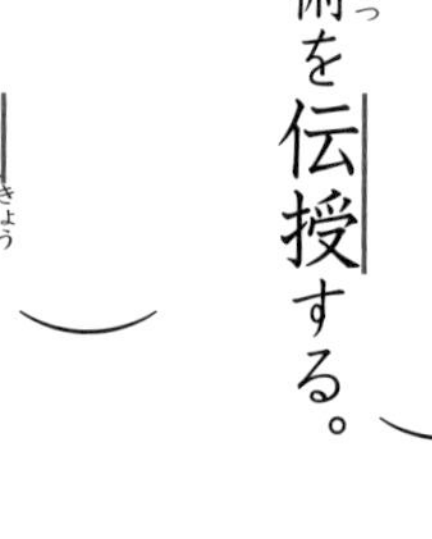
⑥ 技術（ぎじゅつ）を<u>伝授</u>する。（　　）
⑦ <u>損得</u>を考えない。（　　）
⑧ 番組の<u>提</u>供（きょう）。（　　）
⑨ <u>授賞</u>式。（　　）
⑩ 台風が<u>接近</u>する。（　　）

2 読みがなにあう漢字を書きましょう。

① 千円の［そん］。
② ［せつ　ぞく］する。
③ ［ちょく　せつ］話す。
④ 作文の［てい　しゅつ］。
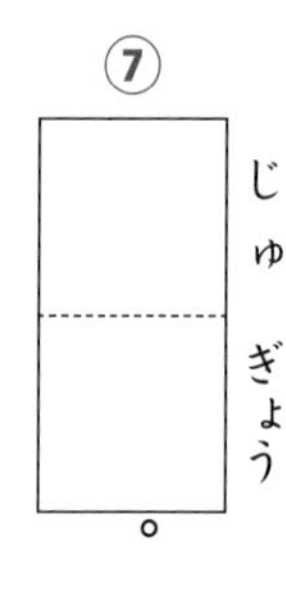
⑤ 大きな［そん　しつ］。
⑥ 大学の［きょう　じゅ］。
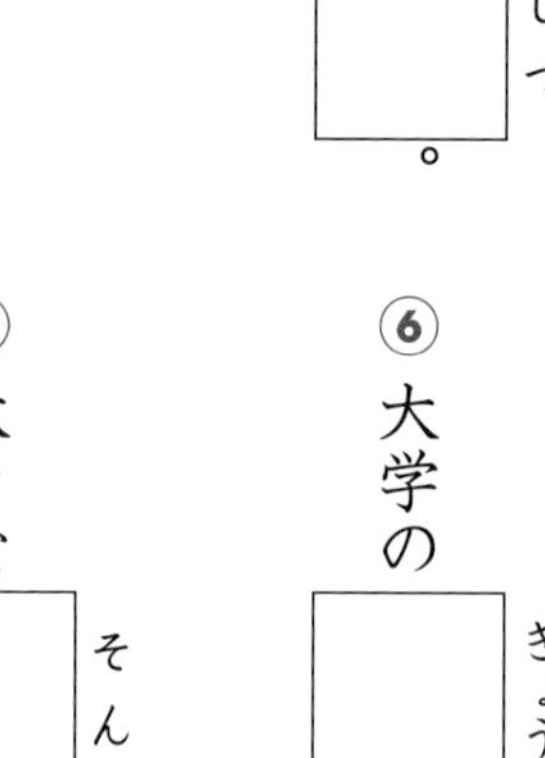
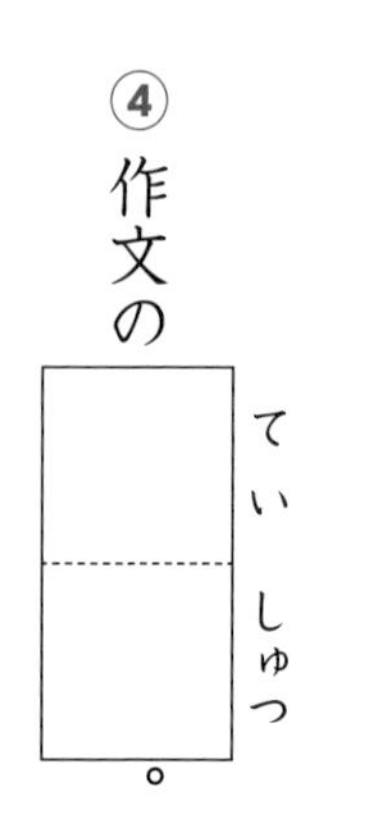
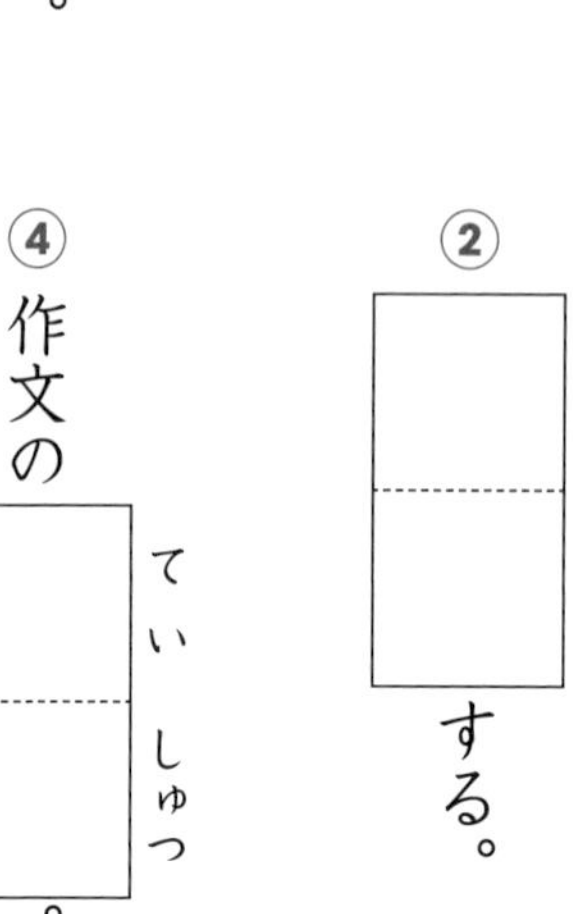
⑦ ［じゅ　ぎょう］。
⑧ 大きな［そん　がい］。
⑨ ［てい　あん］。

⑩ 台風の［せっ　きん］。
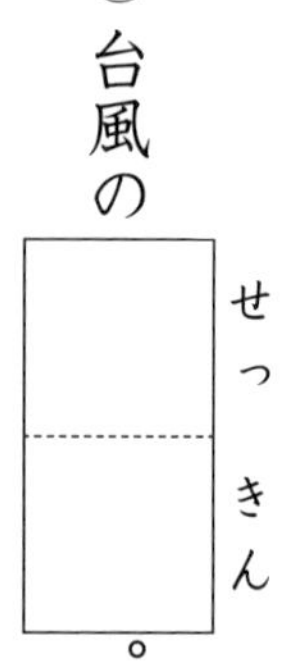

3 「水(みず)・氵(さんずい)」のつく漢字

永・河・液・混・減・測・準・演・潔

なりたち

「水(みず)」は、みずが流れる様子をえがいたものです。また、「氵(さんずい)」は、「水」の変化した形です。「水」や「氵」のつく漢字には、水や液体(えきたい)に関係するものが多くあります。

※○数字は習う学年

漢字	学年	主な読み方
水	①	スイ みず
池	②	チ いけ
汽	②	キ ―
海	②	カイ うみ
活	②	カツ ―
氷	③	ヒョウ こおり
決	③	ケツ きめる
泳	③	エイ およぐ
注	③	チュウ そそぐ
波	③	ハ なみ
油	③	ユ あぶら
洋	③	ヨウ ―
消	③	ショウ きえる
流	③	リュウ ながれる
深	③	シン ふかい
温	③	オン あたたかい
湖	③	コ みずうみ
港	③	コウ みなと
湯	③	トウ ゆ
漢	③	カン ―
求	④	キュウ もとめる
沖	④	(チュウ) おき
泣	④	(キュウ) なく
治	④	ジ・チ おさめる
法	④	ホウ ―
浅	④	(セン) あさい
浴	④	ヨク あびる
清	④	セイ きよい
滋	④	(ジ) ―
満	④	マン みちる
漁	④	ギョ・リョウ ―
潟	④	― かた
永	⑤	エイ ながい
河	⑤	カ かわ
液	⑤	エキ ―
混	⑤	コン まじる こむ
減	⑤	ゲン へる
測	⑤	ソク はかる
準	⑤	ジュン ―
演	⑤	エン ―
潔	⑤	ケツ (いさぎよい)

永

読み方 エイ ながい

意味 ・時間がいつまでも続く

なりたち 細く分かれて、川がどこまでも長く流れている様子をえがいた字。

5画

練習

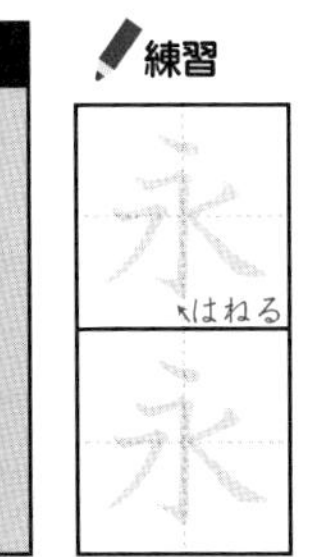

1 「永」を書きましょう。

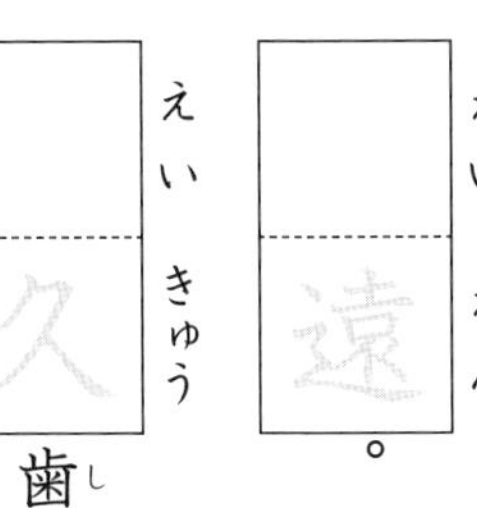

えい えん[遠]。

えい きゅう[久]歯(し)。

なが[ ]いねむりにつく。(死ぬ)

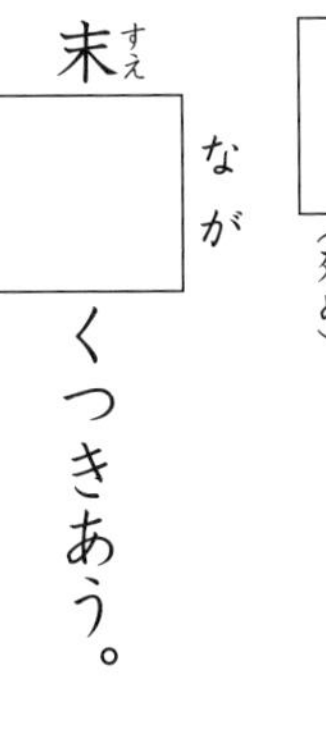

末(すえ)なが[ ]くつきあう。

2 読みがなを書きましょう。

永遠(　)のかがやき。

永久(　)歯が生える。

永(　)いねむりにつく。

末永(　)くつきあう。

なりたち
「氵(みず)」と「可(直角に曲がる)」を合わせた字。何度も曲がって流れる大きなかわのこと。もとは、中国の「黄河(こうが)」という大きなかわを表した。

読み方	意味
カ かわ	•大きな川

8画

練習

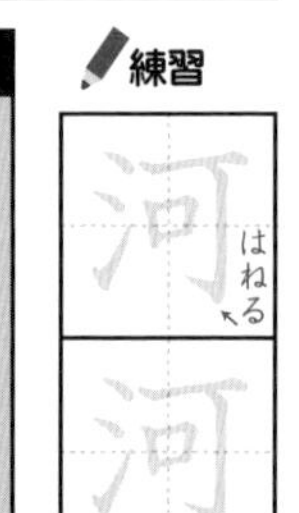

1 「河」を書きましょう。

ひょうが(氷□)時代。

ぎんが(銀□)系(けい)。

広大なさんが(山□)。(広大な山とかわ)

大きなかわ(□)。

2 読みがなを書きましょう。

氷河(　　)時代の化石。

銀河(　　)系(けい)の星。

広大な山河(　　)。

大きな河(　　)。

なりたち
「氵(みず)」と「夜(「亦(両わき)」と「月」を合わせ、昼の前後にある夜のこと)」を合わせた字。一てきずつ間をあけてたれる水のこと。

読み方	意味
エキ ―	•水のようなもの

11画

練習 はらう

1 「液」を書きましょう。

えき(□)を混(ま)ぜる。

えきたい(□体)の薬。

けつえき(血□)型(がた)。

だえき(□)が出る。(つばが出る)

2 読みがなを書きましょう。

液(　　)を混ぜる。

液体(　　)の薬を飲む。

血液(　　)型を調べる。

だ液(　　)が出る。

混

なりたち
「氵(みず)」と「昆(太陽の下にたくさんの人がならんで入りまじっている)」を合わせた字。たくさんのものが集まって入りまじることを表す。

読み方	意味
コン まじる まざる まぜる こむ	•多くのものをいっしょにする

11画 混 混 混 混 混 混 混 混 混 混 混

✎練習 混 混（はねる）

1 「混」を書きましょう。

駅が［こん］［雑（ざつ）］する。

［こん］［同（どう）］する。（ちがうものを同じものとしてあつかう）

絵の具を［ま］ぜる。

車で道が［こ］む。

2 読みがなを書きましょう。

駅が混雑する。（　　）

両者を混同する。（　　）

絵の具を混ぜる。（　　）

車で道が混む。（　　）

減

なりたち
「氵(みず)」と「咸(ほこ。ほこで相手をおどかして、人の口をふさぐ)」を合わせた字。水の出るもとをふさいで、水の量をへらすことを表す。

読み方	意味
ゲン へる へらす	•量が少なくなる •ひき算

12画 減 減 減 減 減 減 減 減 減 減 減 減

✎練習 減 減（わすれずに）

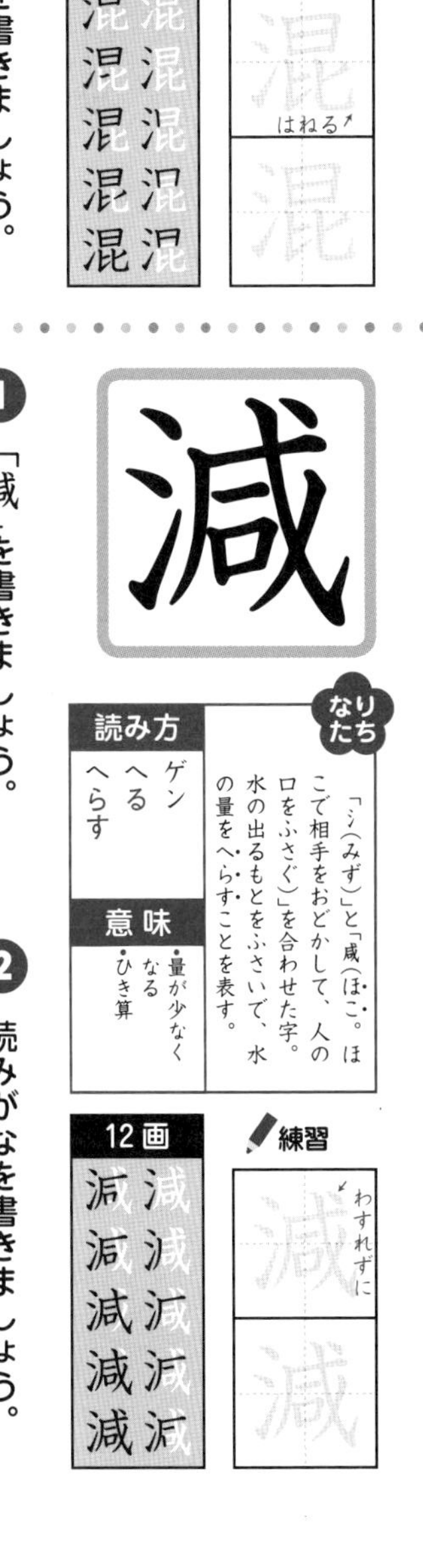

1 「減」を書きましょう。

［げん］［少（しょう）］する。

人口の［増（ぞう）］［げん］。（人口がふえることとへること）

体重が［へ］る。

ごみを［へ］らす。

2 読みがなを書きましょう。

事故（じこ）が減少する。（　　）

市の人口の増減。（　　）

体重が二キロ減る。（　　）

ごみを減らす。（　　）

ドリル

点
1つ・5点

❶ ——線の漢字の読みがなを書きましょう。

① 絵の具を**混**ぜる。（　　）
② **血液**型(がた)を調べる。（　　）
③ ごみを**減**らす。（　　）
④ 広大な**山河**。（　　）
⑤ だ**液**が出る。（　　）
⑥ 末(すえ)**永**くつきあう。（　　）
⑦ **永久**歯(し)が生える。（　　）
⑧ 両者を**混同**する。（　　）
⑨ 大きな**河**。（　　）
⑩ 事故(じこ)が**減少**する。（　　）

❷ 読みがなにあう漢字を書きましょう。

① □□(ぎんが)系(けい)の星。
② □(えき)を混ぜる。
③ □雑(こんざつ)した駅。

④ 人口の増□(ぞうげん)。
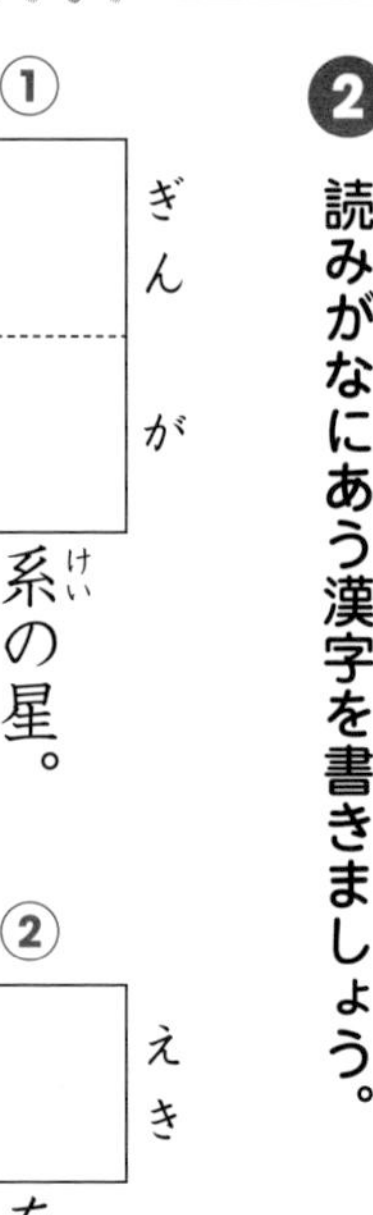
⑤ □□(えきたい)。
⑥ 〔□(なが)い〕ねむりにつく。（死ぬ）
⑦ □□(えいえん)。
⑧ 道が〔□(こ)む〕。
⑨ □□(ひょうが)。
⑩ 体重が〔□(へ)る〕。
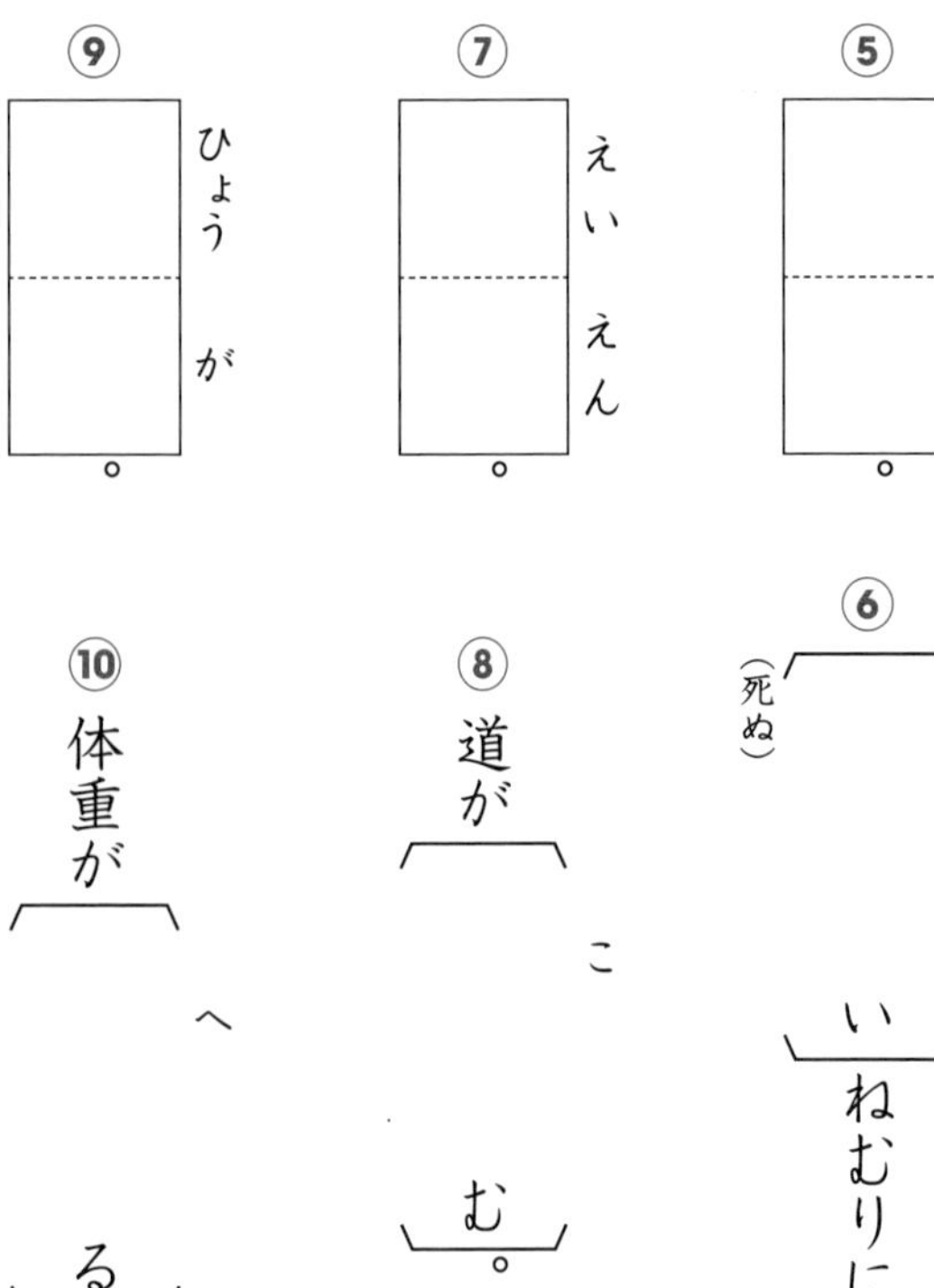

測

なりたち
「氵（みず）」と「則（器のそばに小刀がそえてある様子）」を合わせた字。ものさしなどの道具を使って水の深さをはかることを表す。

読み方
ソク
はかる

意味
・長さや高さなどをはかる

12画

練習
はねる

1 「測」を書きましょう。

- 身体（そくてい）［定］。
- 星を（かんそく）［観］する。
- 川の深さを（はか）る。
- 身長を（はか）る。

2 読みがなを書きましょう。

- 身体測定の日。
- 星を観測する。
- 川の深さを測る。
- 身長を測る。

準

なりたち
「隹（水が、ずっしりした鳥のようにたまる）」と「十（そろう）」を合わせた字。水がたまって水面がそろうことから、もとのきまりのことを表す。

読み方
ジュン
—

意味
・めやすとなるもの
・あるものにつぐ

13画

練習
長く

1 「準」を書きましょう。

- （じゅんび）［備］体操（たいそう）。
- （ひょうじゅん）［標］。（平きん的であること）
- 生活の（すいじゅん）［水］。（生活のていどの高い低い。生活のレベル）
- （じゅんけっしょう）［決勝］。

2 読みがなを書きましょう。

- 準備体操（たいそう）をする。
- 標準のサイズ。
- 生活の水準。
- 準決勝で負ける。

演

なりたち
「氵（みず）」と「寅（矢を両手でのばす）」を合わせ、水がまっすぐのびて流れるように、長く引きのばして行うことを表す。

読み方	
—	エン

意味
・じっさいに行う
・人の前で話をする

14画
演演演演演演演演演演演演演演

練習

1 「演」を書きましょう。

しゅつ えん（出□）。
えん ぜつ（□説）。
ピアノの えん □奏（そう）。

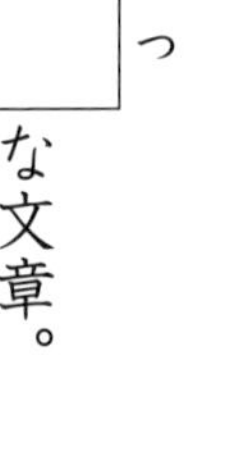

2 読みがなを書きましょう。

（　）出演する人。
（　）選挙の演説。
（　）ピアノの演奏（そう）。

潔

なりたち
「氵（みず）」と「絜（糸束のよごれをけずってきれいにする）」を合わせた字。水でよごれを落として、きれいにすることを表す。

読み方	
ケツ	（いさぎよい）

意味
・けがれがなくきれい

15画
潔潔潔潔潔潔潔潔潔潔潔潔潔潔潔

練習（はねる）

1 「潔」を書きましょう。

せい けつ（清□）。
ふ けつ（不□）。
簡（かん） けつ □な文章。（短くよくまとまっている文章）

2 読みがなを書きましょう。

（　）清潔な体。
（　）不潔な手。
（　）簡（かん）潔な文章を書く。

熟語（じゅくご）の組み立て

25ページの「減少（げんしょう）」、「増減（ぞうげん）」という熟語（じゅくご）の組み立てを考えてみましょう。

減少…「減（へ）る」と「少ない」

増減…「増（ふ）える」と「減る」

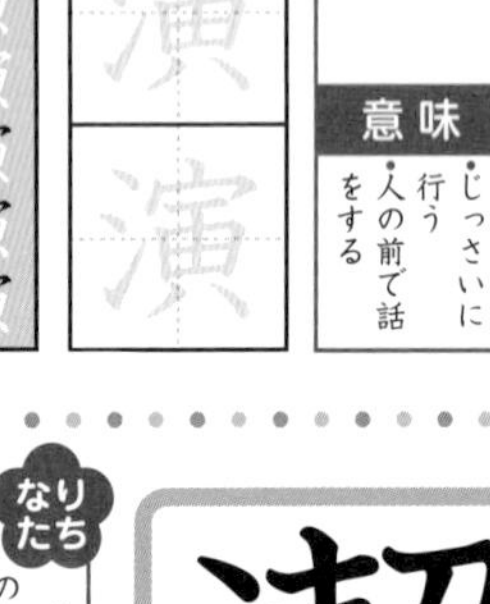

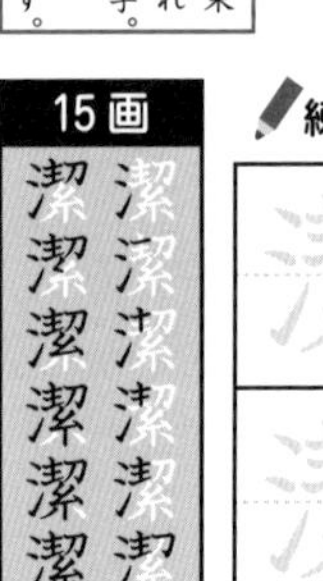

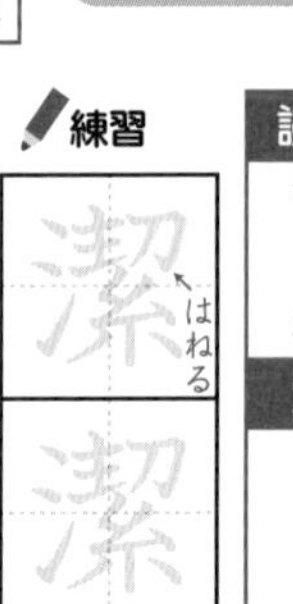
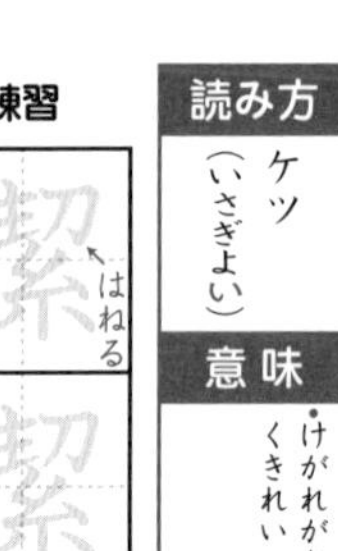

「減少」は似（に）た意味の漢字が結びついた熟語（じゅくご）、「増減」は反対の意味の漢字が結びついた熟語（じゅくご）です。

このような組み立ての熟語（じゅくご）をさがしてみましょう。

ドリル

1つ・5点

点

1 ——線の漢字の読みがなを書きましょう。

① 準決勝で負ける。（　　）

② 身長を測る。（　　）

③ ピアノの演奏。（　　）

④ 清潔なハンカチ。（　　）

⑤ 星を観測する。（　　）

⑥ 生活の水準。（　　）

⑦ 簡潔な文章。（　　）

⑧ 出演する人。（　　）

⑨ 標準のサイズ。（　　）

⑩ 身体測定の日。（　　）

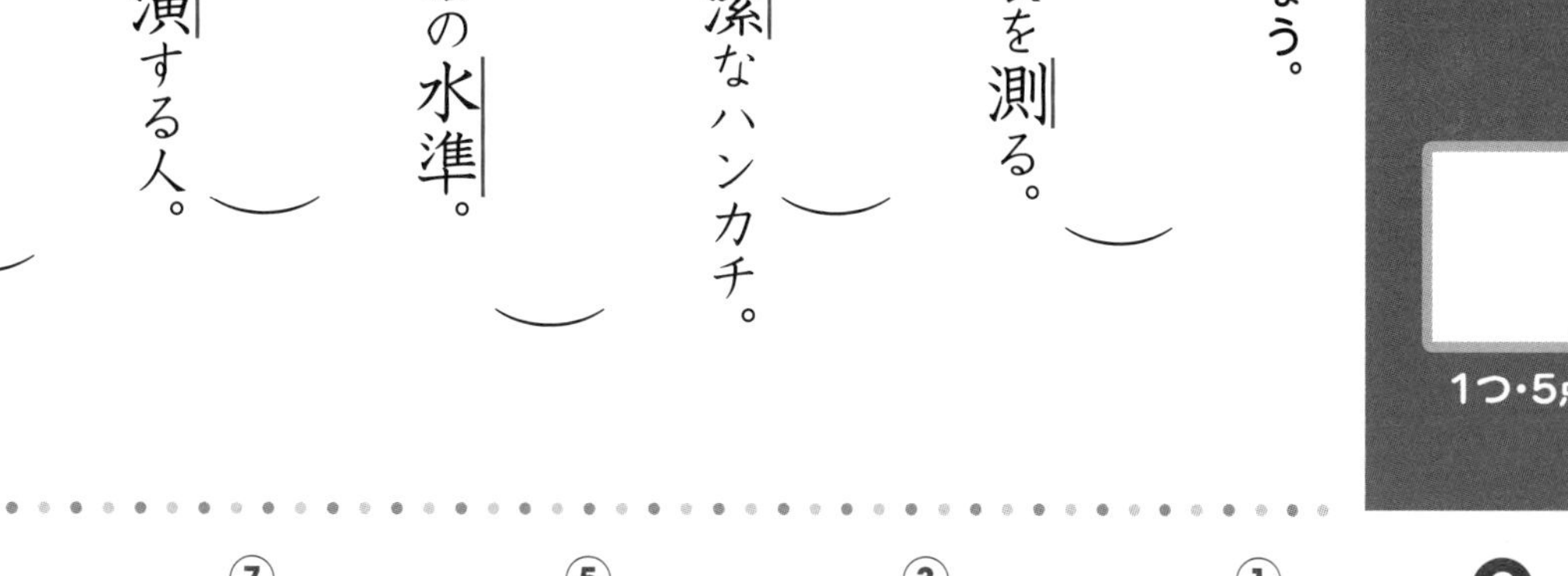

2 読みがなにあう漢字を書きましょう。

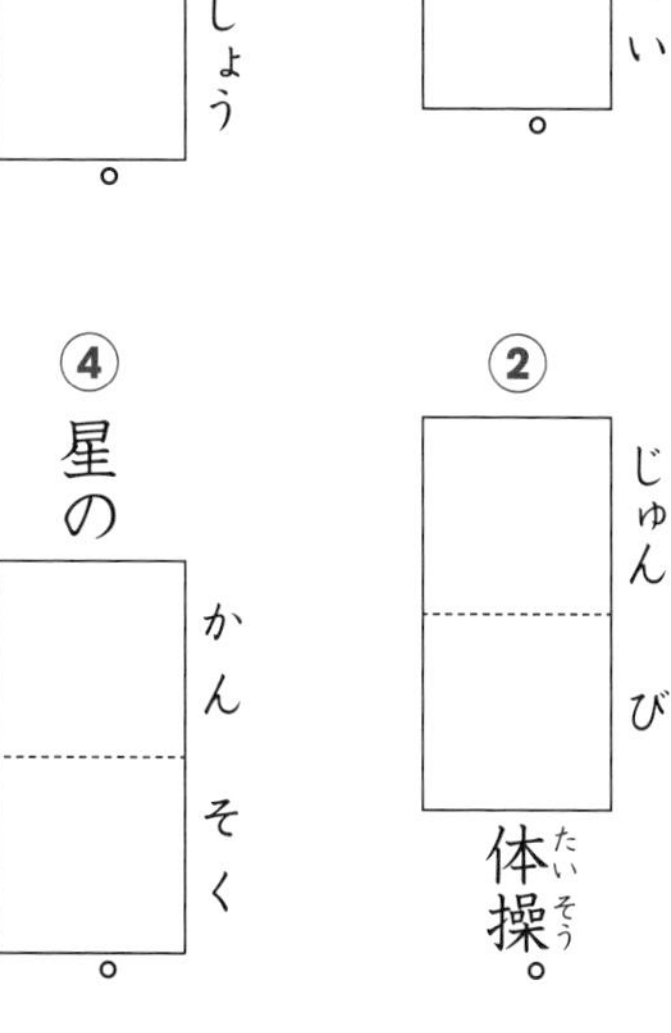

① 身体［そくてい］。

② ［じゅんび］体操。

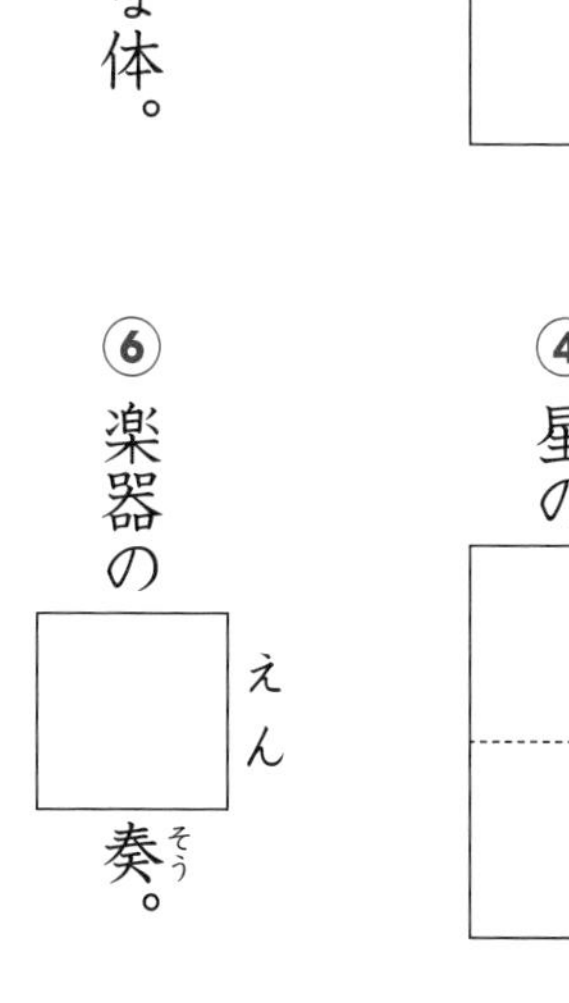

③ ［じゅんけっしょう］。

④ 星の［かんそく］。

⑤ ［せいけつ］な体。

⑥ 楽器の［えん］奏。

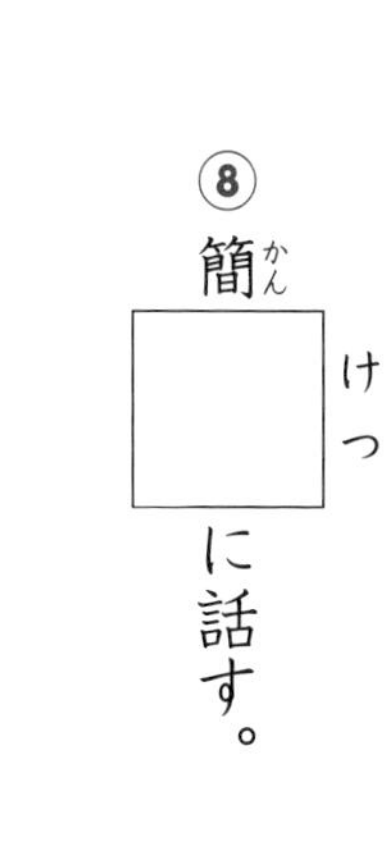

⑦ ［えんぜつ］。

⑧ 簡［けつ］に話す。

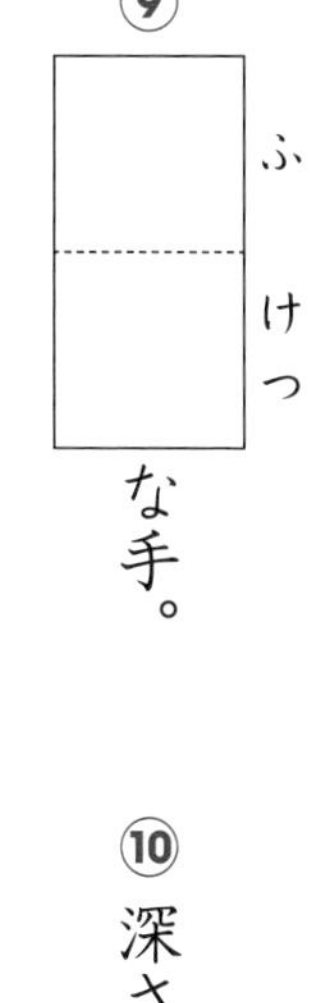

⑨ ［ふけつ］な手。

⑩ 深さを［はか］る。

まとめドリル

点

1つ・5点

❶ 読みがなにあう漢字を書きましょう。

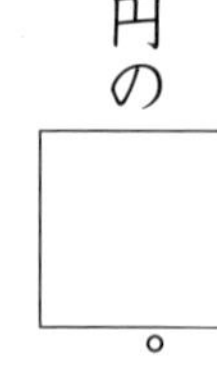

① 十円の□（そん）。

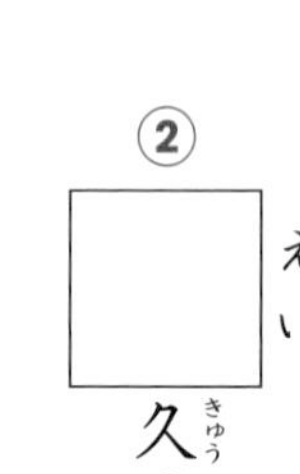

② □（えい）久（きゅう）の平和。

③ 番組の□（てい）供（きょう）。

④ とう明な□（えき）体（たい）。

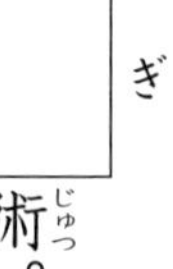

⑤ 算数の□（じゅ）業（ぎょう）。

⑥ 高度な□（ぎ）術（じゅつ）。

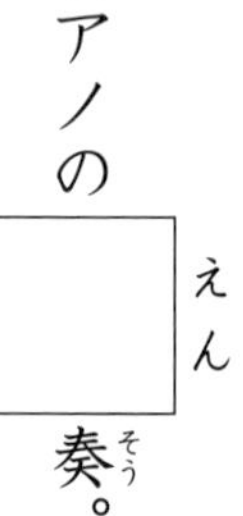

⑦ 事故（じこ）の□（げん）少（しょう）。

⑧ ピアノの□（えん）奏（そう）。

⑨ 観（かん）□（そく）そう置。

⑩ □（こん）雑（ざつ）した電車。

❷ 読みがなにあう漢字を書きましょう。

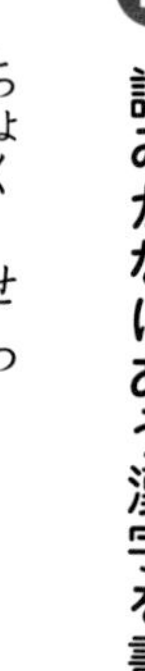

① □□（ちょく・せつ）話す。

② □□（ぎん・が）系（けい）。

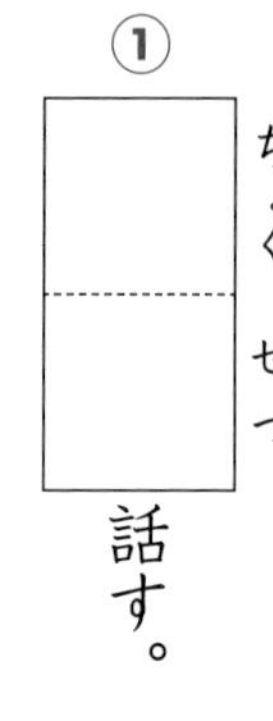

③ □□（せい・けつ）な手。

④ 実験の□□（じゅん・び）。

❸ 次のことばを漢字と送りがなで〔　〕に書きましょう。

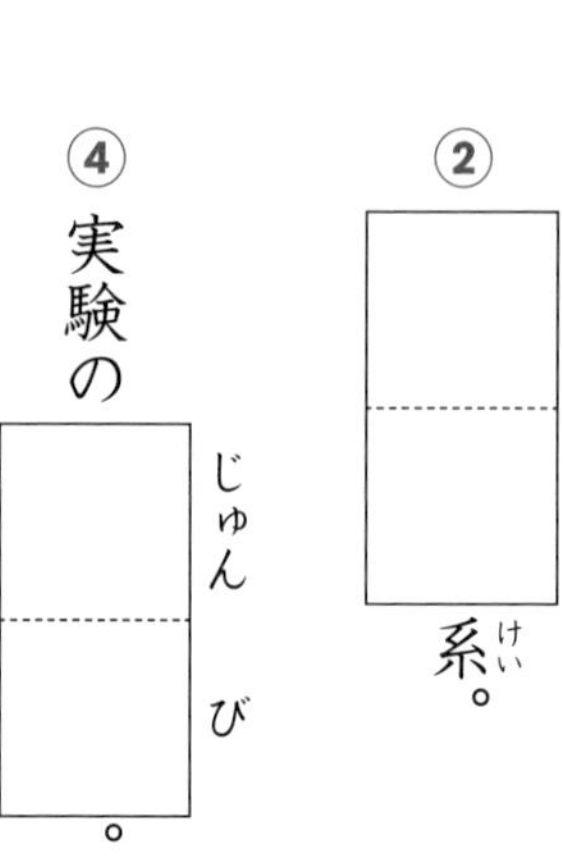

① 道が〔こむ〕。

② 山菜を〔とる〕。

③ 量を〔へらす〕。

④ 広さを〔はかる〕。

⑤ 人を〔まねく〕。

⑥ 絵の具を〔まぜる〕。

4 「木(き)・木(きへん)」のつく漢字

条・枝・桜・検・査・格・構

なりたち

木 → 木 → 木

「木(き)（木(きへん)）」は、立っているきの様子をえがいたものです。「木」のつく漢字には、木の部分の名前、木の種類や木で作った物に関係するものが多くあります。

※〇数字は習う学年

漢字	学年	主な読み方
木	①	ボク・モク き・こ
本	①	ホン もと
村	①	ソン むら
林	①	リン はやし
校	①	コウ ―
森	①	シン もり
来	②	ライ くる
東	②	トウ ひがし
楽	②	ガク・ラク たのしい
板	③	ハン・バン いた
柱	③	チュウ はしら
根	③	コン ね
植	③	ショク うえる
業	③	ギョウ（わざ）
様	③	ヨウ さま
横	③	オウ よこ
橋	③	キョウ はし
札	④	サツ ふだ
末	④	マツ すえ
未	④	ミ ―
材	④	ザイ ―
束	④	ソク たば
果	④	カ はたす
松	④	ショウ まつ
栄	④	エイ さかえる
栃	④	― とち
案	④	アン ―
梅	④	バイ うめ
械	④	カイ ―
梨	④	― なし
極	④	キョク（きわめる）
標	④	ヒョウ ―
機	④	キ（はた）
条	⑤	ジョウ ―
枝	⑤	（シ） えだ
査	⑤	サ ―
桜	⑤	（オウ） さくら
格	⑤	カク ―
検	⑤	ケン ―
構	⑤	コウ かまえる

読み方

ジョウ
―

意味

・すじみち
・一区切りずつ書き分けた文

なりたち

もとの字は「條」。「攸（人のせなかに細く長く水を注ぐ）」と「木（き）」を合わせた字。細長い木の枝(えだ)のことから、すじみちのことを表す。

7画

条 条 条 条 条 条 条

✎練習

「ホ」としない

❶ 「条」を書きましょう。

成功の［じょう］件(けん)。

か［じょう］書(が)き。

［じょう］約(やく)を結ぶ。

父の信(しん)［じょう］。
（父がかたく信じて守っていること）

❷ 読みがなを書きましょう。

成功の条件。（　　）

か条書きにする。（　　）

条約を結ぶ。（　　）

父の信条。（　　）

枝

なりたち
「木(き)」と「支(竹のえだを手に持つ様子)」を合わせた字。幹(みき)から分かれた細い木のえだを表す。

読み方
(シ) えだ

意味
●木のえだ

練習 少しあける

8画 枝枝枝枝枝枝枝枝

❶「枝」を書きましょう。

松の□(えだ)。

□(えだ)分(わ)かれ。

白かばの小□(こえだ)。

❷読みがなを書きましょう。

松の枝(　　)。

枝(　　)分かれする。

白かばの小枝(　　)。

桜

なりたち
もとの字は「櫻」。「嬰(女の人の貝の首かざり。取りまく)」と「木(き)」を合わせ、花が取りまいてさく、さくらの木を表す。

読み方
(オウ) さくら

意味
●さくらの木

練習 点の向きに注意

10画 桜桜桜桜桜桜桜桜桜桜

❶「桜」を書きましょう。

満開の□(さくら)。

□(さくら)並木(なみき)。

□色(さくらいろ)のほお。

❷読みがなを書きましょう。

満開の桜(　　)。

桜(　　)並木(なみき)。

桜色(　　)のほお。

木の名前

「木」のつく漢字には、木の種類を表すものがあります。

桜(さくら)

「木」の部分の名前を表すものがあります。

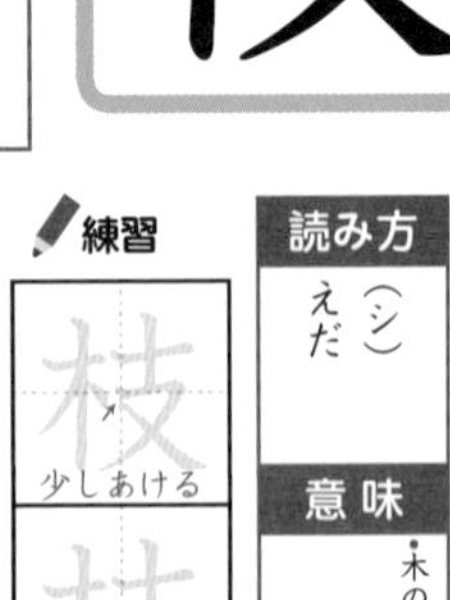

ドリル

点

1つ・5点

1 ——線の漢字の読みがなを書きましょう。

① 松の枝。（　　）

② 成功の条件。（　　）

③ か条書きにする。（　　）

④ 満開の桜。（　　）

⑤ 桜並木を歩く。（　　）

⑥ 枝分かれする。（　　）

⑦ 条約を結ぶ。（　　）

⑧ 桜色のはだ。（　　）

⑨ 白かばの小枝。（　　）

⑩ 父の信条。（　　）

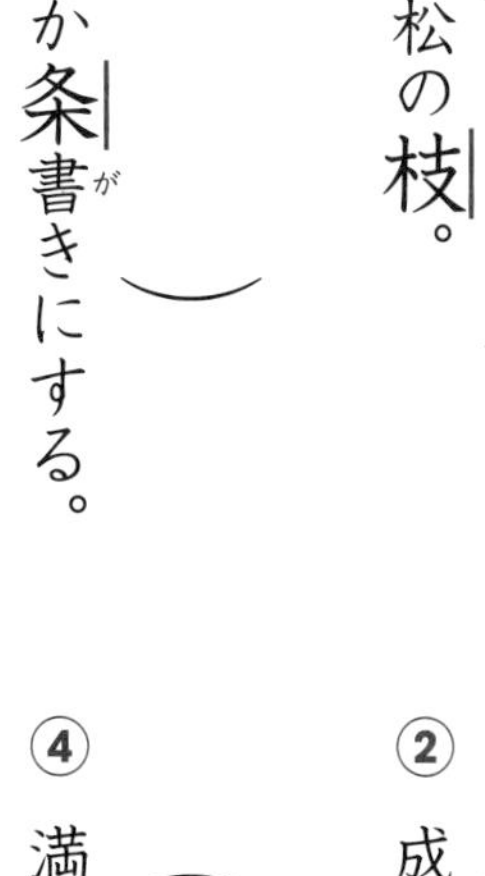
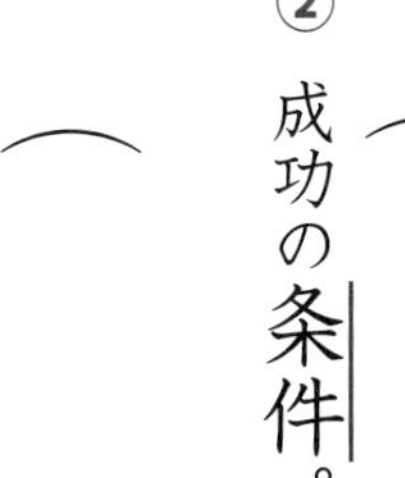
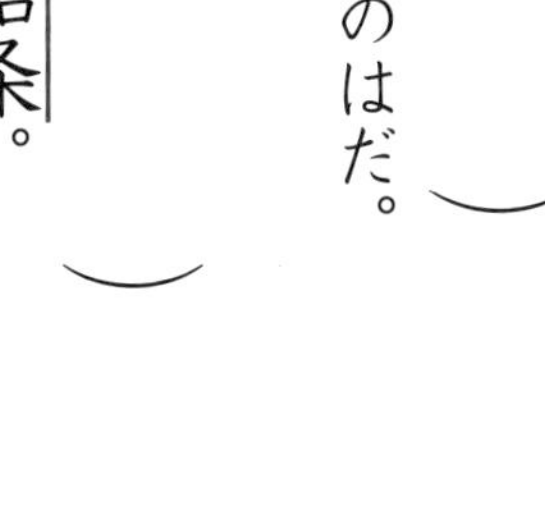

2 読みがなにあう漢字を書きましょう。

① □□（じょう けん）をつける。

② 満開の□（さくら）。

③ 白かばの□□（こ えだ）。

④ □（さくら）並木。

⑤ □（えだ）分かれ。

⑥ か□（じょう）書きにする。

⑦ 梅の□（えだ）。

⑧ 自分の□□（しん じょう）。

⑨ □□（じょう やく）。

⑩ □□（さくら いろ）のほお。

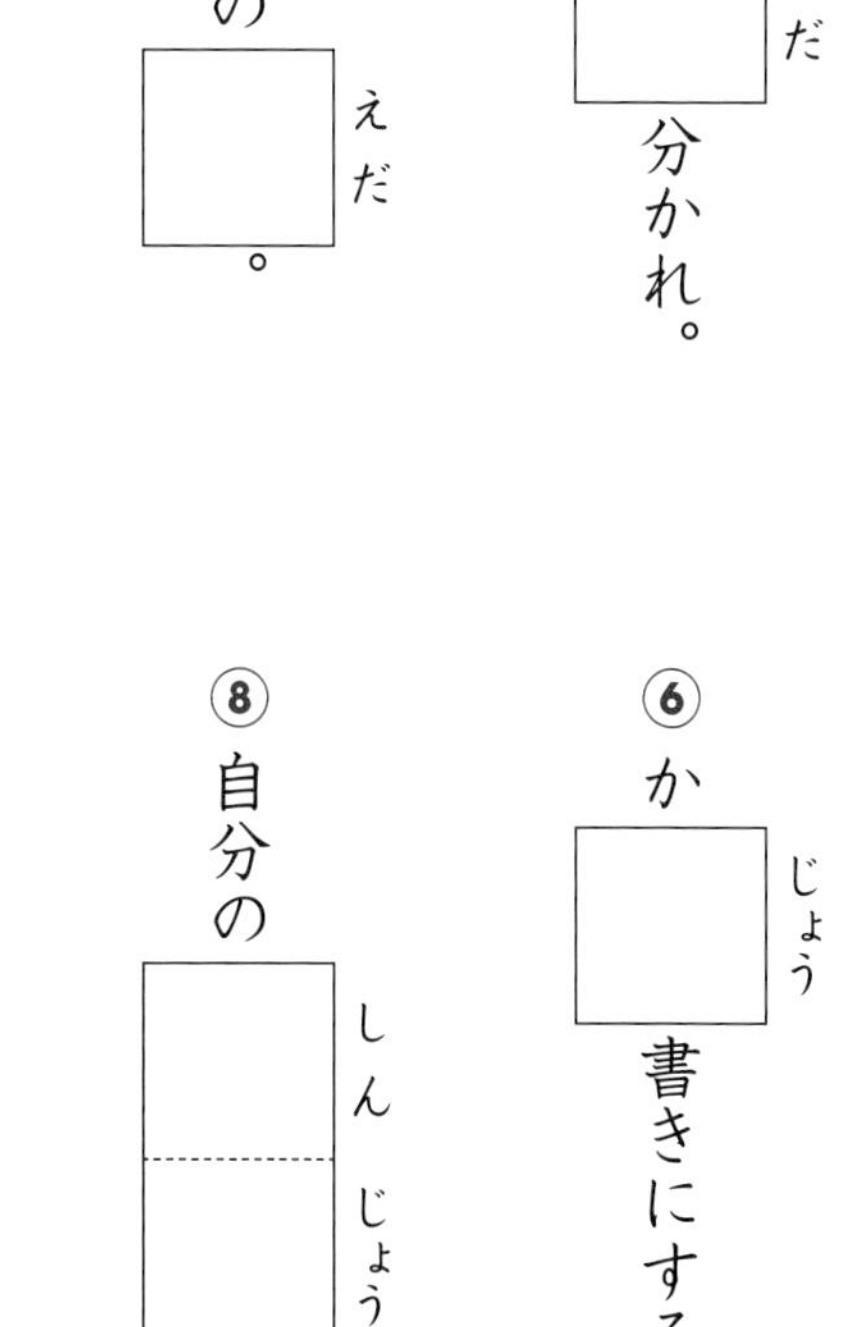
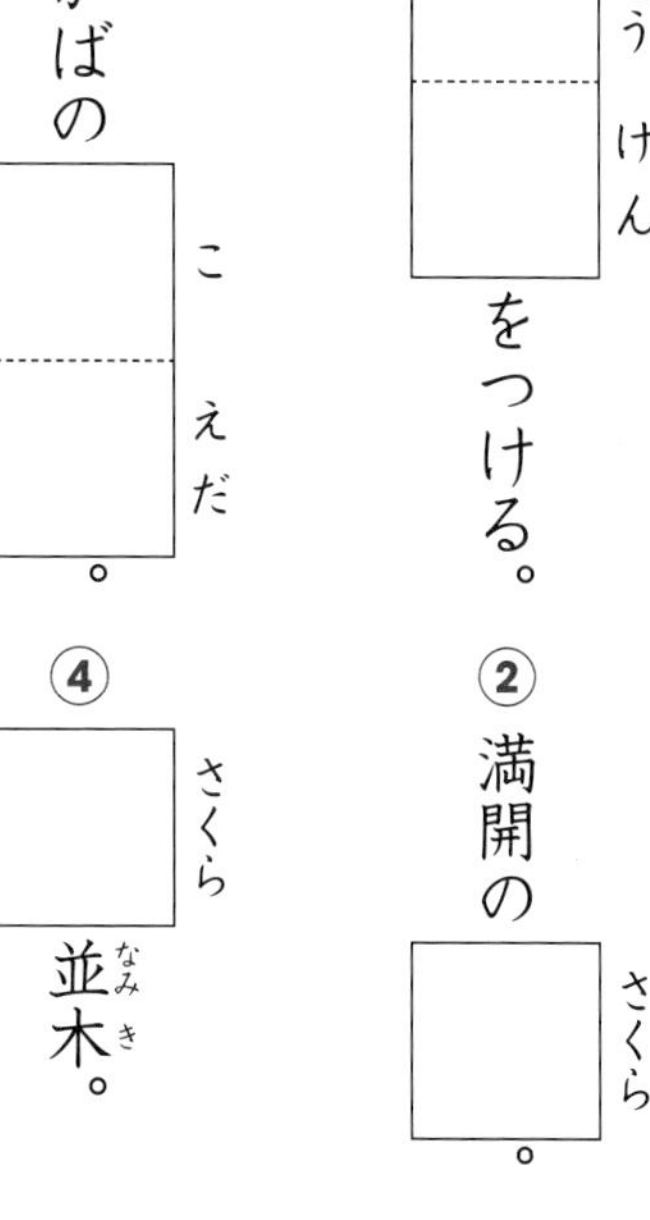

検

なりたち
もとの字は「檢」。「木(き。木の札)」と「僉(多くのものや人を集めて比べる)」を合わせた字。木の札を集めて比べて、調べることを表す。

読み方	
ケン	
―	

意味
・細かく調べる

12画

練習

❶「検」を書きましょう。

水質(すいしつ)の［けん］［さ］。

ガスの［てん］［けん］。

北極探(たん)［けん］。

［けん］［てい］試験。

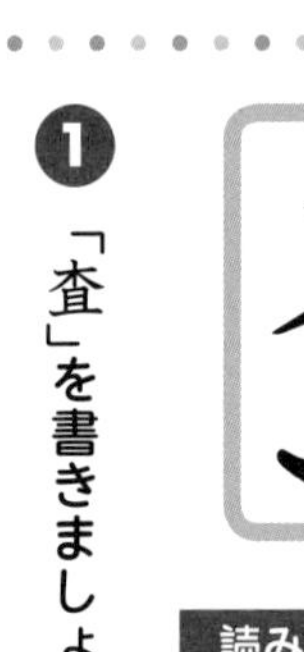

❷読みがなを書きましょう。

川の水質の検査。（　　）

ガスの点検。（　　）

北極探(たん)検に行く。（　　）

英語の検定試験。（　　）

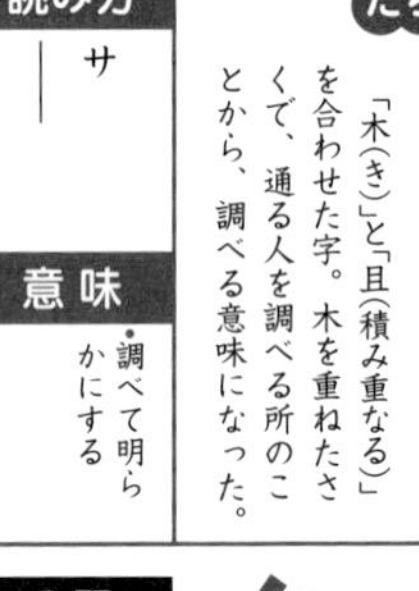

査

なりたち
「木(き)」と「且(積み重なる)」を合わせた字。木を重ねたさくで、通る人を調べる所のことから、調べる意味になった。

読み方	
サ	
―	

意味
・調べて明らかにする

9画

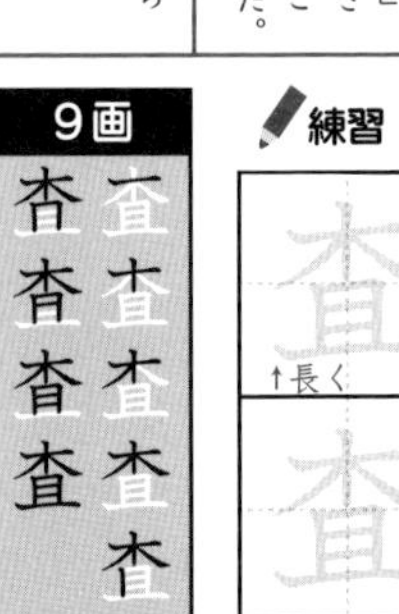

練習

↑長く

❶「査」を書きましょう。

視力(しりょく)の［けん］［さ］。

原因(げんいん)の［ちょう］［さ］。

競技(きょうぎ)のしん［さ］員(いん)。

海底探(たん)［さ］の機械。
（海底にさぐりを入れて調べる機械）

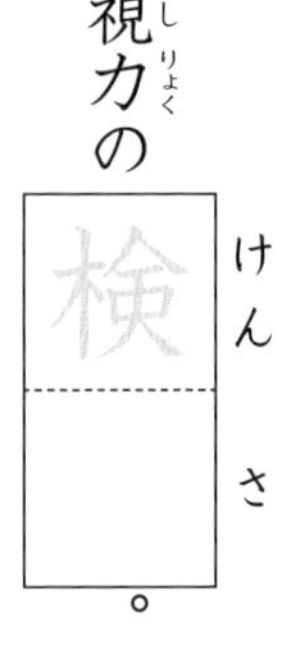

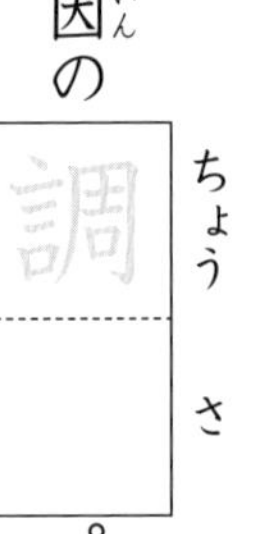

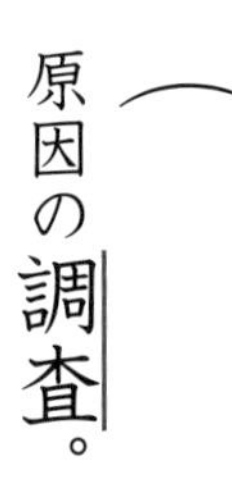

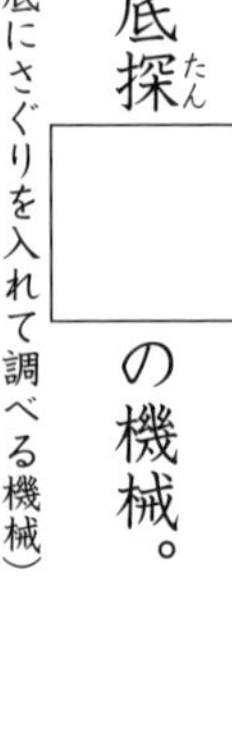

❷読みがなを書きましょう。

視力(しりょく)の検査。（　　）

原因の調査。（　　）

競技のしん査員。（　　）

海底探(たん)査の機械。（　　）

格

なりたち
「各（足の先がかたいものにつかえる）」と「木（き）」を合わせた字。もとは、支えてとめる木のことから、わくをはめることを表す。

読み方
カク
（コウ）

意味
・きまり
・てい度
・組み合わせた形

10画

練習 はらう

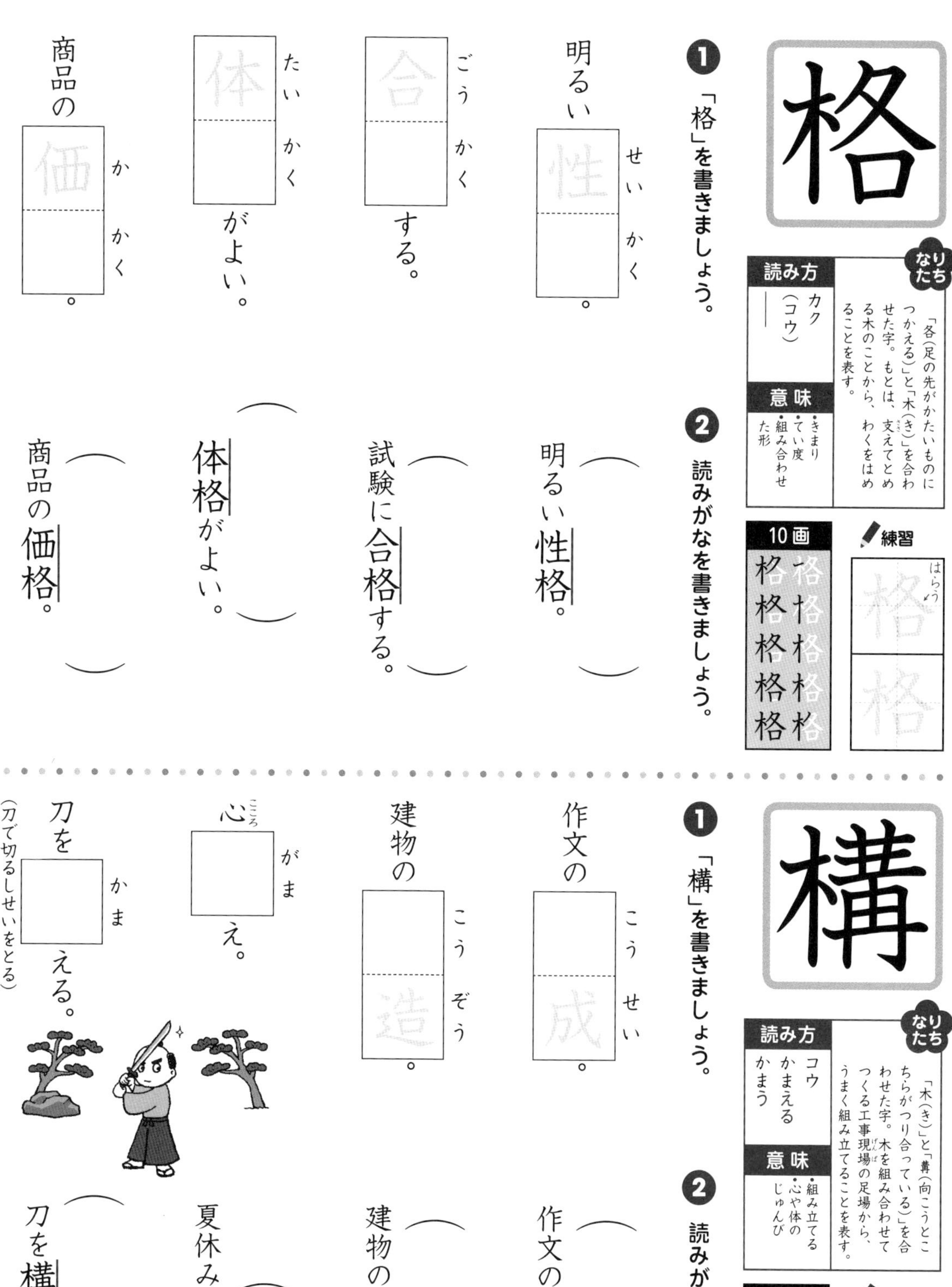

1 「格」を書きましょう。

明るい［せいかく］。
［ごうかく］する。
［たいかく］がよい。
商品の［かかく］。

2 読みがなを書きましょう。

明るい性格。（　　）
試験に合格する。（　　）
体格がよい。（　　）
商品の価格。（　　）

構

なりたち
「木（き）」と「冓（向こうとこちらがつり合っている）」を合わせた字。木を組み合わせてつくる工事現場の足場から、うまく組み立てることを表す。

読み方
コウ
かまえる
かまう

意味
・組み立てる
・心や体のじゅんび

14画

練習 はねる

1 「構」を書きましょう。

作文の［こうせい］。
建物の［こうぞう］。
心［がま］え。
刀を［かま］える。（刀で切るしせいをとる）

2 読みがなを書きましょう。

作文の構成。（　　）
建物の構造。（　　）
夏休みの心構え。（　　）
刀を構える。（　　）

ドリル

点

1つ・5点

1 ——線の漢字の読みがなを書きましょう。

① 明るい性格。（　）

② 視力の検査。（　）

③ 作文の構成。（　）

④ 人口の調査。（　）

⑤ 探検に行く。（　）

⑥ 夏休みの心構え。（　）

⑦ 商品の価格。（　）

⑧ 海底探査の機械。（　）

⑨ 建物の構造。（　）

⑩ 英語の検定試験。（　）

2 読みがなにあう漢字を書きましょう。

① 原因の（ちょうさ）。

② 作文の（こうせい）。（作文の組み立て）

③ 水質の（けんさ）。

④ （ごうかく）する。

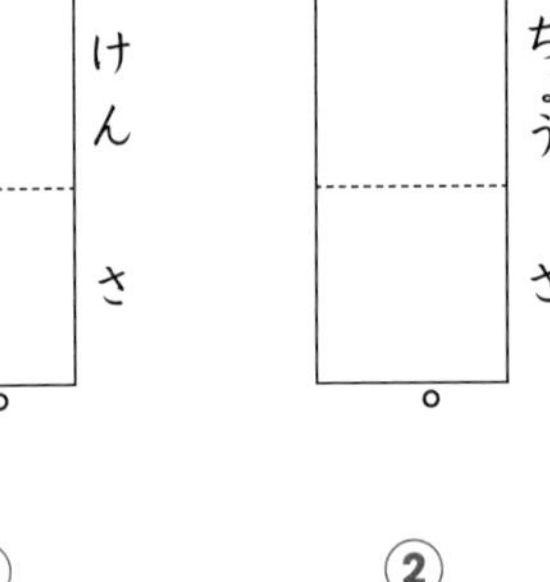

⑤ しん（さ）員。

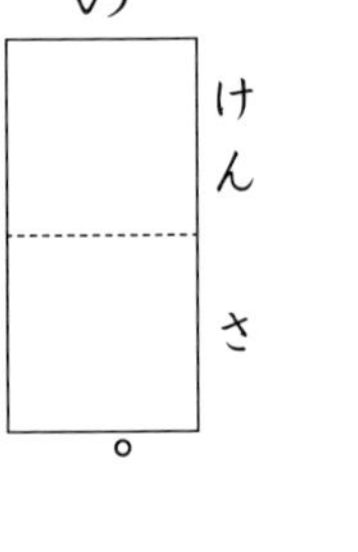

⑥ ガスの（てんけん）。

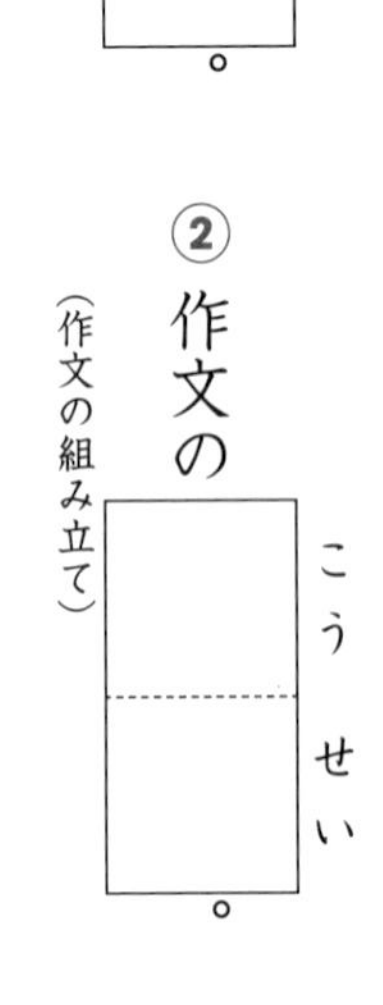

⑦ （たいかく）がよい。

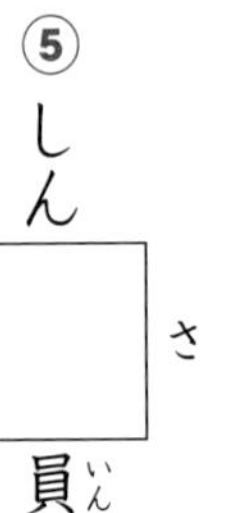

⑧ カメラの（こうぞう）。

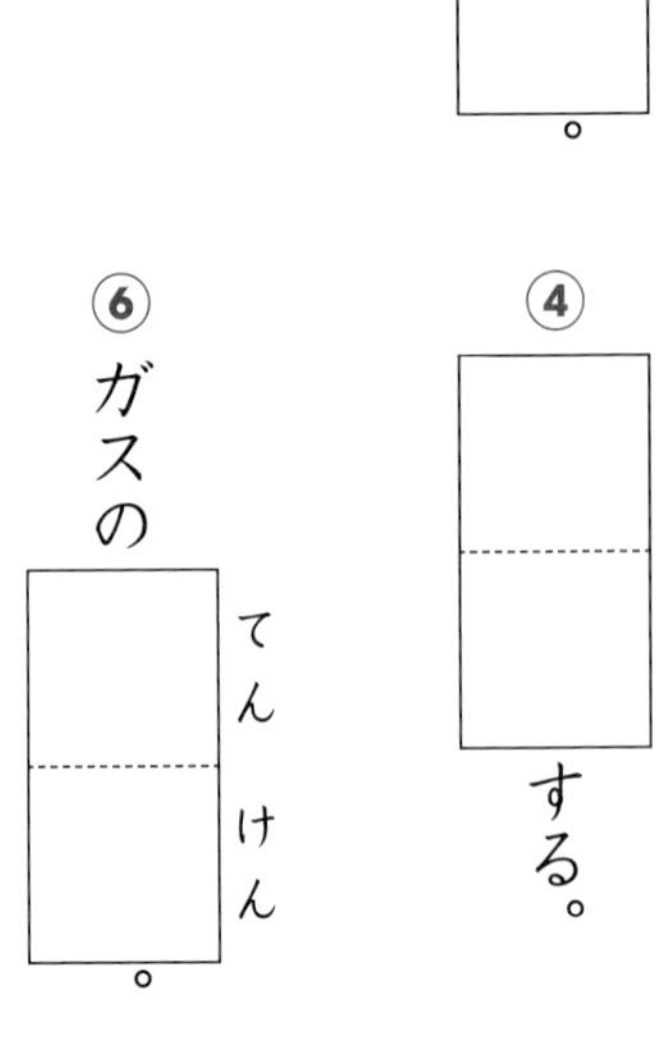

⑨ （けんてい）試験。

⑩ 刀を（かま）える。

5 「糸(いと・いとへん)」のつく漢字

経・素・絶・統・総・綿・編・紀・績・織

糸

なりたち

「糸(いと・いとへん)」は、細いいとをたくさんより合わせた形からできた字です。

「糸」のつく漢字には、糸や織物(おりもの)に関係するものがあります。

※○数字は習う学年

漢字	主な読み方
糸①	シ いと
紙②	シ かみ
細②	サイ ほそい こまかい
組②	ソ くむ
絵②	カイ・エ ―
線②	セン ―
級③	キュウ ―
終③	シュウ おわる
緑③	リョク みどり
練③	レン ねる
約④	ヤク ―
給④	キュウ ―
結④	ケツ むすぶ
続④	ゾク つづく
縄④	(ジョウ) なわ
紀⑤	キ ―
素⑤	ソ・(ス) ―
経⑤	ケイ へる
絶⑤	ゼツ たえる
統⑤	トウ (すべる)
総⑤	ソウ ―
綿⑤	メン わた
編⑤	ヘン あむ
績⑤	セキ ―
織⑤	シキ おる

なりたち

もとの字は「經」。「巠(布(ぬの)を織(お)るまっすぐなたて糸)」と「糸(いと)」を合わせた字。まっすぐなたての線や、まっすぐ通り過(す)ぎることを表す。

読み方

ケイ (キョウ) へる

意味

・時間がたつ

11画

経 経 経 経 経 経 経 経 経 経 経

練習

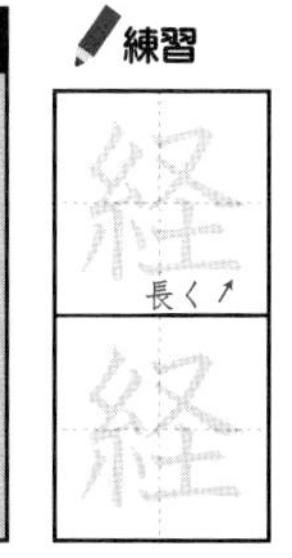

1 「経」を書きましょう。

けいけん □験。

けいか □過する。

困難(こんなん)を□へる。(困難をけいけんする)

年月を□へる。

2 読みがなを書きましょう。

経験を生かす。( )

二時間が経過する。( )

多くの困難(こんなん)を経る。( )

年月を経る。( )

素

読み方　ソ　（ス）

意味　・もとのままである　・もとになるもの

なりたち　「𡗗（「垂」を略した形。たれ下がる）」と「糸（いと）」を合わせ、もとは、まゆから取ったばかりの生糸のこと。後に、まだ手を加えていないことを表す。

10画

練習　長く

1 「素」を書きましょう。

- 絵の［　］［質］（そしつ）。
- ［酸］［　］（さんそ）をすう。
- 料理の［　］［材］（そざい）。
- ［栄］［養］［　］（えいようそ）。（たんぱくしつ・ビタミンなど）

2 読みがなを書きましょう。

- 絵の素質がある。（　　）
- 酸素をすう。（　　）
- 料理の素材。（　　）
- 食べ物の栄養素。（　　）

絶

読み方　ゼツ　たえる　たやす　たつ

意味　・つながりをなくす　・終わる

なりたち　もとの字は「絕」。「糸（いと）」と「色（刀とひざまずいた人）」を合わせた字。刀で糸をぷっつり切るように、ものをたち切ることを表す。

12画

練習　はねる↑

1 「絶」を書きましょう。

- ［　］［対］（ぜったい）に勝つ。
- ［気］［　］（きぜつ）する。
- 交通が［　］（た）える。
- 消息を［　］（た）つ。（連らくや便り、音信などがなくなる）

2 読みがなを書きましょう。

- 絶対に勝つ。（　　）
- のぼせて気絶する。（　　）
- 交通が絶える。（　　）
- 消息を絶つ。（　　）

統

なりたち
「糸(いと)」と「充(太った子どものすがた。中身がいっぱいである)」を合わせた字。ばらばらの糸などをまとめていっぱいにすることを表す。

読み方	意味
トウ (すべる)	・一つにまとめる ・続いているもの

12画

練習 はねる↑

❶「統」を書きましょう。

とういっ（一）する。

でんとう（伝）を守る。

けっとうしょ（血・書）。

だいとうりょう（大・領）。

❷読みがなを書きましょう。

日本を統一する。（　）

伝統を守る。（　）

犬の血統書。（　）

大統領の演説(えんぜつ)。（　）

総

なりたち
もとの字は「總」。「糸(いと)」と「悤(一つにまとめる)」を合わせた字。もとは、糸をまとめたふさのこと。後に、すべてを一つにまとめることを表す。

読み方	意味
ソウ ―	・一つにまとめる ・すべての

14画

練習 はねる↑

❶「総」を書きましょう。

そうごう（合）得点(とくてん)。

貯金(ちょきん)のそうがく（額）。

そうり（理）大臣。

生徒のそうすう（数）。

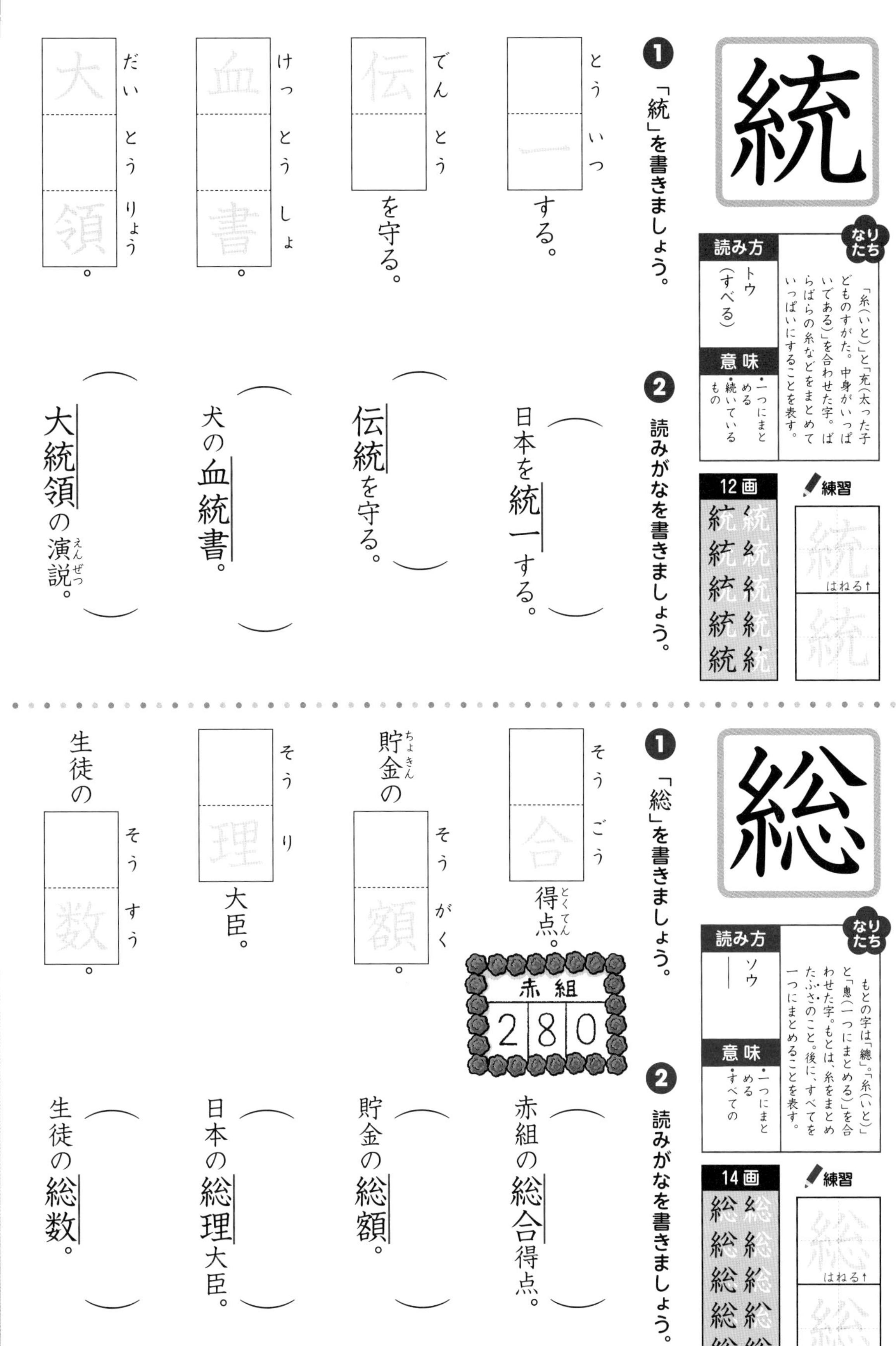

❷読みがなを書きましょう。

赤組の総合得点。（　）

貯金の総額。（　）

日本の総理大臣。（　）

生徒の総数。（　）

ドリル

点

1つ・5点

1 ──線の漢字の読みがなを書きましょう。

① 酸素をすう。（　　）
② 経過する。（　　）
③ 気絶する。（　　）
④ 総理大臣。（　　）
⑤ 犬の血統書。（　　）
⑥ 料理の素材。（　　）
⑦ 困難（こんなん）を経る。（　　）
⑧ 消息を絶つ。（　　）
⑨ 貯金の総額。（　　）
⑩ 大統領の演説（えんぜつ）。（　　）

2 読みがなにあう漢字を書きましょう。

① ［ぜったい］に勝つ。
② 生徒の［そうすう］。
③ ［えいようそ］。
④ ［そうごう］得点。
⑤ 貯金の［そうがく］。
⑥ ［でんとう］を守る。
⑦ ［そしつ］。
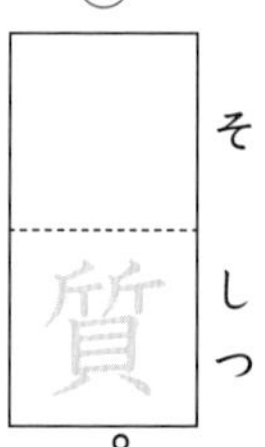
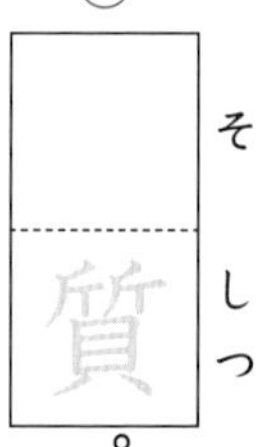
⑧ 年月を［へ］る。

⑨ ［けいけん］。
⑩ 交通が［た］える。

綿

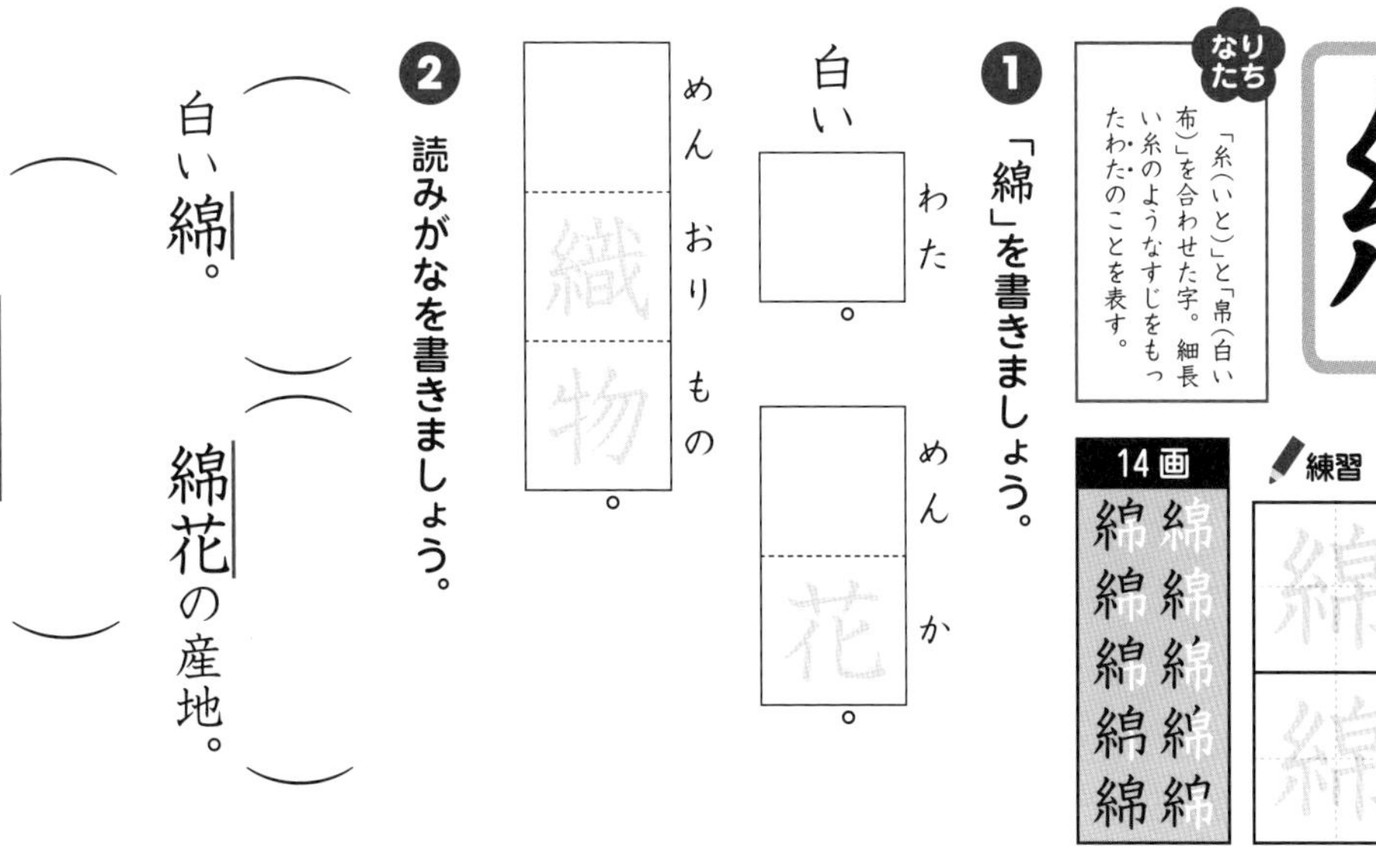

なりたち
「糸（いと）」と「帛（白い布）」を合わせた字。細長い糸のようなすじをもったわたのことを表す。

14画
綿 綿 綿 綿 綿 綿 綿 綿 綿 綿

練習
綿 綿（はねる）

読み方
メン
わた

意味
・わた、もめん

❶ 「綿」を書きましょう。

白い［わた］。

［めん］花。

［めん］織物。

❷ 読みがなを書きましょう。

白い綿。（　　）

綿花の産地。（　　）

インドの綿織物。（　　）

編

なりたち
「糸（いと）」と「扁（うすく平らな札と戸）」を合わせた字。文字を書いた木の札が、ばらばらにならないように糸でとじてあむことを表す。

15画
編 編 編 編 編 編 編 編 編 編

練習
編 編（はねる）

読み方
ヘン
あむ

意味
・組み立てる
・本などを作る

❶ 「編」を書きましょう。

本の［へん］集。

［へん］成。

毛糸を［あ］む。

❷ 読みがなを書きましょう。

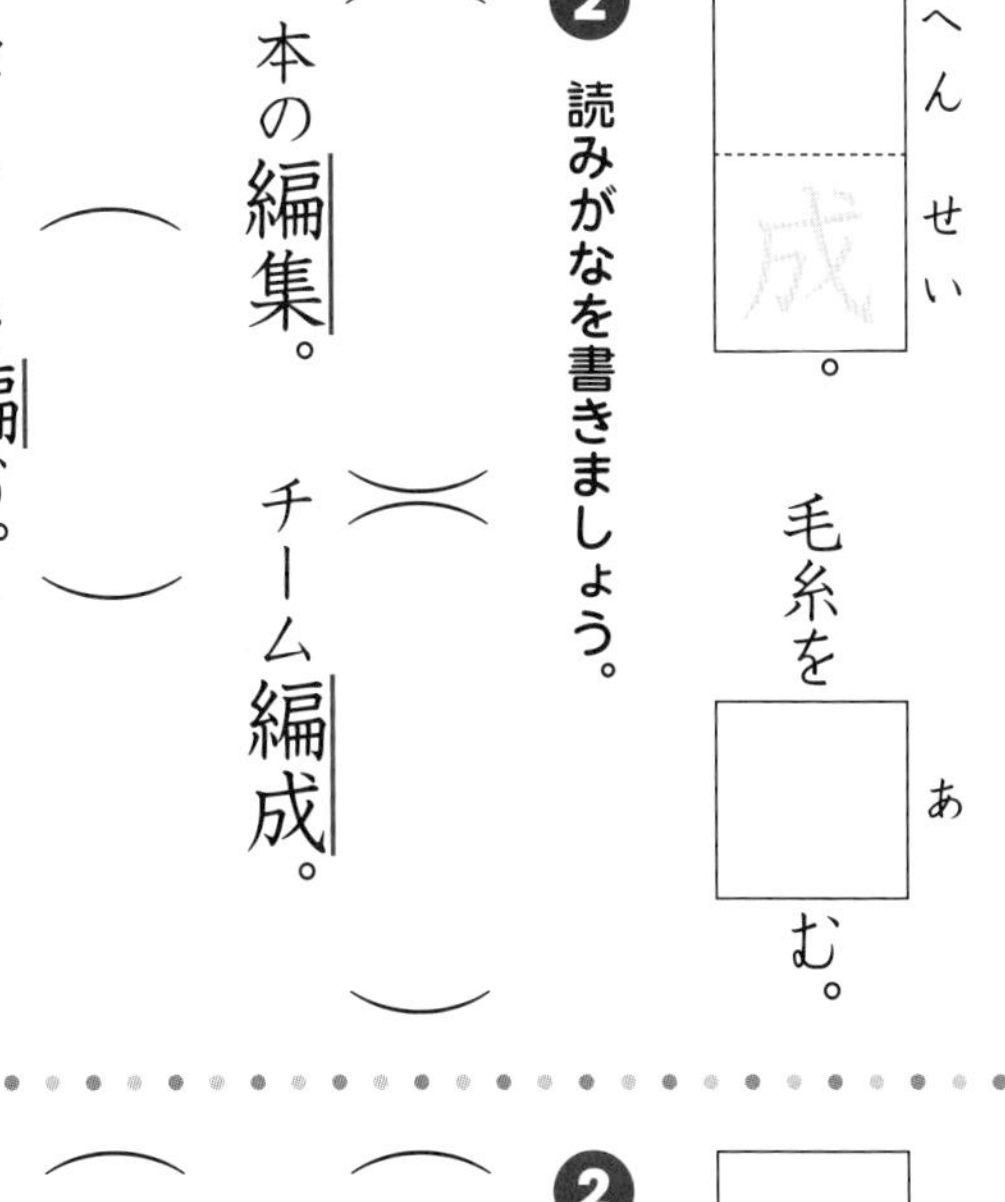

本の編集。（　　）

チーム編成。（　　）

セーターを編む。（　　）

紀

なりたち
「糸（いと）」と「己（起き上がること）」を合わせた字。糸のまき始めの印のことからものごとの始めを表す。

9画
紀 紀 紀 紀 紀 紀 紀 紀 紀

練習
紀（はねる） 紀

読み方
キ
―

意味
・きまり
・書きしるす
・年代

❶ 「紀」を書きましょう。

世［き］。

風［き］。

［き］行文を読む。

❷ 読みがなを書きましょう。

二十世紀。（　　）

風紀のみだれ。（　　）

紀行文を読む。（　　）

績

なりたち 「糸（いと）」と「責（借りたお金が積み重なってせめられる）」を合わせた字。糸を一本一本積み重ねて布をおることを表す。

17画

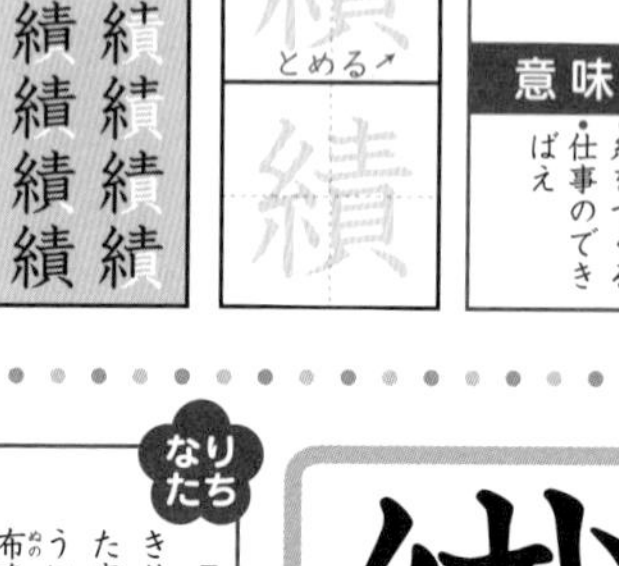

練習

読み方 セキ

意味 ・糸をつくる ・仕事のできばえ

❶ 「績」を書きましょう。

せいせき（成□）。

じっせき（実□）。

ぼう□（せき）工場。（わたやまゆから糸をつくる工場）

❷ 読みがなを書きましょう。

よい成績。（　　）

実績を上げる。（　　）

ぼう績工場の建物。（　　）

織

なりたち 「糸（いと）」と「戠（はっきり見分ける）」を合わせた字。おり目が目立つように糸を組むことから、布をおることを表す。

18画

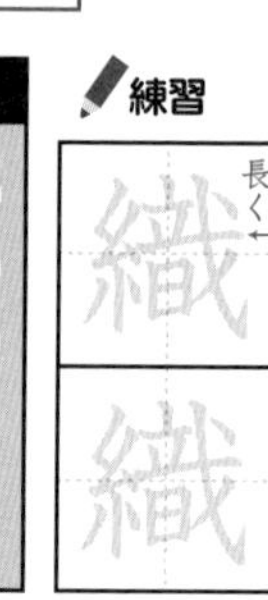

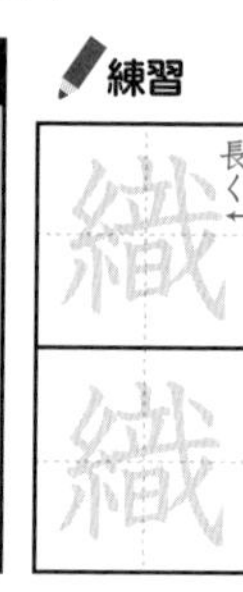

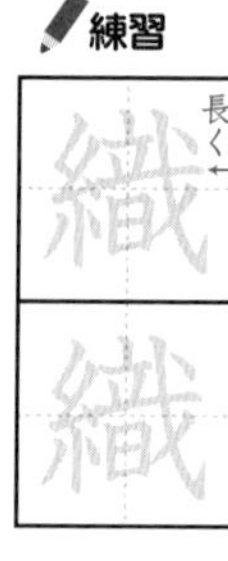

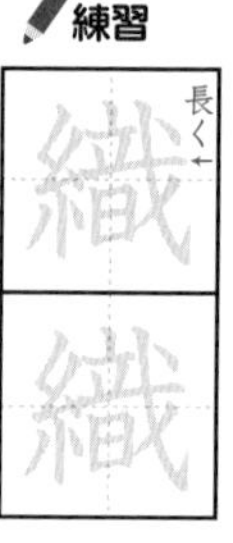

練習

読み方 シキ（ショク） おる

意味 ・ぬのをおる ・組み立てる

❶ 「織」を書きましょう。

布を□（お）る。

毛□□（おりもの）。

会社の□（そしき）。

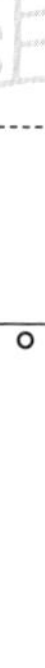

❷ 読みがなを書きましょう。

布を織る。（　　）

毛織物。（　　）

会社の組織。（　　）

本当の「綿（わた）」とは？

「綿（わた）」は秋に花がさく植物で、この実の中に、白いやわらかな毛があり、このせんいからもめんの糸をつくります。これが「もめん綿」です。

また、「真綿（まわた）」ということばを耳にすることがあると思います。これは、「もめん綿」ではなく、きぬと同じように、かいこのまゆのせんいからつくります。軽くてあたたかいので、着物やふとんの中に入れて使います。

ドリル

1つ・5点　点

❶ ——線の漢字の読みがなを書きましょう。

① ふとんの綿。（　　）
② チームの編成。（　　）
③ 布（ぬの）を織る。（　　）
④ 成績を上げる。（　　）
⑤ 手（て）編み。（　　）
⑥ 風紀のみだれ。（　　）
⑦ ぼう績工場。（　　）
⑧ 綿花の産地。（　　）
⑨ 会社の組織。（　　）
⑩ 紀行文を読む。（　　）

❷ 読みがなにあう漢字を書きましょう。

① よい［せい｜せき］。

② ［めん｜おり｜もの］。
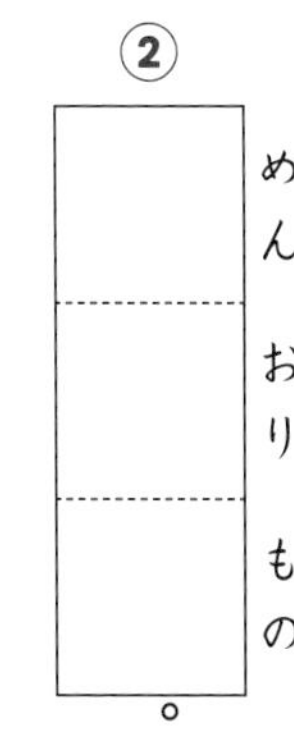

③ 二十一（にじゅういっ）［せい｜き］。

④ ［き｜こう｜ぶん］。

⑤ ［じっ｜せき］を上げる。

⑥ 会社の［そ｜しき］。

⑦ ［へん｜しゅう］。

⑧ 布（ぬの）を［お］る。
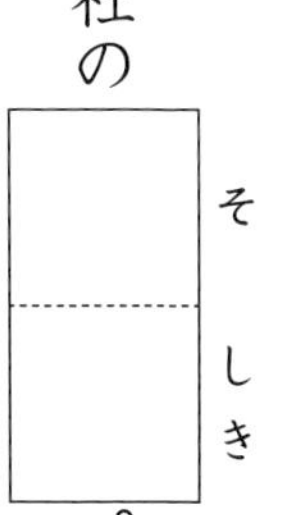

⑨ 白い［わた］。

⑩ セーターを［あ］む。

まとめドリル

点

1つ・5点

1 読みがなにあう漢字を書きましょう。

① （めん）のシャツ。

② 明るい性（せい）（かく）。

③ 松の（えだ）。

④ （あ）み物（もの）を習う。

⑤ （さくら）の花びら。

⑥ 空気中の酸（さん）（そ）。

⑦ 二十一世（にじゅういっせい）（き）。

⑧ 文章の（こう）成（せい）。

⑨ よい（けい）験（けん）。

⑩ 新聞の（へん）集（しゅう）。

2 読みがなにあう漢字を書きましょう。

① （そうり）大臣。

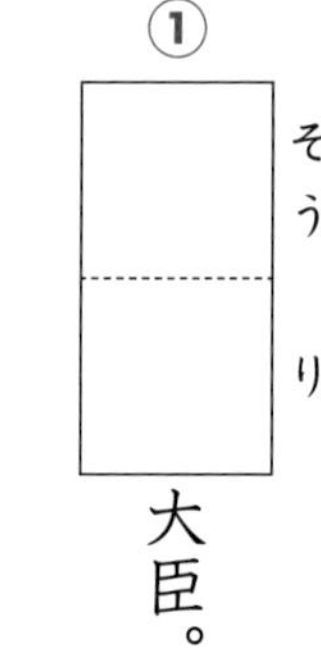

② （じょうけん）がそろう。

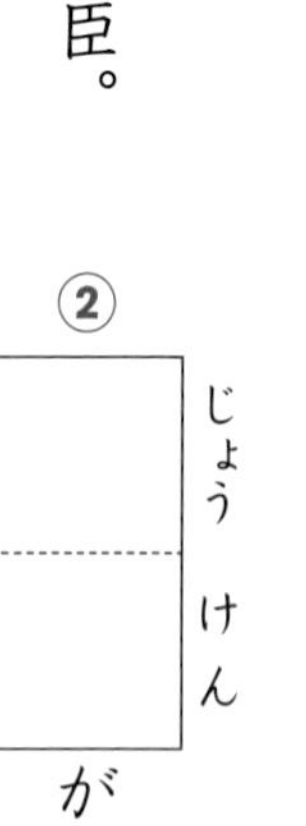

③ （でんとう）芸能（げいのう）。

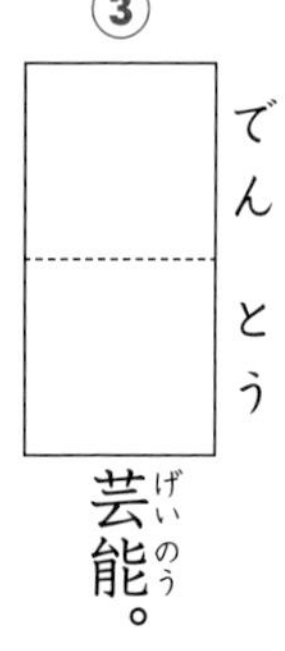

④ 視力（しりょく）の（けんさ）。

⑤ よい（せいせき）。

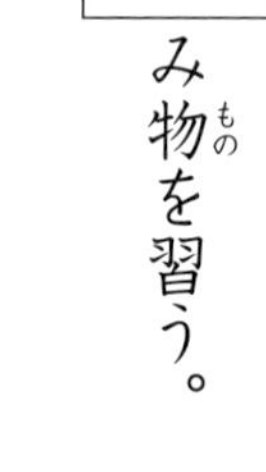

⑥ 会社の（そしき）。

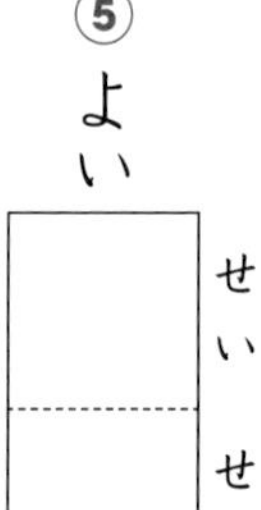

3 次のことばを漢字と送りがなで〔　〕に書きましょう。

① 時を〔へる〕。

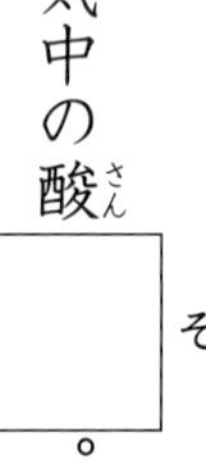

② 布（ぬの）を〔おる〕。

③ 家を〔かまえる〕。

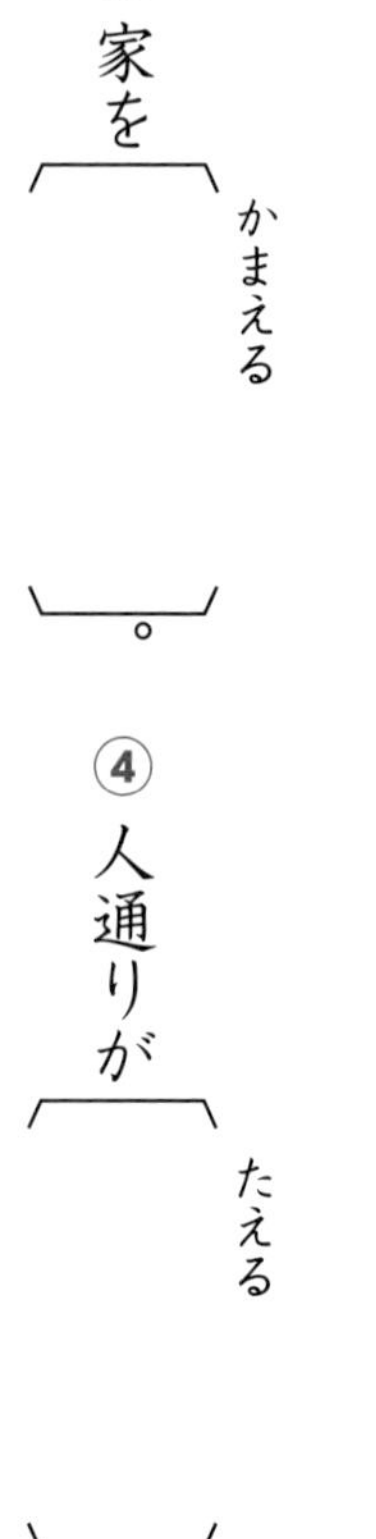

④ 人通りが〔たえる〕。

6 「言(いう・ごんべん)」のつく漢字

許・設・証・評・講・謝・識・護

言 なりたち

「言(いう・ごんべん)」は、「辛(するどいはもの)」と「口(くち)」とを合わせてできた形で、「はぎれよく話す」という意味を表します。

「言」のつく漢字には、言うことやことばに関係するものが多くあります。

※○数字は習う学年

漢字	学年	主な読み方
言	②	ゲン・ゴン いう・こと
計	②	ケイ はかる
記	②	キ しるす
話	②	ワ はなす
語	②	ゴ かたる
読	②	ドク・トク よむ
詩	③	シ ―
談	③	ダン ―
調	③	チョウ しらべる
訓	④	クン ―
試	④	シ こころみる
説	④	セツ とく
課	④	カ ―
議	④	ギ ―
許	⑤	キョ ゆるす
設	⑤	セツ もうける
証	⑤	ショウ ―
評	⑤	ヒョウ ―
講	⑤	コウ ―
謝	⑤	シャ (あやまる)
識	⑤	シキ ―
護	⑤	ゴ ―

許

読み方 キョ ゆるす

意味 ・あやまちをゆるす、聞き入れる

なりたち 「言(ことば)」と「午(上下に動かしてもちをつくきね)」を合わせた字。きねをつくとき、上下にはばをもたせることから、ゆるすことを表す。

11画 許許許許許許許許許許許

練習 許 許 (つき出さない)

1 「許」を書きましょう。

弟のうそを［ゆる］す。

［ゆる］しを得(え)る。

運転めん［きょ］。

役所の［きょ］［可］。

2 読みがなを書きましょう。

弟のうそを許す。（　）

父の許しを得る。（　）

車の運転めん許。（　）

役所の許可。（　）

設

なりたち
「言（ことば）」と「殳（道具を持って仕事をする）」を合わせた字。言ったとおりにつくることから、そなえつけることを表す。

読み方	意味
セツ もうける	●そなえつける

練習 はねる

11画

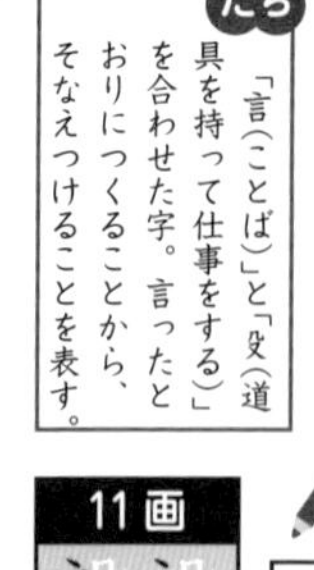

❶「設」を書きましょう。

けんせつ（建）□。　せつび（□備）。

保育所（ほいくじょ）を□（もう）ける。

❷ 読みがなを書きましょう。

ダムの建設（　）。設備（　）が整う。

保育所を設（　）ける。

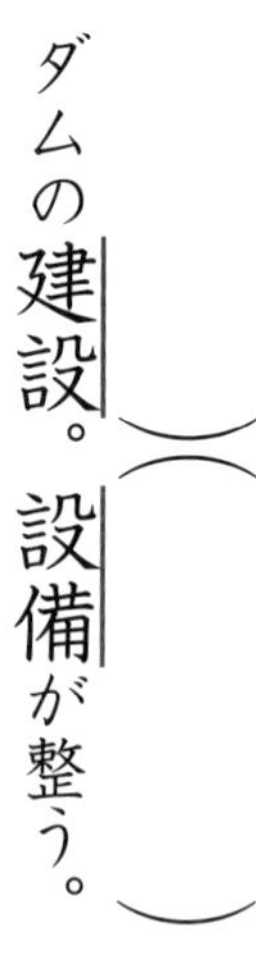

証

なりたち
もとの字は「證」。「言（ことば）」と「登（高くあげる）」を合わせた字。本当のことがわかるよう、高くあげて見せることからうそがないことを表す。

読み方	意味
ショウ	●本当かどうか明らかにする

練習 つき出す

12画

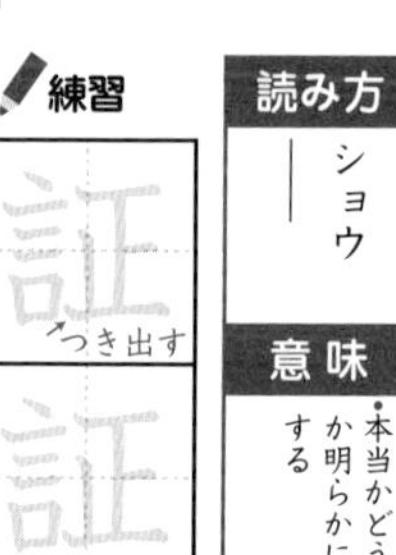
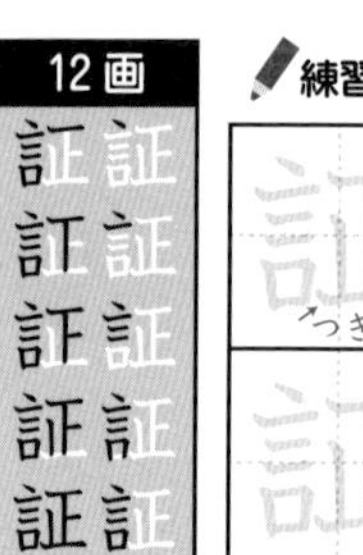
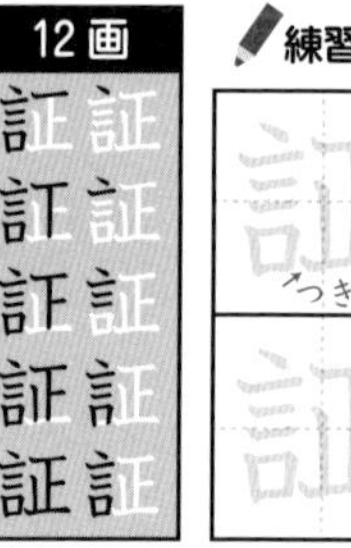
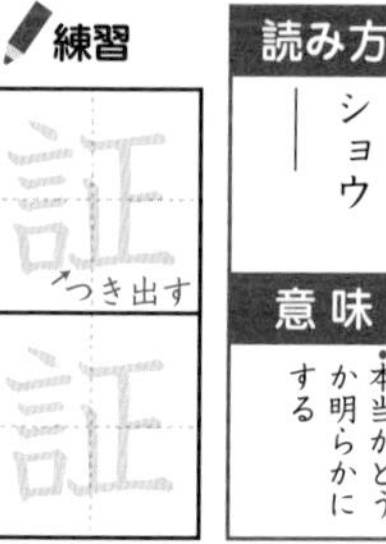

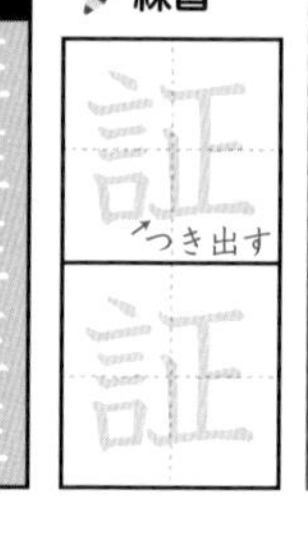

❶「証」を書きましょう。

ほしょう（保□）書（しょ）。　しょうめい（□明）。（あることがらが正しいかどうかなどをはっきりさせること）

運転めん許（きょ）□（しょう）。

❷ 読みがなを書きましょう。

保証（　）書。証明（　）する。

運転めん許証（　）。

評

なりたち
「言（ことば）」と「平（うき草がたいらにうかぶ）」を合わせた字。いろいろな意見をえこひいきなく比べることを表す。

読み方	意味
ヒョウ	●よしあしを決める ●世間のうわさ

練習 長く

12画

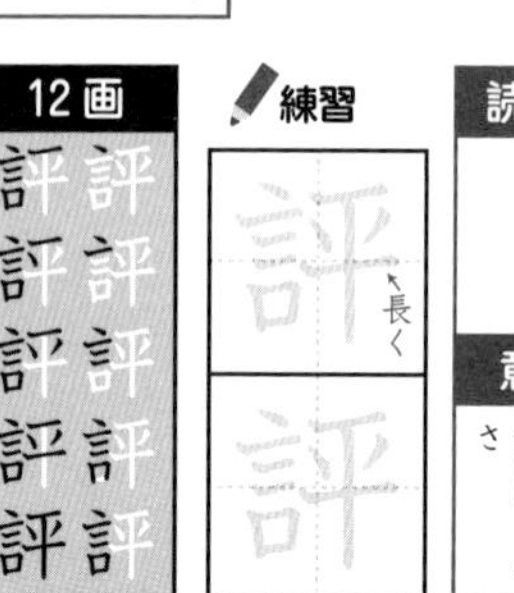

❶「評」を書きましょう。

ひょうか（□価）。　ひょうばん（□判）。

こうひょう（好□）の料理。

❷ 読みがなを書きましょう。

評価（　）が高い。近所の評判（　）。

わが家で好評（　）の料理。

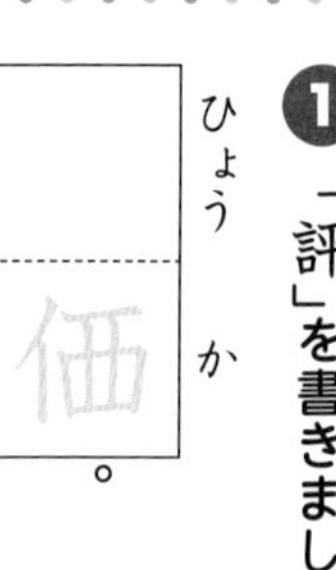
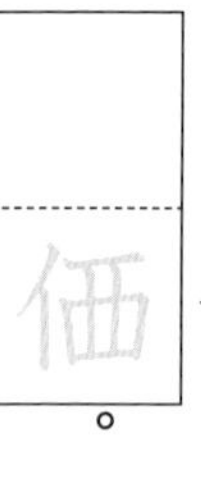
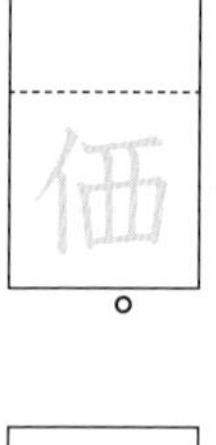
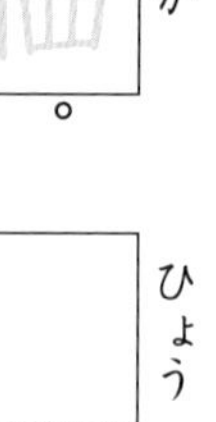

ドリル

1つ・5点

点

❶ ——線の漢字の読みがなを書きましょう。

① 父の許しを得る。（　　）
② テレビの保証書。（　　）
③ ビルの建設。（　　）
④ 評価が高い。（　　）
⑤ 無実を証明する。（　　）
⑥ 役所の許可。（　　）
⑦ 車の運転めん許。（　　）
⑧ 設備が整う。（　　）
⑨ 保育所を設ける。（　　）
⑩ 近所の評判。（　　）

❷ 読みがなにあう漢字を書きましょう。

① めん［きょ しょう］。
② ダムの［けん せつ］。
③ ［こう ひょう］の料理。
④ 無実の［しょう めい］。
⑤ 冷ぼう［せつ び］。
⑥ 近所の［ひょう ばん］。
⑦ ［きょ か］する。
⑧ 保育所を［もう］ける。
⑨ ［ほ しょう］書。
⑩ 弟のうそを［ゆる］す。

講

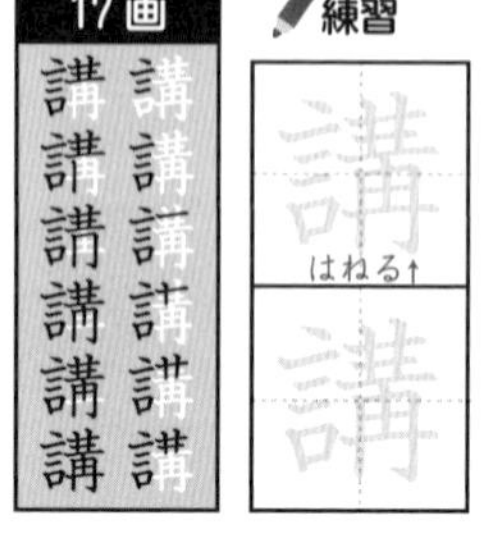

なりたち 「言（ことば）」と「冓（向こうとこちらがつり合う）」を合わせた字。話の前後がつり合うように、うまく組み立てて言うことを表す。

読み方 コウ

意味 ●わかるようにきちんと説明する

練習 はねる↑

17画

1 「講」を書きましょう。

（こうえん）□演。

（こうしゅう）□習。

大学の（こうどう）□堂。

2 読みがなを書きましょう。

講演（　　）をきく。

料理の講習（　　）。

大学の大きな講堂（　　）。

謝

なりたち 「言（ことば）」と「射（矢をいる）」を合わせた字。矢をいると弓がゆるむことから、おわびをして、心がほっとすることを表す。

読み方 シャ（あやまる）

意味 ●お礼を言う ●あやまる

練習 つき出す↓

17画

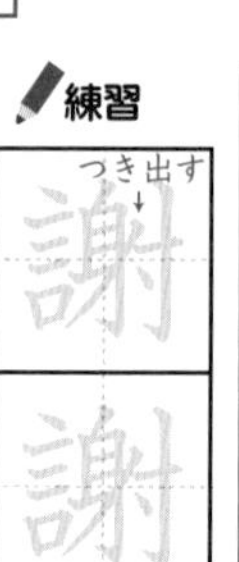

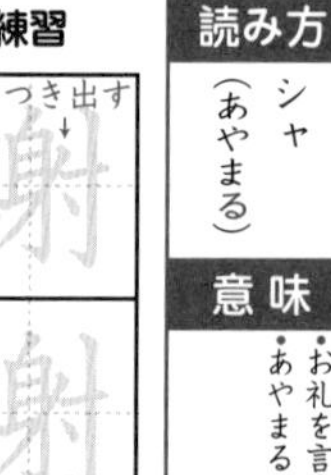

1 「謝」を書きましょう。

（かんしゃ）感□。

（げっしゃ）月□。

（しゃざい）□罪のことば。

2 読みがなを書きましょう。

感謝（　　）の心。

月謝（　　）をはらう。

謝罪（　　）のことば。

漢字のおこり

三千年以上も昔、古代文明の一つ「中国文明」の中から、漢字は生まれました。

初めは、物の形を写しとった絵で表していました。その絵の形を、かめのこうらや牛のほね、また、金属（きんぞく）にきざんで、文字として使ったのです。

これが漢字のおこりで、その後、長い時代の中で、字の形が整えられ、現在（げんざい）のような漢字になりました。

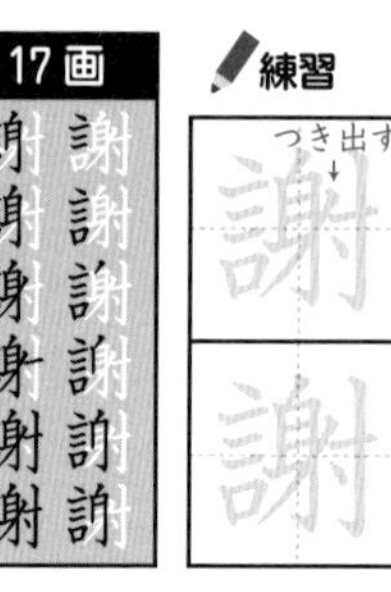

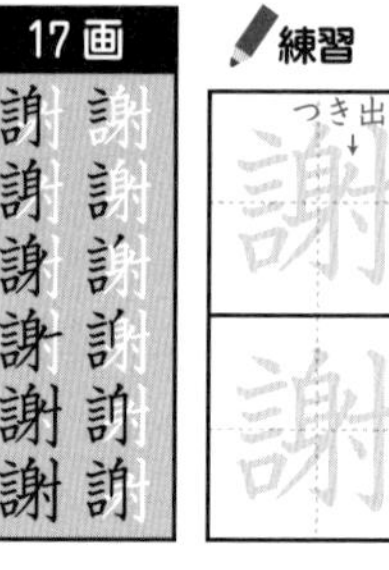

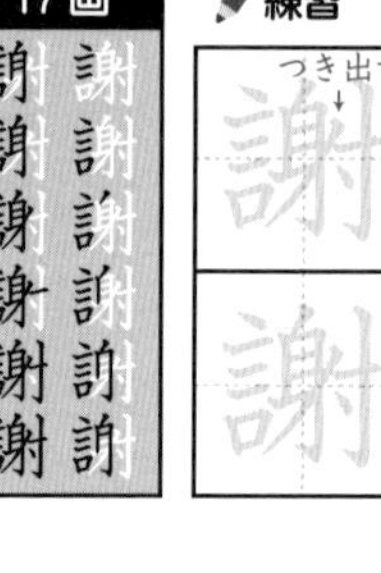

なりたち
「言(ことば)」と「音(おと)」と「戈(目印)」を合わせた字。ことばや音や目印で、はっきりと見分けることを表す。

読み方 シキ

意味 •ものごとを見分ける、またその力

19画

練習

1 「識」を書きましょう。

豊(ゆた)かな 知(ち)［　］(しき)。

意(い)［　］(しき) する。

道路の 標(ひょう)［　］(しき)。

常(じょう)［　］(しき) で考える。
(ふつうの人がもっている知しきや考え方で考える)

2 読みがなを書きましょう。

豊かな知識。（　　）

人の目を意識する。（　　）

道路の標識。（　　）

常識で考える。（　　）

1 「護」を書きましょう。

保(ほ)［　］(ご) する。

けが人の 救(きゅう)［　］(ご)。

動物 愛(あい)［　］(ご) 週間。
(動物をかわいがり守るように決めた期間)

看(かん)［　］(ご) 師(し)。

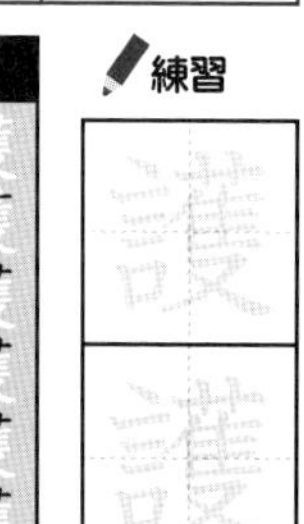

なりたち
「言(ことば)」と「蒦(鳥をつかまえて自分の手元におくこと)」を合わせた字。ことばで言って聞かせて、自分の手でまもることを表す。

読み方 ゴ

意味 •かばい守る

20画

練習

2 読みがなを書きましょう。

自然を保護する。（　　）

けが人の救護。（　　）

動物愛護週間。（　　）

病院の看(かん)護師(し)。（　　）

ドリル

1つ・5点

　　点

1 ——線の漢字の読みがなを書きましょう。

① 病院の看(かん)護師(し)。（　　）
② 道路の標識。（　　）
③ 月謝をはらう。（　　）
④ 講演をきく。（　　）
⑤ 常識で考える。（　　）
⑥ 謝罪のことば。（　　）
⑦ けが人の救護。（　　）
⑧ 豊(ゆた)かな知識。（　　）
⑨ 親切に感謝する。（　　）
⑩ 大学の講堂。（　　）

2 読みがなにあう漢字を書きましょう。

① □□（かんしゃ）の心。
② 自然の□□（ほご）。
③ 料理の□□（こうしゅう）。
④ □□（いしき）する。

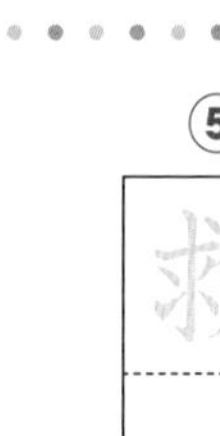

⑤ 救□（きゅうご）室(しつ)。

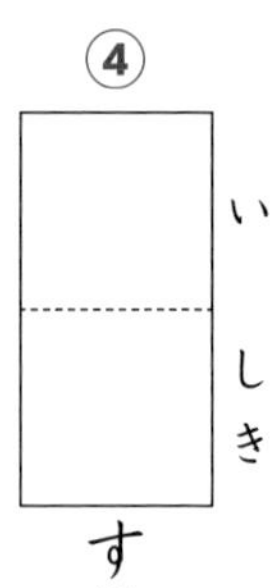

⑥ 大学の□□（こうどう）。
⑦ □□（げっしゃ）。

⑧ 常□（じょうしき）で考える。
⑨ □□（ちしき）。

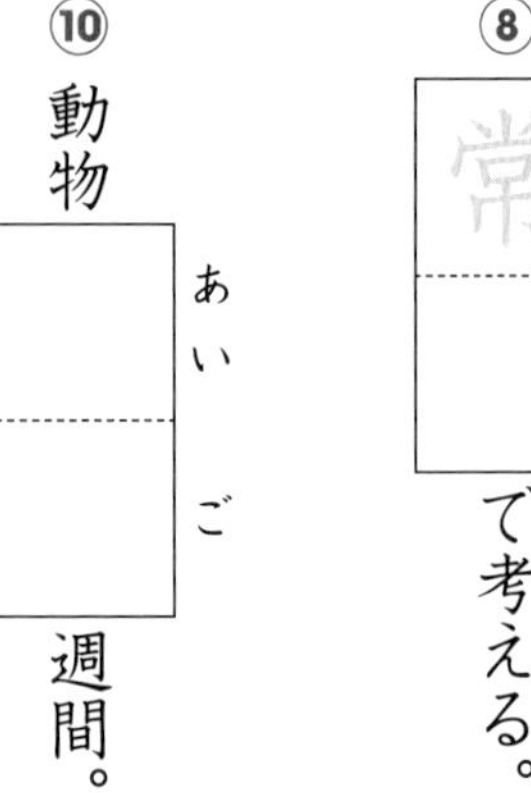

⑩ 動物□□（あいご）週間。

7 「貝(かい・かいへん)」のつく漢字

財・責・貧・資・賞・貸・貿・賛・質・貯・費

なりたち

「貝(かい・かいへん)」は、二まいがいの形をえがいた字です。昔、貝は、今のお金と同じように使われていたので、お金や宝物(たからもの)の意味を表します。

「貝」のつく漢字には、お金や財産(ざいさん)に関係するものが多くあります。

※○数字は習う学年

漢字	主な読み方
①貝	かい
②買	バイ かう
③負	フ まける
④貨	カ
④賀	ガ

漢字	主な読み方
⑤財	ザイ
⑤責	セキ せめる
⑤貧	ビン まずしい
⑤貸	(タイ) かす
⑤貯	チョ
⑤費	ヒ (ついやす)
⑤貿	ボウ
⑤資	シ
⑤賛	サン
⑤質	シツ
⑤賞	ショウ

なりたち
「貝(お金)」と「才(水の流れをせき止めるせきのこと)」を合わせた字。役に立つもののことから、生活に役立つお金や品物のことを表す。

読み方
ザイ (サイ)

意味
・お金やねうちのある品物

10画

練習 ←少し出す

1 「財」を書きましょう。

家の［ざい］産(さん)。

［か］家［ざい］道具。

［ぶんかざい］文化［ ］。

［ざい］宝(ほう)のありか。

2 読みがなを書きましょう。

家の財産。（　　）

家財道具を運ぶ。（　　）

国の文化財。（　　）

財宝(ほう)のありか。（　　）

責

なりたち
「龶（とげ）」と「貝（お金）」を合わせた字。お金を返せと、とげでこするようにせめ立てられることから、しなければならないとせめることを表す。

読み方
セキ
せめる

意味
・あやまちをとがめる
・つとめ

11画
責 責 責 責 責 責 責 責 責 責 責

✏練習
責（長く）

❶「責」を書きましょう。

（せき　にん）□□をとる。

（せき　にん　かん）□□□。

（せき　む）□□を果たす。

あやまちを□（せ）める。

❷読みがなを書きましょう。

自分で責任（　　）をとる。

責任感（　　）が強い。

責務（　　）を果たす。

あやまちを責（　　）める。

貧

なりたち
「分（わかれる）」と「貝（お金）」を合わせた字。お金が分かれていって、少なくなることから、まずしいの意味を表す。

読み方
（ヒン）
ビン
まずしい

意味
・お金が少なくて、まずしい
・とぼしい

11画
貧 貧 貧 貧 貧 貧 貧 貧 貧 貧 貧

✏練習
貧（はねる）

❶「貧」を書きましょう。

□（まず）しい発想。

心が□（まず）しい人。

□（びん）ぼうな生活。

□（びん）ぼうくじ。（そんな役まわり）

❷読みがなを書きましょう。

貧（　　）しい発想。

心が貧（　　）しい人。

貧（　　）ぼうな生活。

貧（　　）ぼうくじを引く。

なりたち

「次（しゃがんで、ものをそろえる）」と「貝（お金）」を合わせた字。必要なときのために、そろえて用意しておくお金、もとでの意味を表す。

読み方	意味
シ	•もとで •役に立つ地位など

13画

練習

❶ 「資」を書きましょう。

研究の［し］［料（りょう）］。

［し］［格（かく）］をとる。

建築（けんちく）の［し］［材（ざい）］。

大切な［し］源（げん）。

（石油など、エネルギーのもとになるもの）

❷ 読みがなを書きましょう。

研究の資料。（　　）

医師（いし）の資格をとる。（　　）

建築の資材。（　　）

大切な資源（げん）。（　　）

漢字のなりたち①

48ページの「漢字のおこり」でしょうかいしたように、漢字は、物の形を写しとった絵からできましたが、そればかりではありません。

① **象形（しょうけい）文字**
物の形を写して作った文字。

→日　→山　→貝　→馬

② **指事（しじ）文字**
絵に表しにくいものを、点や線を使って示（しめ）した文字。

→上　→末

ドリル

点

1つ・5点

1 ――線の漢字の読みがなを書きましょう。

① 責任をとる。（　　）

② 家の財産。（　　）

③ 貧しい発想。（　　）

④ 資格をとる。（　　）

⑤ 家財道具。（　　）

⑥ 失敗を責める。（　　）

⑦ 貧ぼうくじ。（　　）

⑧ 建築(けんちく)の資材。（　　）

⑨ 大切な資源(げん)。（　　）

⑩ 財宝(ほう)のありか。（　　）

2 読みがなにあう漢字を書きましょう。

① 家の［ざいさん］。

② ［せきにんかん］。

③ ［しかく］をとる。

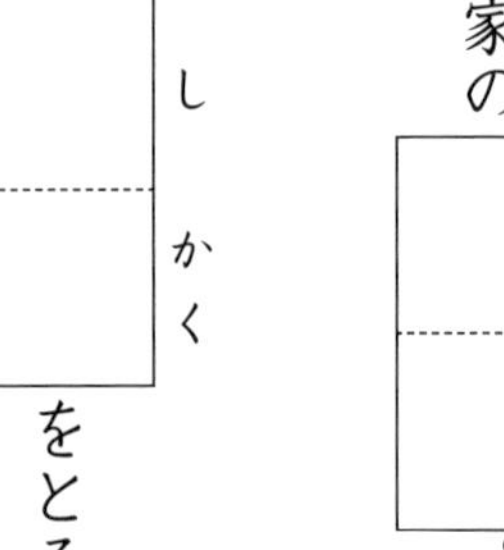

④ ［びん］ぼうな生活。

⑤ ［ぶんかざい］。

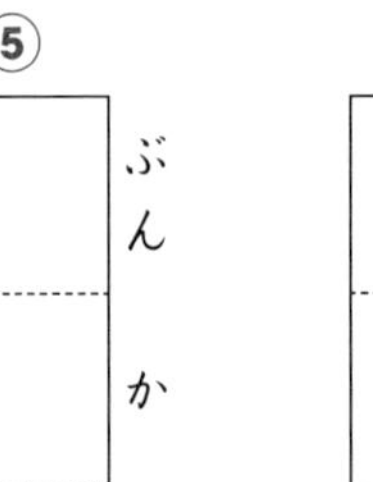

⑥ 研究の［しりょう］。

⑦ 大切な［し］源(げん)。

⑧ 心が［まず］しい。

⑨ 金銀の［ざい］宝(ほう)。

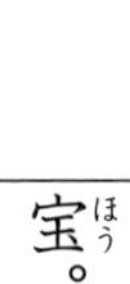

⑩ 失敗を［せ］める。

賞

なりたち
「⺍（音の「ショウ」がぴったり合う意味）」と「貝（お金や品物）」を合わせ、すぐれた行いをした人に合うほうびを表す。

読み方：ショウ
意味：・ほうび

15画

練習（まっすぐに）

1 「賞」を書きましょう。

一等（いっとう）□（しょう）。

□（しょう）品（ひん）。

入（にゅう）□（しょう）する。

2 読みがなを書きましょう。

一等賞。（　　）

賞品をもらう。（　　）

コンクールで入賞する。（　　）

貸

なりたち
「代（入れかわる）」と「貝（お金）」を合わせた字。お金や品物をやりとりして持ち主が入れかわることから、かすの意味を表す。

読み方：かす（タイ）
意味：・人にかす

12画

練習（はねる）

1 「貸」を書きましょう。

手を□（か）す。（手助けする）

□（か）し出し。

□（か）し切りバス。

2 読みがなを書きましょう。

手を貸す。（　　）

本の貸し出し。（　　）

貸し切りバスで遠足に行く。（　　）

貿

なりたち
「卯（しまった戸を無理にこじ開ける）」と「貝（お金）」を合わせた字。利益（りえき）を得るために、無理に外国と取り引きすることを表す。

読み方：ボウ
意味：・売り買いする

12画

練習（わすれずに）

1 「貿」を書きましょう。

アメリカとの□（ぼう）易（えき）。

□（ぼう）易（えき）船（せん）。

2 読みがなを書きましょう。

アメリカとの貿易。（　　）

昔の貿易船。（　　）

ドリル

点

1つ・5点

❶ ——線の漢字の読みがなを書きましょう。

① 本を貸し出す。（　　）

② 一等賞（いっとう）になる。（　　）

③ 外国との貿易。（　　）

④ 絵が入賞する。（　　）

⑤ 貸し切りのバス。（　　）

⑥ 昔の貿易船。（　　）

⑦ 賞品をもらう。（　　）

⑧ 貿易会社。（　　）

⑨ お金の貸し借り。（　　）

⑩ 賞を受ける。（　　）

❷ 読みがなにあう漢字を書きましょう。

① □（しょう）をもらう。

② □（か）し切りのバス。

③ 優勝（ゆうしょう）の□□（しょうひん）。

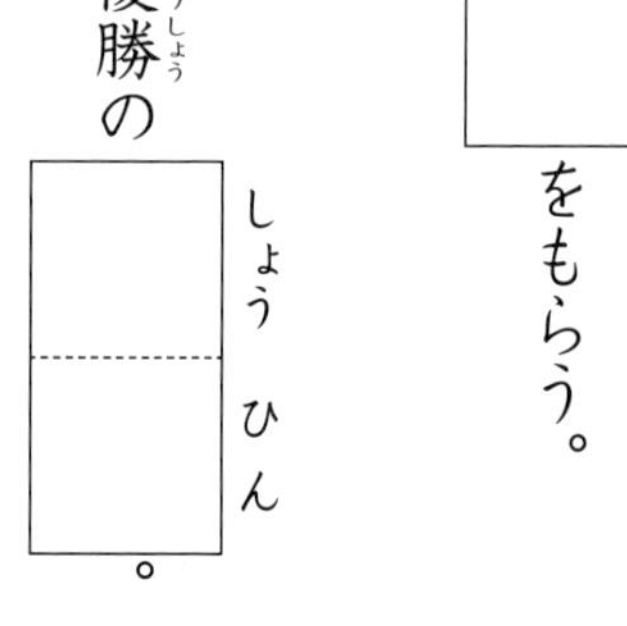

④ □易（ぼうえき）の歴史（れきし）。

⑤ お金を□（か）し出す。

⑥ □易（ぼうえき）会社。

⑦ □易□（ぼうえきせん）。

⑧ □（しょう）味期限（みきげん）。

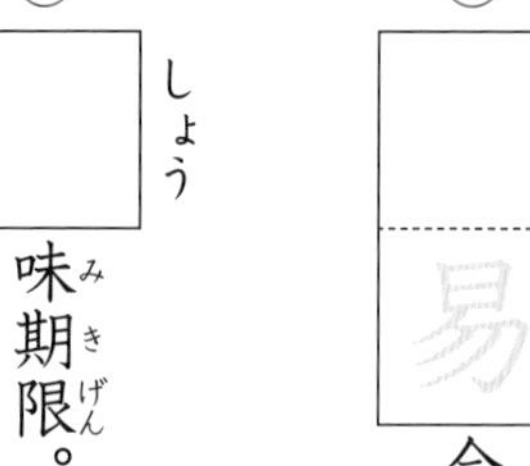

⑨ □□（にゅうしょう）する。

⑩ 本を□（か）す。

賛

なりたち
もとの字は「贊」。「兟（そろって進む）」と「貝（お金）」を合わせた字。人がそろってお金を出して助けることから、助けてほめることを表す。

読み方
サン
―

意味
•ほめたたえる
•同じ考えである

15画

練習

❶ 「賛」を書きましょう。

さんせい
□成と反対。

しょうさん
賞□の声。（ほめたたえる声）

さんどう
□同する。（さん成して同意する）

さんびか
□美歌。

❷ 読みがなを書きましょう。

賛成と反対の意見。（　　）

賞賛の声があがる。（　　）

みんなが賛同する。（　　）

教会の賛美歌。（　　）

質

なりたち
「斦（おのが二つで、二つのものがつり合っている）」と「貝（お金）」を合わせた字。ある品物と同じねうちやお金のことから、内容（ないよう）の意味を表す。

読み方
シツ
（シチ）
（チ）
―

意味
•生まれつき
•おおもと
•たずねる

15画

練習

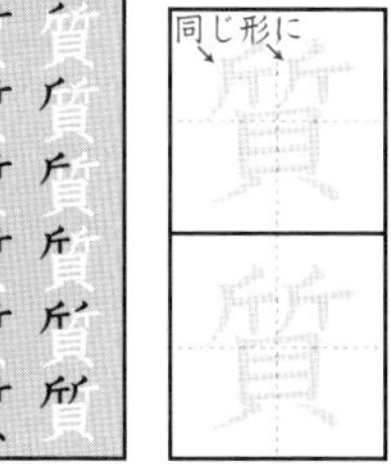

❶ 「質」を書きましょう。

しつもん
□問する。

すなおな せいしつ
性□。

製品（せいひん）の ひんしつ
品□。

そしつ
素□がある。

❷ 読みがなを書きましょう。

先生に質問する。（　　）

すなおな性質。（　　）

ガラス製品の品質。（　　）

歌の素質がある。（　　）

貯

なりたち
「貝（お金）」と「宁（わくの中につめる）」を合わせた字。箱の中にお金などをつめて、たくわえることを表す。

読み方	意味
チョ	・たくわえる

12画
貯 貯 貯 貯 貯 貯 貯 貯 貯 貯 貯 貯

練習 貯（はねる）

❶ 「貯」を書きましょう。

ちょきん　□□（金）する。

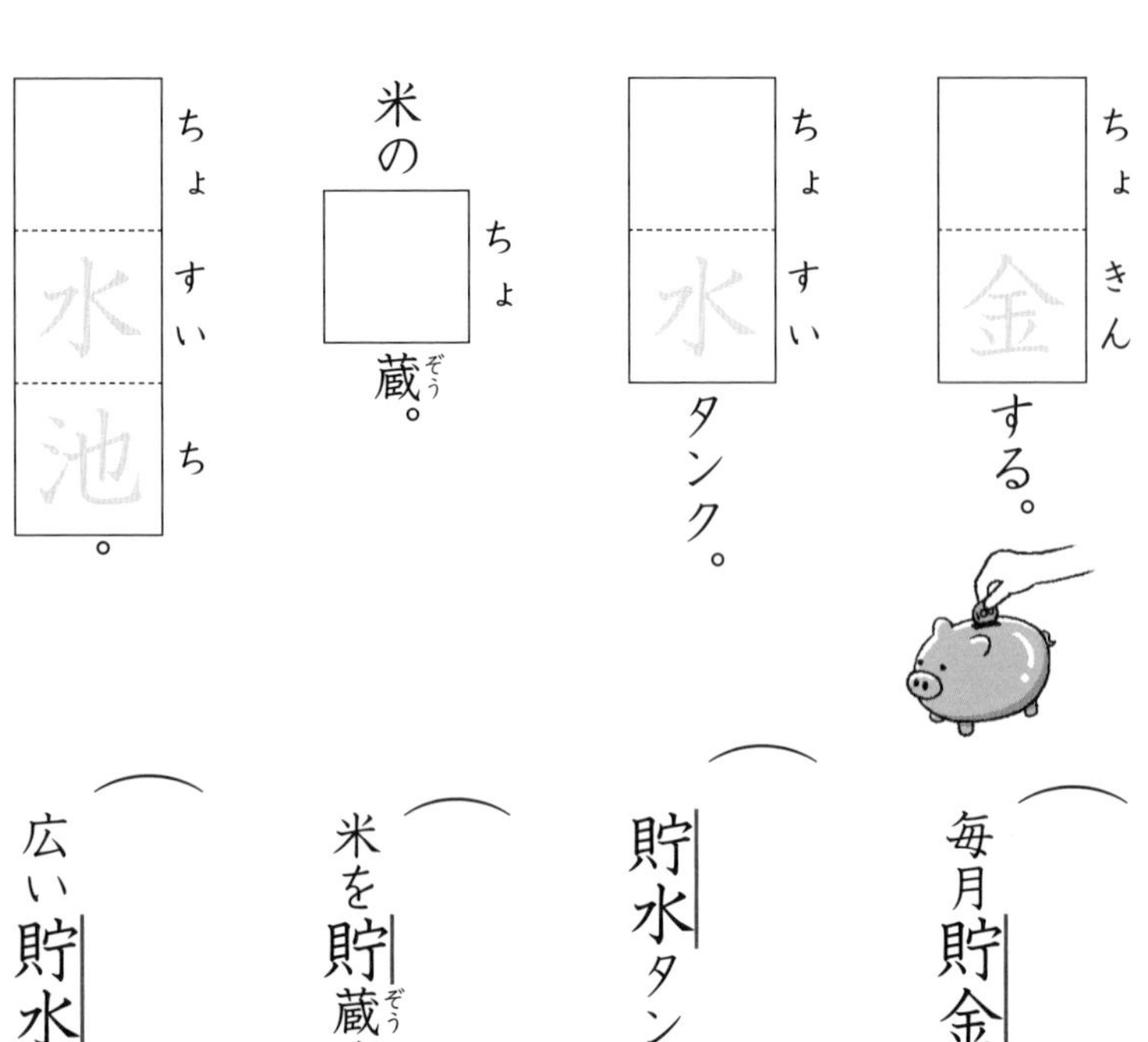

ちょすい　□□（水）タンク。

米の　□（ちょ）蔵（ぞう）。

ちょすいち　□□□（水池）。

❷ 読みがなを書きましょう。

毎月<u>貯金</u>する。（　　）

<u>貯水</u>タンク。（　　）

米を<u>貯</u>蔵（ぞう）する。（　　）

広い<u>貯水池</u>。（　　）

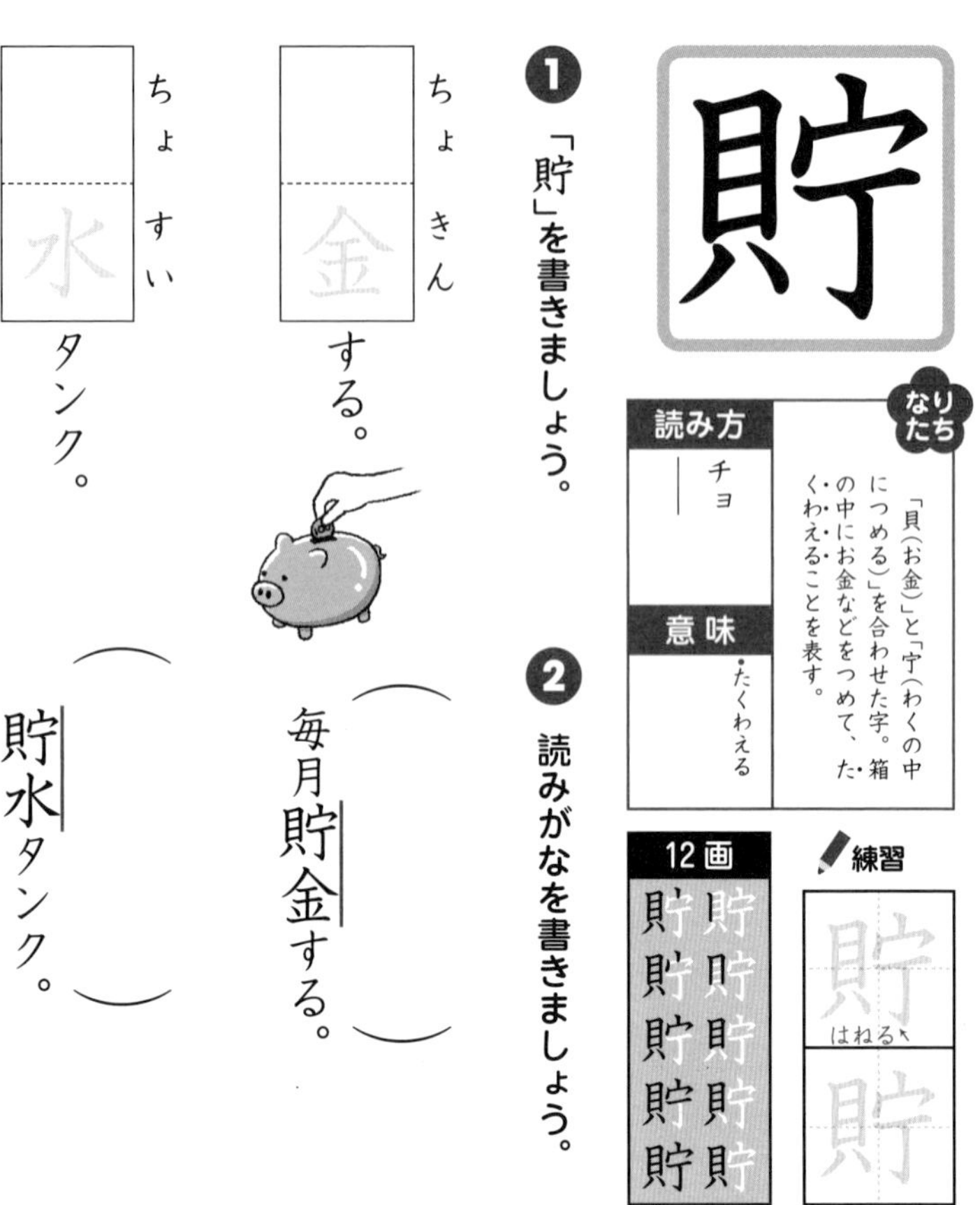

費

なりたち
「弗（もつれている物を分ける）」と「貝（お金）」を合わせた字。お金やものをはらいのけるように使うことを表す。

読み方	意味
ヒ （ついやす） （ついえる）	・使ってへらす ・あることに使うお金

12画
費 費 費 費 費 費 費 費 費 費 費 費

練習 費（はねる）

❶ 「費」を書きましょう。

旅の　ひよう　□□（用）。

毎月の　しょくひ　□□（食）。

かいひ　□□（会）をはらう。

しょうひりょう　□□□（消・量）。

❷ 読みがなを書きましょう。

旅の<u>費用</u>をためる。（　　）

<u>食費</u>を計算する。（　　）

<u>会費</u>をはらう。（　　）

電気の<u>消費量</u>。（　　）

ドリル

1つ・5点　　点

1 ――線の漢字の読みがなを書きましょう。

① 貯金する。（　　）
② 行動を賞賛する。（　　）
③ すなおな性質。（　　）
④ 教会の賛美歌。（　　）
⑤ 旅行の費用。（　　）
⑥ 歌の素質がある。（　　）
⑦ 賛同する。（　　）
⑧ 食費の計算。（　　）
⑨ 広い貯水池。（　　）
⑩ 製品（せいひん）の品質。（　　）

2 読みがなにあう漢字を書きましょう。

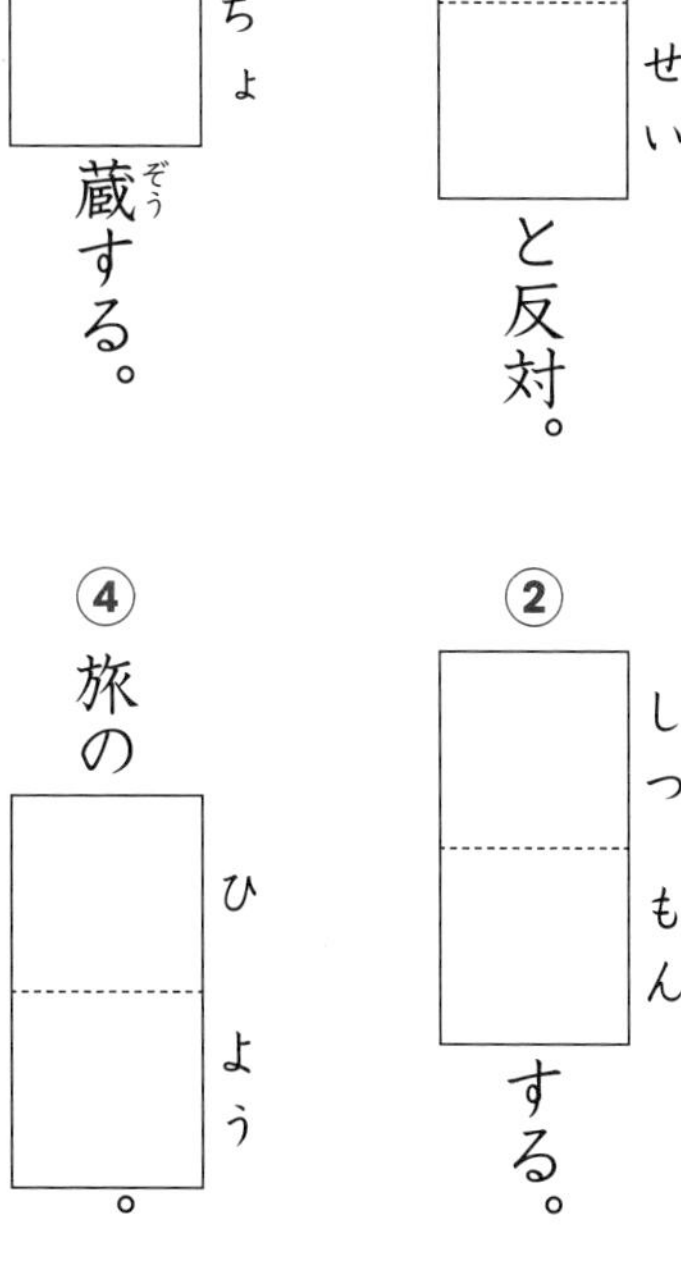

① □□（さんせい）と反対。
② □□（しつもん）する。
③ 米を□（ちょ）蔵（ぞう）する。
④ 旅の□□（ひよう）。

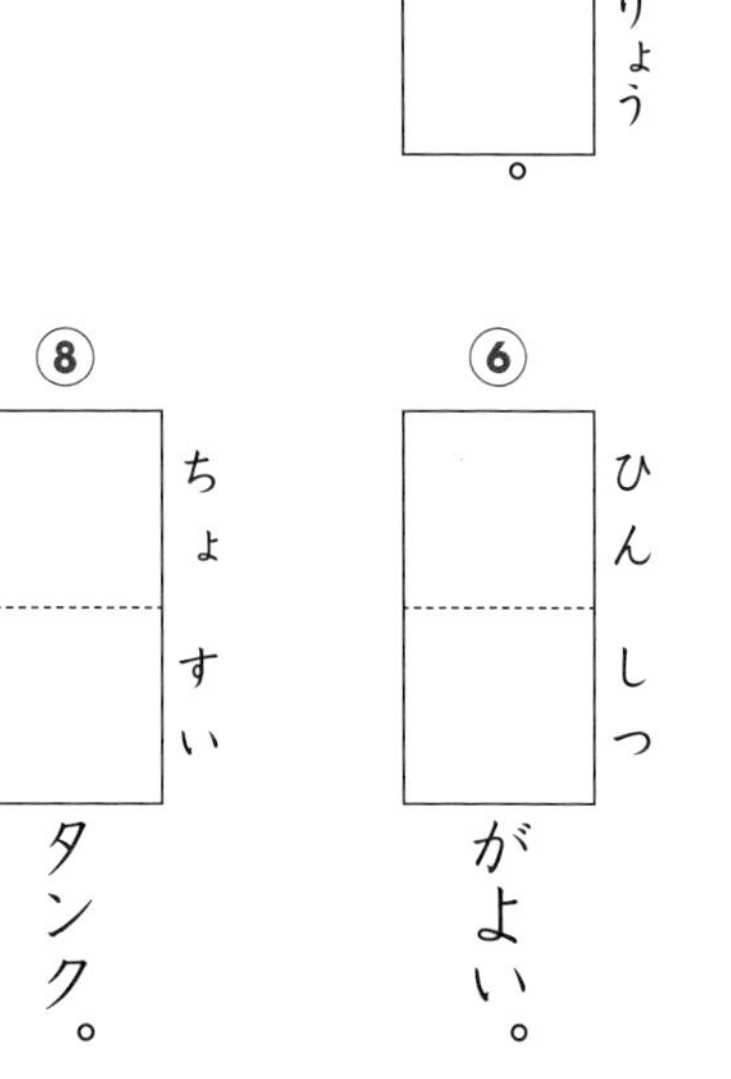

⑤ □□□（しょうひりょう）。
⑥ □□（ひんしつ）がよい。
⑦ □□（せいしつ）。
⑧ □□（ちょすい）タンク。

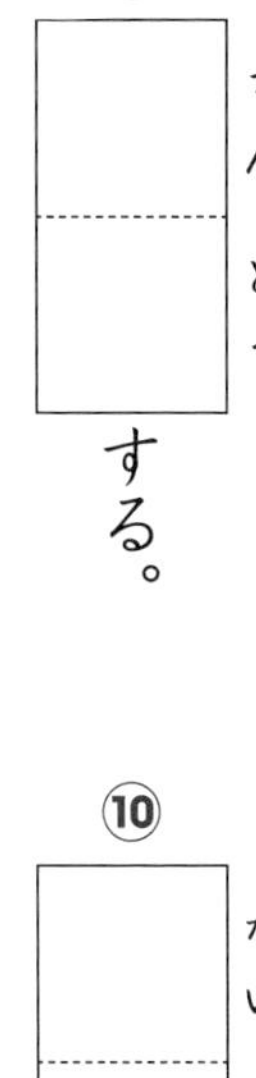

⑨ □□（さんどう）する。
⑩ □□（かいひ）をはらう。

まとめドリル

□点
1つ・5点

1 読みがなにあう漢字を書きましょう。

① 市の文化(ぶんか)□(ざい)。

② □(ひょう)判(ばん)の映画(えいが)。

③ □(ちょ)蔵(ぞう)する。

④ 役所の□(きょ)可(か)。

⑤ 手を□(か)す。

⑥ 車のめん許(きょ)□(しょう)。

⑦ □(さん)成(せい)する人。

⑧ 料理の□(こう)習会(しゅうかい)。

⑨ 一等(いっとう)□(しょう)。

⑩ 外国との□(ぼう)易(えき)。

2 読みがなにあう漢字を書きましょう。

① □□(しょうひ)電力。

② 医者の□□(しかく)。

③ □□(しつもん)する。

④ 豊富(ほうふ)な□□(ちしき)。

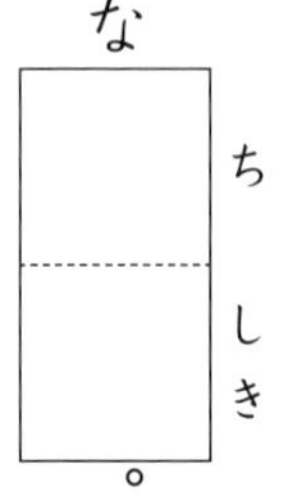

⑤ □□(かんしゃ)する。

⑥ 動物の□□(ほご)。

3 次のことばを漢字と送りがなで〔　〕に書きましょう。

① 心が〔　　〕(まずしい)。

② 失敗を〔　　〕(せめる)。

③ 気を〔　　〕(ゆるす)。（気持ちをゆるめる）

④ 会場を〔　　〕(もうける)。

8 「土(つち)・土(つちへん)」のつく漢字

在・圧・均・報・墓・基・境・増・型・堂

土

なりたち

「土(つち)(土(つちへん))」は、高くもり上がっているつちの様子をえがいた形です。

「土」のつく漢字には、土や土地の様子に関係するものがあります。

※○数字は習う学年

漢字	主な読み方
土①	ド・ト つち
地②	チ・ジ ―
場②	ジョウ ば
坂③	(ハン) さか
城④	ジョウ しろ
埼④	― さい
塩④	エン しお
圧⑤	アツ ―
在⑤	ザイ ある
均⑤	キン ―
型⑤	ケイ かた
基⑤	キ (もと)
堂⑤	ドウ ―
報⑤	ホウ (むくいる)
墓⑤	ボ はか
境⑤	キョウ さかい
増⑤	ゾウ ます ふえる

在

読み方：ザイ　ある

意味：・物がある　・人がいる

なりたち：「才(もとは「才」。水の流れをせき止めるせきのこと)」と「土(つち)」を合わせた字。土で流れをせき止めることから、じっとしてあることを表す。

6画

練習（はらう）

❶ 「在」を書きましょう。

現(げん)□(ざい)と過去(かこ)。

存(そん)□(ざい)感(かん)がある人。

□校生(ざいこうせい)。

上級生の□(あ)り方(かた)。

(上級生としてこうでなくてはならないということ)

❷ 読みがなを書きましょう。

現在と過去。（　　）

存(そん)在感がある人。（　　）

卒業生と在校生。（　　）

上級生の在り方。（　　）

圧

なりたち：もとの字は「壓」。「厂（がけ）」と「猒（動物のあぶらの多い肉）」と「土（つち）」を合わせ、土を上からかぶせておさえることを表す。

読み方：アツ

意味：・おさえつける ・おす力

5画：圧 圧 圧 圧 圧

練習：長く

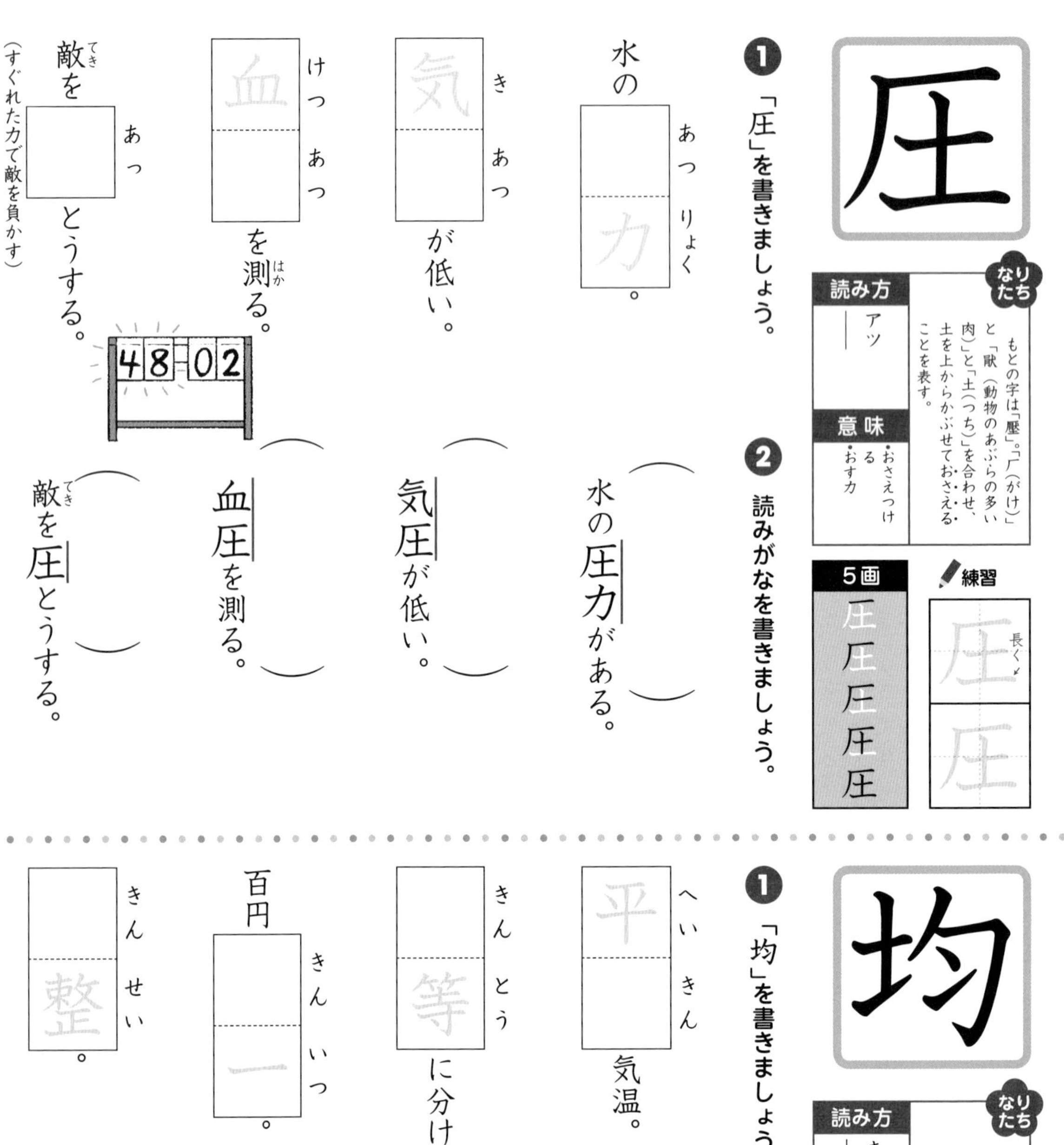

❶「圧」を書きましょう。

水の（あつ）（りょく）力。

気（き）（あつ）が低い。

血（けつ）（あつ）を測（はか）る。

敵（てき）を（あっ）とうする。（すぐれた力で敵を負かす）

❷読みがなを書きましょう。

水の圧力がある。（　）

気圧が低い。（　）

血圧を測る。（　）

敵（てき）を圧とうする。（　）

均

なりたち：「土（つち）」と「匀（うでをぐるっと回す）」と「冫（等しくそろえる）」を合わせた字。土地をならして平らにすることを表す。

読み方：キン

意味：・全体に等しくゆきわたる

7画：均 均 均 均 均 均 均

練習：はねる↑

❶「均」を書きましょう。

平（へい）（きん）気温。

（きん）等（とう）に分ける。

百円（きん）一（いっ）。

（きん）整（せい）。

❷読みがなを書きましょう。

平均気温の記録。（　）

均等に分ける。（　）

百円均一の売り場。（　）

均整がとれた体。（　）

ドリル

1つ・5点　点

1 ――線の漢字の読みがなを書きましょう。

① 現在と過去（かこ）。（　　）

② 平均気温。（　　）

③ 気圧が高い。（　　）

④ 卒業生と在校生。（　　）

⑤ 均等に分ける。（　　）

⑥ 存（そん）在感がある人。（　　）

⑦ 敵（てき）を圧とうする。（　　）

⑧ 血圧を測（はか）る。（　　）

⑨ 百円均一の品物。（　　）

⑩ 上級生の在り方（かた）。（　　）

2 読みがなにあう漢字を書きましょう。

① げんざい と過去（かこ）。

② 百円 きんいつ。

③ へいきん 点（てん）。

④ 水の あつりょく。

⑤ あっ とうする。

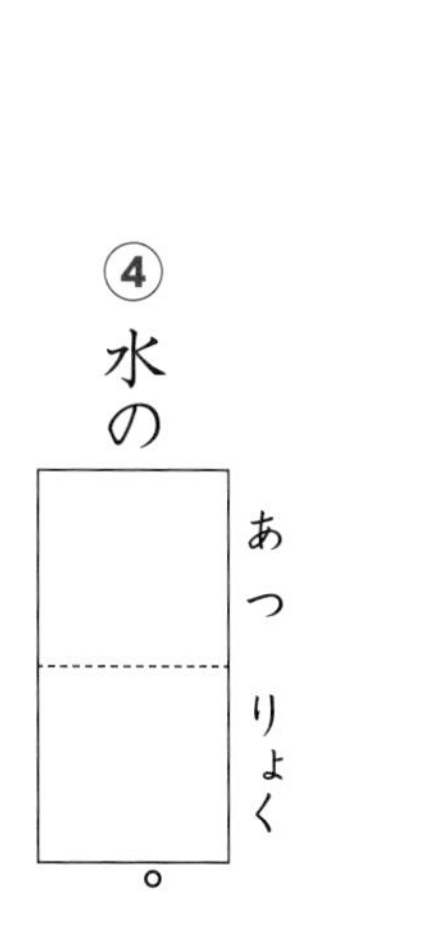

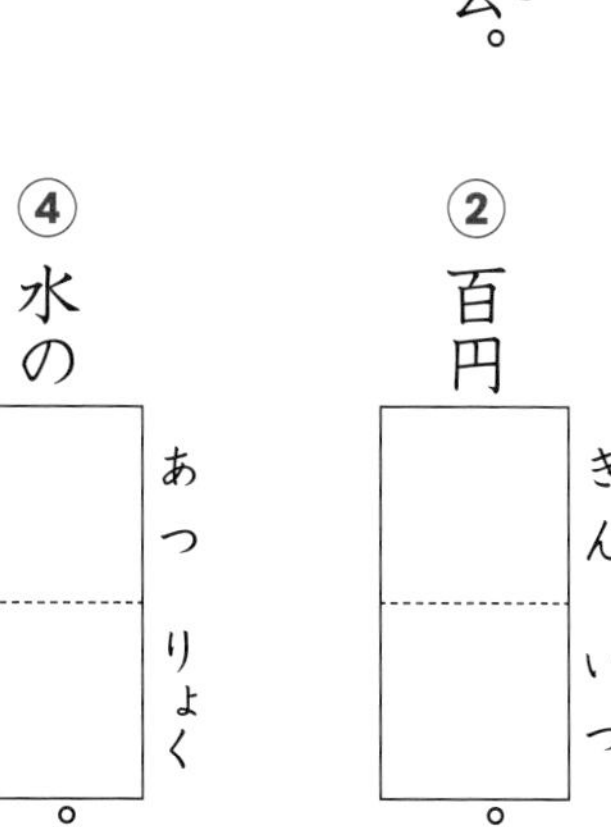

⑥ ざいこうせい。

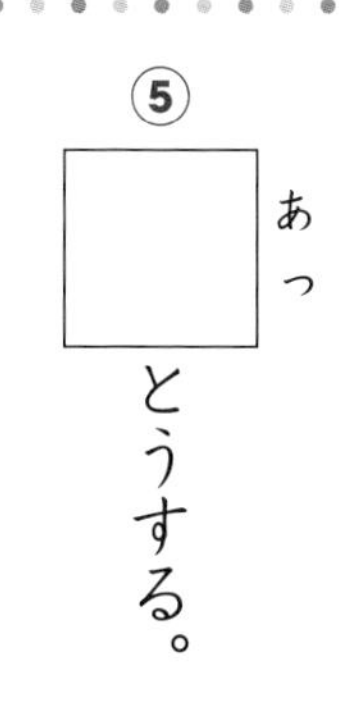

⑦ 存（そん） ざい する。

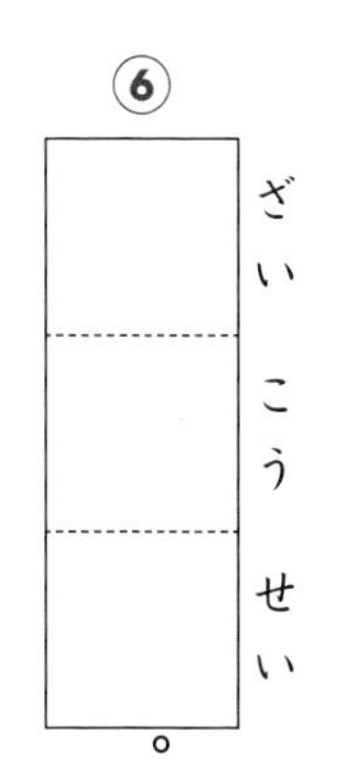

⑧ きんとう に分ける。

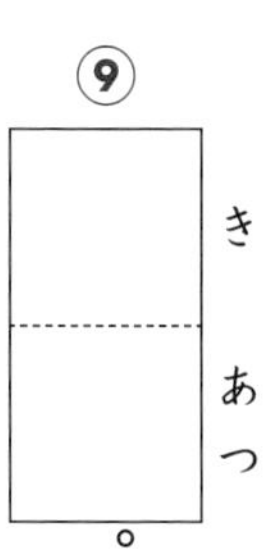

⑨ きあつ。

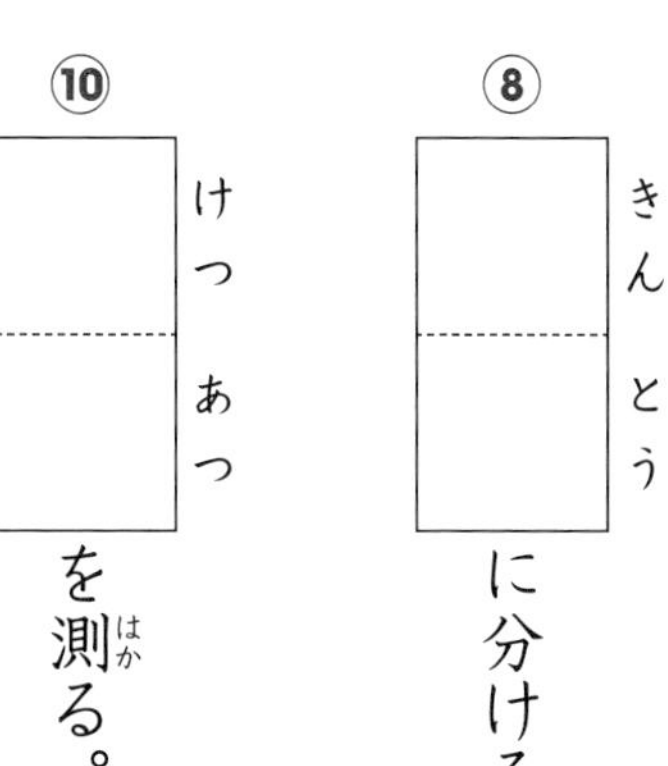

⑩ けつあつ を測（はか）る。

報

なりたち
「幸（手かせ）」と「𠬝（手で人をつかまえる）」を合わせた字。もとは、罪をおかした人をつかまえ、仕返しすることを表した。

読み方	意味
ホウ（むくいる）	・知らせる ・おかえし

練習（はねる）

12画

❶「報」を書きましょう。

ほうこく（報告）。　よほう（予報）。　新聞のほうどう（報道）。

❷ 読みがなを書きましょう。

会議の報告。（　）　天気予報。（　）　新聞の報道。（　）

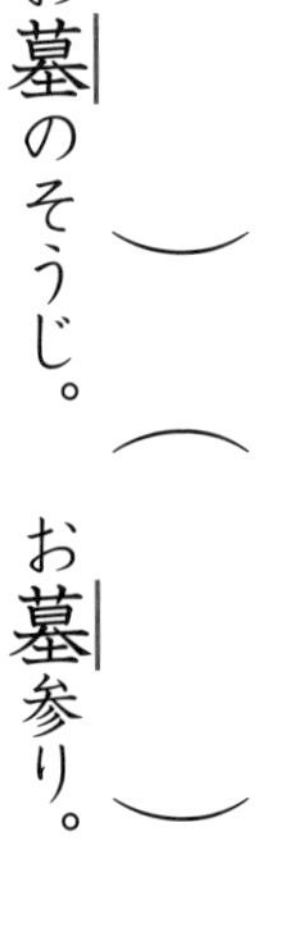

墓

なりたち
「莫（日が草原にかくれて見えなくなる）」と「土（つち）」を合わせ、死んだ人の上にかぶせて見えなくしたはかを表す。

読み方	意味
ボ はか	・はか

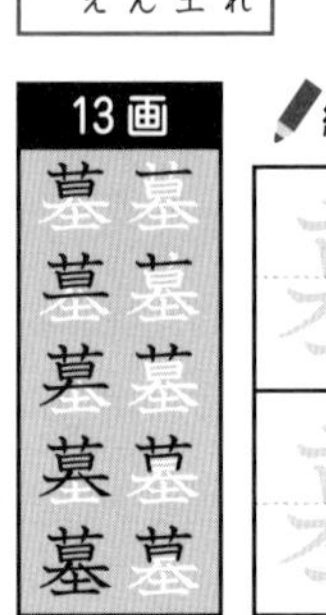

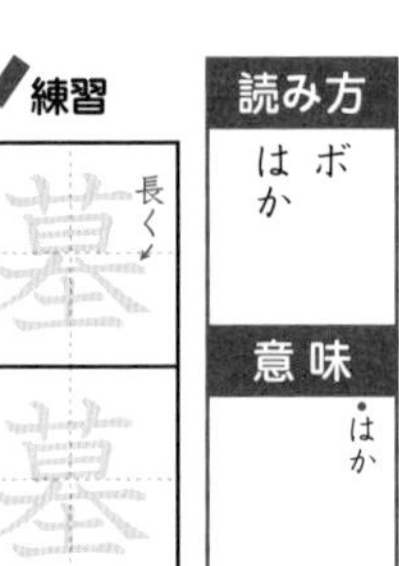

練習（長く）

13画

❶「墓」を書きましょう。

おはか。　おはか参（まい）り。　お寺のぼち（墓地）。

❷ 読みがなを書きましょう。

お墓のそうじ。（　）　お墓参り。（　）　お寺の墓地。（　）

基

なりたち
「其（四角い竹かご台）」と「土（つち）」を合わせた字。ゆるがない土台のことから、ものごとのもとのことを表す。

読み方	意味
キ（もと）（もとい）	・ものごとの土台となるもの

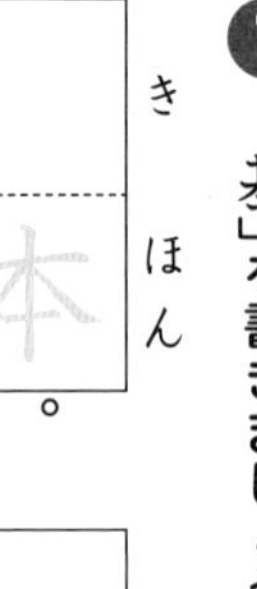

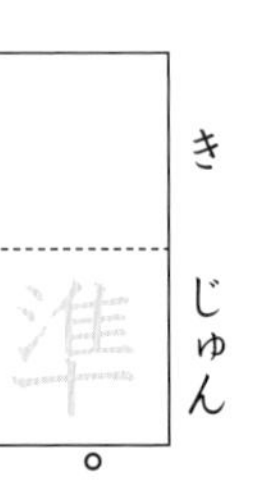

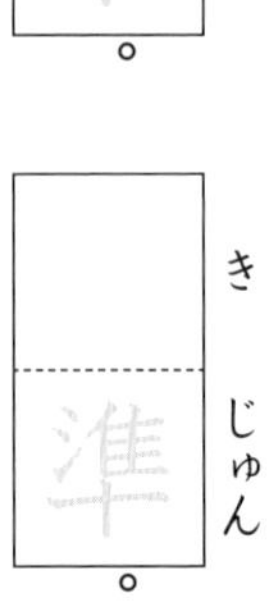

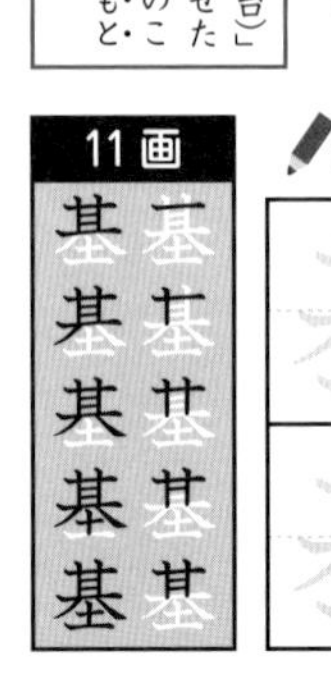

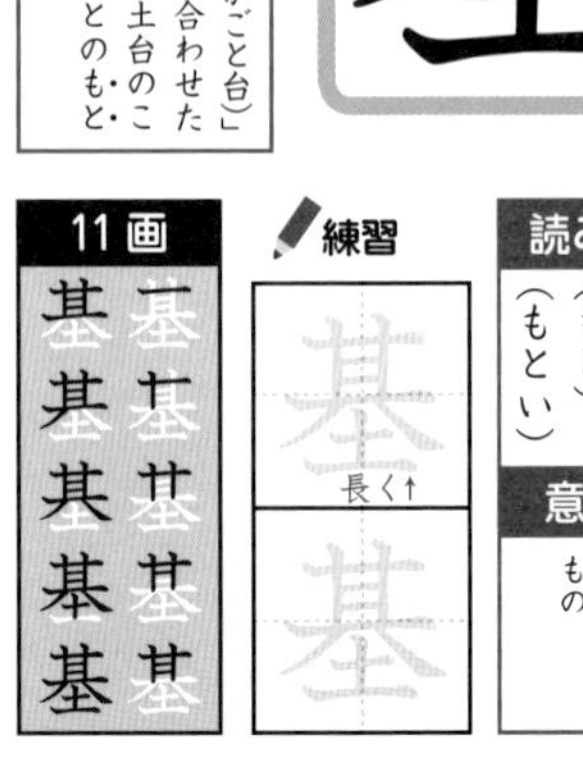

練習（長く↑）

11画

❶「基」を書きましょう。

きほん（基本）。　きじゅん（基準）。　南極の観測（かんそく）きち（基地）。

❷ 読みがなを書きましょう。

基本練習。（　）　基準を決める。（　）　南極の観測基地。（　）

ドリル

1つ・5点

点

❶ ――線の漢字の読みがなを書きましょう。

① 先祖（せんぞ）の墓。（　　）

② 基本練習をする。（　　）

③ テレビの報道。（　　）

④ 南極の観測（かんそく）基地。（　　）

⑤ 静かな墓地。（　　）

⑥ 天気予報。（　　）

⑦ 新聞が報じる。（　　）

⑧ お墓参（まい）りをする。（　　）

⑨ 活動の基準。（　　）

⑩ 結果を報告する。（　　）

❷ 読みがなにあう漢字を書きましょう。

① □□（ほうこく）をする。

② お□（はか）のそうじ。

③ 合格（ごうかく）の□□（きじゅん）。

④ 観測□□（きち）。

⑤ □□（ほうどう）の内容（ないよう）。

⑥ 寺の□□（ぼち）。

⑦ □□（きほん）的（てき）。

⑧ 天気□□（よほう）。

⑨ お□（はか）参り。

⑩ □（き）そ学力。

境

なりたち 「竟」は「音(おと)」と「儿(ひと)」で、人が音楽の一ふしを歌ったひと区切り。それに「土(つち)」を合わせ、土地の区切り目のことを表す。

読み方	意味
キョウ (ケイ) さかい	・土地の区切り目 ・場所 ・様子

14画

練習 はねる

❶「境」を書きましょう。

国(こっ)［きょう］。

環(かん)［きょう］を守る。

陸と海の［さかい］。

生死の［さかい］。

❷読みがなを書きましょう。

国境（　）をこえる。

環(かん)境（　）を守る。

陸と海の境（　）。

生死の境（　）。

増

なりたち もとの字は「增」。「土(つち)」と「曽(せいろうを重ねる)」を合わせた字。土を重ねて積み上げること、ものがふえることを表す。

読み方	意味
ゾウ ます ふえる ふやす	・数や量が多くなる

14画

練習 「ハ」としない

❶「増」を書きましょう。

川の水が［ま］す。

友達(ともだち)が［ふ］える。

人口の［ぞう］加。

［きゅう］［ぞう］する。(急にふえる)

❷読みがなを書きましょう。

川の水が増（　）す。

友達が増（　）える。

人口の増加（　）。

お客が急増（　）する。

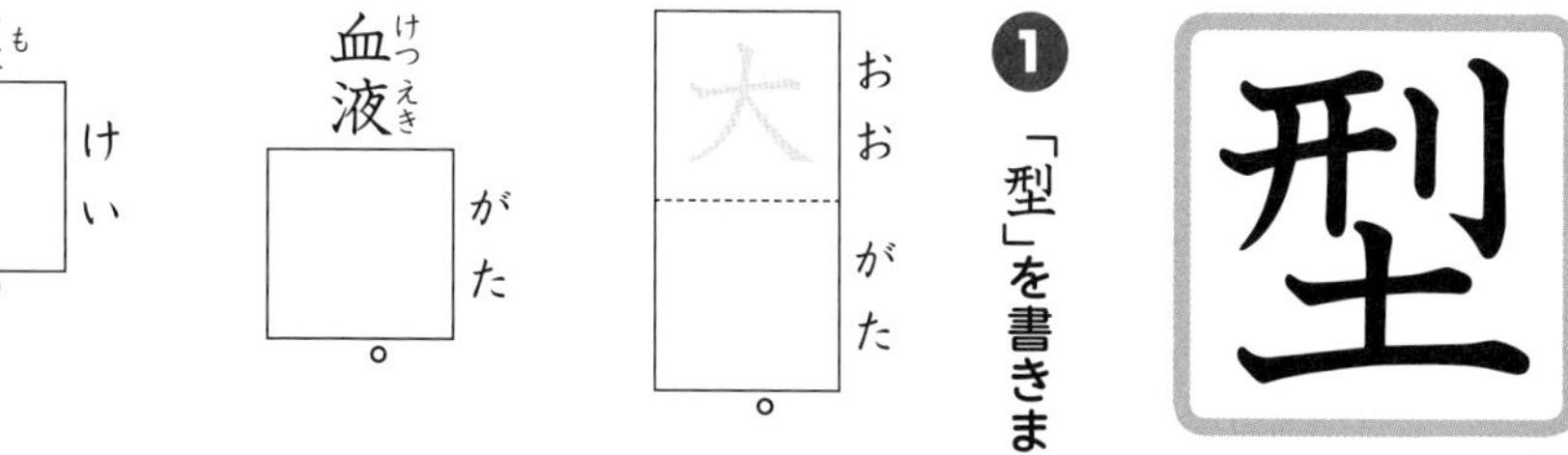

型

なりたち
「刑（小刀でわくの形をきざむ）」と「土（つち）」を合わせた字。土で作った物のかたを表す。

読み方
ケイ
かた

意味
・もとになる形
・手本

9画
一 二 于 开 刑 刑 型 型 型

練習
型（はねる）
型

❶「型」を書きましょう。

おおがた 大□。

血液（けつえき）がた□。

模（も）けい□。

てんけい 典□的（てき）。（とくちょうをもっともよく表している様子）

❷ 読みがなを書きましょう。

大型自動車。（　　）

血液型を調べる。（　　）

模（も）型飛行機を作る。（　　）

典型的な学者。（　　）

堂

なりたち
「尚（まどから空気が出る様子。広がることを表す）」と「土（つち）」を合わせた字。高い土台の上の大きく広がった建物を表す。

読み方
ドウ
―

意味
・りっぱなたてもの
・りっぱな様子

11画
堂 堂 堂 堂 堂 堂 堂 堂 堂 堂 堂

練習
堂（まっすぐ）
堂

❶「堂」を書きましょう。

しょくどう 食□に入る。

どう□々（どう）と歩く。

こうかいどう 公会□。

一（いち）どう□に集める。

❷ 読みがなを書きましょう。

食堂に入る。（　　）

堂々と歩く。（　　）

町の公会堂。（　　）

一堂に集める。（　　）

ドリル

点

1つ・5点

1 ——線の漢字の読みがなを書きましょう。

① 模型（も）飛行機。（　　）

② 食堂に入る。（　　）

③ 川の水が増す。（　　）

④ 国境をこえる。（　　）

⑤ 環境（かん）を守る。（　　）

⑥ 堂々と歩く。（　　）

⑦ 大型の車。（　　）

⑧ 友達（ともだち）が増える。（　　）

⑨ お客が急増する。（　　）

⑩ 陸と海の境。（　　）

2 読みがなにあう漢字を書きましょう。

① 人口の［ぞうか］。

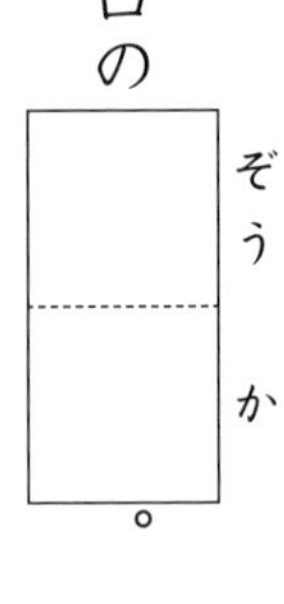

② ［こうかいどう］。

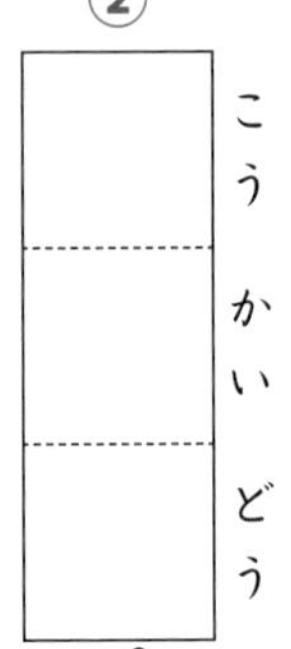

③ ［こっきょう］の町。

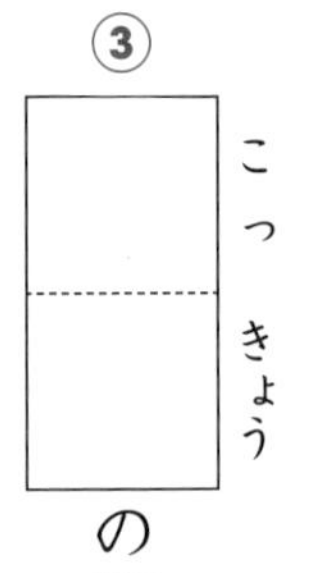

④ 血液（けつえき）［がた］。

⑤ ［てんけい］的（てき）。

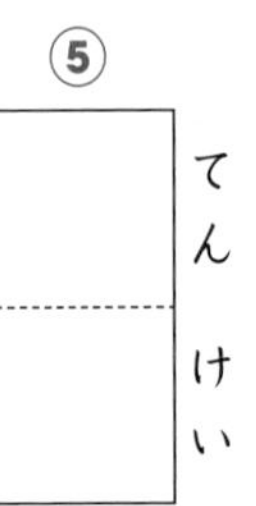

⑥ 生死の［さかい］。

⑦ 町の［しょくどう］。

⑧ 川の水が［ま］す。

⑨ 環（かん）［きょう］問題。

⑩ 友達が［ふ］える。

9 「心(こころ)・忄(りっしんべん)」のつく漢字

志・応・快・態・性・情・慣

心

なりたち

「心(こころ)」は、しんぞうの形をえがいたものです。また、「忄(りっしんべん)」は、「心」の変化した形です。

「心」や「忄」のつく漢字には、心や心のはたらきに関係するものが多くあります。

点の向きに注意してね。 忄

※○数字は習う学年

漢字	主な読み方
心②	シン こころ
思②	シ おもう
急③	キュウ いそぐ
息③	ソク いき
悪③	アク わるい
悲③	ヒ かなしい
意③	イ —
感③	カン —
想③	ソウ —
必④	ヒツ かならず
念④	ネン —
愛④	アイ —
応⑤	オウ こたえる
快⑤	カイ こころよい
志⑤	シ こころざす こころざし
性⑤	セイ —
情⑤	ジョウ なさけ
慣⑤	カン なれる
態⑤	タイ —

なりたち 「士(目標に向かってまっすぐに進む)」と「心(こころ)」を合わせた字。目標に向かってまっすぐに進んでいこうとする心、こころざしを表す。

読み方 シ こころざす こころざし

意味 ・心に決める ・めざす目標

7画 志志志志志志志

練習 ←長く 志 志

1 「志」を書きましょう。

強い［意］［　］(いし)。

［　］［望］(しぼう)校(こう)。

画家を［　］(こころざ)す。

高い［　］(こころざし)を立てる。

2 読みがなを書きましょう。

強い意志をもつ。(　　)

志望校に合格(ごうかく)する。(　　)

画家を志す。(　　)

高い志を立てる。(　　)

なりたち
もとの字は「應」。「䧹（人が隹（鳥）を手で受け止める）」と「心（こころ）」を合わせた字。しっかり心に受け止めて相手にこたえる意味を表す。

読み方	オウ こたえる
意味	•したがう •こたえる •ちょうどよい

練習
応（はねる↑）
応

7画
応 応 応 応 応 応 応

1 「応」を書きましょう。

質問（しつもん）に［おう］じる。

基本（きほん）と［おう］［用（よう）］。

［反（はん）］［のう］する。

※「反応」や「順応」では、「オウ」が「ノウ」という読み方になる。

声えんに［こた］える。

2 読みがなを書きましょう。

質問に応じる。（　　）

基本と応用。（　　）

音に反応する。（　　）

声えんに応える。（　　）

なりたち
「忄（こころ）」と「夬（えぐられてぬけ落ちる）」を合わせた字。心の中のいやなことがぬけ落ちて、気持ちがこころよくなることを表す。

読み方	カイ こころよい
意味	•気持ちがよい

練習
快（長く↙）
快

7画
快 快 快 快 快 快 快

1 「快」を書きましょう。

［こころよ］い風。

［こころよ］く引き受ける。

［かい］［晴（せい）］の朝。

［軽（けい）］［かい］なリズム。

2 読みがなを書きましょう。

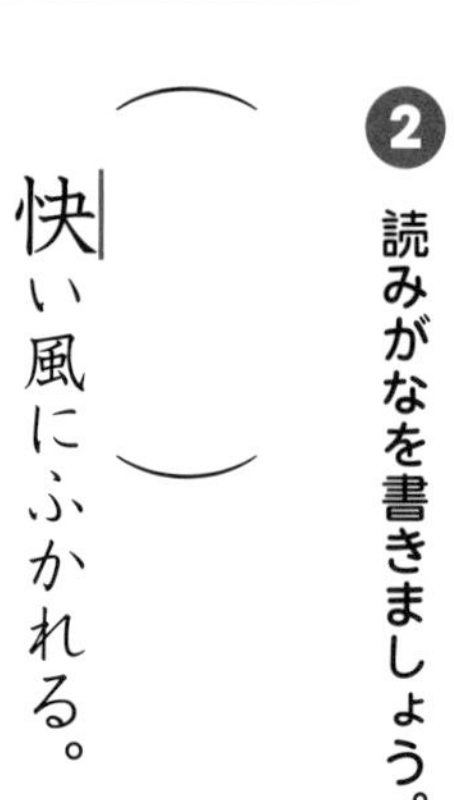

快い風にふかれる。（　　）

快く引き受ける。（　　）

快晴の朝になる。（　　）

軽快なリズム。（　　）

態

読み方
タイ
―

意味
●ものごとの様子

なりたち
「能（できる力をそなえている人）」と「心（こころ）」を合わせた字。ものごとをやりとげようとする心がまえのこと。後に、ありさまのことを表す。

14画
態 態 態 態 態 態 態 態 態 態

練習
「灬」としない。

❶ 「態」を書きましょう。

たいど　度がよい。

健康じょうたい　状。

野鳥のせいたい（野鳥が生活しているありさま）　生。

生活のじったい　実。

❷ 読みがなを書きましょう。

態度がよい。（　）

健康状態を話す。（　）

野鳥の生態。（　）

生活の実態調査（ちょうさ）。（　）

漢字のなりたち②

53ページでは、「象形文字（しょうけいもじ）」「指事文字（しじもじ）」を取り上げました。ここでは、次のなりたちを見てみましょう。

③ **会意文字（かいいもじ）**
漢字を組み合わせて作った文字。

木＋木 → 林（木がたくさん生えている様子。）

口＋鳥 → 鳴（鳥がなく様子。）

④ **形声文字（けいせいもじ）**
意味を表す部分と、音を表す部分とを組み合わせた文字。

晴 → 意味（日）・音（青）

銅 → 意味（金）・音（同）

志 → 音（士）・意味（心）

週 → 音（周）・意味（辶）

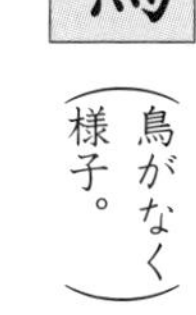

ドリル

□点
1つ・5点

❶ ――線の漢字の読みがなを書きましょう。

① 快い風。（　　）
② 強い意志。（　　）
③ 態度が悪い。（　　）
④ 質問（しつもん）に応じる。（　　）
⑤ 音に反応する。（　　）
⑥ 快晴となる。（　　）
⑦ 高い志を立てる。（　　）
⑧ 野鳥の生態。（　　）
⑨ 生活の実態調査（ちょうさ）。（　　）
⑩ 志望校（こう）に受かる。（　　）

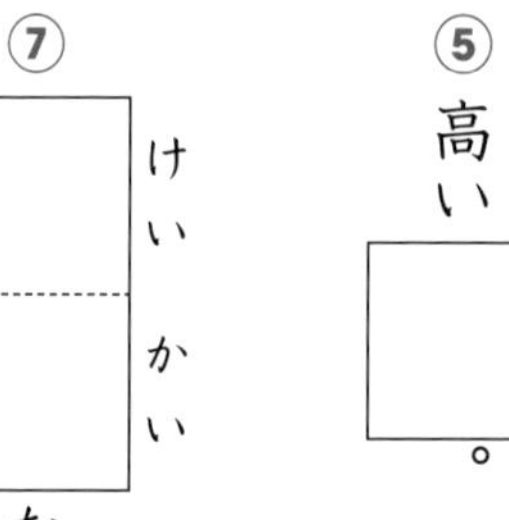
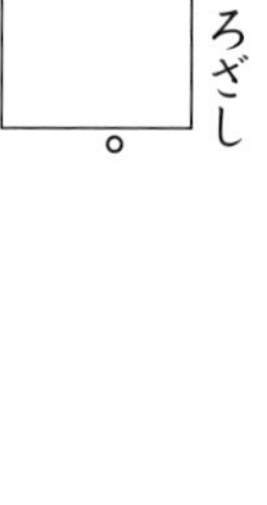
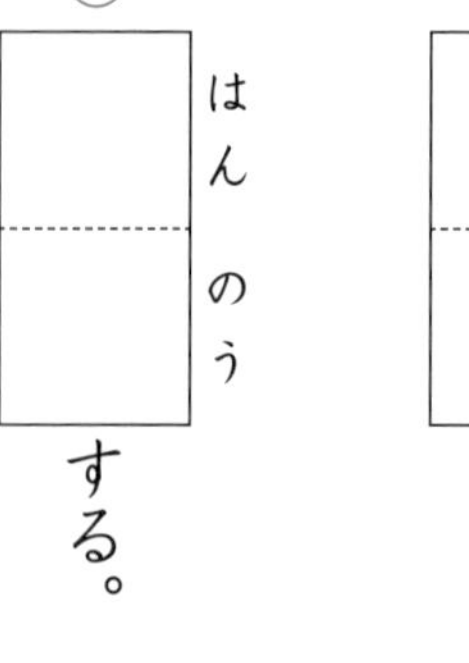

❷ 読みがなにあう漢字を書きましょう。

① 基本（きほん）と［おうよう］。
② よい［たいど］。
③ ［こころよ］く受ける。
④ 強い［いし］。
⑤ 高い［こころざし］。
⑥ 健康［じょうたい］。（状）
⑦ ［けいかい］な音。
⑧ 期待に［こた］える。
⑨ ［はんのう］する。
⑩ 画家を［こころざ］す。

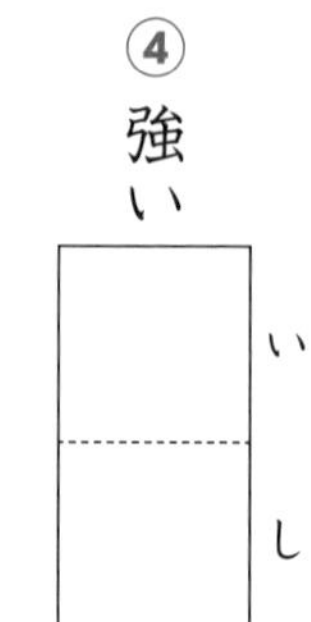
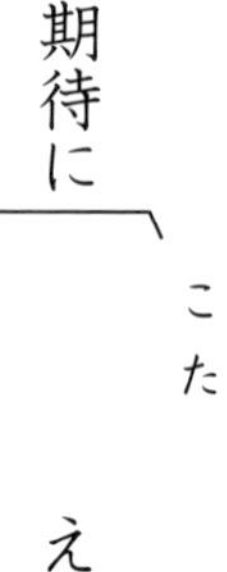
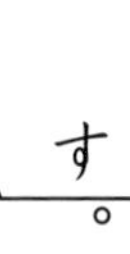

性

なりたち
「忄(こころ)」と「生(草の芽が生き生きとのびる)」を合わせた字。生まれつきもっている心のはたらきを表す。

読み方
セイ
（ショウ）

意味
・もともとの特ちょう
・男と女の区別

8画

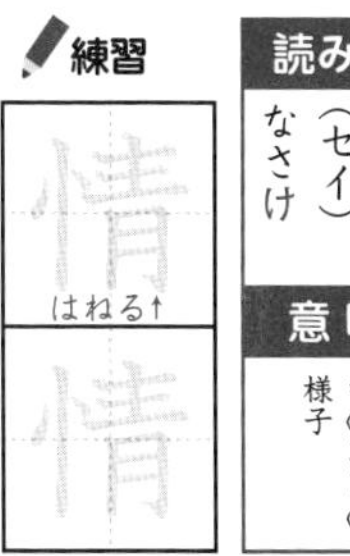
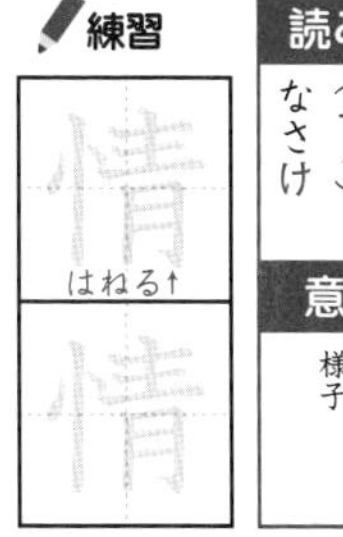

✎練習（とめる）

1 「性」を書きましょう。

せいかく
□格。

せいしつ
□質。

こせい
個□をのばす。

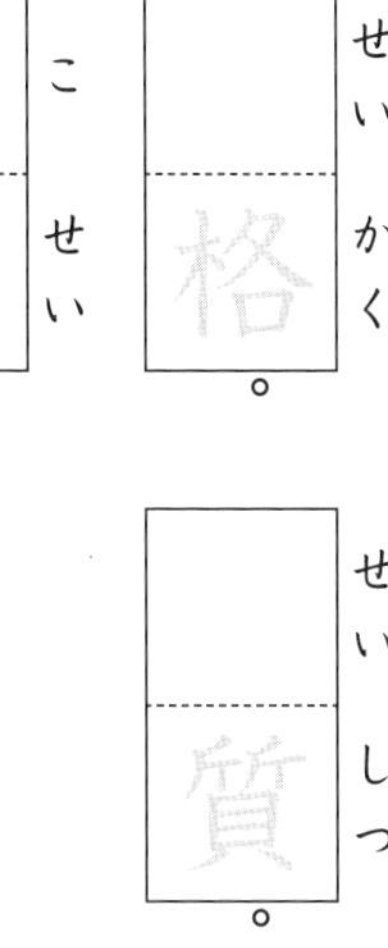

2 読みがなを書きましょう。

弟の性格。（　　）

油の性質。（　　）

個性をのばす。（　　）

情

なりたち
「忄(こころ)」と「青(わかい草の芽と、いどの清くすんだ水)」を合わせた字。心の底にある清くすみきった気持ちを表す。

読み方
ジョウ
（セイ）
なさけ

意味
・思いやり
・ものごとの様子

11画

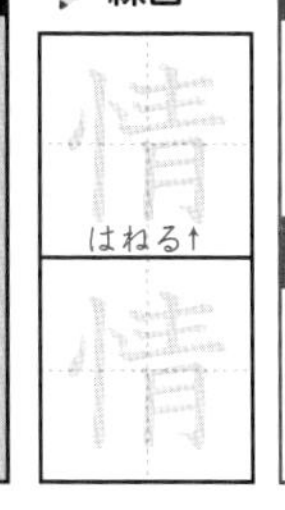
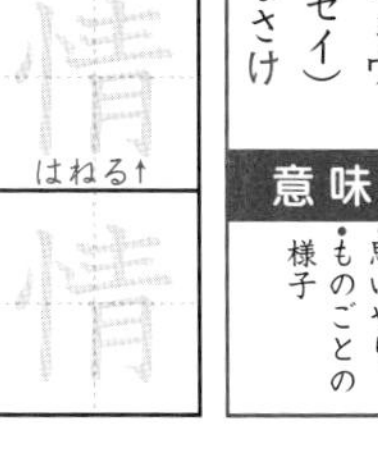

✎練習（はねる）

1 「情」を書きましょう。

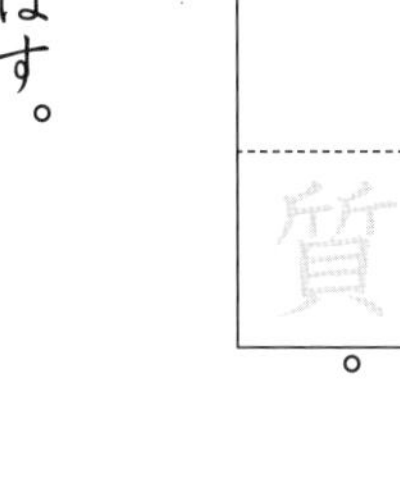

ひょうじょう
表□。

あいじょう
愛□。

なさけ
□け深(ぶか)い人。

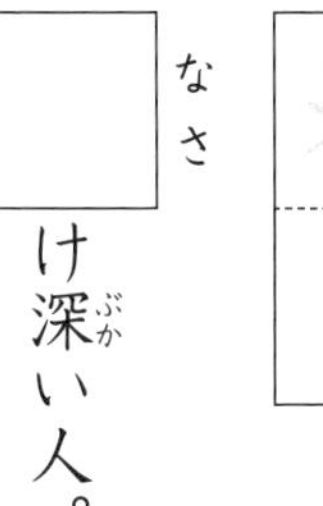

2 読みがなを書きましょう。

明るい表情。（　　）

親の愛情。（　　）

情け深い人物。（　　）

慣

なりたち
「忄(こころ)」と「貫(まるい貝にひもを通した形。つらぬくこと)」を合わせ、一つのことをつらぬくうちに、心がそれになれてくることを表す。

読み方
カン
なれる
ならす

意味
・くり返して
なじむ
・しきたり

14画

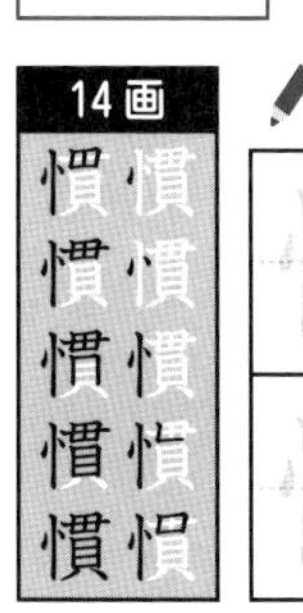
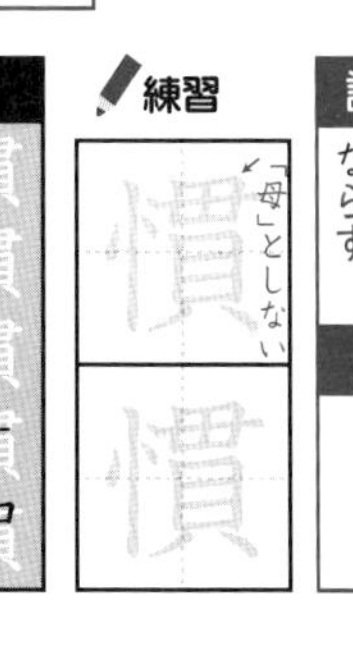

✎練習（「母」としない）

1 「慣」を書きましょう。

しゅうかん
習□。

かんよう
□用句(く)。

な
作業に□れる。

2 読みがなを書きましょう。

毎朝の習慣。（　　）

慣用句。（　　）

作業に慣れる。（　　）

ドリル

点

1つ・5点

1 ──線の漢字の読みがなを書きましょう。

① 弟の**性格**。（　　）

② 毎朝の**習慣**。（　　）

③ 体を水に**慣**らす。（　　）

④ 明るい**表情**。（　　）

⑤ 大事な**情報**。（　　）

⑥ **個性**をのばす。（　　）

⑦ **情**け深(ぶか)い人。（　　）

⑧ 油の**性質**。（　　）

⑨ **愛情**を注ぐ。（　　）

⑩ **慣用句**を覚える。（　　）

2 読みがなにあう漢字を書きましょう。

① 明るい［せいかく］。

② ［かんよう］句(く)。

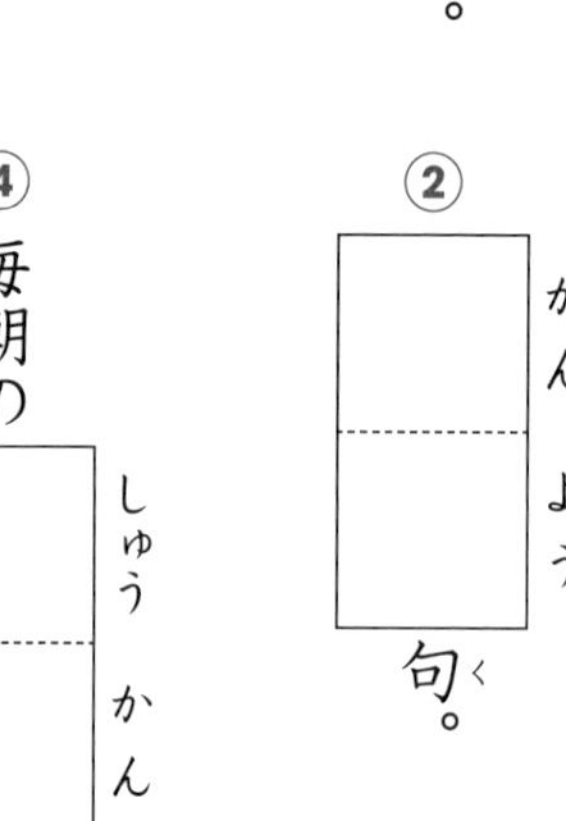

③ 母の［あいじょう］。

④ 毎朝の［しゅうかん］。

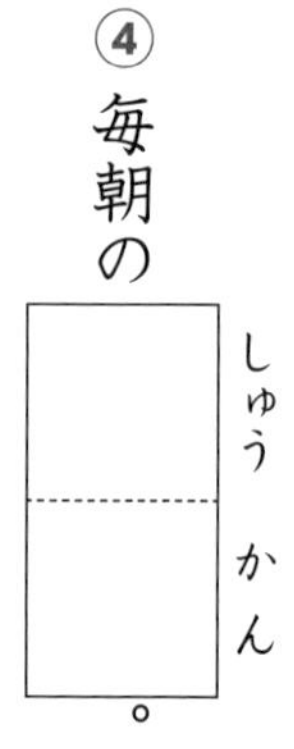

⑤ ［こせい］的(てき)。

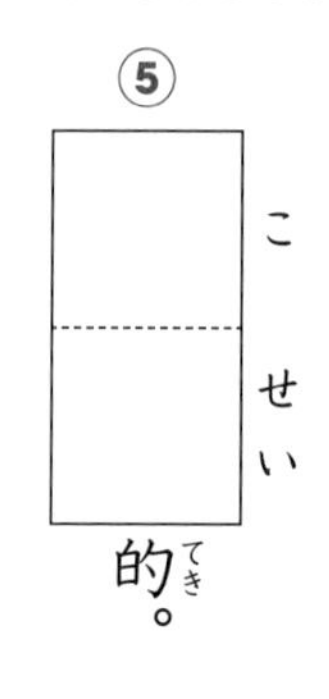

⑥ ［なさ］け深い人。

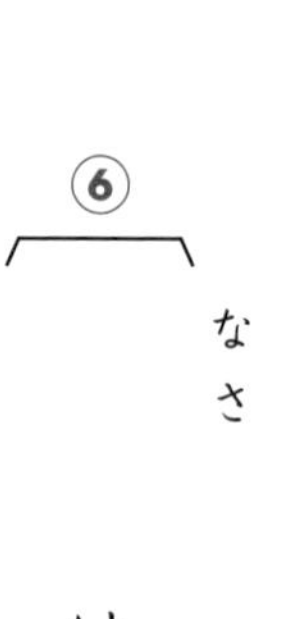

⑦ 顔の［ひょうじょう］。

⑧ 体を［な］らす。

⑨ 油の［せいしつ］。

⑩ 作業に［な］れる。

まとめドリル

点

1つ・5点

1 読みがなにあう漢字を書きましょう。

① 低気（ていき）□（あつ）。

② 血液（けつえき）□（がた）。

③ お寺の□（はか）。

④ 質問（しつもん）に□（おう）じる。

⑤ 天気予（よ）□（ほう）。

⑥ □（き）準（じゅん）の数値（すうち）。

⑦ 自然環（かん）□（きょう）。

⑧ 軽（けい）□（かい）なリズム。

⑨ 会の□（あ）り方（かた）。

⑩ 町の公会（こうかい）□（どう）。

2 読みがなにあう漢字を書きましょう。

① □□（へいきん）点（てん）。

② お寺の□□（ぼち）。

③ 水の□□（せいしつ）。

④ □□（たいど）に表す。

3 次のことばを漢字と送りがなで〔　〕に書きましょう。

① 水が〔　　〕（ふえる）。

② 学者を〔　　〕（こころざす）。

③ 〔　　〕（なさけ）深（ぶか）い。

④ 期待に〔　　〕（こたえる）。

⑤ 使い〔　　〕（なれる）。

⑥ 〔　　〕（こころよい）風。

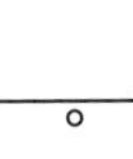

10 「辶(しんにゅう/しんにょう)」のつく漢字

なりたち

「辶(しんにゅう/しんにょう)」は、十字路の半分と足の形とを合わせてできた形で、「いく・すすむ」の意味を表します。

「辶」のつく漢字には、道や進むことに関係するものが多くあります。

※○数字は習う学年

漢字	主な読み方
近②	キン ちかい
通②	ツウ とおる かよう
週②	シュウ

漢字	主な読み方
道②	ドウ みち
遠②	エン とおい
返③	ヘン かえす
送③	ソウ おくる
追③	ツイ おう
速③	ソク はやい
進③	シン すすむ
運③	ウン はこぶ
遊③	ユウ あそぶ
辺④	ヘン あたり べ

漢字	主な読み方
連④	レン つらなる つれる
達④	タツ
選④	セン えらぶ
述⑤	ジュツ のべる
逆⑤	ギャク さからう
迷⑤	(メイ) まよう
造⑤	ゾウ つくる
過⑤	カ すぎる
適⑤	テキ

(導→157ページ)

なりたち
「辶(行く)」と「朮(くっつく)」を合わせた字。今までのやり方にくっついていくことから、ある考えにしたがってのべる・ことを表す。

読み方
ジュツ
のべる

意味
・書いたり話したりする

8画

練習 とめる

❶ 「述」を書きましょう。

主語と［　(じゅつ)　］語(ご)。

くわしい記(き)［　(じゅつ)　］。（くわしく書き記すこと）

考えを［　］の べる。

意見を［　］の べた文。

❷ 読みがなを書きましょう。

主語と述語。（　　）

くわしい記述。（　　）

考えを述べる。（　　）

意見を述べた文。（　　）

逆

なりたち
「辶（進む）」と「屰（さかだちする人）」を合わせた字。さかさまに進むことから反対であること、さからうことを表す。

読み方	意味
ギャク さか さからう	・さからう ・反対、さかさま

9画

練習（はらう）

❶「逆」を書きましょう。

（ぎゃく）□の方向。

（ぎゃく）□（てん）転して勝つ。

流れに（さか）□らう。

（さか）□立（だ）ちの練習。

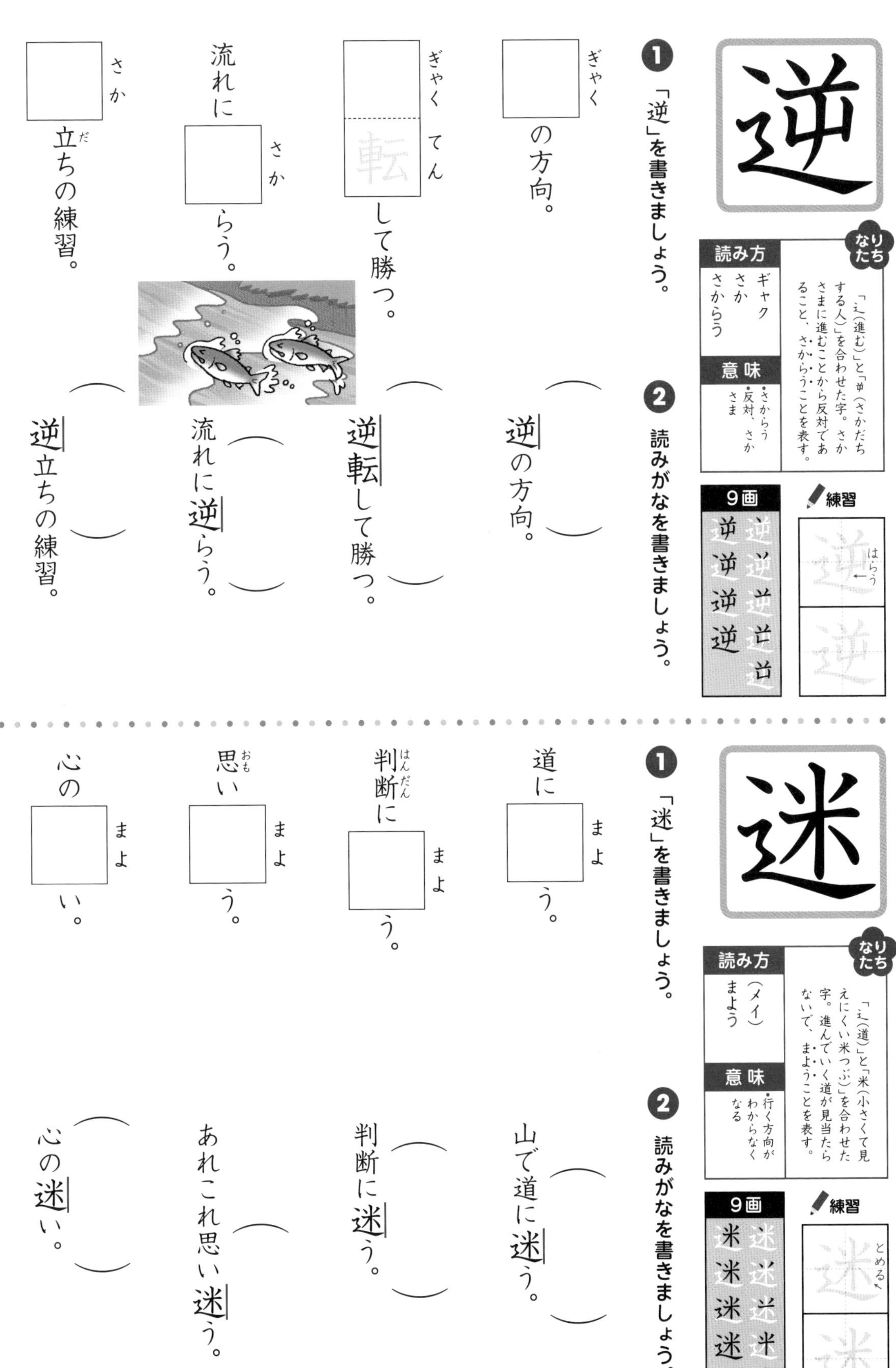

❷ 読みがなを書きましょう。

逆（　）の方向。

逆転（　）して勝つ。

流れに逆（　）らう。

逆（　）立ちの練習。

迷

なりたち
「辶（道）」と「米（小さくて見えにくい米つぶ）」を合わせた字。進んでいく道が見当たらないで、まようことを表す。

読み方	意味
（メイ） まよう	・行く方向がわからなくなる

9画

練習（とめる）

❶「迷」を書きましょう。

道に（まよ）□う。

判断（はんだん）に（まよ）□う。

思（おも）い（まよ）□う。

心の（まよ）□い。

❷ 読みがなを書きましょう。

山で道に迷（　）う。

判断に迷（　）う。

あれこれ思い迷（　）う。

心の迷（　）い。

ドリル

点

1つ・5点

❶ ――線の漢字の読みがなを書きましょう。

① 逆の方向に進む。（　　）

② 山で道に迷う。（　　）

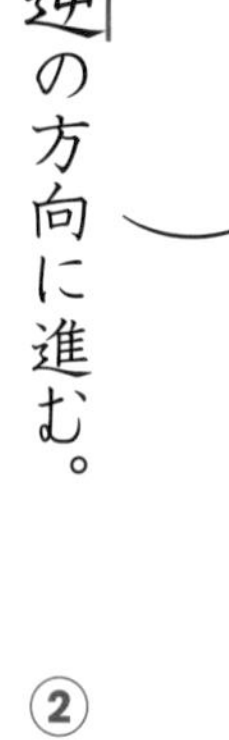

③ くわしい記述。（　　）

④ 逆立ちの練習。（　　）

⑤ 思い迷う。（　　）

⑥ 主語と述語。（　　）

⑦ 逆転して勝つ。（　　）

⑧ 考えを述べる。（　　）

⑨ 心の迷い。（　　）

⑩ 流れに逆らう。（　　）

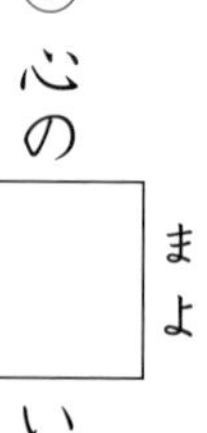

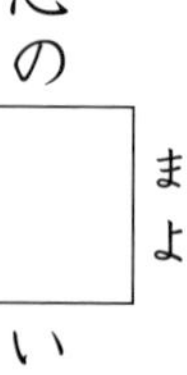

❷ 読みがなにあう漢字を書きましょう。

① □□（ぎゃくてん）優勝。

② 主語と□□（じゅつご）。

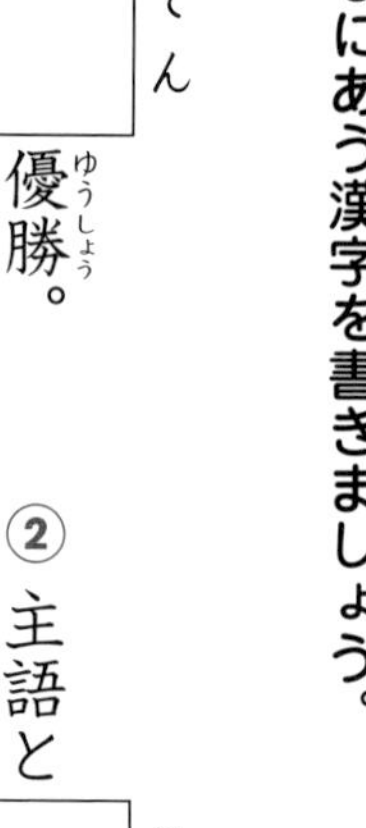

③ 思い□（まよ）う。

④ □（さか）立ちの練習。

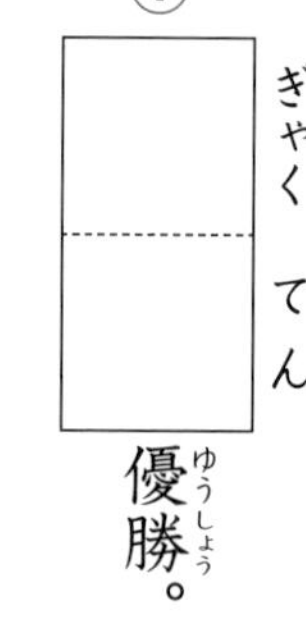

⑤ □（ぎゃく）の方向。

⑥ 判断に〔　　（まよ）う〕。

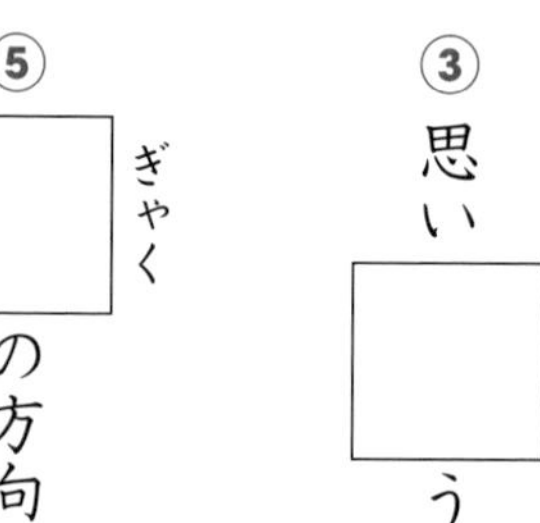

⑦ □□（きじゅつ）する。

⑧ 流れに〔　　（さか）らう〕。

⑨ 心の□（まよ）い。

⑩ 意見を〔　　（の）べる〕。

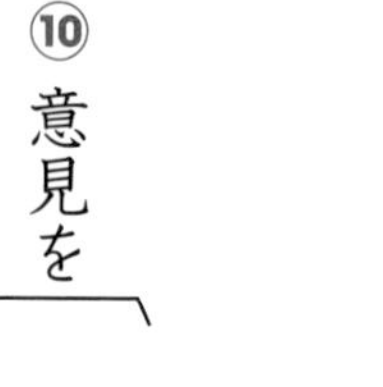

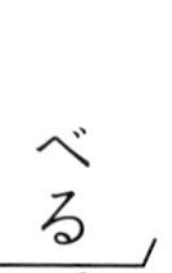

造

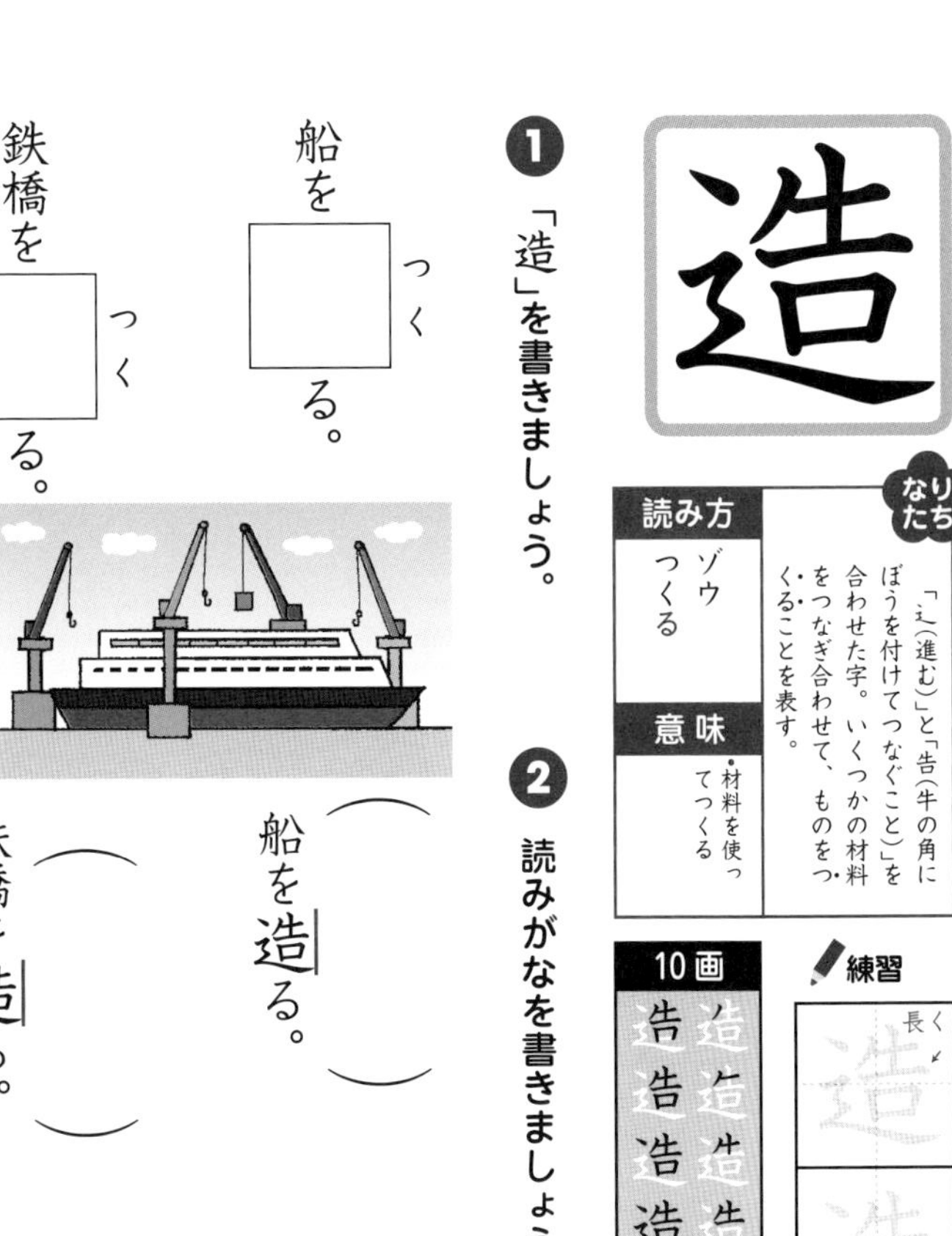

なりたち
「辶(進む)」と「告(牛の角にぼうを付けてつなぐこと)」を合わせた字。いくつかの材料をつなぎ合わせて、ものをつくることを表す。

読み方	意味
ゾウ つくる	•材料を使ってつくる

10画

練習 長く

1 「造」を書きましょう。

船を□(つく)る。

鉄橋を□(つく)る。

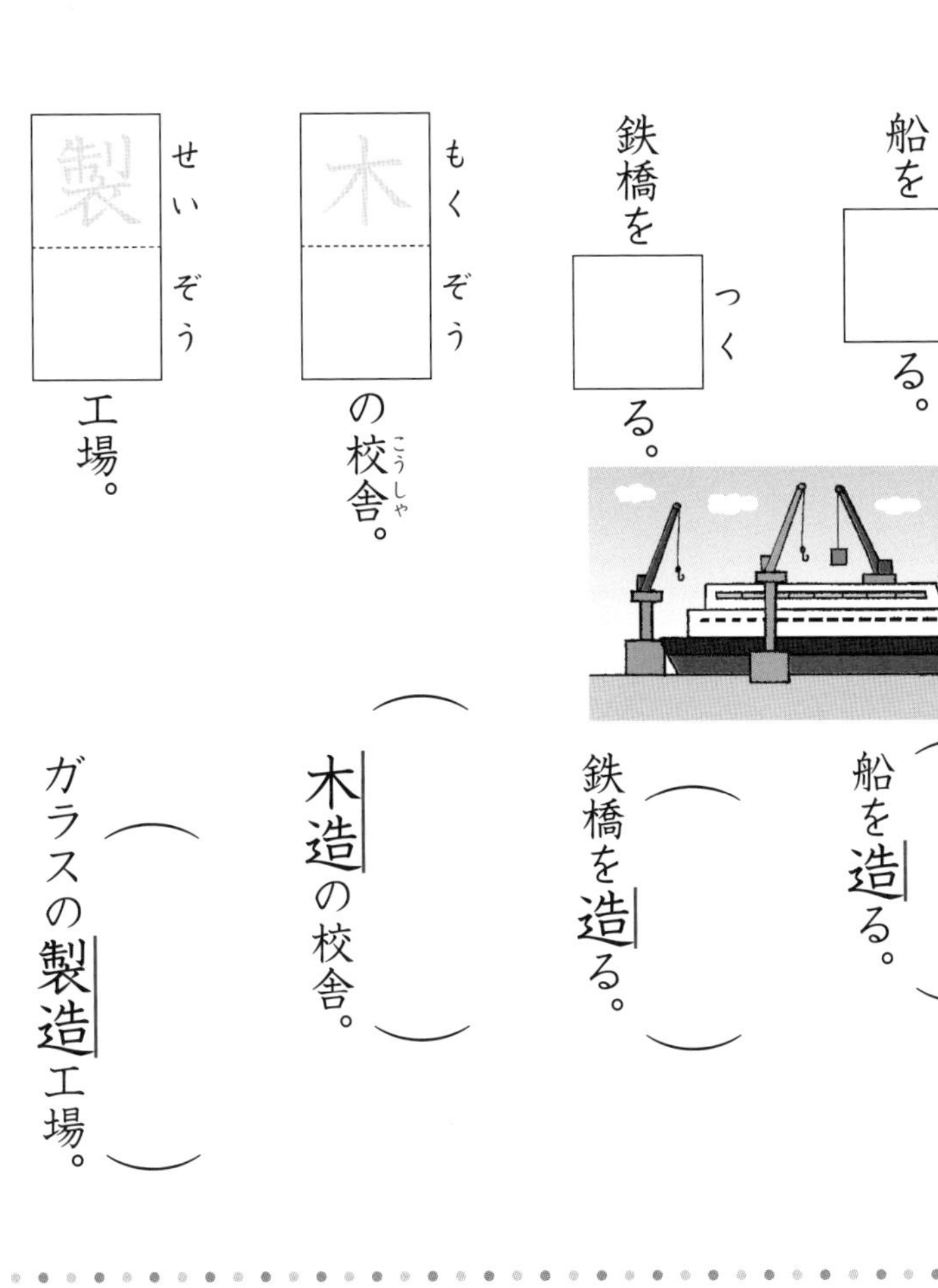

(もく ぞう)木□の校舎(こうしゃ)。

(せい ぞう)製□工場。

2 読みがなを書きましょう。

船を造る。(　　)

鉄橋を造る。(　　)

木造の校舎。(　　)

ガラスの製造工場。(　　)

過

なりたち
「辶(進む)」と「咼(自由に動く関節)」を合わせた字。するするとすぎることや、進みすぎてつい足をすべらせてあやまちをすることを表す。

読み方	意味
カ すぎる すごす (あやまつ) (あやまち)	•通って行く •時間がたつ

12画

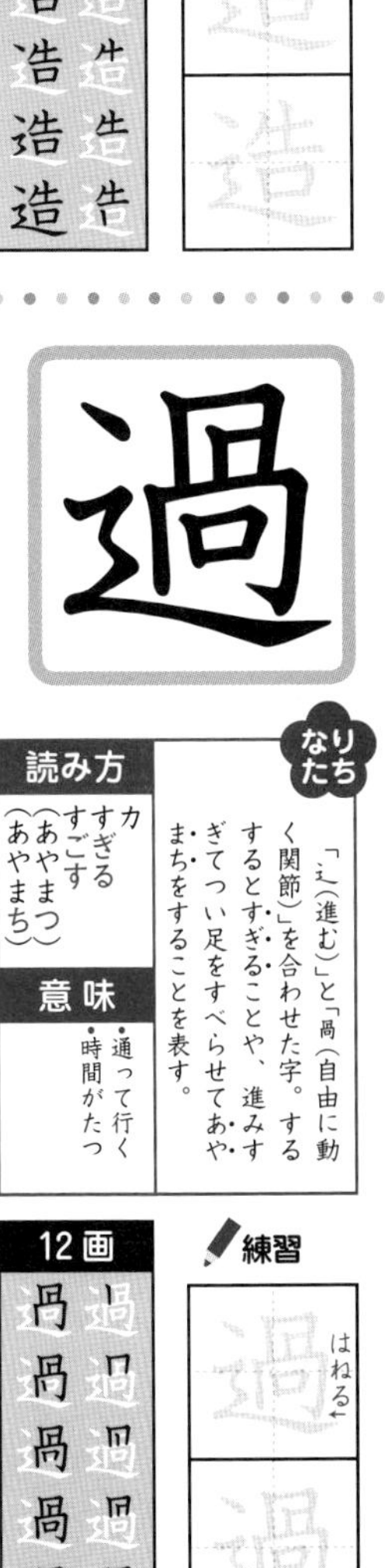

練習 はねる

1 「過」を書きましょう。

十時を□(す)ぎる。

いなかで□(す)ごす。

(か こ)□去と未来。

(つう か)通□する。

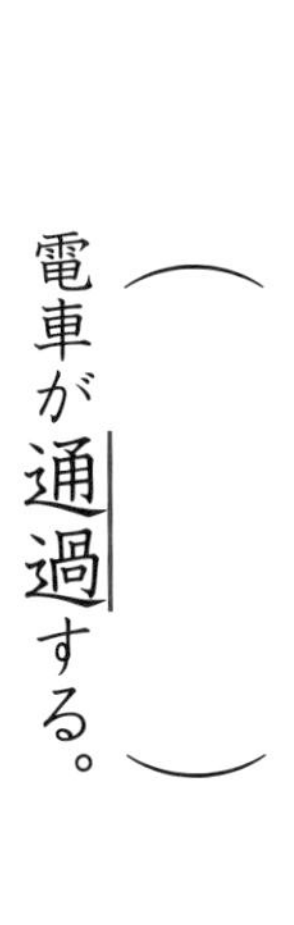

2 読みがなを書きましょう。

十時を過ぎる。(　　)

いなかで過ごす。(　　)

過去と未来。(　　)

電車が通過する。(　　)

なりたち
「辶（進む）」と「啇（一つにまとめる）」を合わせた字。目標を一つにしぼって進むことから、何かにぴったり合うことを表す。

読み方	テキ
意味	・ぴったりと合う

14画

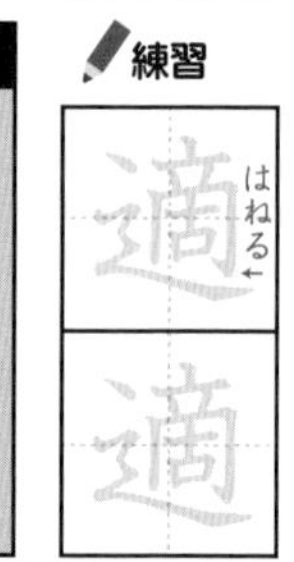

❶「適」を書きましょう。

てきとう　当な方法。

かいてき　快な部屋。

てき　する。

てきせつ　切な指示。

❷読みがなを書きましょう。

適当な方法をとる。（　）

快適な部屋。（　）

商品に適した値段。（　）

適切な指示を出す。（　）

「重箱」って何？

正月におせち料理を入れたりする、何段にも重ねられる四角い箱を知っていますか。それが「重箱」です。

しかし、この「重箱」という熟語の読みは、

重（音読み　ジュウ）箱（訓読み　ばこ）

となっています。

このように、上の漢字を音、下の漢字を訓で読む熟語の読み方を「重箱読み」といいます。

★ 次の中から重箱読みの熟語を、すべて選びましょう。

両側　周辺　書店　土手　電灯　台所

答え　両側　土手　台所

ドリル

点

1つ・5点

1 ―線の漢字の読みがなを書きましょう。

① 木造の校舎（こうしゃ）。（　　）

② 十二時を過ぎる。（　　）

③ 快適に過（す）ごす。（　　）

④ のんびり過ごす。（　　）

⑤ 電車が通過する。（　　）

⑥ 鉄橋を造る。（　　）

⑦ 適した値段（ねだん）。（　　）

⑧ 適切なことば。（　　）

⑨ 製造工場。（　　）

⑩ 過去と未来。（　　）

2 読みがなにあう漢字を書きましょう。

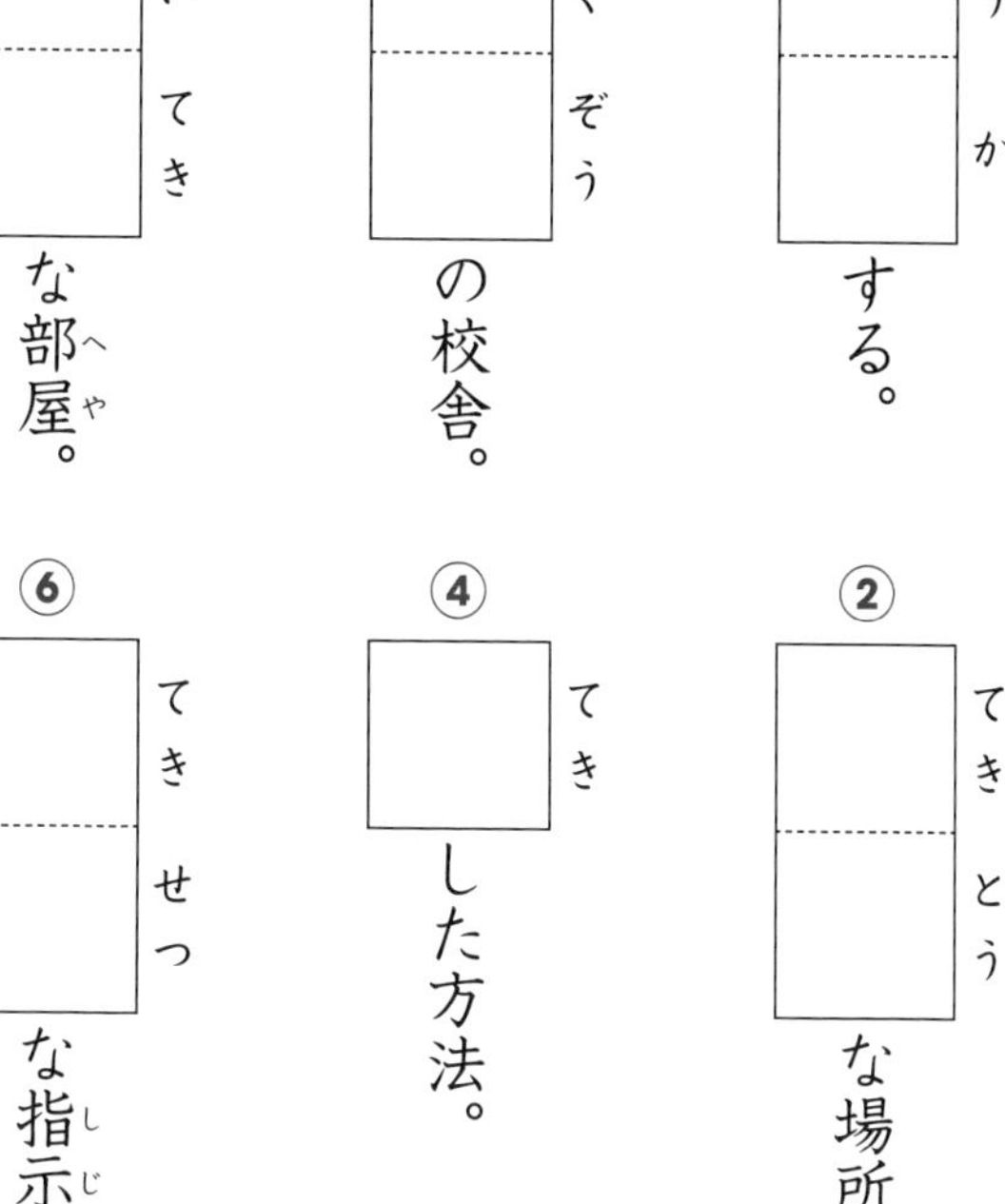

① □□（つうか）する。

② □□（てきとう）な場所。

③ □□（もくぞう）の校舎。

④ □（てき）した方法。

⑤ □□（かいてき）な部屋（へや）。

⑥ □□（てきせつ）な指示（しじ）。

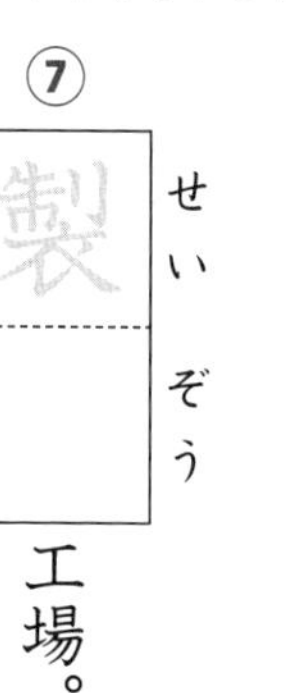

⑦ □□（せいぞう）工場。

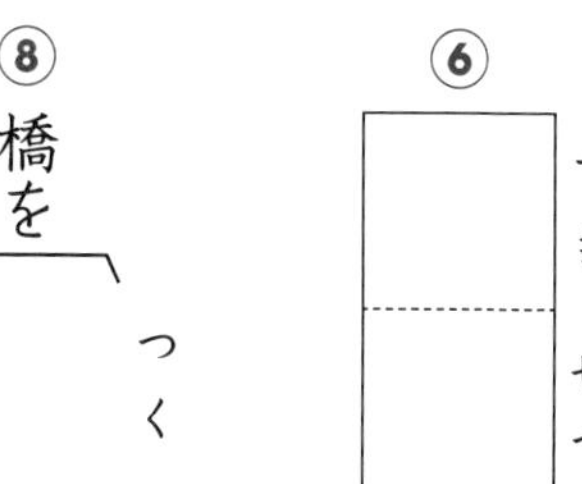

⑧ 橋を［　　］（つく）る。

⑨ □□（かこ）の話。

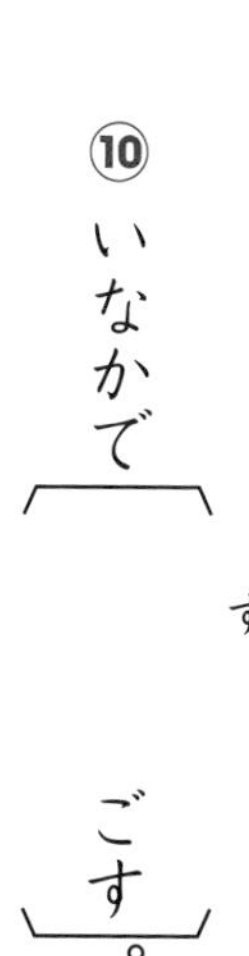

⑩ いなかで［　　］（す）ごす。

11 「刀(かたな)・刂(りっとう)」のつく漢字

刊・判・制・則

刀 なりたち

「刀(かたな)」は、えのついたかたなの形をえがいたものです。また、「刂(りっとう)」は、「刀」の変化した形です。
「刀」や「刂」のつく漢字には、ものを切る様子や切った後の様子に関係するものがあります。

※○数字は習う学年

漢字	主な読み方
刀②	トウ かたな
切②	セツ きる
分②	ブン・フン・ブ わける
前②	ゼン まえ

漢字	主な読み方
列③	レツ
初④	ショ はじめ はつ
別④	ベツ わかれる
利④	リ （きく）
刷④	サツ する
副④	フク
刊⑤	カン
判⑤	ハン・バン
制⑤	セイ
則⑤	ソク

読み方 カン

意味 ・本などを印刷して出す

なりたち 「干(木(み)の幹)」と「刂(かたな)」を合わせた字。昔、木や竹に字を書き、まちがった字を小刀でけずって直したことから、文章を直して本を出すこと。

5画

練習 はねる

1 「刊」を書きましょう。

- ゆうかん（夕□）を読む。
- げっかん（月□）の雑誌(ざっし)。
- しんかん（新□）の本。
- ぞうかん（増□）号(ごう)。

2 読みがなを書きましょう。

- 夕刊（　）を読む。
- 月刊（　）の雑誌(ざっし)。
- 新刊（　）の本を買う。
- 雑誌(ざっし)の増刊（　）号。

判

なりたち
「半（牛の頭と、二つに分ける印）」と「刂（かたな）」を合わせた字。刀で一つのものを二つに分けることから、よい悪いを見分けることを表す。

読み方
ハン
バン

意味
•よい悪いを決める
•わける
•昔のお金

練習 判 判（はねる）

7画 判判判判判判判

❶「判」を書きましょう。

こばん（小□）。
ひょうばん（評□）。
自分ではんだん（□断）する。

❷ 読みがなを書きましょう。

昔の小判。（　）
評判がよい。（　）
自分で判断する。（　）

制

なりたち
「未（木を「ノ」の線の所で切ること）」と「刂（かたな）」を合わせた字。のびている木を切ることから、悪いところを取って整えることを表す。

読み方
セイ

意味
•とり決め
•おさえる
•作る

練習 制 制（はねる）

8画 制制制制制制制制

❶「制」を書きましょう。

せいふく（□服）。
せいげん（□限）。
選挙のせいど（□度）。

❷ 読みがなを書きましょう。

中学の制服。（　）
制限時間。（　）
選挙制度の改革（かいかく）。（　）

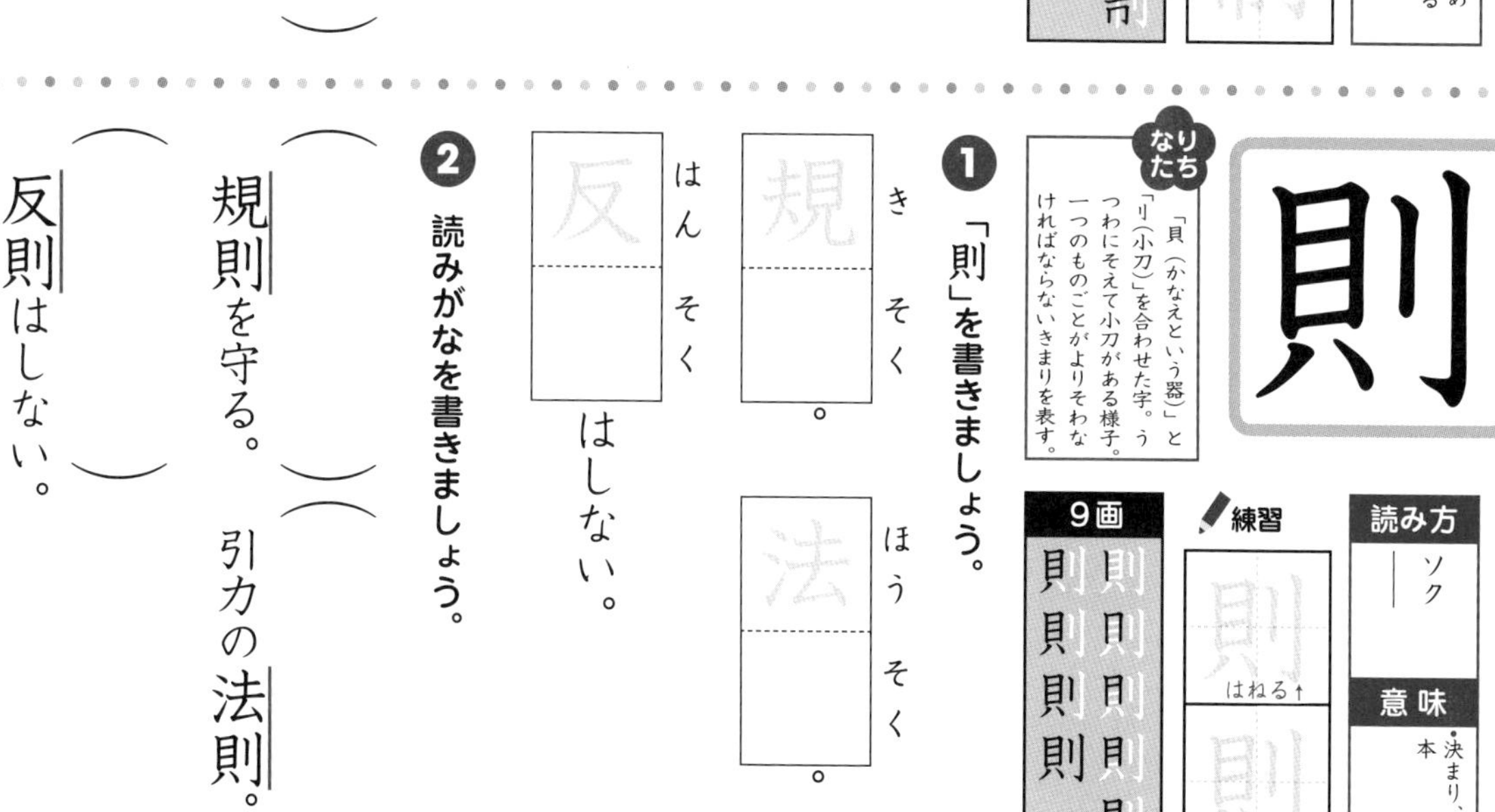

則

なりたち
「貝（かなえという器）」と「刂（小刀）」を合わせた字。うつわにそえて小刀がある様子。一つのものごとがよりそわなければならないきまりを表す。

読み方
ソク

意味
•決まり、手本

練習 則 則（はねる）

9画 則則則則則則則則則

❶「則」を書きましょう。

きそく（規□）。
ほうそく（法□）。
はんそく（反□）はしない。

❷ 読みがなを書きましょう。

規則を守る。（　）
引力の法則。（　）
反則はしない。（　）

ドリル

点

1つ・5点

1 ——線の漢字の読みがなを書きましょう。

① 夕刊を読む。（　　）

② 正しい判断。（　　）

③ 試験の制限時間。（　　）

④ 引力の法則。（　　）

⑤ 評判がよい。（　　）

⑥ 月刊の雑誌（ざっし）。（　　）

⑦ 雑誌（ざっし）の増刊号。（　　）

⑧ 選挙の制度。（　　）

⑨ 反則をする。（　　）

⑩ 昔の小判。（　　）

2 読みがなにあう漢字を書きましょう。

① 引力の［ほうそく］。

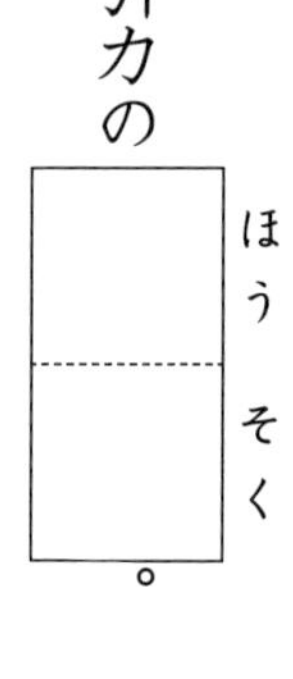

② ［せいげん］時間。

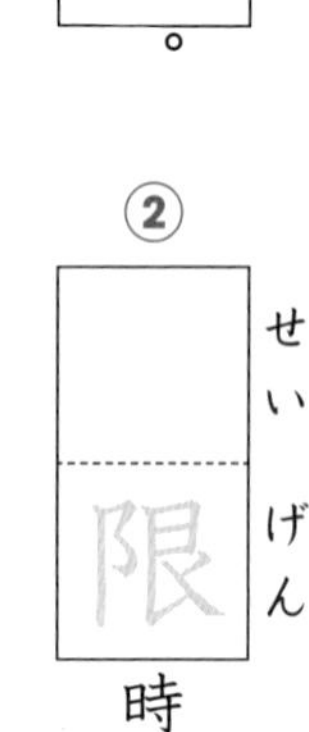

③ ［きそく］を守る。

④ ［げっかん］の雑誌（ざっし）。

⑤ ［はんだん］する。

⑥ 選挙［せいど］。

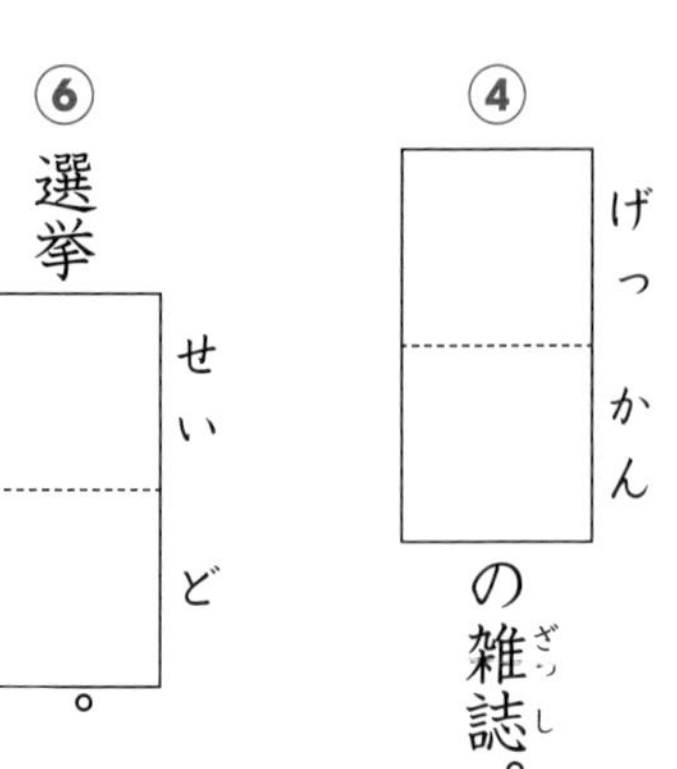

⑦ ［せいふく］を着る。

⑧ ［はんそく］をする。

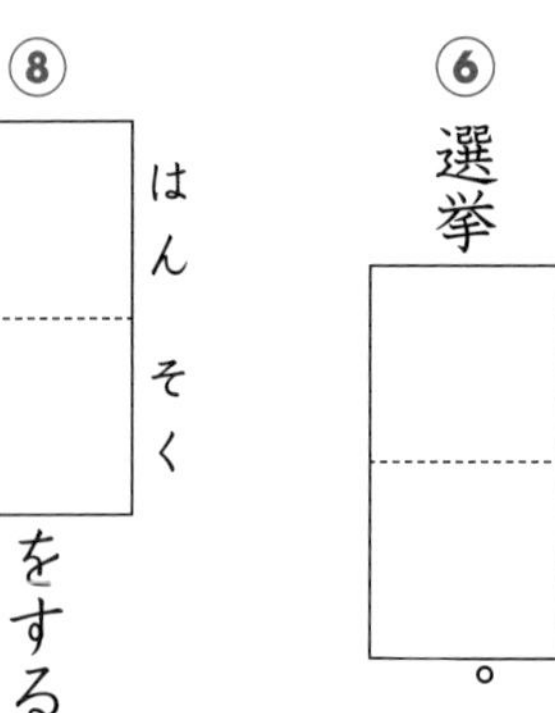

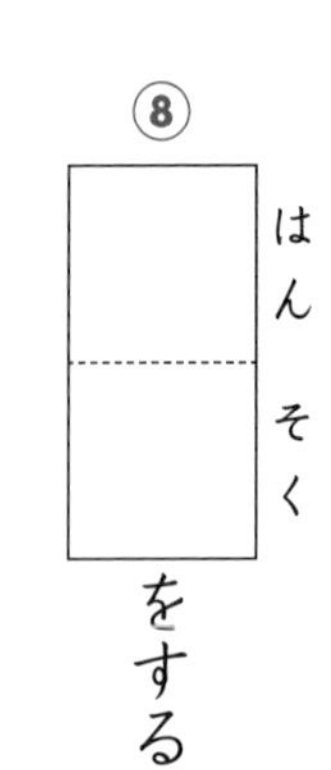

⑨ ［ひょうばん］。

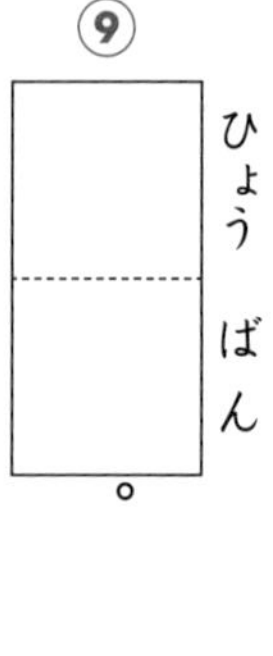

⑩ ［しんかん］の本。

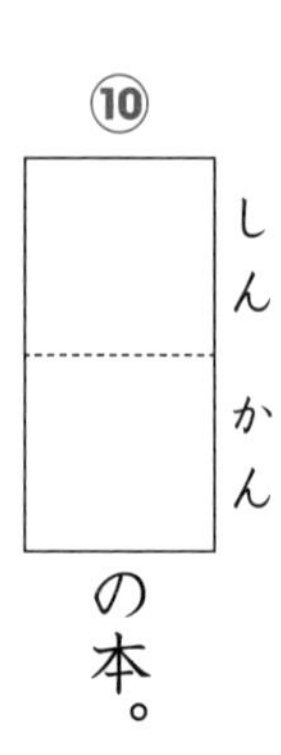

12 「阝(こざとへん)」のつく漢字

防・限・険・際

阝

なりたち

「阝(こざとへん)」は、もり上げた土の様子をえがいた形で、「おか・山」の意味を表します。

「阝」のつく漢字には、おかの様子や階段(かいだん)に関係するものがあります。

※○数字は習う学年

漢字	院③	階③	陽③	阪④	陸④	隊④
主な読み方	イン	カイ	ヨウ	(ハン)	リク	タイ

漢字	防⑤	限⑤	険⑤	際⑤	降⑥	除⑥	陛⑥	障⑥
主な読み方	ボウ ふせぐ	ゲン かぎる	ケン けわしい	サイ (きわ)	コウ おりる ふる	ジョ のぞく	ヘイ	ショウ (さわる)

防

読み方 ボウ ふせぐ

意味 •害などから守る

なりたち 「阝(積み上げた土)」と「方(左右にえがはり出たすき)」を合わせた字。水があふれないように土をもった土手のこと。後に、ふせぐの意味を表す。

7画

練習 はねる

1 「防」を書きましょう。

かぜの予防(よぼう)。

危険(きけん)の防止(ぼうし)。

風を防(ふせ)ぐ松林。

寒さを防(ふせ)ぐ。

2 読みがなを書きましょう。

かぜの予防。

危険(きけん)の防止。

風を防ぐ松林。

寒さを防ぐ。

限

なりたち
「阝(もり上げた土)」と「艮(目にいれずみをする)」を合わせた字。土をもり上げて目印をつけることから、かぎることを表す。

9画
限限限限限限限限限

練習
限 限 (はらう)

読み方
ゲン
かぎる

意味
•区切りをつける

❶ 「限」を書きましょう。

期（き）［　］（げん）。
［　］（げん）界（かい）。
人数を［　］（かぎ）る。

❷ 読みがなを書きましょう。

期限（　）が切れる。体力の限界（　）。
人数を十人と限（　）る。

険

なりたち
もとの字は「險」。「阝(おか)」と「僉(多くの人が集まる)」を合わせ、人が多く集まってあぶないことから、けわしいことを表す。

11画
険険険険険険険険険険険

練習
険 険

読み方
ケン
けわしい

意味
•あぶない
•山が切り立つ様子

❶ 「険」を書きましょう。

危（き）［　］（けん）な場所。ぼう［　］（けん）家（か）。
［　］（けわ）しい山道。

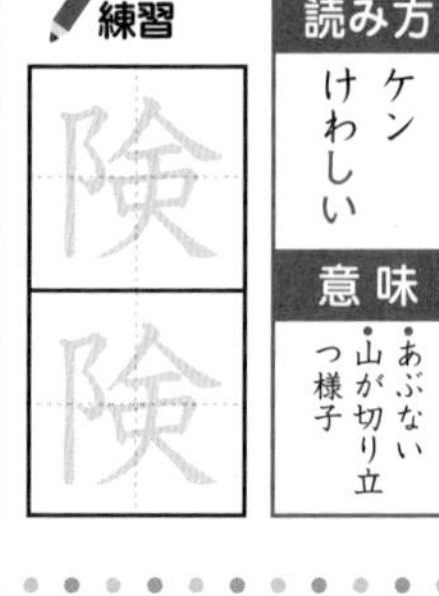
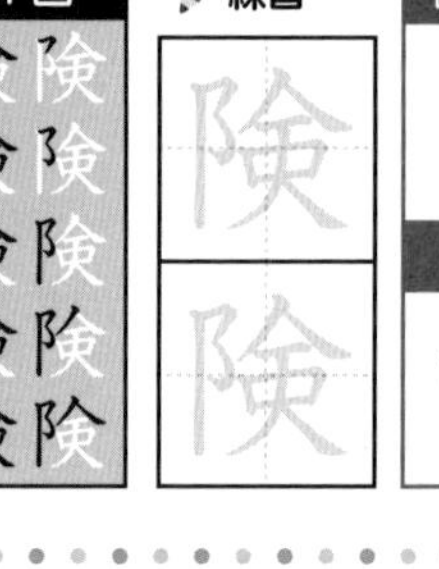

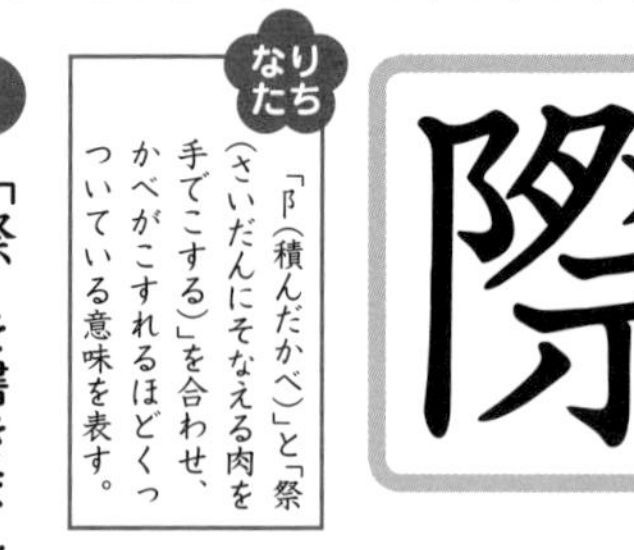
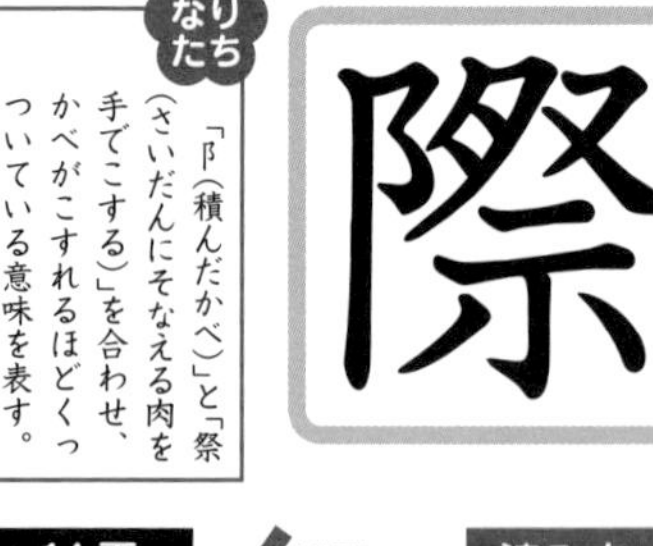
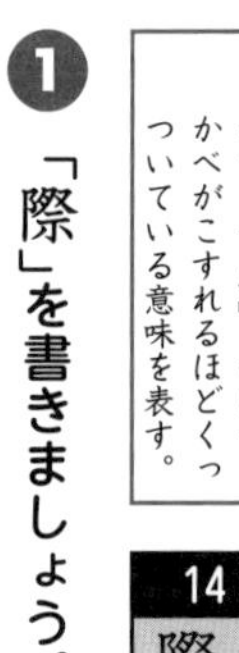
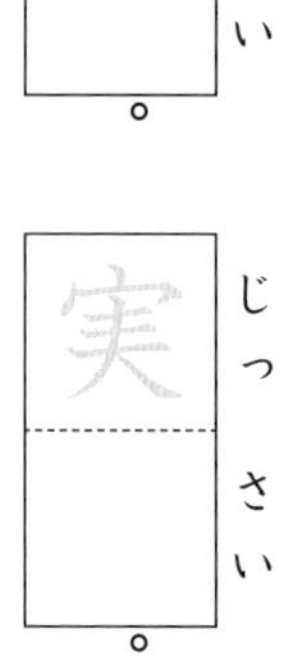

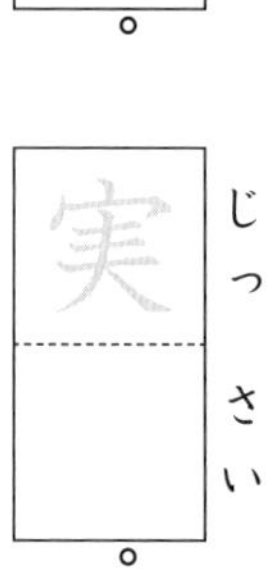

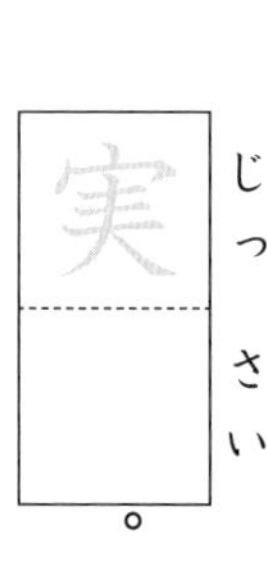
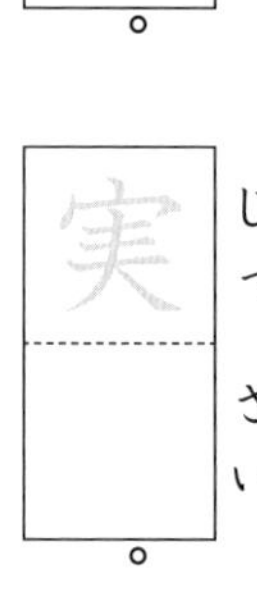

❷ 読みがなを書きましょう。

危（き）険（　）な場所。ぼう険（　）家。
険（　）しい山道を行く。

際

なりたち
「阝(積んだかべ)」と「祭(さいだんにそなえる肉を手でこする)」を合わせ、かべがこすれるほどくっついている意味を表す。

14画
際際際際際際際際際際際際際際

練習
際 際 (はねる↑)

読み方
サイ
（きわ）

意味
•さかいめ
•はて
•とき

❶ 「際」を書きましょう。

国［　］（こくさい）。
実［　］（じっさい）。
外出の［　］（さい）の注意。

❷ 読みがなを書きましょう。

国際（　）空港。実際（　）の話。
外出の際（　）の注意。

ドリル

1つ・5点

点

1 ――線の漢字の読みがなを書きましょう。

① 風を防ぐ。（　　　）

② 期限が切れる。（　　　）

③ 険しい山道。（　　　）

④ 国際空港。（　　　）

⑤ 体力の限界。（　　　）

⑥ 事故（じこ）の防止。（　　　）

⑦ 外出の際の注意。（　　　）

⑧ 危（き）険な場所。（　　　）

⑨ かぜの予防。（　　　）

⑩ 人数を限る。（　　　）

2 読みがなにあう漢字を書きましょう。

① 事故の［ぼうし］。

② ［じっさい］の話。

③ ［けん］しい家（か）。

④ 体力の［げんかい］。

⑤ ［こくさい］空港。

⑥ 時間を［かぎ］る。

⑦ 危（き）［けん］な道。

⑧ 寒さを［ふせ］ぐ。

⑨ ［よぼう］注射（ちゅうしゃ）。

⑩ ［けわ］しい山道。

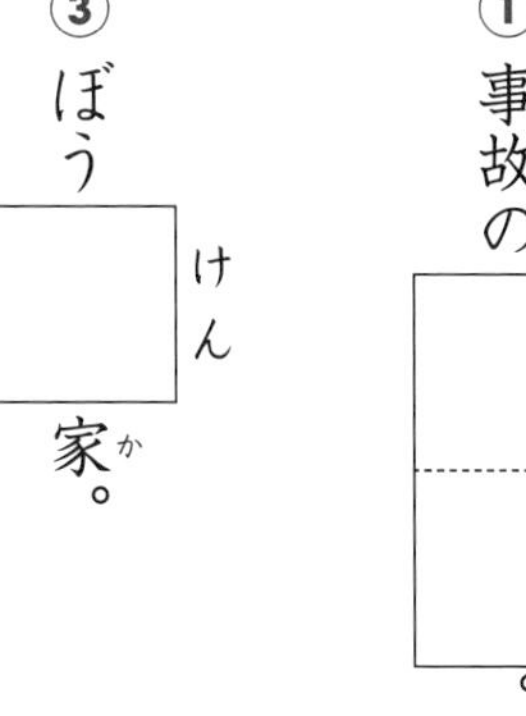
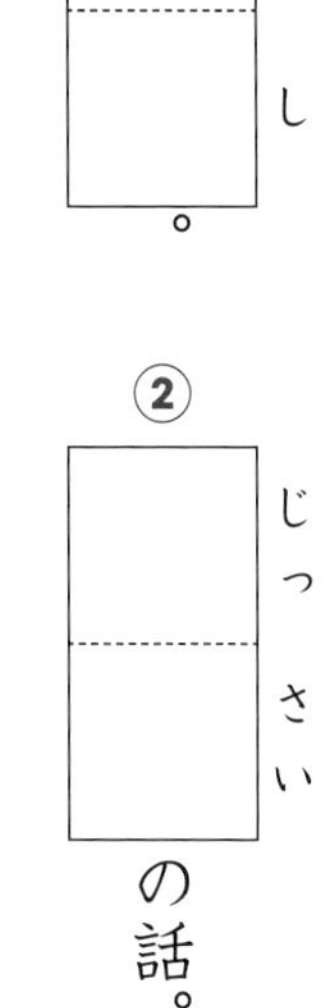
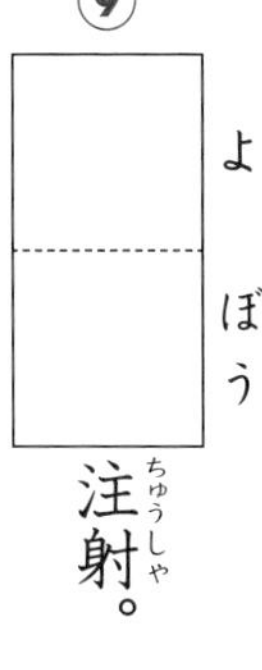
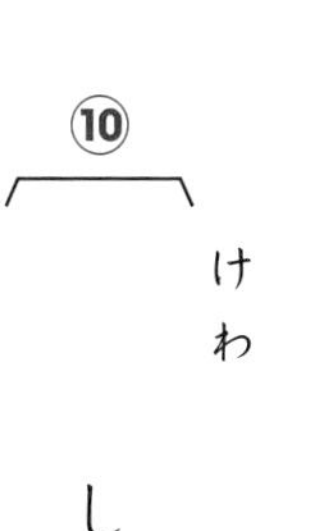
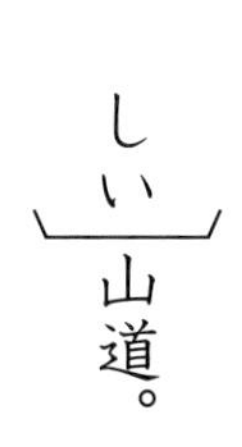

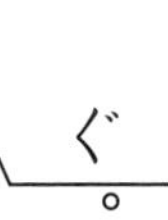
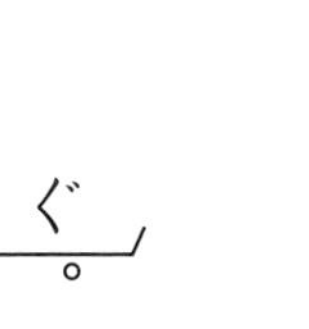

まとめドリル

点

1つ・5点

❶ 読みがなにあう漢字を書きましょう。

① 道に□(まよ)う。

② □(さか)上(あ)がり。

③ 週(しゅう)□(かん)誌(し)。

④ 中学校の□(せい)服(ふく)。

⑤ 主語と□(じゅつ)語(ご)。

⑥ □(はん)断(だん)になやむ。

⑦ 製(せい)□(ぞう)工場。

⑧ 規(き)□(そく)を守る。

⑨ 賞味期(き)□(げん)。

⑩ 危(き)□(けん)な場所。

❷ 読みがなにあう漢字を書きましょう。

① □□(じっさい)の話。

② かぜの□□(よぼう)。

③ □□(てきとう)な量。

④ □□(ぎゃくてん)勝ち。

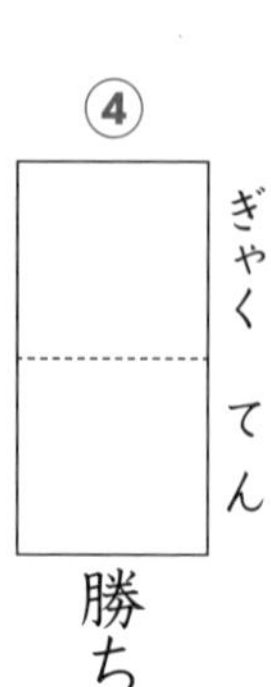

❸ 次のことばを漢字と送りがなで〔　〕に書きましょう。

① 山で〔　　〕(すごす)。

② 事故(じこ)を〔　　〕(ふせぐ)。

③ 〔　　〕(けわしい)山道。

④ わけを〔　　〕(のべる)。

⑤ 数を〔　　〕(かぎる)。

⑥ 流れに〔　　〕(さからう)。

13

「宀（うかんむり）」のつく漢字

容・寄

宀

なりたち

「宀（うかんむり）」は、いえの屋根の形をえがいたもので、「いえ・やね・おおい」などの意味を表します。

「宀」のつく漢字には、家の種類や様子に関係するものがあります。

※○数字は習う学年

漢字	主な読み方
室②	シツ (むろ)
家②	カ・ケ いえ・や
安③	アン やすい
守③	シュ・ス まもる
実③	ジツ み みのる
定③	テイ ジョウ さだめる
客③	キャク
宮③	キュウ みや
宿③	シュク やど
寒③	カン さむい
完④	カン
官④	カン
害④	ガイ
富④	フ とむ とみ
察④	サツ
容⑤	ヨウ
寄⑤	キ よる

容

なりたち

「宀（中に人や品物が入っている家）」と「谷（水が流れこむくぼんだたに）」を合わせた字。中に物を入れること、また、入れた中身を表す。

10画

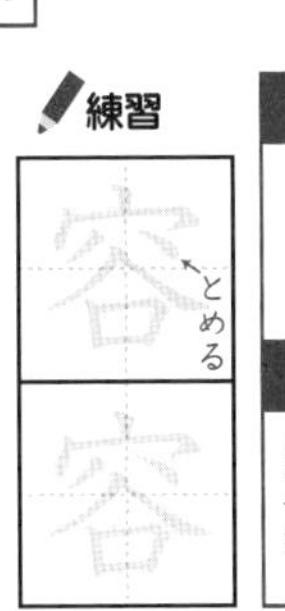

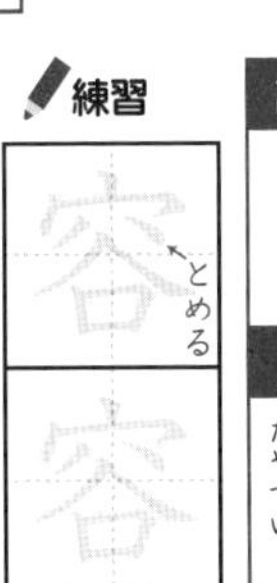

練習

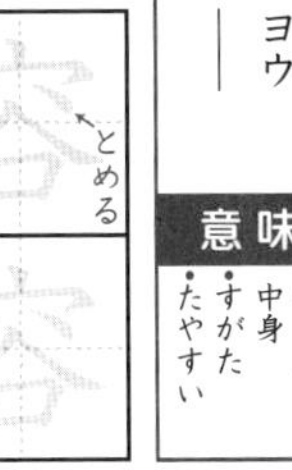

読み方	意味
ヨウ	・物を入れる、中身 ・すがた ・たやすい

❶「容」を書きましょう。

ないよう（内□）。

ようい（□易）。（かん単なようす）

❷読みがなを書きましょう。

本の内容（　　）。

容易（　　）にわかる問題。

寄

なりたち

「宀（家）」と「奇（体がかたよる）」を合わせた字。たよりとする家のほうによりかかることを表す。

11画

練習

読み方	意味
キ よる よせる	・たよる、よる ・あずける ・集める

❶「寄」を書きましょう。

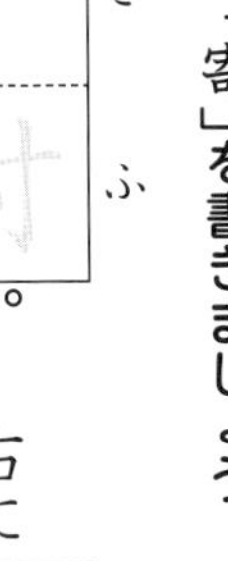

きふ（□付）。

右によ（□）る。

❷読みがなを書きましょう。

本を寄付（　　）する。

道の右側に寄（　　）る。

14 「口(くち・くちへん)」のつく漢字

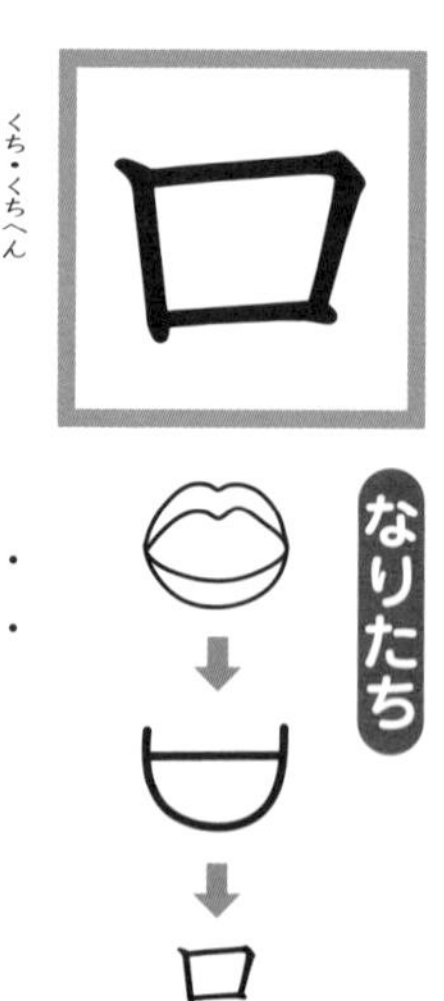

なりたち

「口(くち・くちへん)」は、人のくちの形をえがいたものです。

漢字	学年	主な読み方
口	①	コウ・ク／くち
右	①	ウ・ユウ／みぎ
名	①	メイ／ミョウ／な
古	②	コ／ふるい
台	②	ダイ／タイ／—
合	②	ゴウ・ガッ／カッ／あう
同	②	ドウ／おなじ
号	③	ゴウ／—
向	③	コウ／むく
君	③	クン／きみ
味	③	ミ／あじ
命	③	メイ／いのち
和	③	ワ／(やわらぐ)／(なごむ)
品	③	ヒン／しな
員	③	イン／—
商	③	ショウ／(あきなう)
問	③	モン／とう／とん
司	④	シ／—
各	④	カク／(おのおの)
周	④	シュウ／まわり
唱	④	ショウ／となえる
器	④	キ／(うつわ)
可	⑤	カ／—
句	⑤	ク／—
史	⑤	シ／—
告	⑤	コク／つげる
喜	⑤	キ／よろこぶ

※○数字は習う学年

可・句・喜・告・史

なりたち
「丁(直角にまがる)」と「口(くち)」を合わせ、のどのところで曲がってやっと声が出ることから、どうにかできる意味を表す。

読み方
カ
—

意味
・ゆるす
・できる
・よいこと

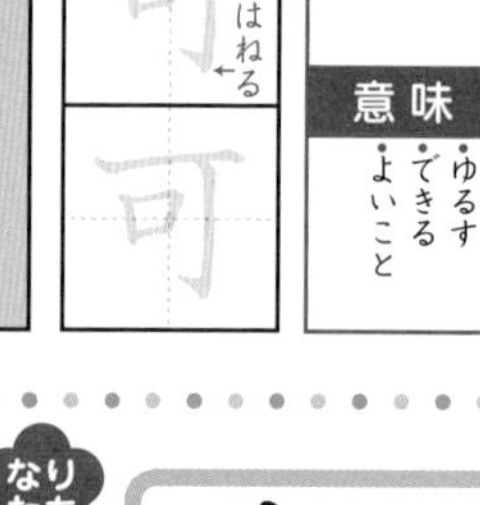

練習　つける　はねる

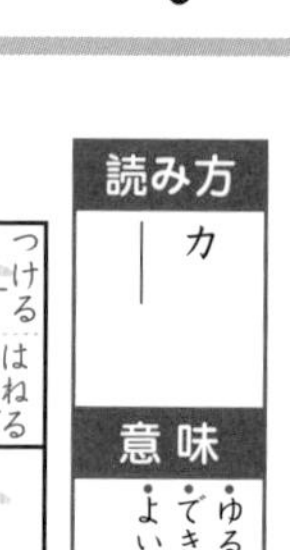

5画

1 「可」を書きましょう。

許(きょ)□(か)。

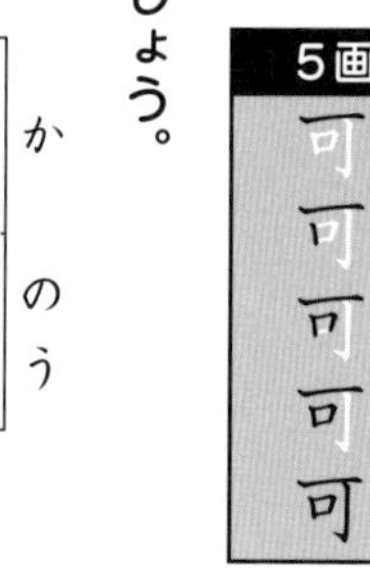

□(か)能(のう)性(せい)。

2 読みがなを書きましょう。

先生の許可をもらう。（　　）

入賞の可能性がある。（　　）

なりたち
「勹(つとしの型(かた))」と「口(くち)」を合わせた字。小さく囲(かこ)ったことばや、文章のひと区切りを表す。

読み方
ク
—

意味
・文章のひと区切り

練習　はねる

5画

1 「句」を書きましょう。

語(ご)□(く)。

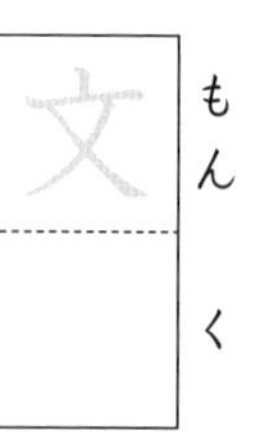

文(もん)□(く)。

2 読みがなを書きましょう。

語句の意味を調べる。（　　）

文句を言わない。（　　）

ドリル

1つ・5点　　点

1 ——線の漢字の読みがなを書きましょう。

① 体を寄せる。（　　）
② 可決する。（　　）
③ 美容師を志す。（　　）
④ 入賞の可能性。（　　）
⑤ 文句を言わない。（　　）
⑥ 本を寄付する。（　　）
⑦ ガラスの容器。（　　）
⑧ 語句の意味。（　　）
⑨ 許可をもらう。（　　）
⑩ 容易にわかる。（　　）

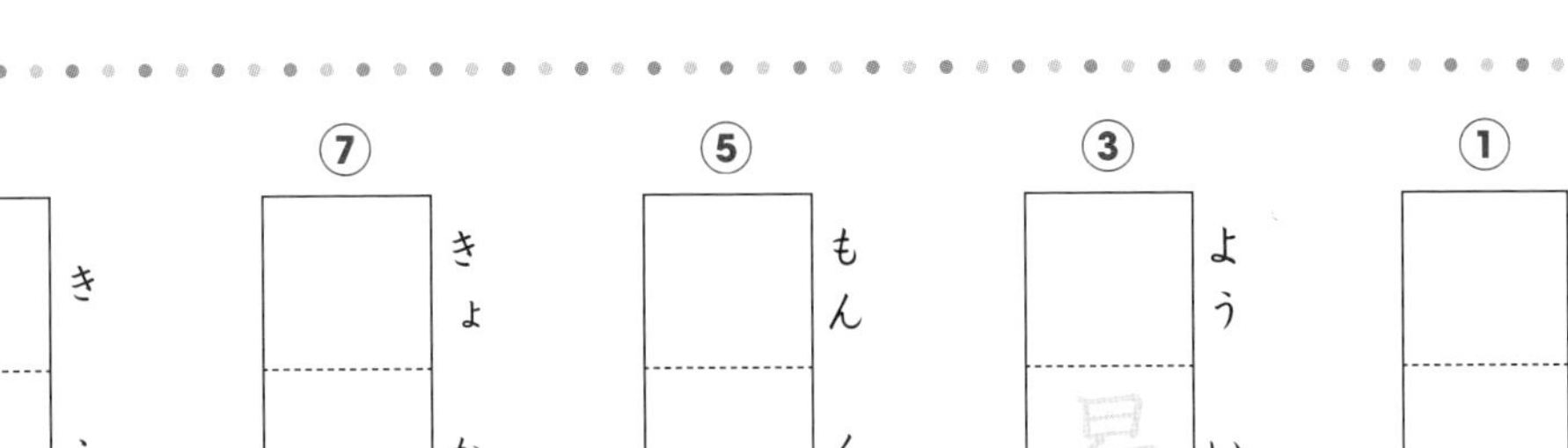

2 読みがなにあう漢字を書きましょう。

① ごく［　　］の意味。
② 金属の ようき［　　］。
③ ようい［　易］な問題。
④ かのうせい［　能　］。
⑤ もんく［　　］を言う。
⑥ 本の ないよう［　　］。
⑦ きょか［　　］。
⑧ きしゅくしゃ［　宿舎］。
⑨ きふ［　　］。
⑩ 右側に よ［　］る。

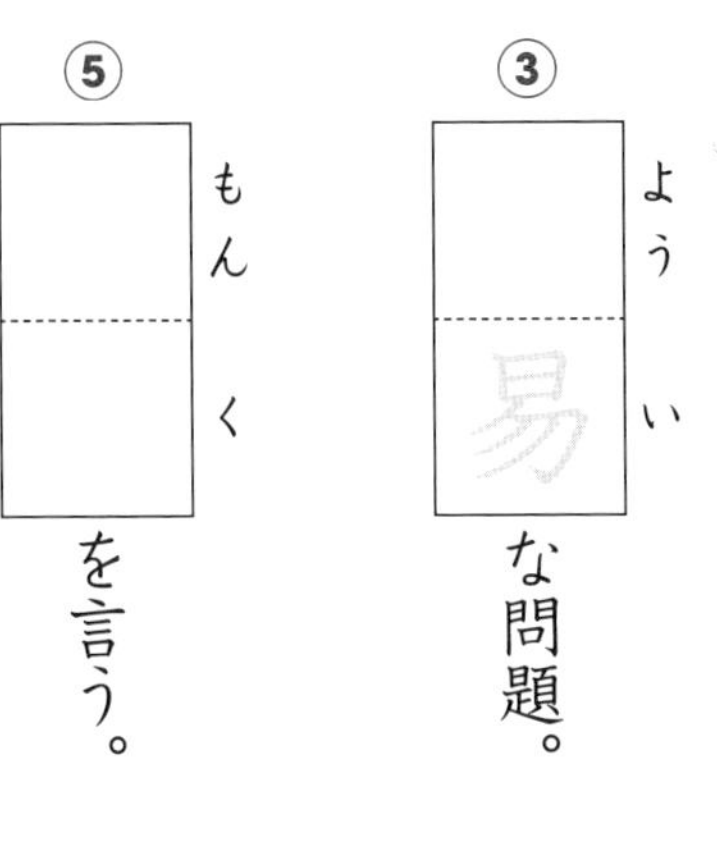
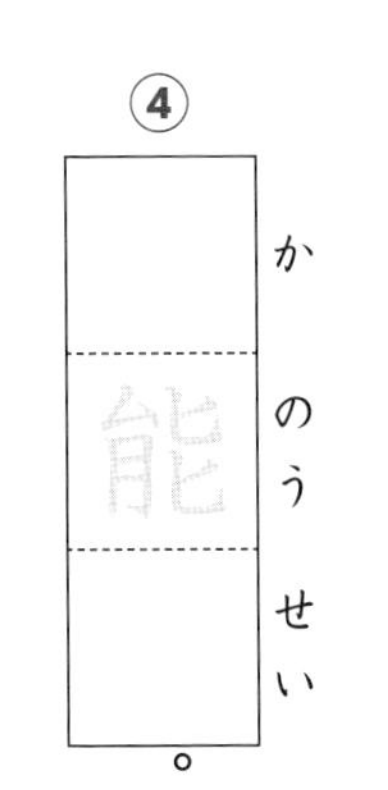
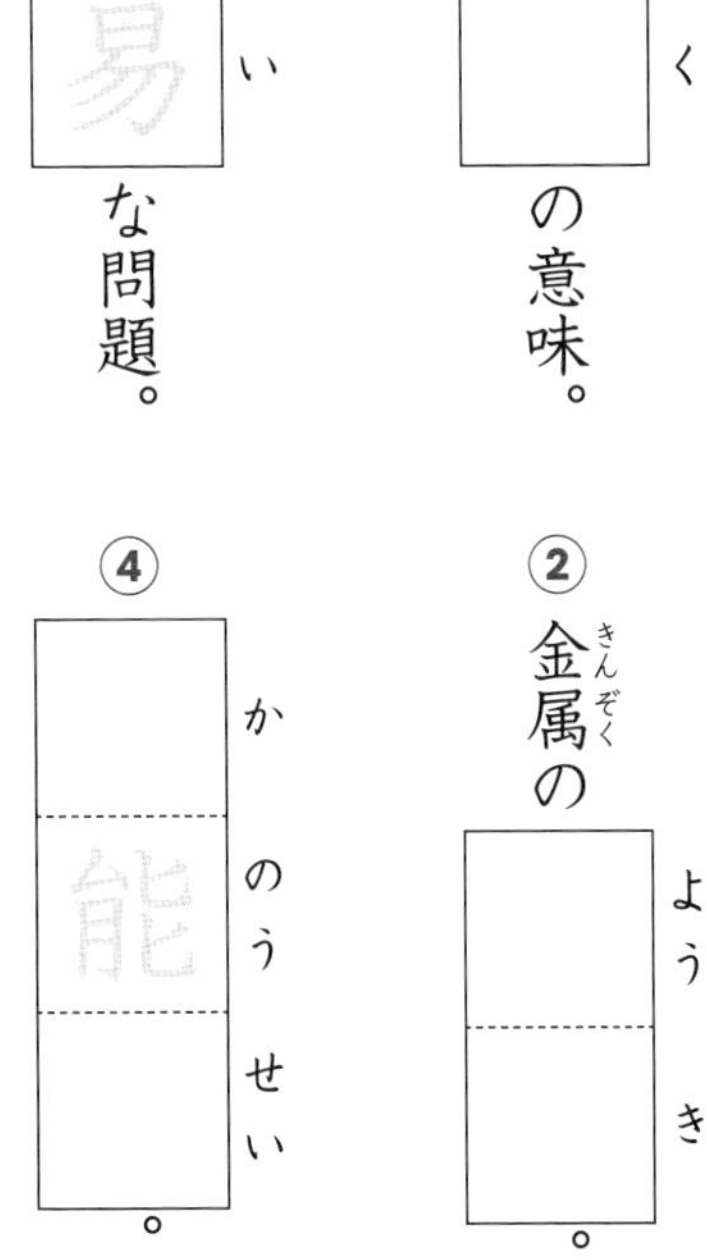
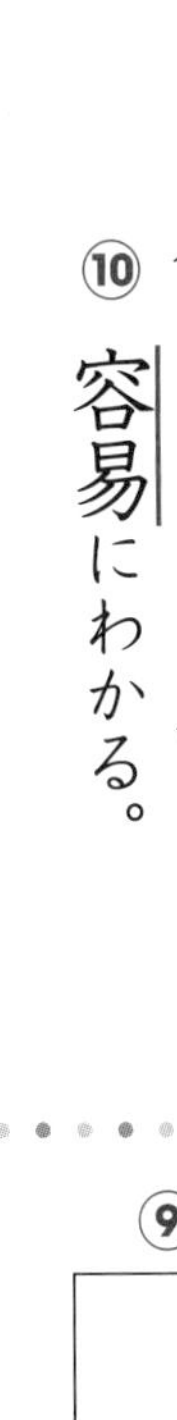
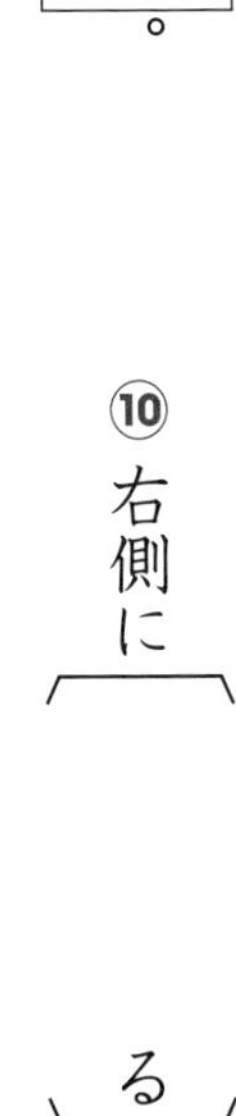

喜

なりたち
「壴（食器に山もりになっているごちそう）」と「口（くち）」を合わせた字。ごちそうを目の前にして、よろこぶことを表す。

読み方
キ
よろこぶ

意味
・うれしがる
・楽しい

練習
長く

12画

❶ 「喜」を書きましょう。

き□げき。（人を笑わせるげき）
かん き□の声。（大よろこびした声）
みんなで よろこ□ぶ。

❷ 読みがなを書きましょう。

喜げき役者。（　）
かん喜の声。（　）
みんなで勝利を喜ぶ。（　）

告

なりたち
牛の角をぼうでしばり、人に当たらないように注意することから、つげることを表す。

読み方
コク
つげる

意味
・知らせる
・つげる

練習
下を長く

7画

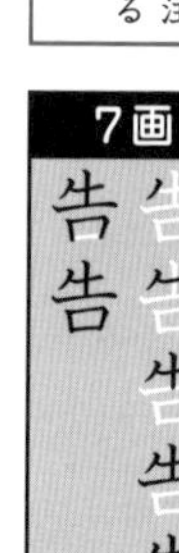

❶ 「告」を書きましょう。

こう こく 広□。
ほう こく 報□。
春を つ□げる鳥。

❷ 読みがなを書きましょう。

新聞広告。（　）
報告する。（　）
春を告げる鳥。（　）

史

なりたち
記録用の竹の札を入れたつつを手に持った様子を表した字。記録した人やものを表す。

読み方
シ
―

意味
・れきし
・できごとを書き記したもの

練習
つき出す

5画

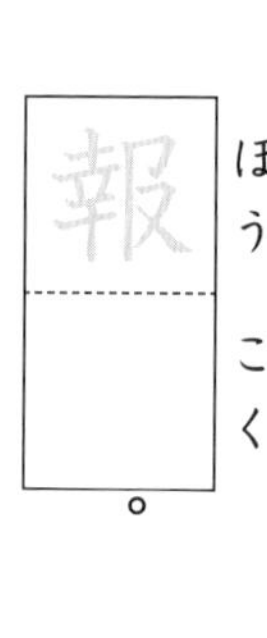
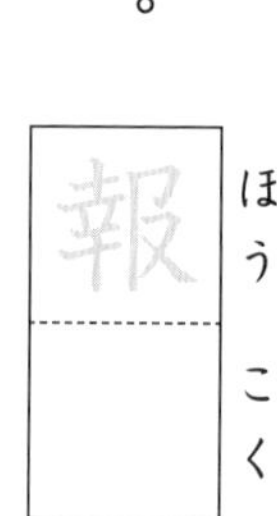
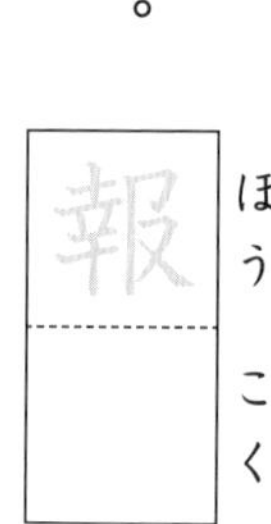
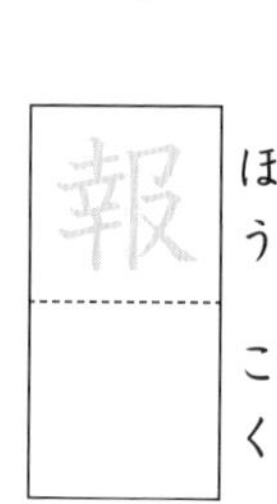
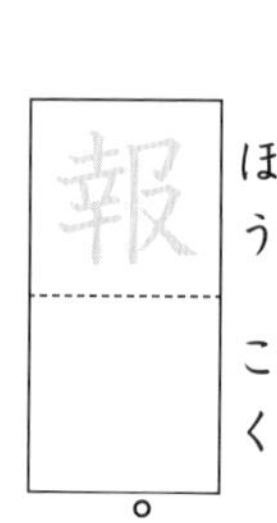
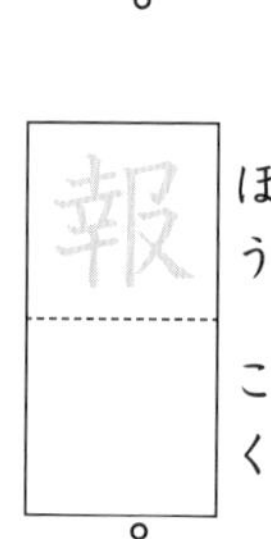

❶ 「史」を書きましょう。

れき し 歴□。
日本（にほん） し□。
し じょう □上 最高の記録。

❷ 読みがなを書きましょう。

歴史の本。（　）
日本史を学ぶ。（　）
史上最高の記録。（　）

ドリル

点

1つ・5点

❶ ——線の漢字の読みがなを書きましょう。

① 時刻（じこく）を告げる。（　　）
② かん喜の声。（　　）
③ 日本（にほん）史の研究。（　　）
④ 勝利を喜ぶ。（　　）
⑤ 安売りの広告。（　　）
⑥ 歴史を学ぶ。（　　）
⑦ 先生に報告する。（　　）
⑧ 史上最高の記録。（　　）
⑨ 楽しい喜げき。（　　）
⑩ 喜びの感情。（　　）

❷ 読みがなにあう漢字を書きましょう。

① ［き］げき役者。
② 日本［し］の本。
③ 新聞の［こう｜こく］。
④ ［よろこ］びの声。
⑤ かん［き］の声。
⑥ 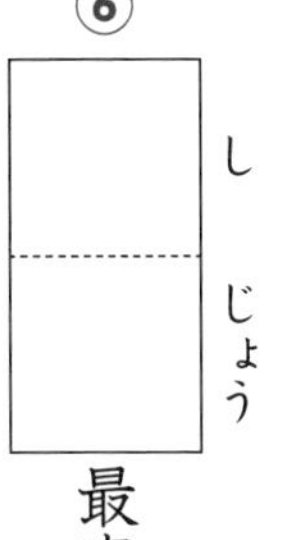［し｜じょう］最高。
⑦ ［れき（歴）｜し］。
⑧ 時を［つ］げる。
⑨ ［ほう｜こく］。
⑩ 無事を［よろこ］ぶ。

15 「彳（ぎょうにんべん）」のつく漢字

得・往・復

彳

なりたち

「彳（ぎょうにんべん）」は、十字路の左半分をえがいた形で、「いくこと」や「みち」の意味を表します。

「彳」のつく漢字には、行くことや行うこと、道などに関係するものがあります。

「亻（にんべん）」とは、区別して覚えよう。

※○数字は習う学年

漢字	主な読み方
後②	ゴ・コウ のち・あと うしろ
役③	ヤク ―

漢字	主な読み方
待③	タイ まつ
径④	ケイ ―
徒④	ト ―
徳④	トク ―
往⑤	オウ ―
得⑤	トク える
復⑤	フク ―
律⑥	リツ ―
従⑥	ジュウ したがう

（術→129ページ）
（衛→129ページ）

得

なりたち

「彳（行く）」と「㝵（手で金を持つ）」を合わせた字。出かけていって、よいものを手に入れることを表す。

読み方	意味
トク える （うる）	•自分のものにする •とくする •もうける

11画

練習　はねる

❶「得」を書きましょう。

とくい　□意な科目。

最高とくてん　□点。

ヒントをえ□る。

友をえ□る。

❷ 読みがなを書きましょう。

得意な科目。（　　）

最高得点で勝つ。（　　）

ヒントを得る。（　　）

友を得る。（　　）

往

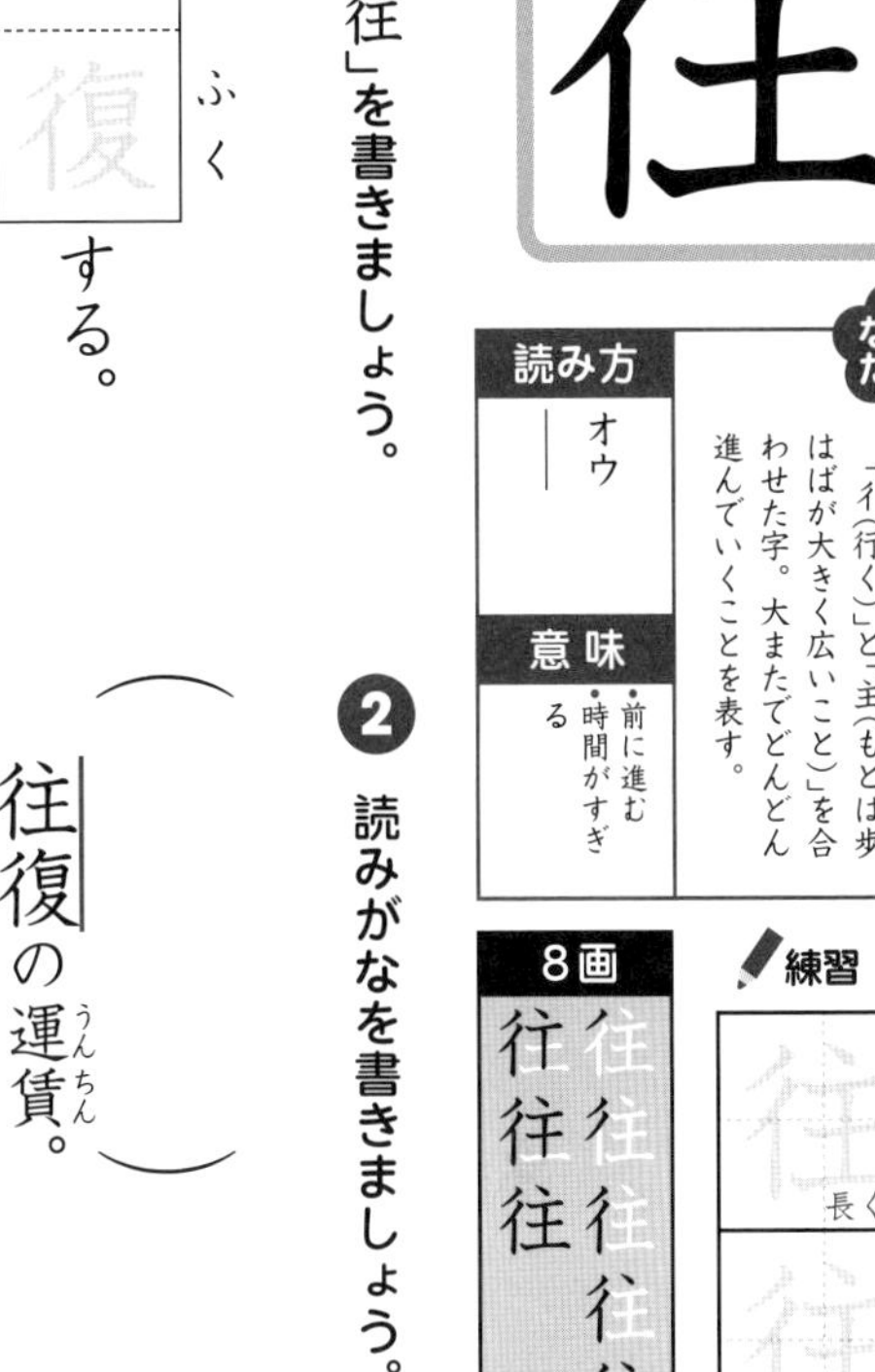

なりたち
「彳(行く)」と「主(もとは歩はばが大きく広いこと)」を合わせた字。大またでどんどん進んでいくことを表す。

読み方	意味
オウ —	•前に進む •時間がすぎる

8画

練習

❶「往」を書きましょう。

おうふく［　　復］する。

車の［おうらい　　来］。

［おうろ　　路］と復路(ふくろ)。

［うおう　右　　］左往(さおう)。（どうしていいかわからず、うろうろする）

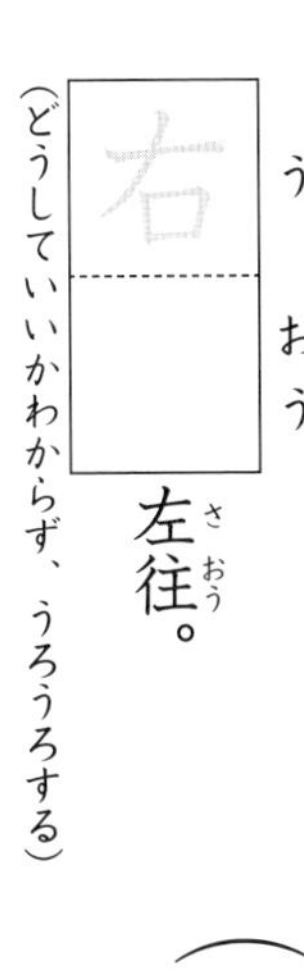

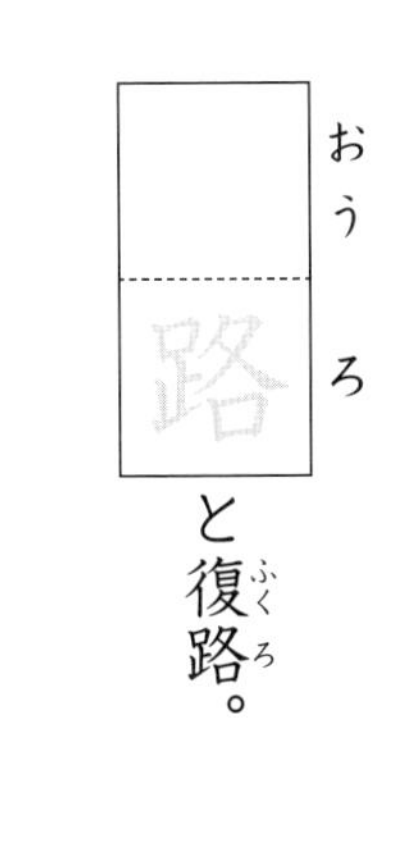

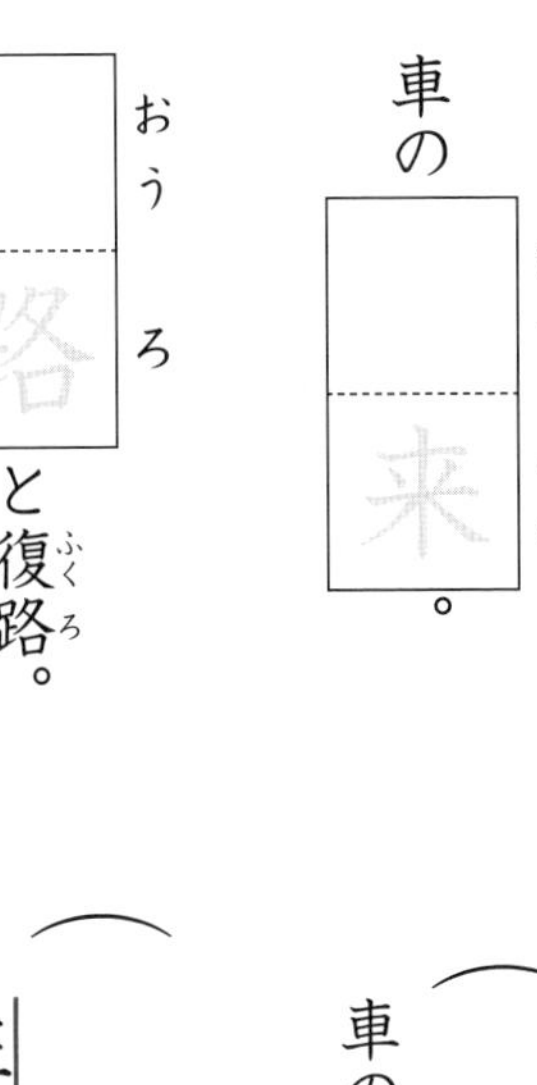

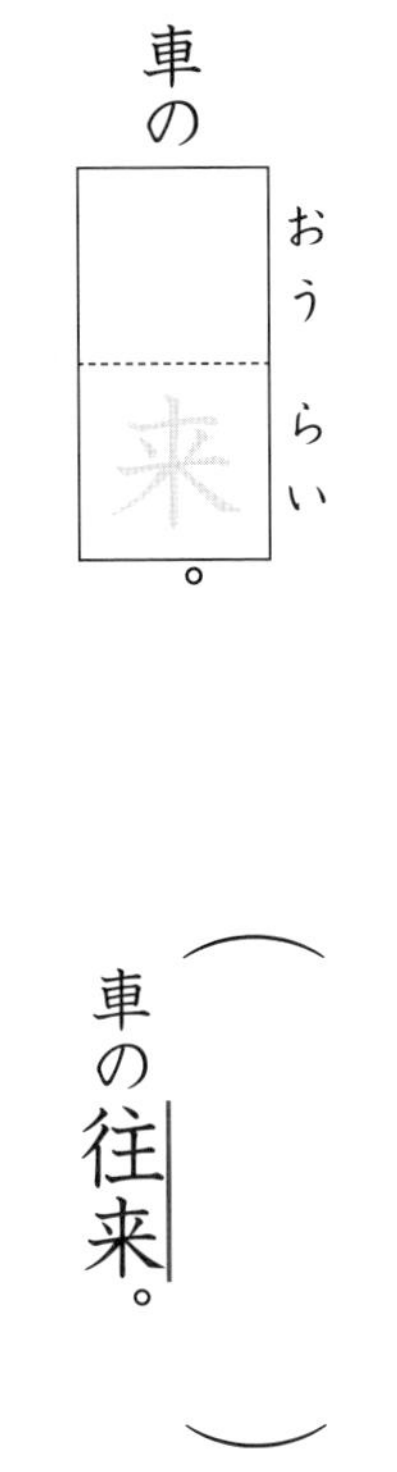

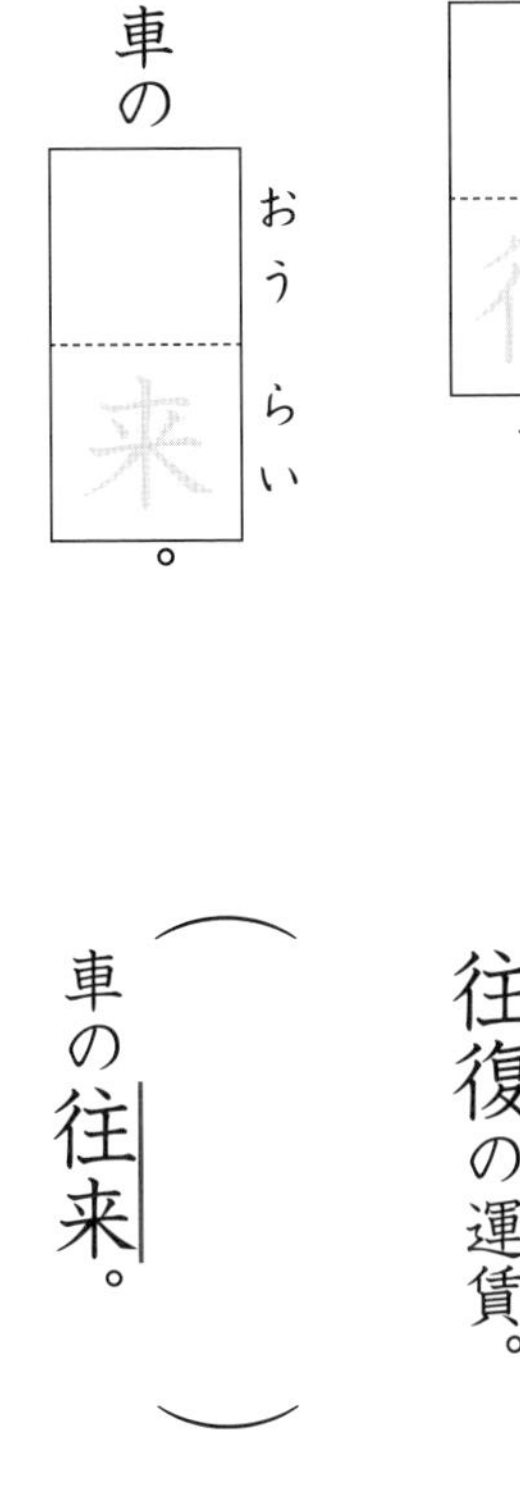

❷読みがなを書きましょう。

往復(　　)の運賃(うんちん)。

車の往来(　　)。

往路(　　)と復路。

右往左往(　　)する。

復

なりたち
「彳(行く)」と「复(真ん中のふくらんだつぼ。重なる)」と「夂(もとにもどる)」を合わせ、来た道を重ねてもどる意味を表す。

読み方	意味
フク —	•もとにもどる •くり返す

12画

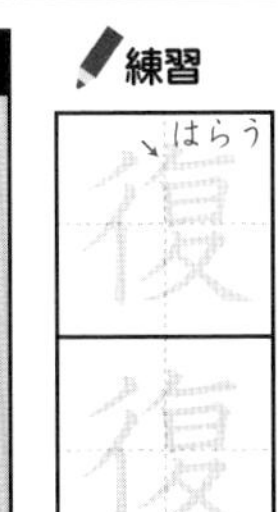

練習

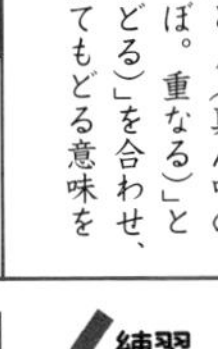

❶「復」を書きましょう。

［ふくしゅう　　習］する。

体力の［かいふく　回　　］。

［はんぷく　反　　］練習。

［ふくげん　　元］する。

❷読みがなを書きましょう。

予習と復習(　　)。

体力が回復(　　)する。

計算の反復(　　)練習。

城を復元(　　)する。

ドリル

□点
1つ・5点

❶ ——線の漢字の読みがなを書きましょう。

① 反復練習をする。（　　　）

② 得点をうばう。（　　　）

③ 車の往来。（　　　）

④ ヒントを得る。（　　　）

⑤ 駅までの往復。（　　　）

⑥ 城を復元する。（　　　）

⑦ 得意な教科。（　　　）

⑧ 往路と復路（ふくろ）。（　　　）

⑨ 復習する。（　　　）

⑩ 右往左往する。（　　　）

❷ 読みがなにあう漢字を書きましょう。

① 友を［え］る。

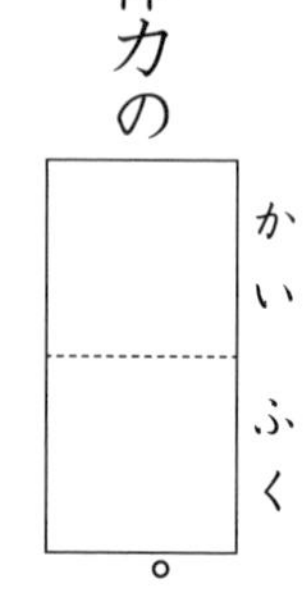

② 体力の［かいふく］。

③ ［おうふく］の運賃（うんちん）。

④ 百円［とく］をする。

⑤ 車の［おうらい］。

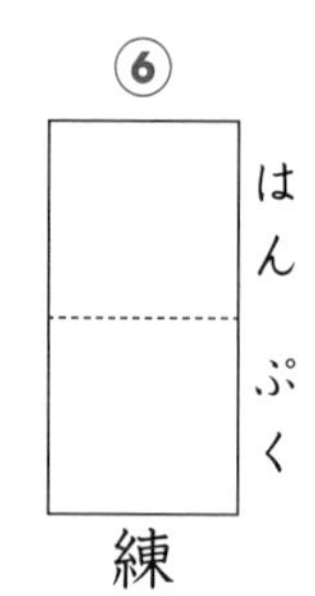

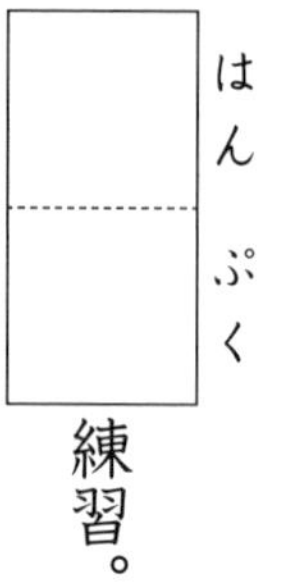

⑥ ［はんぷく］練習。

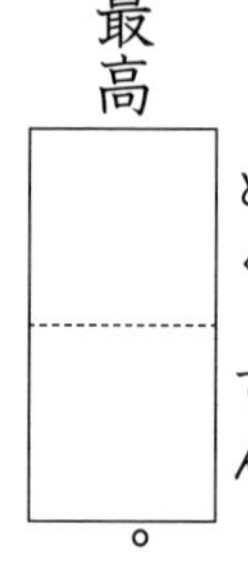

⑦ 最高［とくてん］。

⑧ 右（う）［おう］左（さ）［おう］。

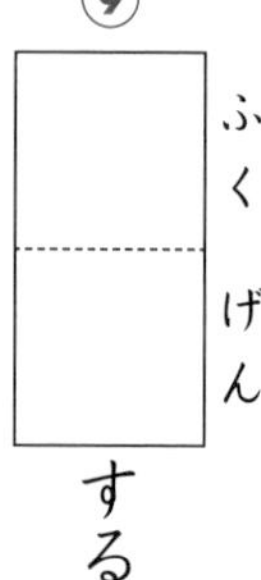

⑨ ［ふくげん］する。

⑩ 予習と［ふくしゅう］。

16 「口(くにがまえ)」のつく漢字

口 なりたち

「口(くにがまえ)」は、周りを囲(かこ)む印で、「かこい」や「かこむ」という意味を表します。
「口」のつく漢字には、囲んだ場所や様子に関係するものがあります。

※○数字は習う学年

漢字	主な読み方
①四	シ よっつ よん
②回	カイ まわる
②図	ズ・ト (はかる)
②国	コク くに
②園	エン (その)
④固	コ かためる
⑤因	イン (よる)
⑤団	ダン (トン) ―
⑤囲	イ かこむ
⑥困	コン こまる

因・団・囲

因

なりたち：「口(ふとん)」と「大(人が大の字にねる)」を合わせた字。あるものをふまえることから、ものごとのもとの意味を表す。

6画 練習

読み方：イン (よる)

意味：●ものごとの起こるもと

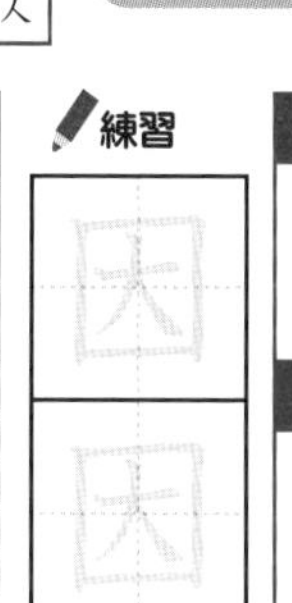
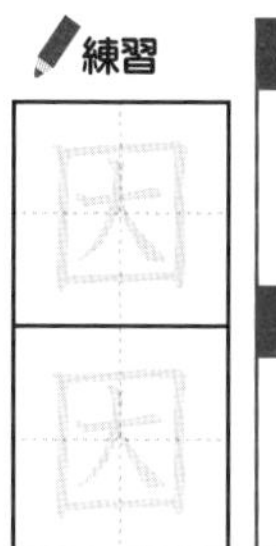

❶「因」を書きましょう。

げんいん 原□。

はいいん 敗□。(敗れた原いん)

❷読みがなを書きましょう。

火事の原因を調べる。

チームの敗因。

団

なりたち：もとの字は「團」。「口(かこむ)」と「叀(まるい糸まきのおもりを下げる)」と「寸(て)」を合わせ、まるく集まったものを表す。

6画 練習 はねる

読み方：ダン (トン) ―

意味：●人やものの集まり

❶「団」を書きましょう。

だんたい □体。

だんち □地。

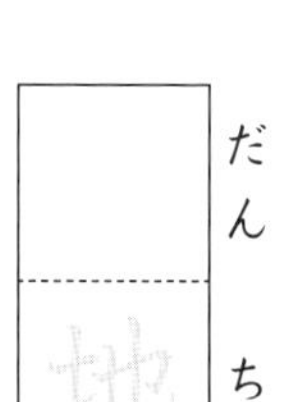

❷読みがなを書きましょう。

団体で旅行する。

団地に住む。

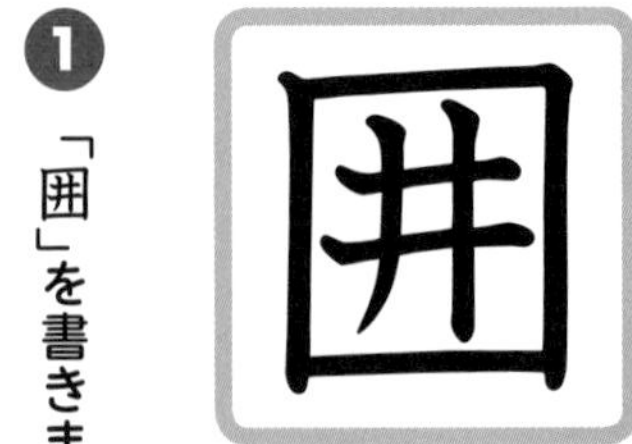

なりたち

もとの字は「圍」。「口(かこむ)」と「韋(もののまわりをめぐる)」を合わせ、まわりをとりかこむことを表す。

読み方	意味
イ かこむ かこう	・かこむ ・かこい ・まわり

7画

練習

❶ 「囲」を書きましょう。

家の周(しゅう)□(い)。

包(ほう)□(い)する。

へいで□(かこ)う。

丸で□(かこ)む。

❷ 読みがなを書きましょう。

学校の周囲。（　）

敵(てき)を包囲する。（　）

家をへいで囲う。（　）

番号を丸で囲む。（　）

「湯桶(ゆとう)読(よ)み」とは…

80ページでは「重箱読(じゅうばこよ)み」を取り上げました。ここでは「重箱読み」とは反対の「湯桶(ゆとう)読み」を取り上げます。「湯桶(ゆとう)」とは、食後に飲む湯を入れておく木の容器(ようき)のことです。

湯(ゆ) 訓読み　桶(トウ) 音読み

このように、上の漢字を訓、下の漢字を音で読む熟語(じゅくご)の読み方を「湯桶(ゆとう)読み」といいます。

★ 次の中から湯桶(ゆとう)読みの熟語(じゅくご)を、すべて選びましょう。

場面　新芽　荷物

底力　大型　手帳

答え　場面　荷物　手帳

❶ ――線の漢字の読みがなを書きましょう。

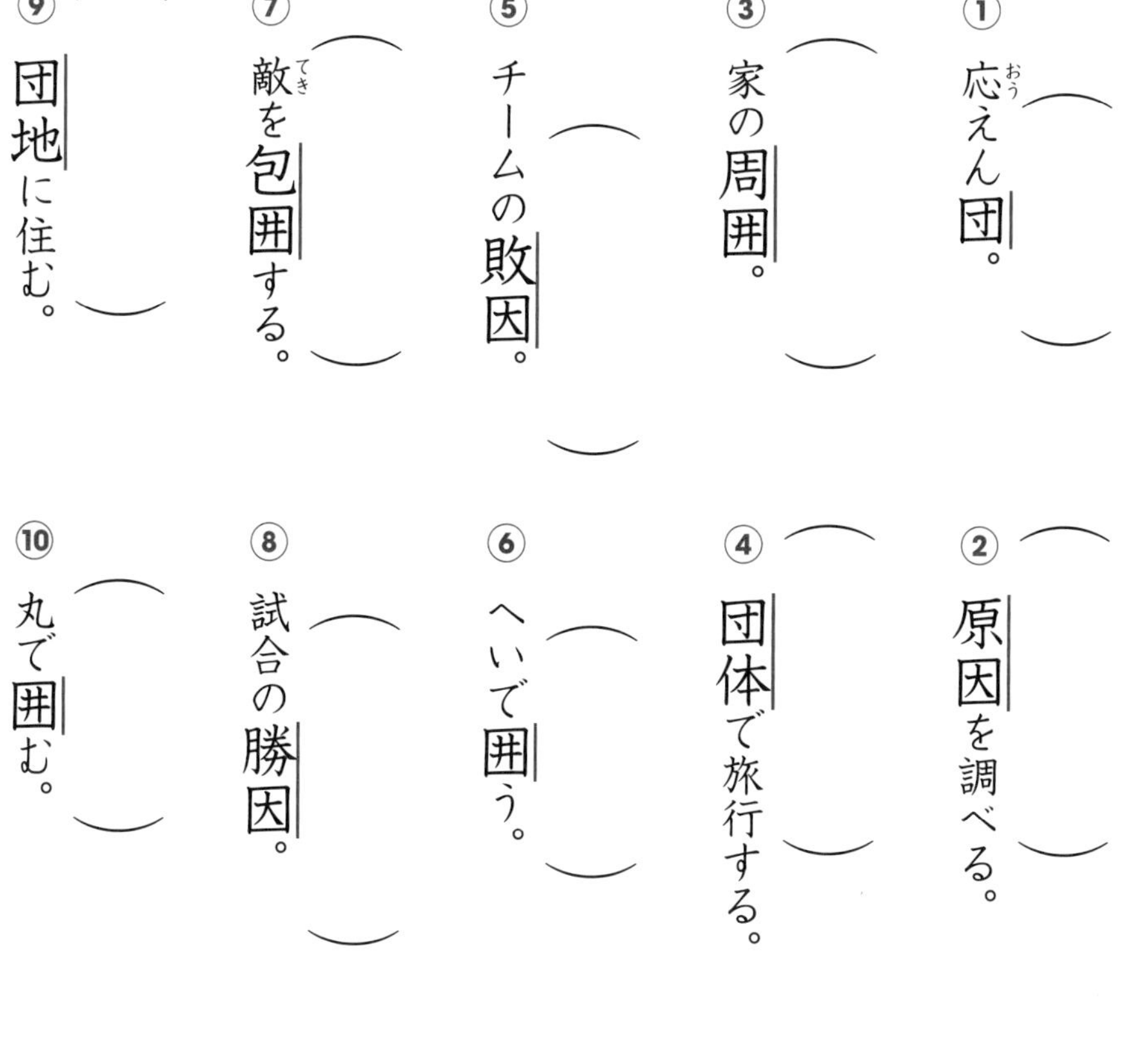

① 応(おう)えん団。（　　）
② 原因を調べる。（　　）
③ 家の周囲。（　　）
④ 団体で旅行する。（　　）
⑤ チームの敗因。（　　）
⑥ へいで囲う。（　　）
⑦ 敵(てき)を包囲する。（　　）
⑧ 試合の勝因。（　　）
⑨ 団地に住む。（　　）
⑩ 丸で囲む。（　　）

❷ 読みがなにあう漢字を書きましょう。

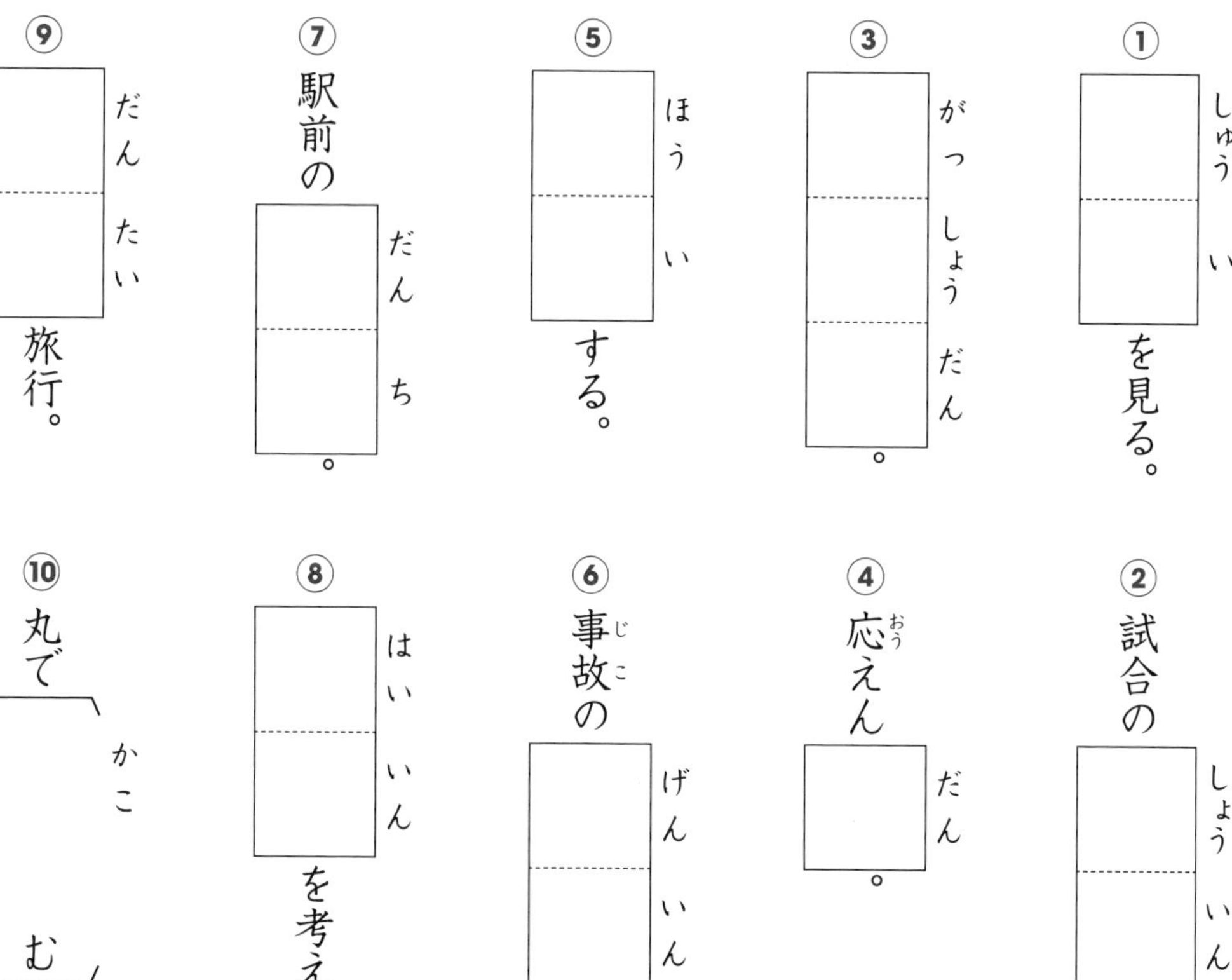

① □□（しゅうい）を見る。
② 試合の□□（しょういん）。
③ □□□（がっしょうだん）。
④ 応(おう)えん□（だん）。
⑤ □□（ほうい）する。
⑥ 事故(じこ)の□□（げんいん）。
⑦ 駅前の□□（だんち）。
⑧ □□（はいいん）を考える。
⑨ □□（だんたい）旅行。
⑩ 丸で［　　］（かこ）む。

17 「攵(ぼくにょう/ぼくづくり)」のつく漢字

故・政・救

なりたち

「攵(ぼくにょう/ぼくづくり)」は、ぼうを手で持ってたたく様子をえがいたもので、動作を表す記号に使います。

「攵」のつく漢字には、動作などに関係(かんけい)するものがあります。

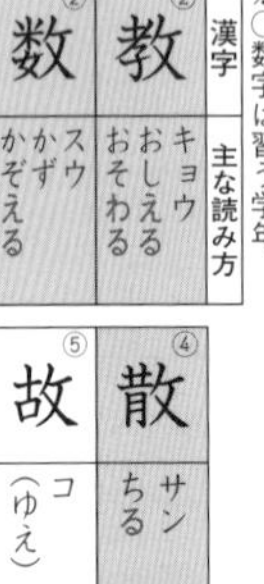

※○数字は習う学年

漢字	主な読み方
教②	キョウ おしえる おそわる
数②	スウ かず かぞえる
放③	ホウ はなす ほうる
整③	セイ ととのう
改④	カイ あらためる
敗④	ハイ やぶれる
散④	サン ちる
故⑤	コ (ゆえ)
政⑤	セイ (まつりごと)
救⑤	キュウ すくう
敬⑥	ケイ うやまう
敵⑥	テキ (かたき)

故

読み方
コ
(ゆえ)

意味
・昔からの
・ふつうでないこと
・わざと

なりたち
「古(古くて固くなったがいこつ)」と「攵(手でつかむ)」を合わせた字。昔から手でなじむように親しんだ古いものごとを表す。

9画
故 故 故 故 故 故 故 故 故

練習
故 故
「夂」としない

1 「故」を書きましょう。

□□(じこ)を防(ふせ)ぐ。

父の□(こ)郷(きょう)。

□(こ)障(しょう)を直す。

□□(こい)に行う。(わざとする)

2 読みがなを書きましょう。

事故(　　)を防ぐ。

父の故(　　)郷(きょう)。

故(　　)障(しょう)を直す。

故意(　　)に行う。

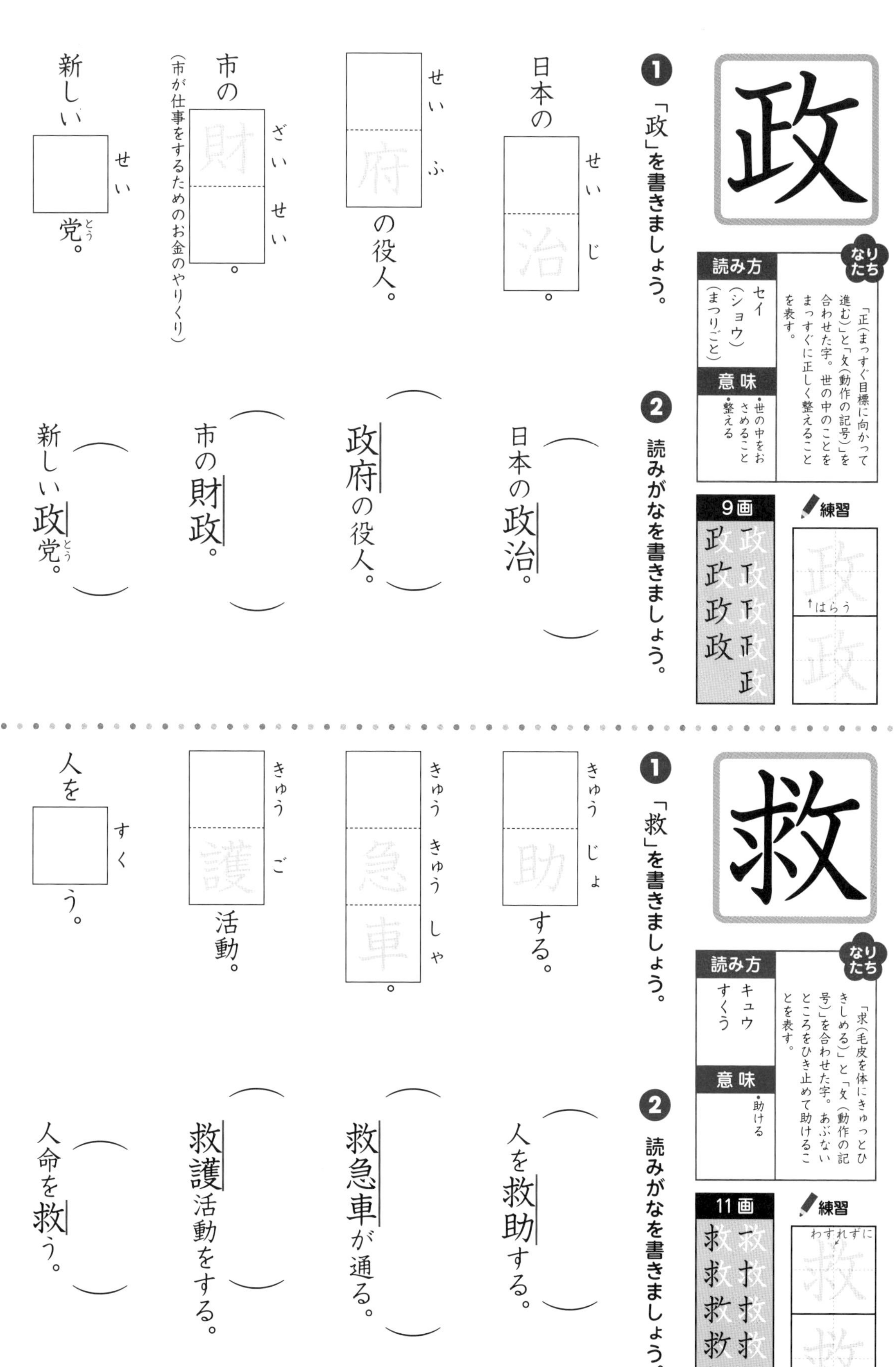

政

なりたち
「正（まっすぐ目標に向かって進む）」と「攵（動作の記号）」を合わせた字。世の中のことをまっすぐに正しく整えることを表す。

読み方	意味
セイ（ショウ）（まつりごと）	・世の中をおさめること ・整える

9画

練習 はらう

1 「政」を書きましょう。

日本の[せい]治。

[せい]府の役人。

市の財[せい]。（市が仕事をするためのお金のやりくり）

新しい[せい]党。

2 読みがなを書きましょう。

日本の政治。（　）

政府の役人。（　）

市の財政。（　）

新しい政党。（　）

救

なりたち
「求（毛皮を体にきゅっとひきしめる）」と「攵（動作の記号）」を合わせた字。あぶないところをひき止めて助けることを表す。

読み方	意味
キュウ すくう	・助ける

11画

練習 わすれずに

1 「救」を書きましょう。

[きゅう]助する。

[きゅう]急車。

[きゅう]護活動。

人を[すく]う。

2 読みがなを書きましょう。

人を救助する。（　）

救急車が通る。（　）

救護活動をする。（　）

人命を救う。（　）

ドリル

1つ・5点

1 ――線の漢字の読みがなを書きましょう。

① 事故を防（ふせ）ぐ。（　　）

② 人命を救う。（　　）

③ 日本の政治。（　　）

④ 父の故郷（きょう）。（　　）

⑤ 救護活動をする。（　　）

⑥ 市の財政。（　　）

⑦ 故障（しょう）を直す。（　　）

⑧ 救急車が通る。（　　）

⑨ 新しい政党（とう）。（　　）

⑩ 故意に行う。（　　）

2 読みがなにあう漢字を書きましょう。

① 日本の［せいじ］。

② ［きゅうご］活動。

③ ［きゅうじょ］する。

④ ［せいふ］の役人。

⑤ 市の［ざいせい］。

⑥ ［じこ］を防ぐ。

⑦ 父の［こ］郷（きょう）。

⑧ ［きゅうきゅうしゃ］。

⑨ ［こ］障（しょう）を直す。

⑩ 命を［すくう］。

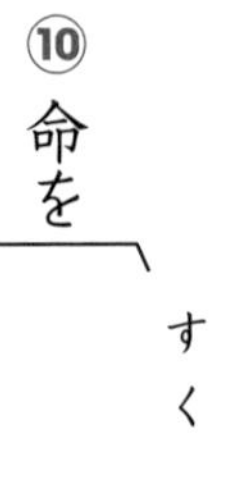
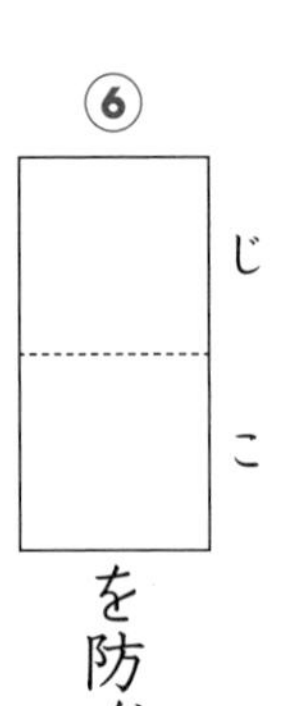
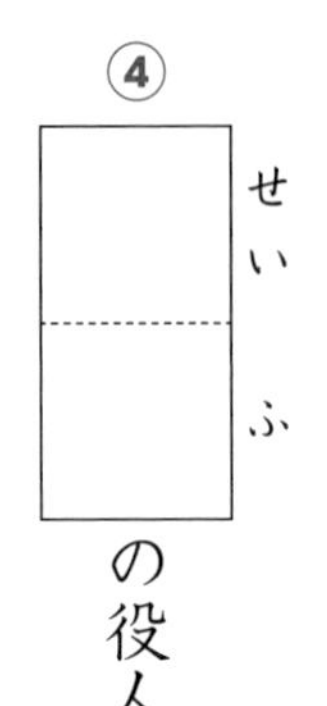
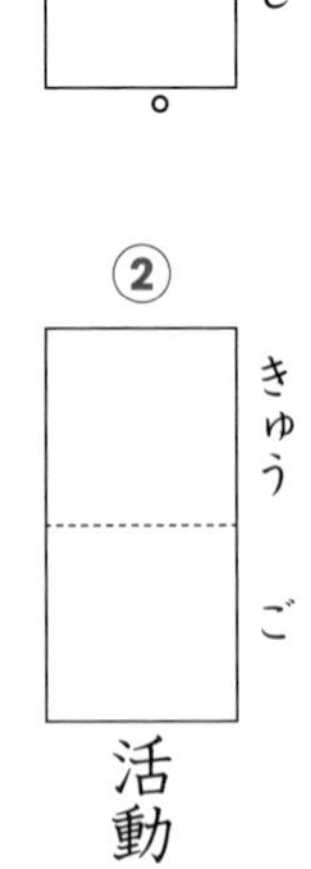

まとめドリル

点

1つ・5点

1 読みがなにあう漢字を書きましょう。

① □(だん)体旅行。

② □(か)能性が高い。

③ 火災の原□(いん)。

④ 歴□(し)に学ぶ。

⑤ 反□(ぷく)練習。

⑥ 機械の□(こ)障。

⑦ □(き)付する。

⑧ アメリカ□(せい)府。

⑨ ヒントを□(え)る。

⑩ □(とく)意な料理。

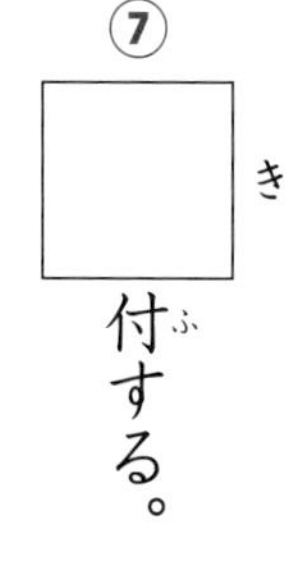
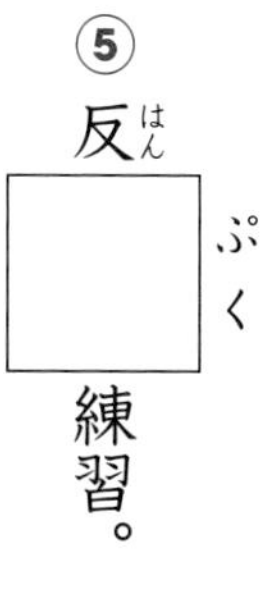
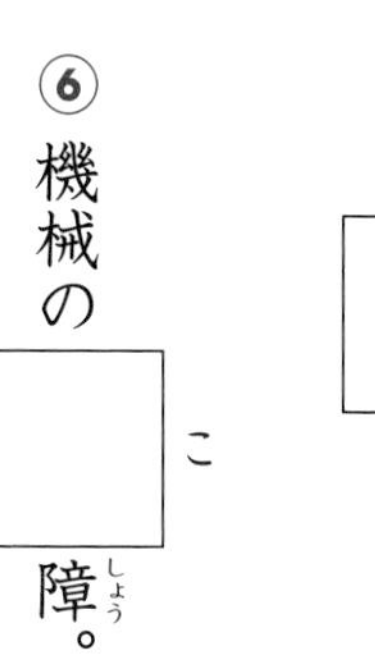
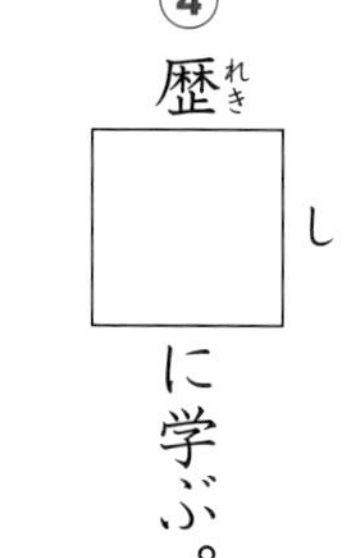

2 読みがなにあう漢字を書きましょう。

① □□(きふ)金。

② □□(おうふく)する。

③ 白い□□(ようき)。

④ 新聞□□(こうこく)。

⑤ □□(ごく)の意味。

⑥ 人命の□□(きゅうじょ)。

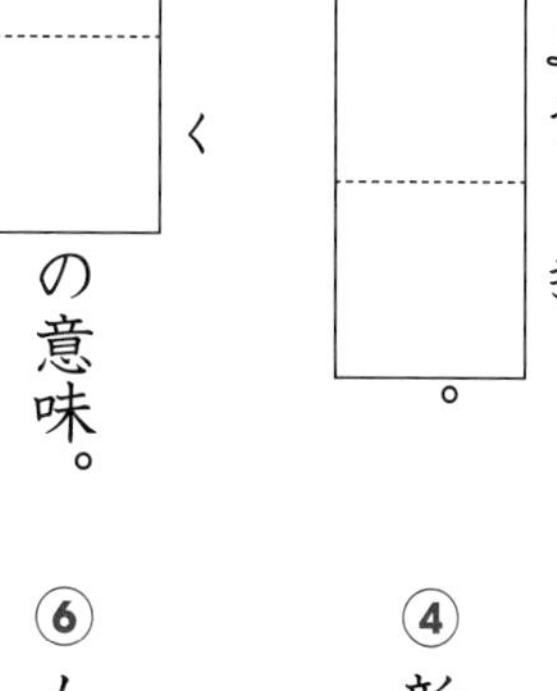
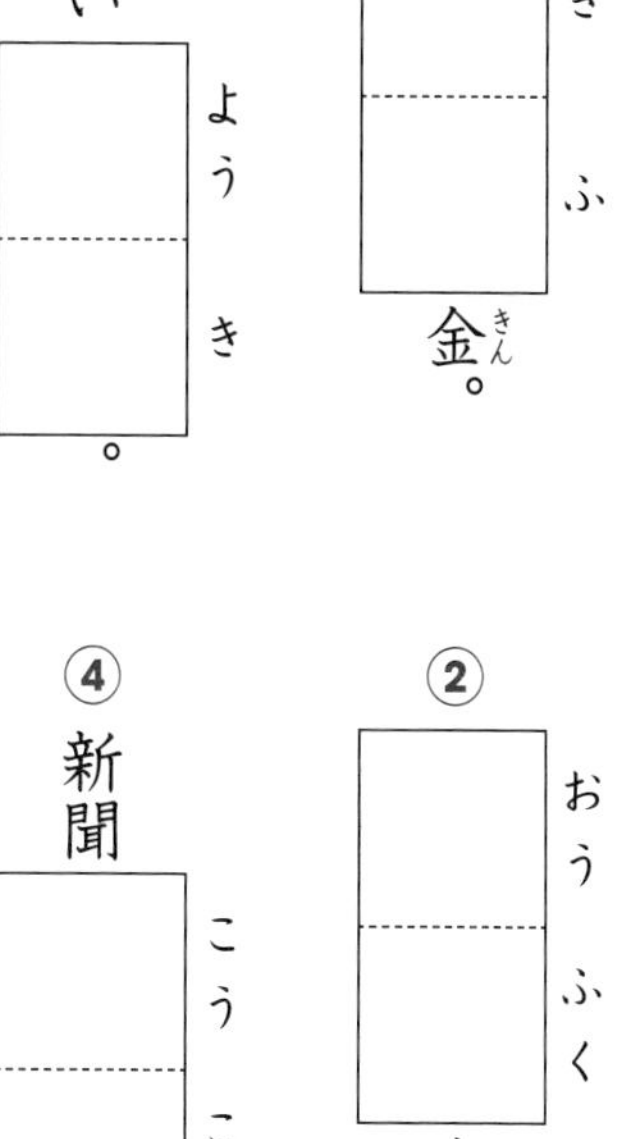

3 次のことばを漢字と送りがなで〔　〕に書きましょう。

① 右に〔よせる〕。

② 成功を〔よろこぶ〕。

③ 春を〔つげる〕。

④ へいで〔かこむ〕。

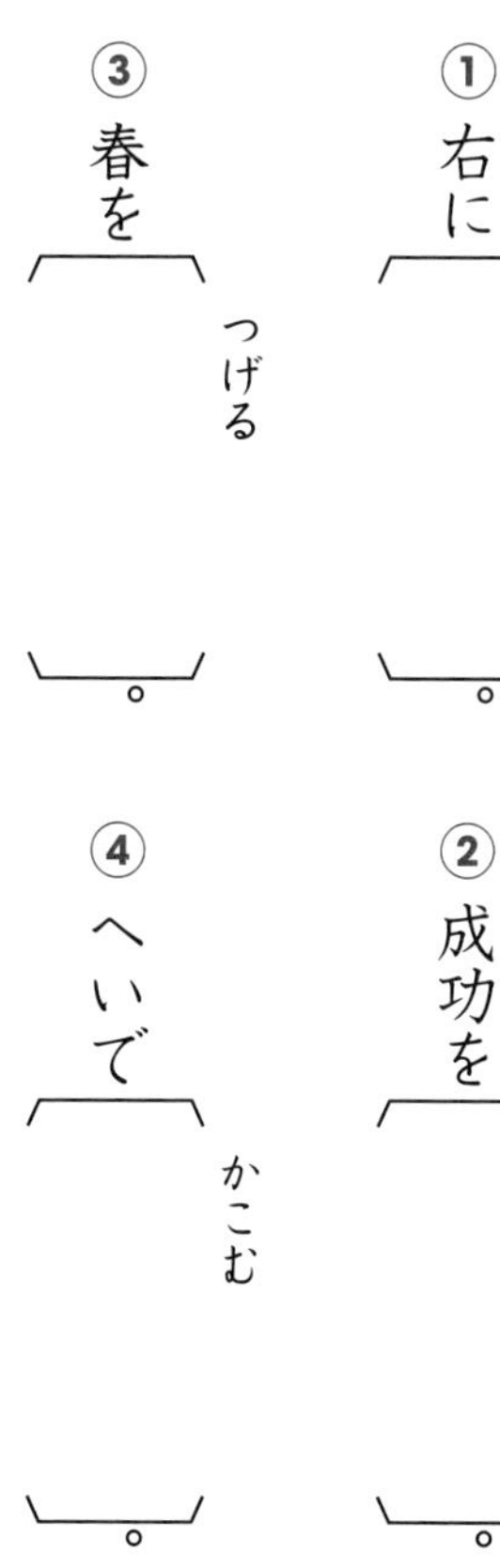

18 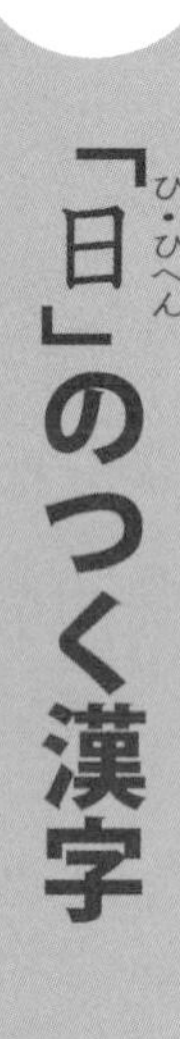

「日(ひ・ひへん)」のつく漢字

旧・易・暴

なりたち

「日(ひ・ひへん)」は、太陽の形をえがいたものです。

「日」のつく漢字には、日の光や時間、日数などに関係するものがあります。

※○数字は習う学年

漢字	主な読み方
日①	ニチ ジツ ひ・か
早①	ソウ はやい
明②	メイ あかり あきらか
春②	シュン はる
星②	セイ ほし
昼②	チュウ ひる
時②	ジ とき
晴②	セイ はれる
曜②	ヨウ —
昔③	(セキ) むかし
昭③	ショウ —
暑③	ショ あつい
暗③	アン くらい
昨④	サク —
景④	ケイ —
旧⑤	キュウ —
易⑤	エキ・イ やさしい
暴⑤	ボウ あばれる

読み方	キュウ —
意味	•古い •昔の、もとの様子

なりたち：もとの字は「舊」。「萑(老人のようなすがたをしたふくろう)」と「臼(古くから伝わる石うす)」を合わせた字。古いことを表す。

5画

練習 ↑とめる

1 「旧」を書きましょう。

- （きゅう）［　］式（しき）の時計（とけい）。
- 新（しん）［　］（きゅう）の交代。
- 父の［　］（きゅう）友（ゆう）。
- 復（ふっ）［　］（きゅう）工事。（一度こわれたものをもとどおりにする工事）

2 読みがなを書きましょう。

- 旧式（　）の時計。
- 新旧（　）の交代。
- 父の学生時代の旧友（　）。
- 線路の復旧（　）工事。

易

読み方	意味
エキ イ やさしい	•かん単なこと •取りかえる

なりたち もとの字はやもりをえがいた字。やもりは、小さなすき間もたやすく入りこむことから、なんでもないこと、やさしいことを表す。

8画 易 易 易 易 易 易 易 易

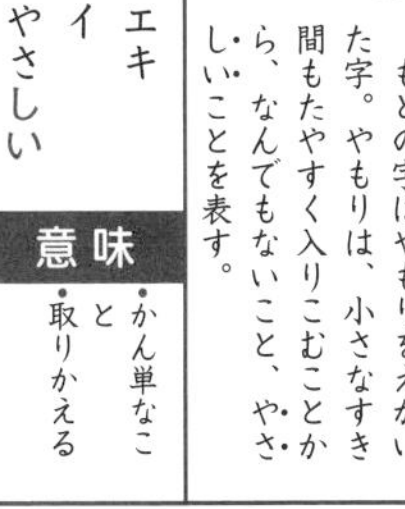

✎練習

はねる↑

1 「易」を書きましょう。

外国との ぼうえき（貿□）。

ようい（容□）にできる。

あんい（安□）（いいかげんな考え）な考え。

やさ□しい問題。

2 読みがなを書きましょう。

外国との貿易。（　　）

容易にできる。（　　）

安易な考え。（　　）

易しい問題。（　　）

暴

読み方	意味
ボウ （バク） （あばく） あばれる	•あらあらしい •むちゃをする

なりたち 「日（太陽）」と「𠔉（お米を両手で持っている様子）」を合わせた字。米を日光にさらすことから、あらあらしくあばき出すことを表す。

15画 暴 暴 暴 暴 暴 暴 暴 暴 暴 暴 暴 暴 暴 暴 暴

✎練習

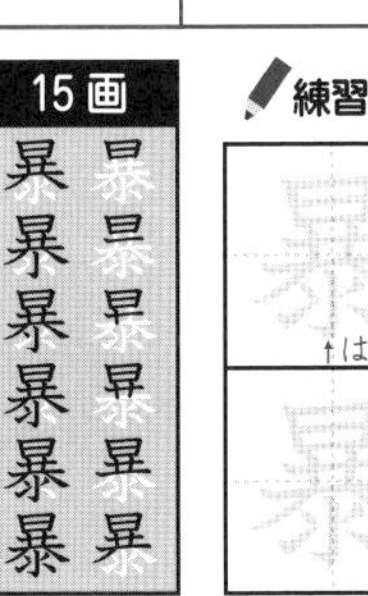

↑はねる

1 「暴」を書きましょう。

ぼうりょく（□力）をなくす。

乱（らん）ぼう（□）にあつかう。

牛があば（□）れる。

大（おお）あば（□）れする。

2 読みがなを書きましょう。

暴力をなくす。（　　）

乱（らん）暴にあつかう。（　　）

牛が暴れる。（　　）

試合で大暴れする。（　　）

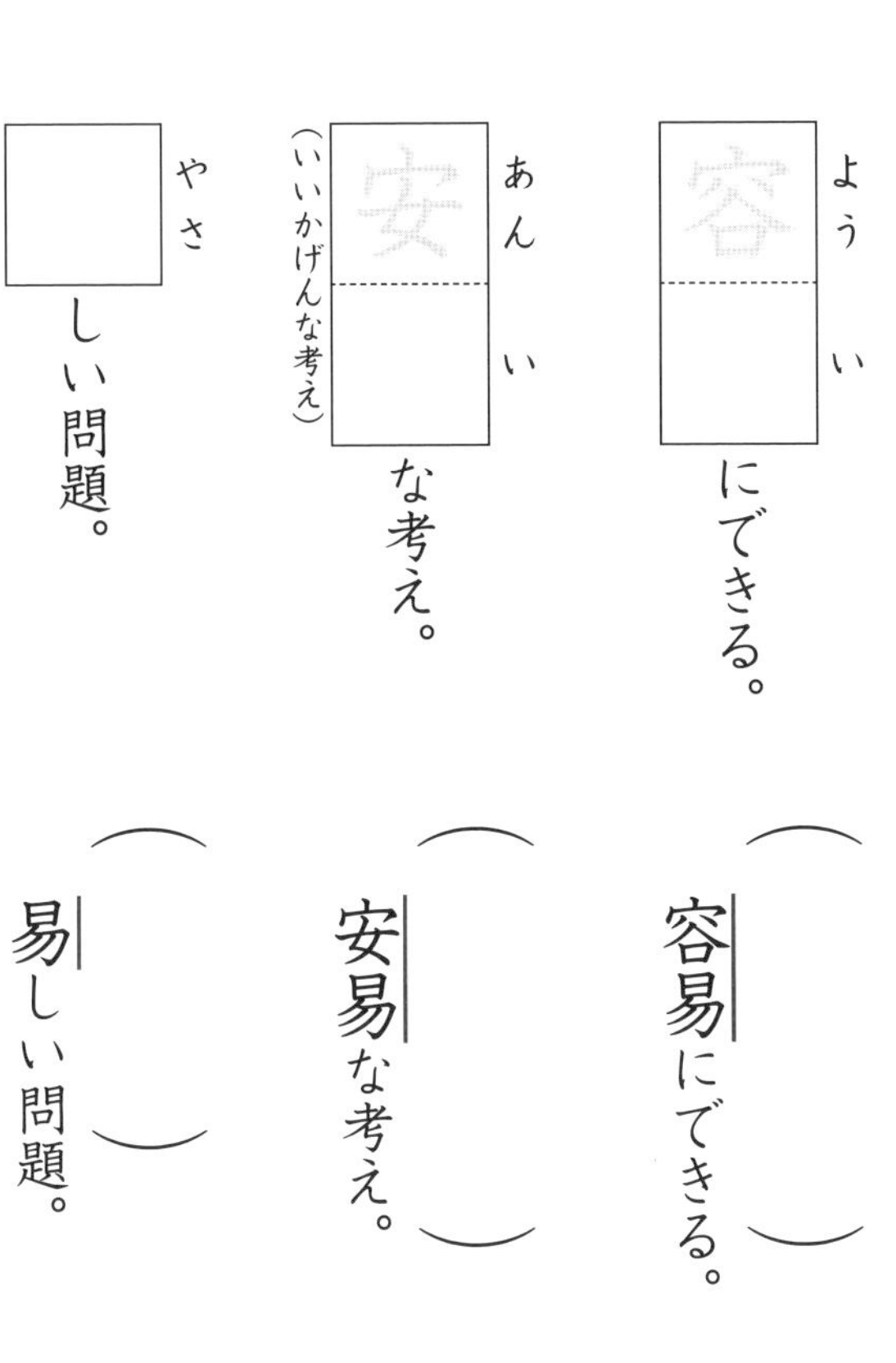

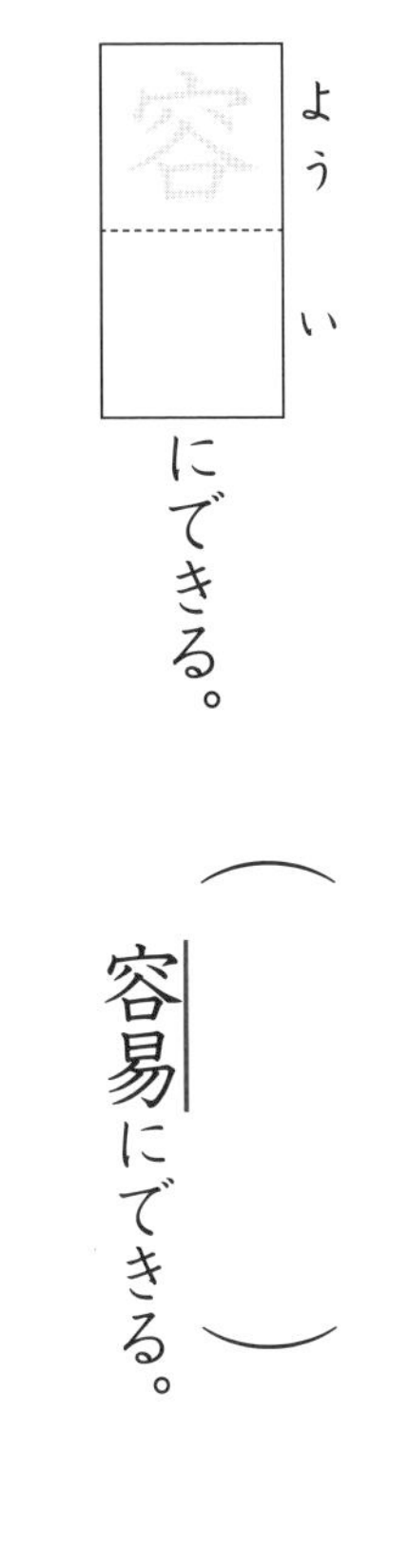

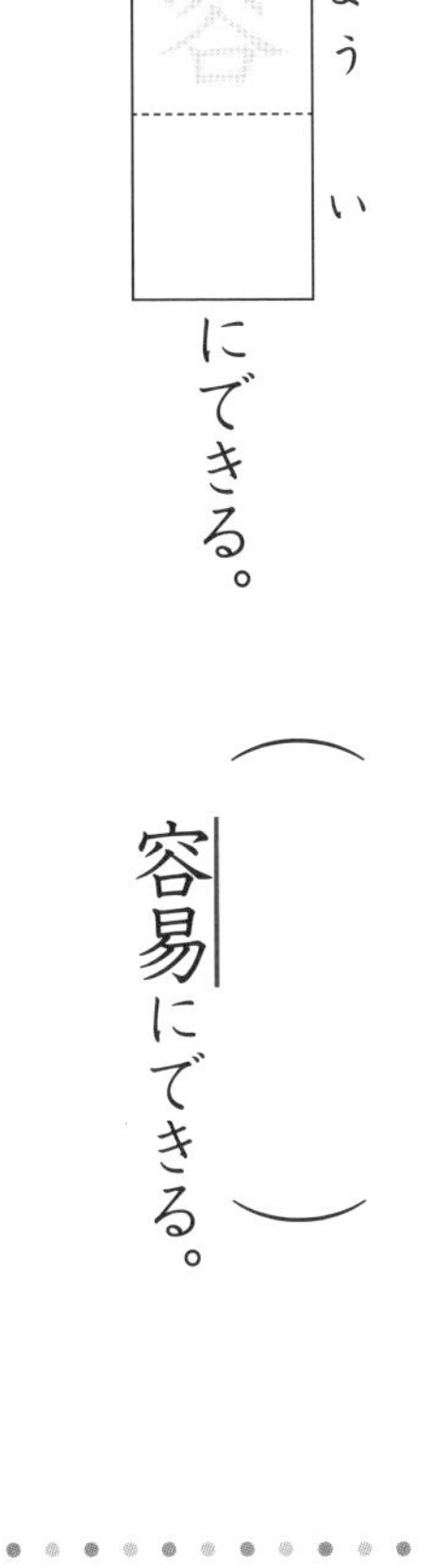

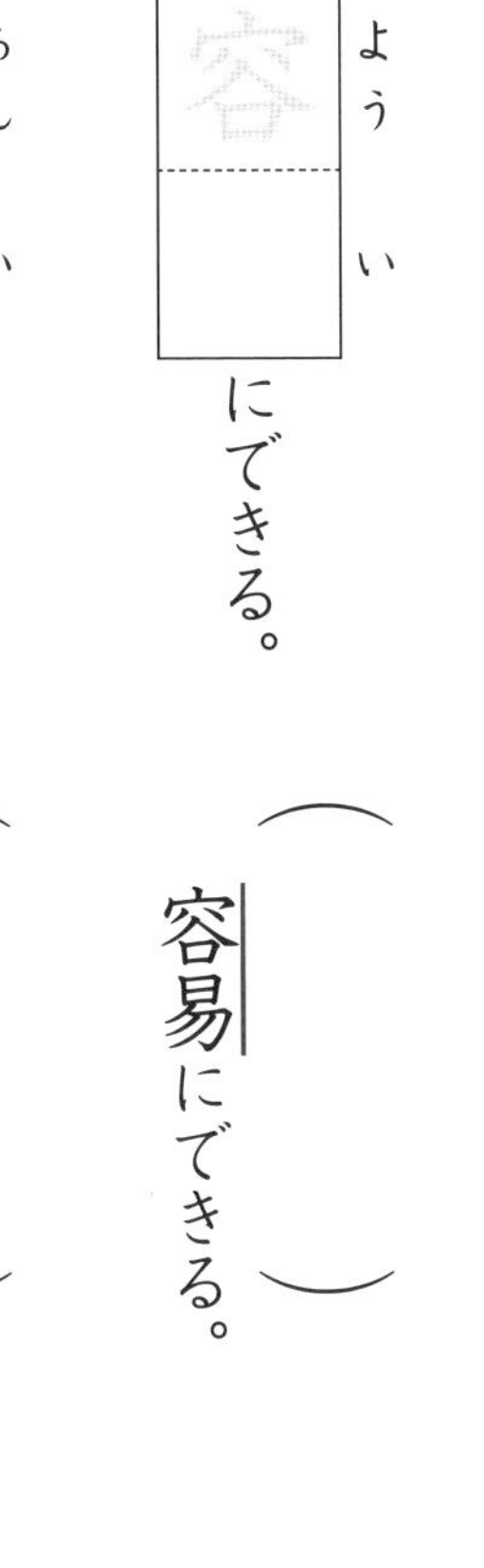

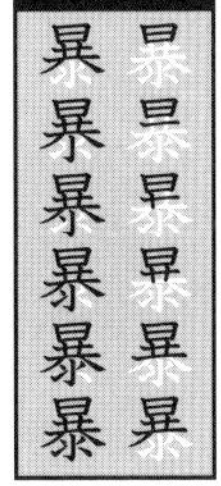

19 「女(おんな)・女(おんなへん)」のつく漢字 妻・婦

女

なりたち

「女(おんな)(女(おんなへん))」は、おんなの人が両手をひざの上に置いてすわっているすがたをえがいた形です。
「女」のつく漢字には、女性に関係するものが多くあります。

※○数字は習う学年

漢字	主な読み方
①女	ジョ おんな
②姉	(シ) あね
②妹	(マイ) いもうと
③委	イ ゆだねる
③始	シ はじめる
④好	コウ このむ すく
④媛	(エン) ―
⑤妻	サイ つま
⑤婦	フ ―
⑥姿	シ すがた

妻

なりたち：結(けっ)こんして家の中心となって家の仕事をする女の人を表す。

8画

練習（つき出す）

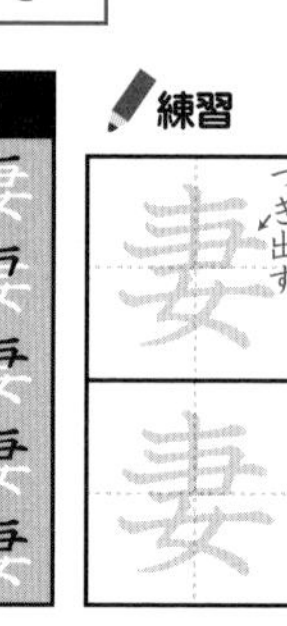

読み方：サイ　つま

意味：•結こんしている男女のうちの女

❶「妻」を書きましょう。

夫と□（つま）。

夫□（ふさい）。

❷読みがなを書きましょう。

夫と妻。（　　）

夫妻で出席する。（　　）

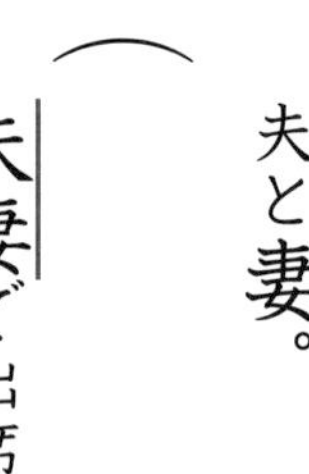

婦

なりたち：「女（おんな）」と「帚（ほうき）」を合わせた字。家のそうじをする結こんした女の人を表す。

11画

練習（はねる）

読み方：フ　―

意味：•大人の女の人　•結こんした女の人

❶「婦」を書きましょう。

□人（ふじん）服(ふく)。

夫(ふう)□（ふ）。

❷読みがなを書きましょう。

婦人服のバーゲン。（婦人服の安売り）（　　）

仲のよい夫(ふう)婦。（　　）

ドリル

1つ・5点

点

1 ――線の漢字の読みがなを書きましょう。

① 夫と妻。（　）

② 旧式の時計（とけい）。（　）

③ 安易な考え。（　）

④ 乱（らん）暴にあつかう。（　）

⑤ 仲のよい夫（ふう）婦。（　）

⑥ 山田（やまだ）さん夫妻。（　）

⑦ 父の旧友。（　）

⑧ 易しい問題。（　）

⑨ 外国との貿易。（　）

⑩ 大（おお）暴れする。（　）

2 読みがなにあう漢字を書きましょう。

① ［ふ｜じん］服（ふく）。

② 山田［ふ｜さい］。

③ ［ふっ｜きゅう］工事。

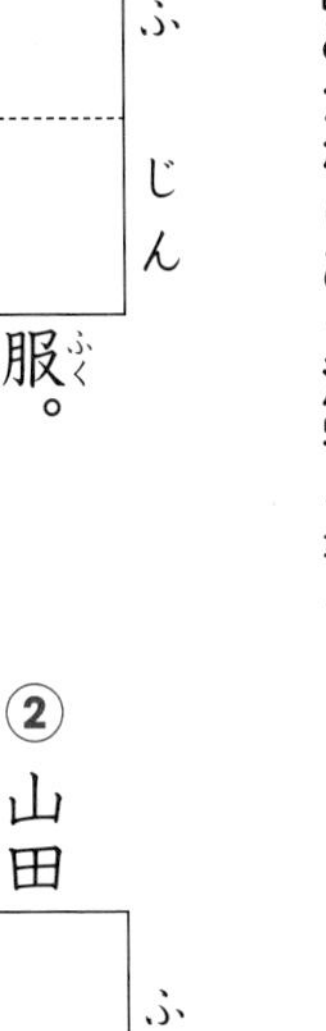

④ ［しん｜きゅう］の交代。

⑤ ［ぼう｜えき］。

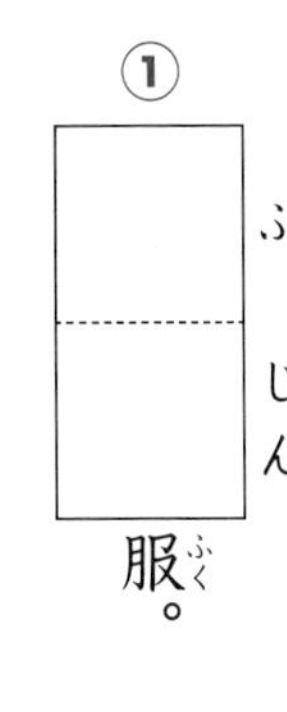

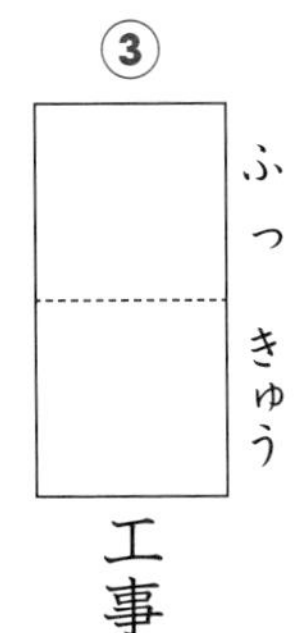

⑥ ［よう｜い］にできる。

⑦ 夫と［つま］。

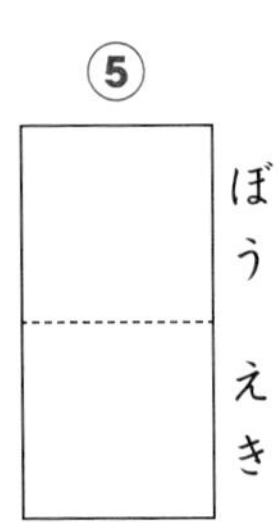

⑧ 牛が［あば］れる。

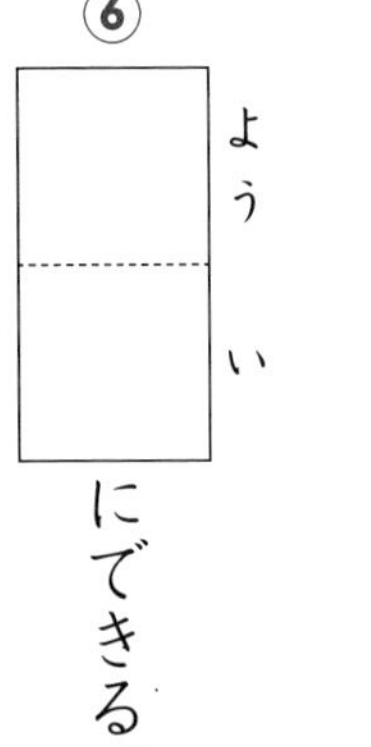

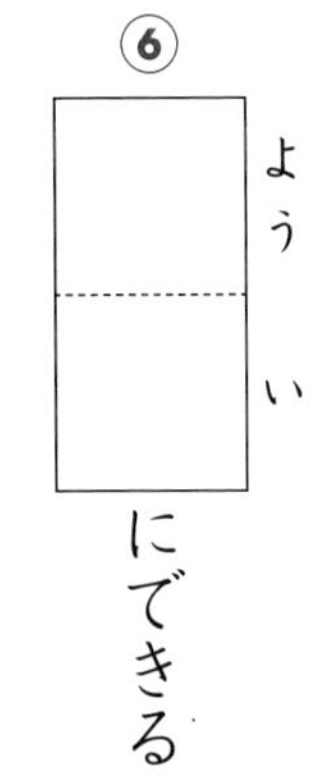

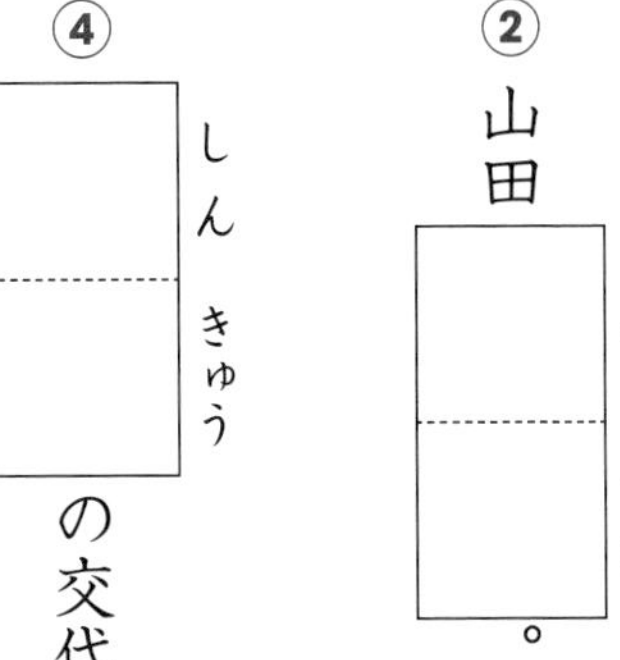

⑨ ［ぼう｜りょく］。

⑩ ［やさ］しい問題。

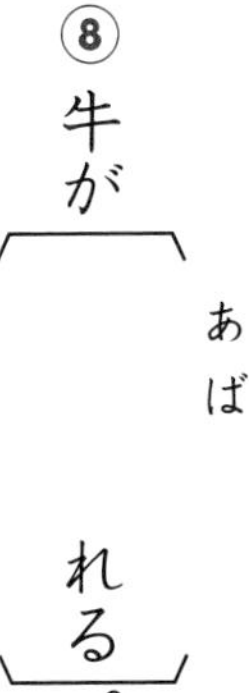

20 「禾（のぎへん・のぎ）」のつく漢字

移・税・程

「禾（のぎへん・のぎ）(禾)」は、いねなどの作物のほをえがいた字です。

「禾」のつく漢字には、穀物（こくもつ）や作物、作物の性質（せいしつ）に関係するものがあります。

「木」(きへん)「ネ」(しめすへん)「米」(こめへん)とのちがいに注意してね。

※○数字は習う学年

漢字	科②	秋②	秒③	種④	積④	移⑤	税⑤	程⑤	私⑥	秘⑥	穀⑥
主な読み方	カ —	シュウ あき	ビョウ —	シュ たね	セキ つむ	イ うつる	ゼイ —	テイ (ほど)	シ わたくし	ヒ (ひめる)	コク —

読み方
イ
うつる
うつす

意味
・時間や場所が変わる

なりたち
「禾(いねのほ)」と「多(横にずれる)」を合わせた字。いねのほが風にふかれてなびくことから、横の方に動く、うつることを表す。

11画
移移移移移移移移移移移

練習
とめる

1 「移」を書きましょう。

［　］動（いどう）する。

［　］転（いてん）の通知。
（場所や住所をうつしたことの通知）

別の席へ［　］（うつ）る。

位置を［　］（うつ）す。

2 読みがなを書きましょう。

席を移動（　）する。

移転（　）の通知。

別の席へ移（　）る。

いすの位置を移（　）す。

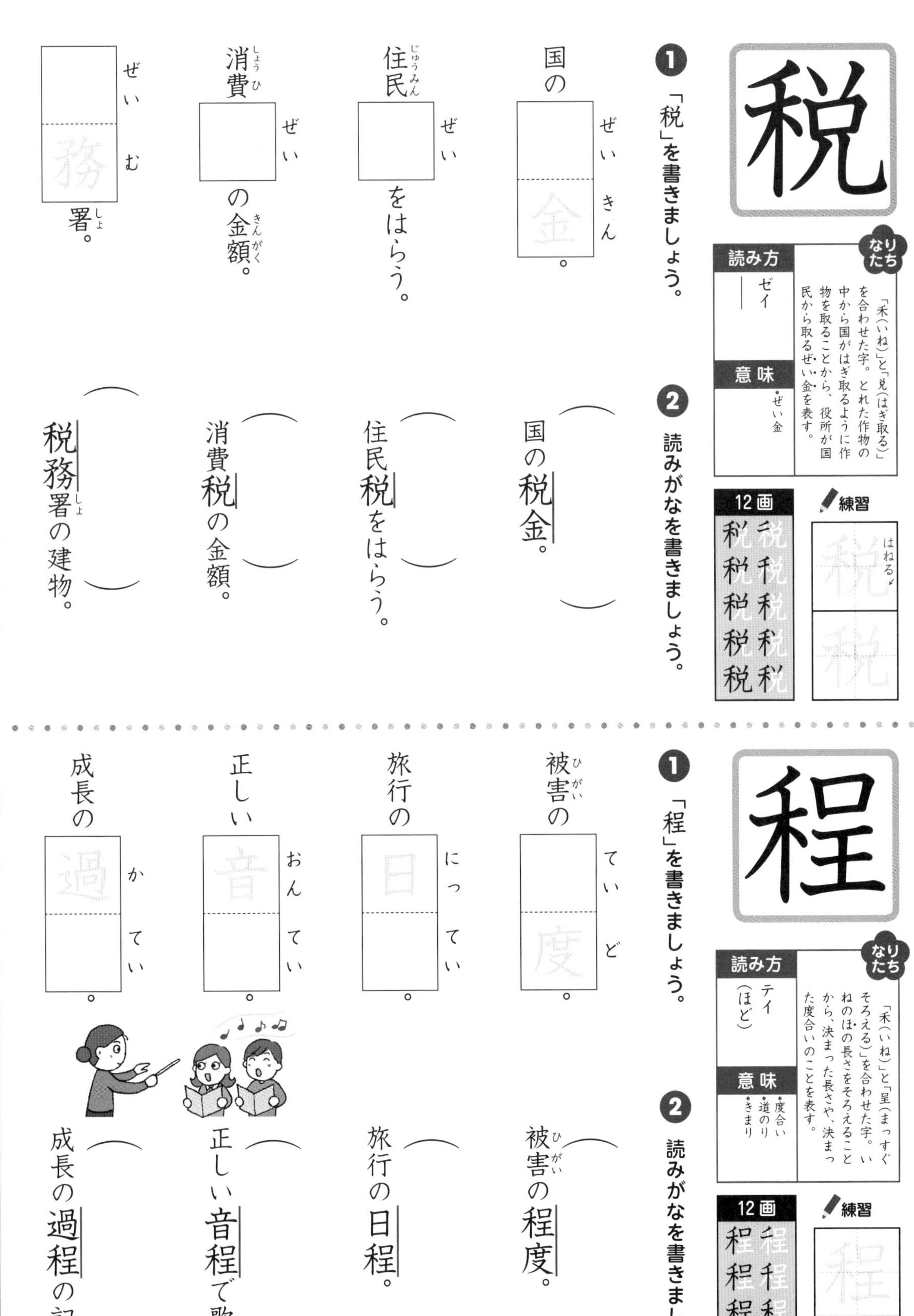

税

なりたち
「禾（いね）」と「兌（はぎ取る）」を合わせた字。とれた作物の中から国がはぎ取るように作物を取ることから、役所が国民から取るぜい金を表す。

読み方	意味
ゼイ —	•ぜい金

12画
税 税 税 税 税 税 税 税 税 税 税 税

練習
はねる

❶「税」を書きましょう。

国の（ぜい）金。

住民（じゅうみん）（ぜい）をはらう。

消費（しょうひ）（ぜい）の金額（きんがく）。

（ぜい）務署（しょ）。

❷ 読みがなを書きましょう。

国の税金。（　　）

住民税をはらう。（　　）

消費税の金額。（　　）

税務署（しょ）の建物。（　　）

程

なりたち
「禾（いね）」と「呈（まっすぐそろえる）」を合わせた字。いねのほの長さをそろえることから、決まった長さや、決まった度合いのことを表す。

読み方	意味
テイ （ほど）	•度合い •道のり •きまり

12画
程 程 程 程 程 程 程 程 程 程 程 程

練習

❶「程」を書きましょう。

被害（ひがい）の（てい）度。

旅行の日（にってい）。

正しい音（おんてい）。

成長の過（かてい）。

❷ 読みがなを書きましょう。

被害（ひがい）の程度。（　　）

旅行の日程。（　　）

正しい音程で歌う。（　　）

成長の過程の記録。（　　）

21 「田(た・たへん)」のつく漢字

留・略

田

なりたち

田 → 田

「田(た・たへん)」は、四角に区切られたたんぼの形をえがいたものです。
また、「田」のつく漢字には、田や畑、区切ることに関係するものが多くあります。

漢字	主な読み方
①田	デン た
①男	ダン・ナン おとこ
①町	チョウ まち
②画	ガ・カク ―
②番	バン ―
③申	(シン) もうす
③由	ユ・ユウ (よし)
③界	カイ ―
③畑	― はた はたけ
⑤留	リュウ ルとめる
⑤略	リャク ―
⑥異	イ こと

※○数字は習う学年

留

なりたち もとの字は「畱」。「丣(戸を止める)」と「田(た。一定の場所)」を合わせた字。ある場所にとどめることを表す。

10画

練習

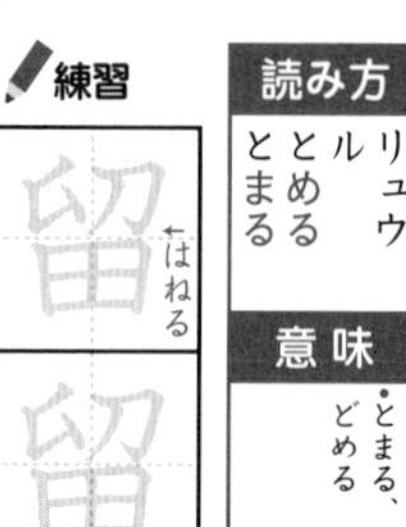

読み方：リュウ　ル　とめる　とまる

意味：•とまる、とどめる

❶「留」を書きましょう。

停(てい)[りゅう]所(じょ)。

[る]守(す)。

[と]まる。

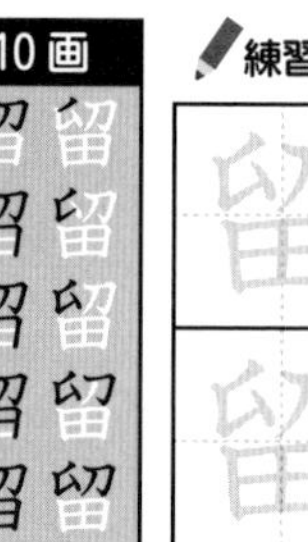

❷読みがなを書きましょう。

バスの停留所。(　　)

留守番(ばん)。(　　)

花が目に留まる。(　　)

略

なりたち 「田(た)」と「各(別の所をつなぐ)」を合わせた字。田畑をむだなくつないで道をつくることから、むだをはぶくことを表す。

11画

練習

読み方：リャク　―

意味：•はぶく

❶「略」を書きましょう。

省[しょう りゃく]。

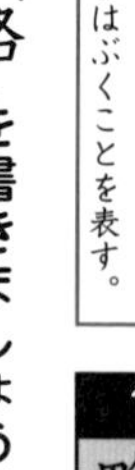

[りゃく]図[ず]。

❷読みがなを書きましょう。

説明を省略する。(　　)

駅までの略図をかく。(　　)

ドリル

1つ・5点　　点

1 ――線の漢字の読みがなを書きましょう。

① バスの停留所。（　　）
② 位置を移す。（　　）
③ 説明を省略する。（　　）
④ 被害の程度。（　　）
⑤ 消費税をはらう。（　　）
⑥ 留守番をする。（　　）
⑦ 成長の過程。（　　）
⑧ 移転の通知。（　　）
⑨ 花が目に留まる。（　　）
⑩ 国の税金。（　　）

2 読みがなにあう漢字を書きましょう。

① 旅行の［にってい］。
② 席を［いどう］する。
③ ［りゃくず］をかく。
④ ［ていりゅう］所。
⑤ ［ていど］が高い。
⑥ ［るす］番をする。
⑦ ［ぜいきん］。
⑧ 別の席へ［うつ］る。
⑨ ［しょうりゃく］。
⑩ 花が目に［と］まる。

22

「示(しめす)・ネ(しめすへん)」のつく漢字

示・祖・禁

示

なりたち

「示(しめす)」は、「ネ(しめすへん)」のもとの形で、神様を祭る祭だんをえがいたものです。

「示」や「ネ」のつく漢字には、神様や祭りに関係するものが多くあります。

※○数字は習う学年

漢字	主な読み方
社②	シャ やしろ
礼③	レイ
神③	シン・ジン かみ
祭③	サイ まつり
福③	フク
祝④	シュク いわう
票④	ヒョウ
示⑤	ジ・(シ) しめす
祖⑤	ソ
禁⑤	キン

示

なりたち

神様を祭る祭だんをえがいた字。天から神様のお告げが祭だんにおりてくることから、しめすの意味を表す。

読み方

ジ
(シ)
しめす

意味

・はっきりとわかるように見せる

5画

練習

長く
はねる

❶ 「示」を書きましょう。

手本を□(しめ)す。

指し□(しめ)す。

先生の指□(しじ)。

作品を展(てん)□(じ)する。

❷ 読みがなを書きましょう。

手本を示(　)す。

場所を指し示(　)す。

先生の指示(　)。

作品を展(てん)示(　)する。

祖

なりたち
もとの字は「祖」。「示(神を祭る祭だん)」と「且(積み重なる)」を合わせた字。親の親の親のように重なっているせんぞを表す。

読み方
ソ

意味
・父母の親
・おおもとの親

練習
つき出す

9画

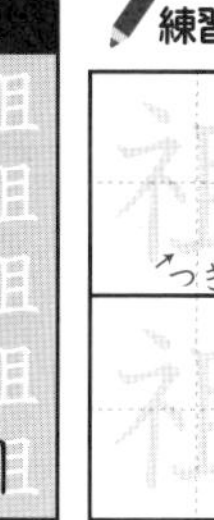
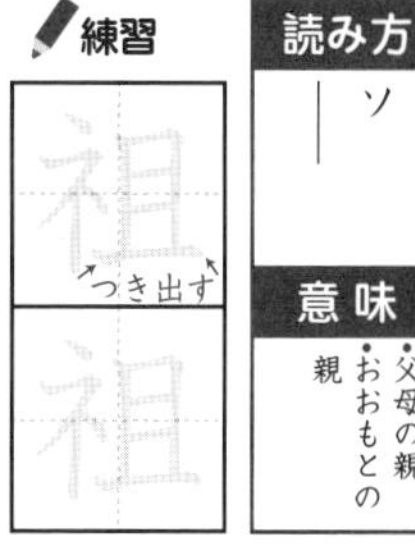

1 「祖」を書きましょう。

そぼ［　］［母］。

そふ［　］［父］。

せんぞ［先］［　］の墓参り。

2 読みがなを書きましょう。

祖母の着物。（　）

祖父の家。（　）

先祖の墓参り。（　）

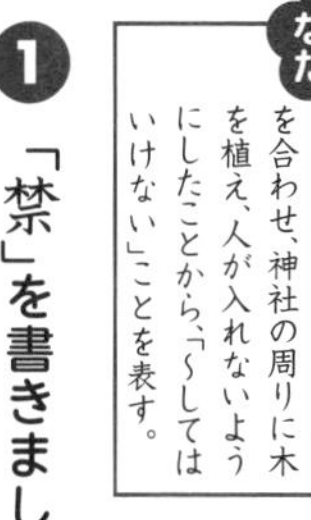

禁

なりたち
「林(はやし)」と「示(神)」を合わせ、神社の周りに木を植え、人が入れないようにしたことから、「～してはいけない」ことを表す。

読み方
キン

意味
・～してはならないととめる

練習
長く

13画

1 「禁」を書きましょう。

きんし［　］［止］。

きんもつ［　］［物］。(してはいけないこと)

川遊びをきん［　］じる。

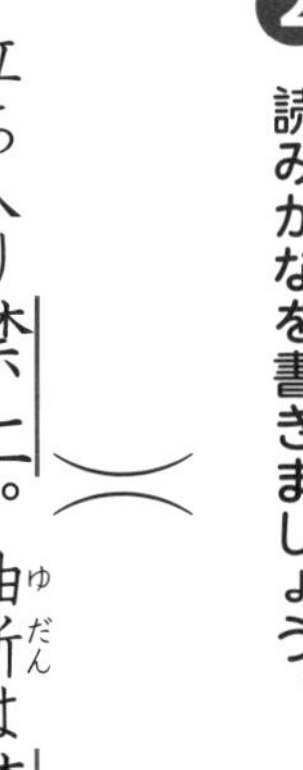

2 読みがなを書きましょう。

立ち入り禁止。（　）

油断は禁物。（　）

川遊びを禁じる。（　）

反対の意味の熟語

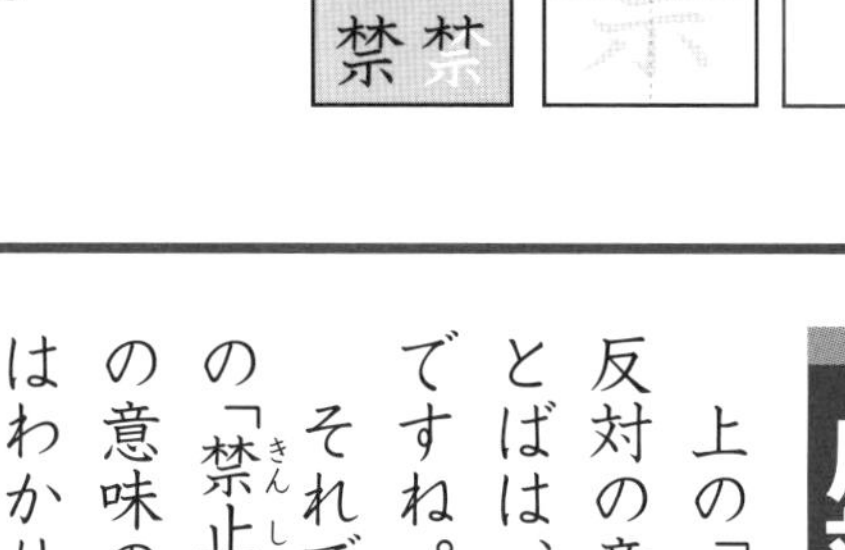

上の「先祖」の反対の意味のことばは、「子孫」ですね。

それでは、上の「禁止」の反対の意味のことばはわかりますか。「許可」ですね。

このようなことばは、組にして覚えておくと、作文などを書くときに便利です。

解散⟷集合

賛成⟷反対

勝利⟷敗北

利益⟷損失

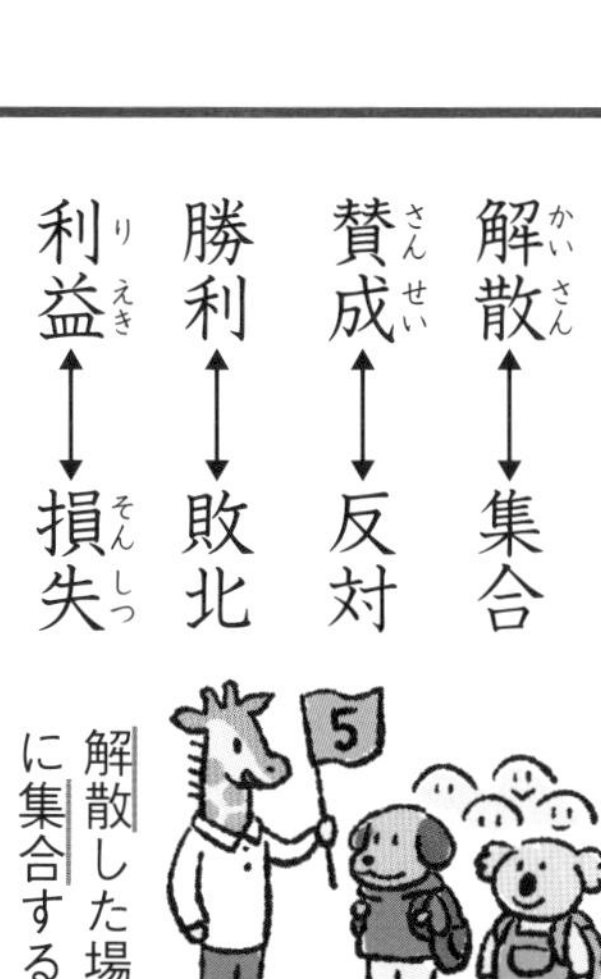

解散した場所に集合する。

ドリル

点

1つ・5点

1 ——線の漢字の読みがなを書きましょう。

① 手本を示す。（　　）
② 立ち入り禁止。（　　）
③ 祖母の着物。（　　）
④ 指示にしたがう。（　　）
⑤ 川遊びを禁じる。（　　）
⑥ 祖父の家。（　　）
⑦ 場所を指し示す。（　　）
⑧ 油断（ゆだん）は禁物。（　　）
⑨ 先祖の墓参り（はかまいり）。（　　）
⑩ 作品を展（てん）示する。（　　）

2 読みがなにあう漢字を書きましょう。

① □□（そふ）の家。
② 場所を指し□（しめ）す。
③ 先生の□□（しじ）。
④ 通行□□（きんし）。
⑤ 無理は□□（きんもつ）。
⑥ □□（そぼ）の着物。
⑦ 展（てん）□（じ）する。
⑧ 川遊びを□（きん）じる。
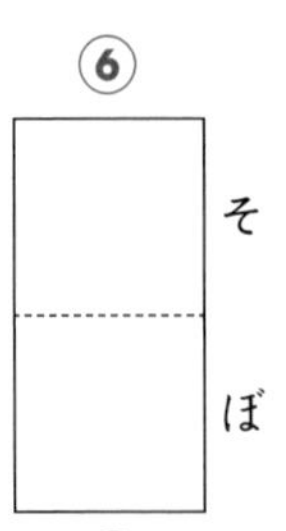
⑨ □□（せんぞ）。
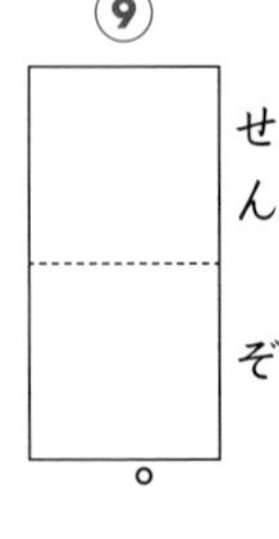
⑩ 手本を（しめ）す。

まとめドリル

1つ・5点　　点

1 読みがなにあう漢字を書きましょう。

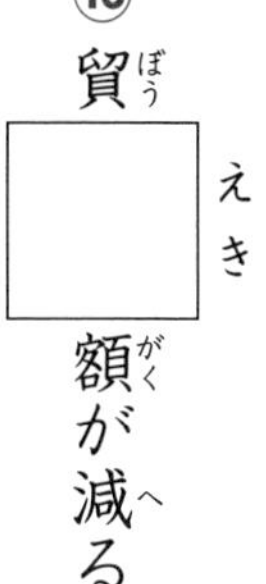
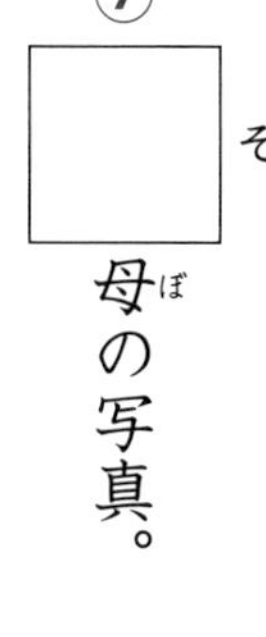
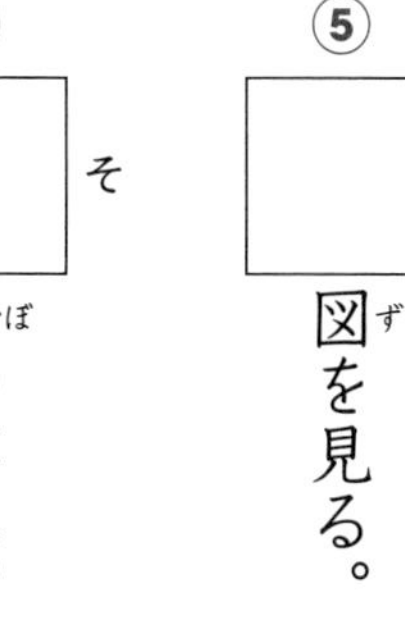

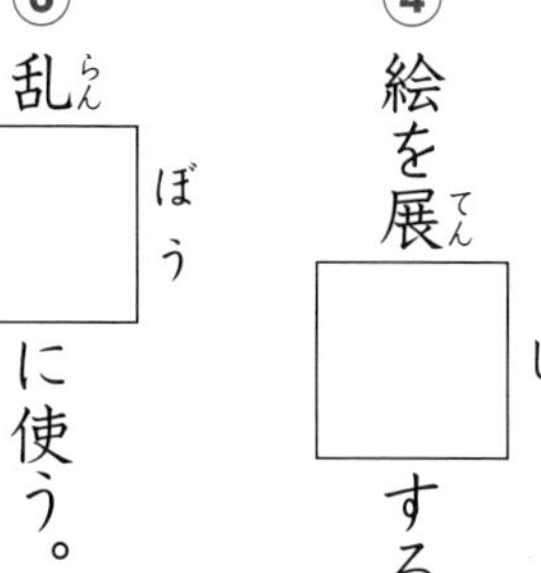
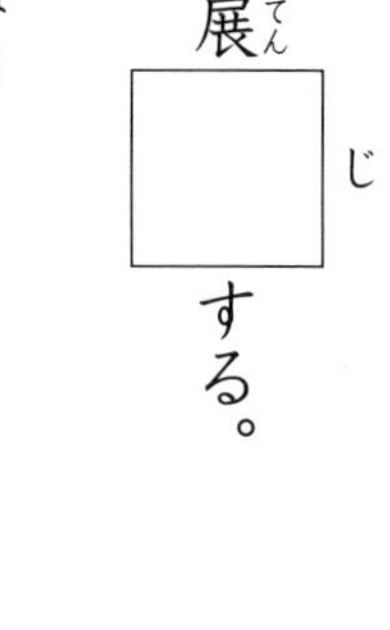

① 田中夫（たなかふ）〔さい〕。

② 〔きゅう〕式（しき）のカメラ。

③ 所得（しょとく）〔ぜい〕。

④ 絵を展（てん）〔じ〕する。

⑤ 〔りゃく〕図（ず）を見る。

⑥ 乱（らん）〔ぼう〕に使う。

⑦ 〔そ〕母（ぼ）の写真。

⑧ 態度（たいど）で〔しめ〕す。

⑨ 〔る〕守番（すばん）。

⑩ 貿（ぼう）〔えき〕額（がく）が減（へ）る。

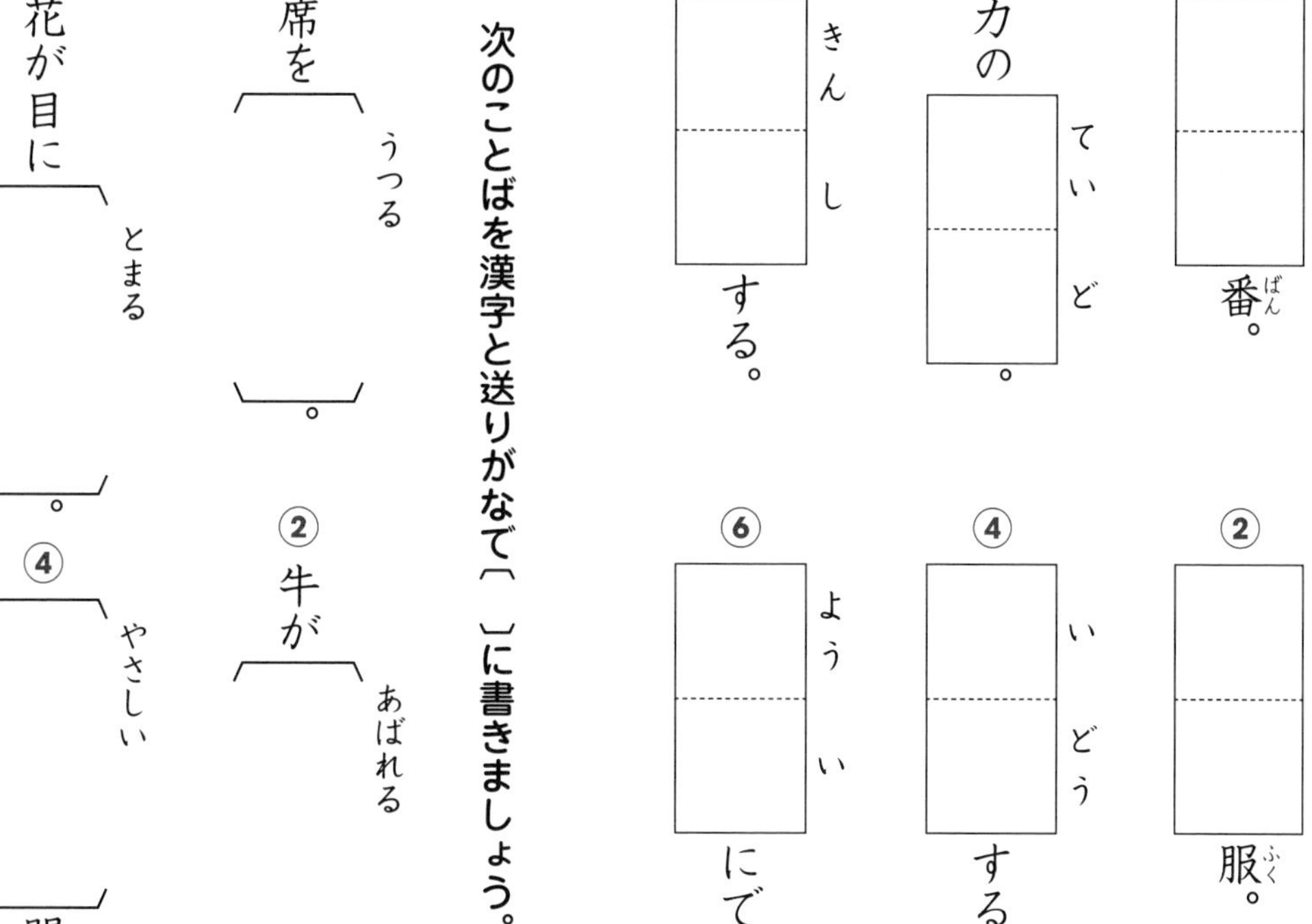

2 読みがなにあう漢字を書きましょう。

① 〔るす〕番（ばん）。

② 〔ふじん〕服（ふく）。

③ 力の〔ていど〕。

④ 〔いどう〕する。

⑤ 〔きんし〕する。

⑥ 〔ようい〕にできる。

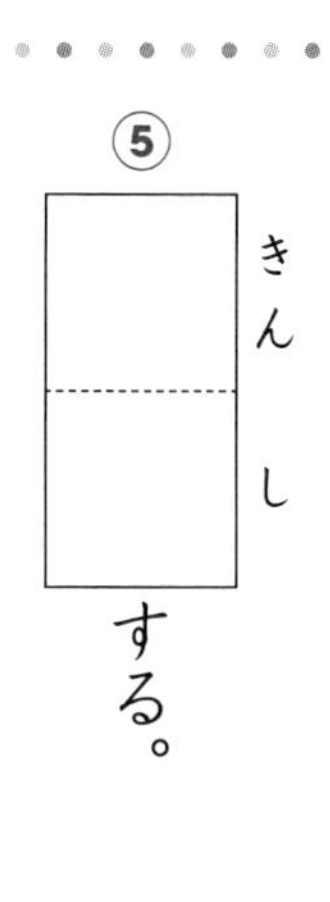
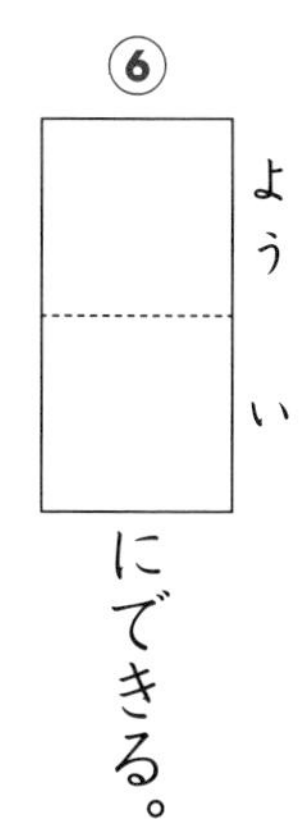

3 次のことばを漢字と送りがなで〔　〕に書きましょう。

① 席を〔うつる〕。

② 牛が〔あばれる〕。

③ 花が目に〔とまる〕。

④ 〔やさしい〕問題。

23

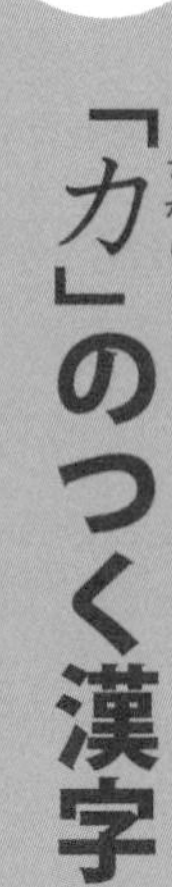

「力(ちから)」のつく漢字

効・務・勢

なりたち

「力(ちから)」は、ちからをぎゅっと入れた、うでの形をえがいたものです。
「力」のつく漢字には、いっしょうけんめいに何かをすることに関係するものが多くあります。

※○数字は習う学年

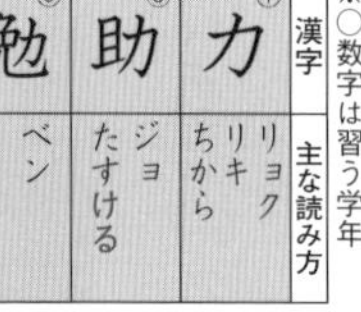

漢字	主な読み方
力①	リョク リキ ちから
助③	ジョ たすける
勉③	ベン ―

漢字	主な読み方
動③	ドウ うごく
勝③	ショウ かつ
加④	カ くわえる
功④	コウ ―
努④	ド つとめる
労④	ロウ ―
勇④	ユウ いさむ
効⑤	コウ きく
務⑤	ム つとめる
勢⑤	セイ いきおい
勤⑥	キン つとめる

効

なりたち
「交(X型に足を組むように、よじってしぼり出す)」と「力(ちから)」を合わせた字。ものごとをしぼり出すようにして、出す結果を表す。

読み方
コウ
きく

意味
•はたらきが表れる、ききめ

8画
効 効 効 効 効 効 効 効

練習
効 効
とめる

1 「効」を書きましょう。

勉強の［こう］果(か)。

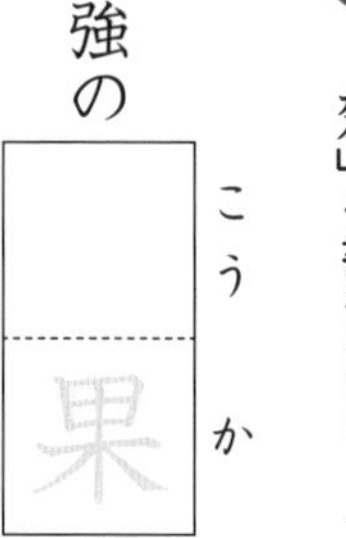

［ゆう］有［こう］の期限(きげん)。

よく［き］く薬。

薬の［き］きめ。

2 読みがなを書きましょう。

勉強の効果。（　　　）

有効の期限。（　　　）

よく効く薬。（　　　）

薬の効きめ。（　　　）

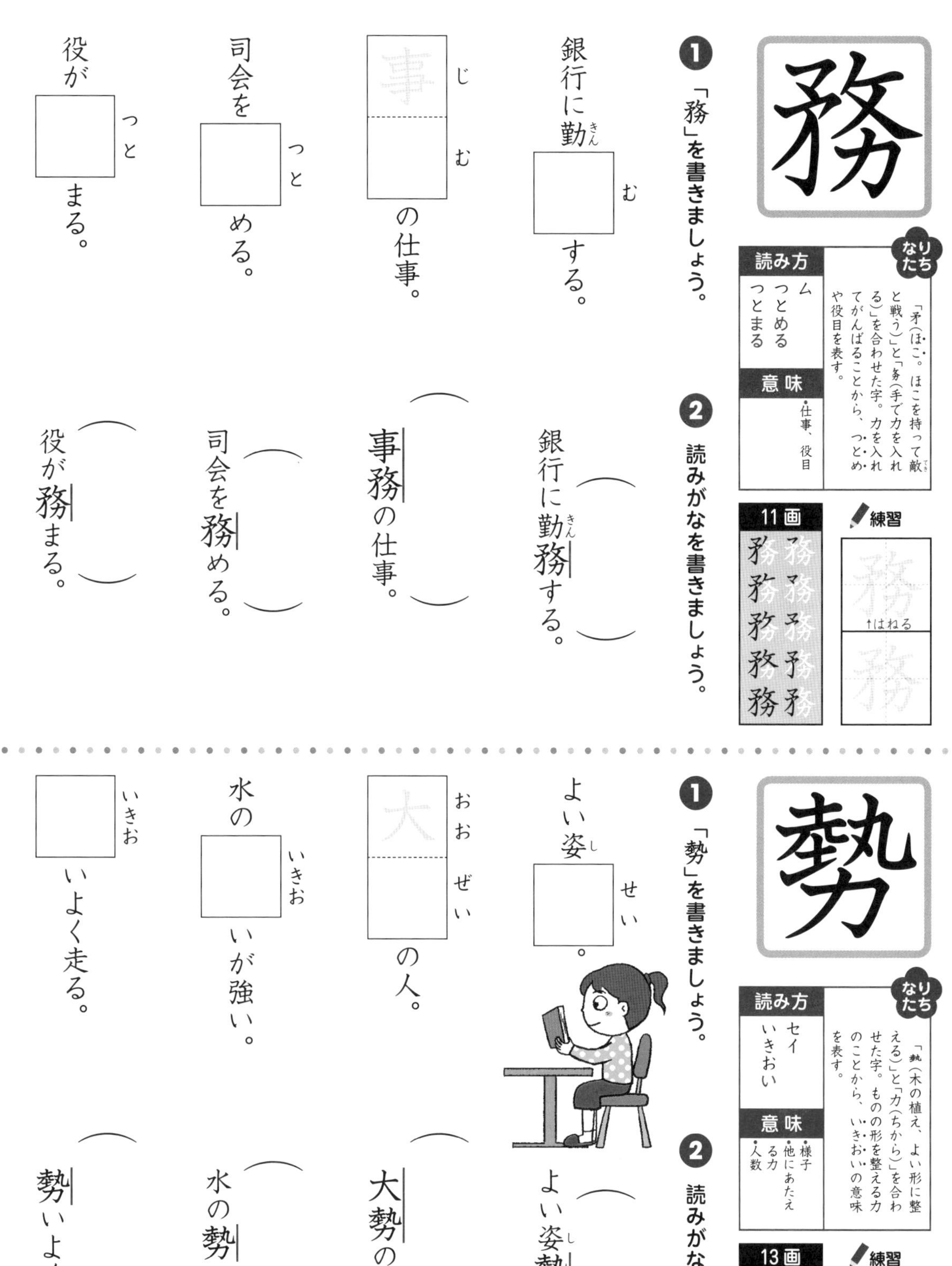

務

なりたち
「矛（ほこ。ほこを持って敵と戦う）」と「敄（手で力を入れる）」を合わせた字。力を入れてがんばることから、つとめや役目を表す。

読み方
ム
つとめる
つとまる

意味
・仕事、役目

11画

練習
↑はねる

1 「務」を書きましょう。

銀行に勤（きん）□（む）する。

□事（じ）□（む）の仕事。

司会を□（つと）める。

役が□（つと）まる。

2 読みがなを書きましょう。

銀行に勤（きん）務する。（　　）

事務の仕事。（　　）

司会を務める。（　　）

役が務まる。（　　）

勢

なりたち
「埶（木の植え、よい形に整える）」と「力（ちから）」を合わせた字。ものの形を整える力のことから、いきおいの意味を表す。

読み方
セイ
いきおい

意味
・様子
・他にあたえる力
・人数

13画

練習
はねる

1 「勢」を書きましょう。

よい姿（し）□（せい）。

□大（おお）□（ぜい）の人。

水の□（いきお）いが強い。

□（いきお）いよく走る。

2 読みがなを書きましょう。

よい姿（し）勢。（　　）

大勢の人が集まる。（　　）

水の勢いが強い。（　　）

勢いよく走る。（　　）

24 「石（いし・いしへん）」のつく漢字

石

なりたち

↓ 𠂋口 ↓ 石

「石（いし・いしへん）」は、がけの下に転がっているいしをえがいた形です。

「石」のつく漢字には、石や鉱物（こうぶつ）の種類や性質（せいしつ）に関係するものがあります。

※○数字は習う学年

漢字	主な読み方
①石	セキ シャク いし
③研	ケン (とぐ)
⑤破	ハ やぶる
⑤確	カク たしか
⑥砂	サ すな
⑥磁	ジ ―

破・確

破

なりたち：「石（いし）」と「皮（かわ）」を合わせた字。動物の体の外側の皮を石でやぶることを表す。

10画	練習	読み方	意味
		ハ やぶる やぶれる	・ひきさいたりしてこわす

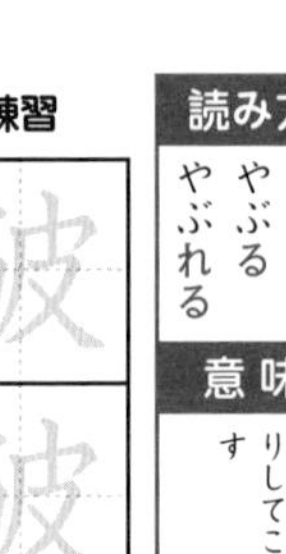

❶ 「破」を書きましょう。

紙が□（やぶ）れる。

□（は）かい。

❷ 読みがなを書きましょう。

紙が破れる。（　　）

環境（かんきょう）破かいを防（ふせ）ぐ。（　　）

確

なりたち：「石（いし）」と「隺（かたい）」を合わせた字。石のようにかたいことから、しっかりしてたしかな意味を表す。

15画	練習	読み方	意味
	つき出す↓	カク たしか たしかめる	・まちがいない

❶ 「確」を書きましょう。

正□（せいかく）。

□（たし）かな話。

❷ 読みがなを書きましょう。

正確な時刻（じこく）を知らせる。（　　）

確かな話。（　　）

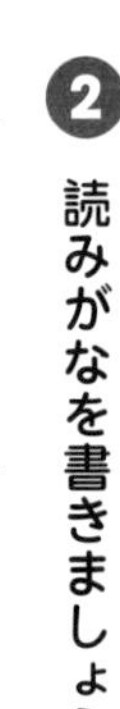

ドリル

1つ・5点　　点

1 ——線の漢字の読みがなを書きましょう。

① 紙が**破**れる。（　　）

② **正確**な時刻（じこく）。（　　）

③ 薬の**効**きめ。（　　）

④ よい姿（し）**勢**。（　　）

⑤ 銀行に勤（きん）**務**する。（　　）

⑥ 環境（かんきょう）**破**かいを防（ふせ）ぐ。（　　）

⑦ **確**かな話。（　　）

⑧ 勉強の**効果**。（　　）

⑨ **勢**いよく走る。（　　）

⑩ 役が**務**まる。（　　）

2 読みがなにあう漢字を書きましょう。

① 練習の［こうか］。

② ［たし］かな話。

③ ［じむ］の仕事。

④ 水の［いきお］い。

⑤ ［おおぜい］の人。

⑥ 司会を［つと］める。

⑦ 環境（かんきょう）［は］かい。

⑧ よく［き］く薬。

⑨ ［せいかく］に話す。

⑩ 紙が［やぶ］れる。

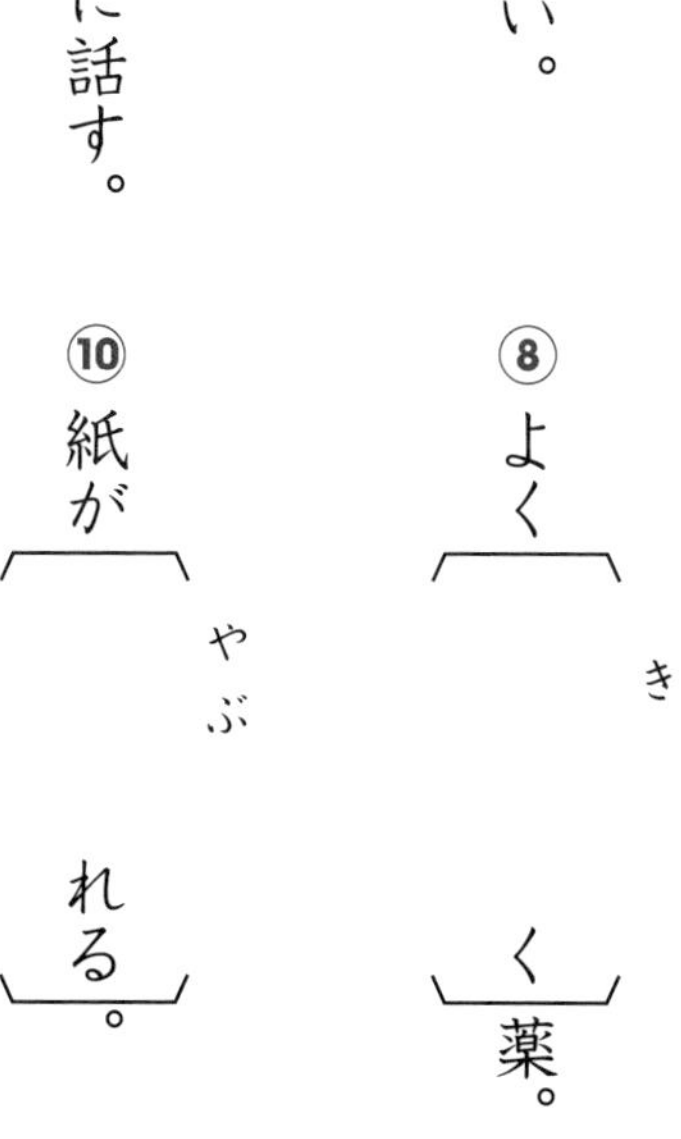

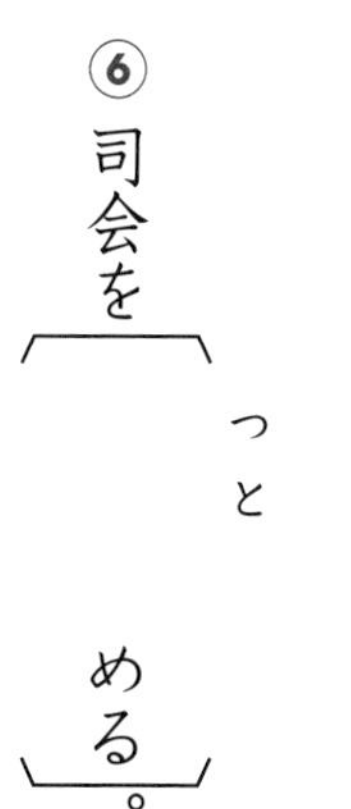
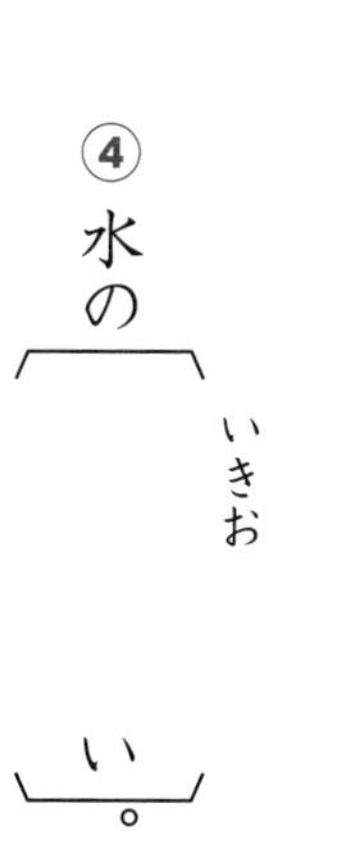
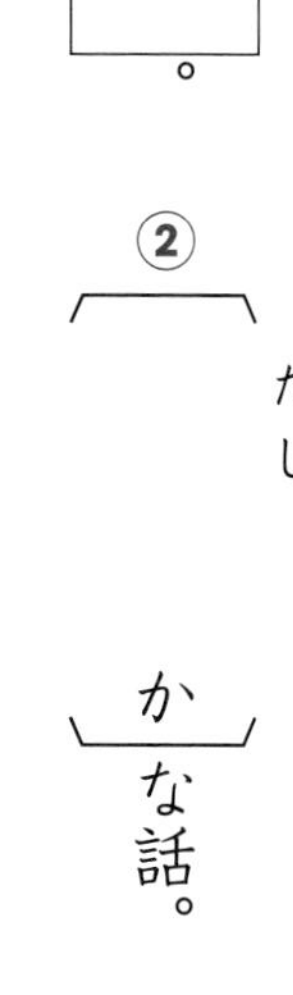

25 「犬(いぬ)・犭(けものへん)」のつく漢字

状・犯・独

犬

なりたち

「犬(いぬ)」は、いぬの形をえがいたものです。また、「犭(けものへん)」は、「犬」の変化した形です。「犬」も「犭」も、ともに「いぬ」のことを表します。

「犭」の書き順に注意しよう。

※○数字は習う学年

漢字	主な読み方
犬①	ケン いぬ
犯⑤	ハン (おかす)
状⑤	ジョウ ―
独⑤	ドク ひとり

状

読み方	ジョウ ―
意味	•様子 •手紙、文書

なりたち もとの字は「狀」。「爿(細長いベッド)」と「犬(すらりとしたいぬ)」を合わせた字。どちらも形やすがたを表していることから、様子の意味を表す。

7画

練習 (わすれずに)

1 「状」を書きましょう。

しょう じょう □□をもらう。

ねん が じょう □□□。

天候の じょう たい □□。

母の びょう じょう □□。

2 読みがなを書きましょう。

賞状をもらう。（　　）

年賀状を書く。（　　）

天候の状態。（　　）

母の病状を聞く。（　　）

犯

なりたち
「犭（いぬ）」と「㔾（わくを破ろうとすること）」を合わせた字。犬がわくを破って飛び出すことから、きまりをおかすという意味を表す。

読み方：ハン（おかす）

意味：•悪いことをする •きそくをやぶる

5画

練習（はねる↑）

❶「犯」を書きましょう。

はんにん［　］人の車。

重い　はんざい［　］罪。

ぼうはん　防［　］ブザー。

はんこう［　］行の現場（げんば）。
（つみとなるような悪い行いがあった場所）

❷読みがなを書きましょう。

犯人（　　）の車を追う。

重い犯罪（　　）。

防犯（　　）ブザーが鳴る。

犯行（　　）の現場。

独

なりたち
もとの字は「獨」。「犭（じっと番をしている犬）」と「蜀（じっと葉にくっついている虫）」を合わせた字。犬や虫のように、ひとりでいることを表す。

読み方：ドク　ひとり

意味：•ひとり、自分だけ

9画

練習（つき出さない）

❶「独」を書きましょう。

どくとく［　］特の味。

どくりつ［　］立する。

ひと［　］り言（ごと）を言う。

ひと［　］りじめ。

❷読みがなを書きましょう。

独特（　　）の味がある。

親から独立（　　）する。

独（　）り言を言う。

独（　）りじめにする。

26 「尸(しかばね)」のつく漢字

居・属

尸

なりたち

「尸(しかばね)」は、かたくなった人間の体が横たわっているすがたをえがいた形です。

「尸」のつく漢字には、人体やおしりに関係するものがあります。

漢字	主な読み方	
③局	キョク	―
③屋	オク	や
⑤居	キョ	いる
⑤属	ゾク	―

※○数字は習う学年

漢字	主な読み方	
⑥尺	シャク	―
⑥届	―	とどける
⑥展	テン	―
⑥層	ソウ	―

居

なりたち：「尸(人のおしり)」と「古(ふるくなったがいこつ)」を合わせ、固くて動かないことから、おしりを落ち着けて住む所を表す。

読み方：キョ／いる

意味：・住む ・住んでいるところ

練習（はらう）

8画

❶「居」を書きましょう。

じゅうきょ：住［　　］。

い ま：［　　］間。

❷読みがなを書きましょう。

住居を移(うつ)す。（　　　）

居間でくつろぐ。（　　　）

属

なりたち：もとの字は「屬」。「尸(動物の体にくっついている尾(お))」と「蜀(虫の一種)」を合わせた字。何かについてはなれないことを表す。

読み方：ゾク／―

意味：・つきしたがう ・仲間

練習（はねる）

12画

❶「属」を書きましょう。

きんぞく：金［　　］。

しょぞく：所［　　］。

❷読みがなを書きましょう。

金属を加工する。（　　　）

野球部に所属する。（　　　）

ドリル

点
1つ・5点

1 ――線の漢字の読みがなを書きましょう。

① 独特の味がある。（　　）
② 住居を移(うつ)す。（　　）
③ 金属を加工する。（　　）
④ 犯人の車を追う。（　　）
⑤ 天候の状態。（　　）
⑥ 独り言(ごと)を言う。（　　）
⑦ 居間でくつろぐ。（　　）
⑧ 重い犯罪。（　　）
⑨ 母の病状。（　　）
⑩ 親から独立する。（　　）

2 読みがなにあう漢字を書きましょう。

① ねんがじょう□□□。
② どくりつ□□する。
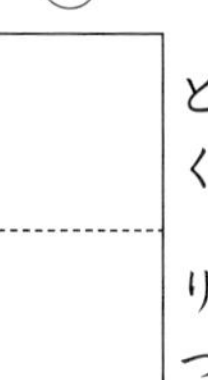
③ きんぞく□□の板。
④ 一位の しょうじょう□□。
⑤ どくとく□□の味。
⑥ ぼうはん□□ブザー。
⑦ はんにん□□。
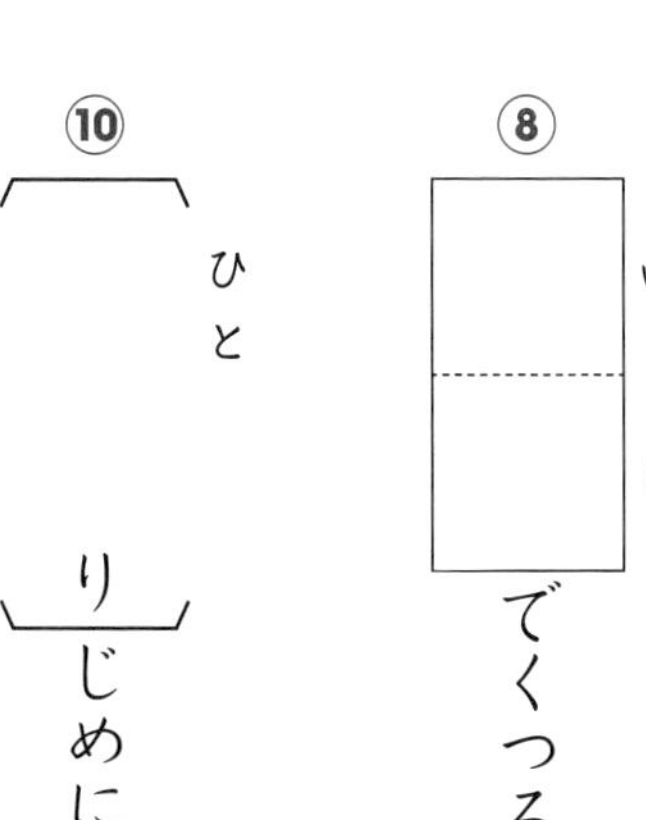
⑧ いま□□でくつろぐ。
⑨ じゅうきょ□□。
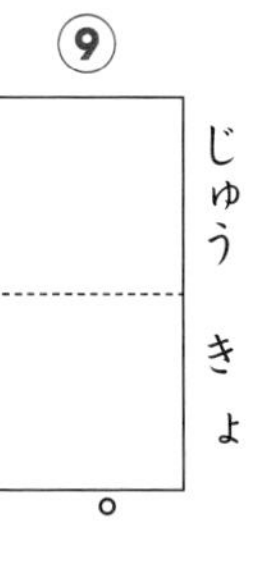
⑩ ひと〔　〕りじめにする。
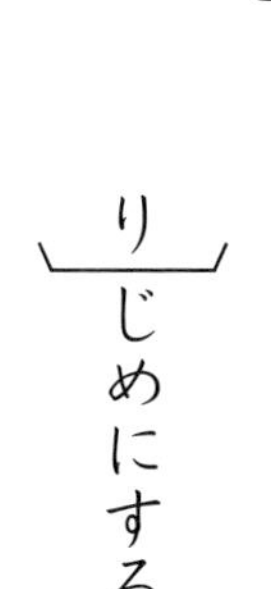

27 「肉(にく)・月(にくづき)」のつく漢字

肥・能・脈

なりたち

「肉(にく)」は、すじのあるにくのひと切れをえがいた形で、「月(にくづき)」は「肉」の変化したものです。

「月」のつく漢字には、体の器官に関係するものが多くあります。

※〇数字は習う学年

漢字	主な読み方
肉②	ニク / ―
有③	ユウ / ある
育③	イク / そだつ / はぐくむ
肥⑤	ヒ / こえる / こえ
能⑤	ノウ / ―
脈⑤	ミャク / ―
胃⑥	イ / ―
背⑥	ハイ / せ・せい
肺⑥	ハイ / ―
胸⑥	キョウ / むね
脳⑥	ノウ / ―
腸⑥	チョウ / ―
腹⑥	フク / はら
臓⑥	ゾウ / ―

肥

なりたち

「月(にく)」と「巴(太った人がひざまずいたすがた)」を合わせた字。肉がついて太る、こえることを表す。

読み方

ヒ
こえる
こえ
こやす
こやし

意味

- 太る
- 作物を大きくする
- こやし

8画

肥 肥 肥 肥 肥 肥 肥 肥

練習

肥 肥 はねる↑

❶ 「肥」を書きましょう。

作物の□(ひ)料(りょう)。

□(こえ)を入れる。

犬が□(こ)える。

土地を□(こ)やす。

❷ 読みがなを書きましょう。

作物の肥料。（　　）

畑に肥を入れる。（　　）

犬が肥える。（　　）

土地を肥やす。（　　）

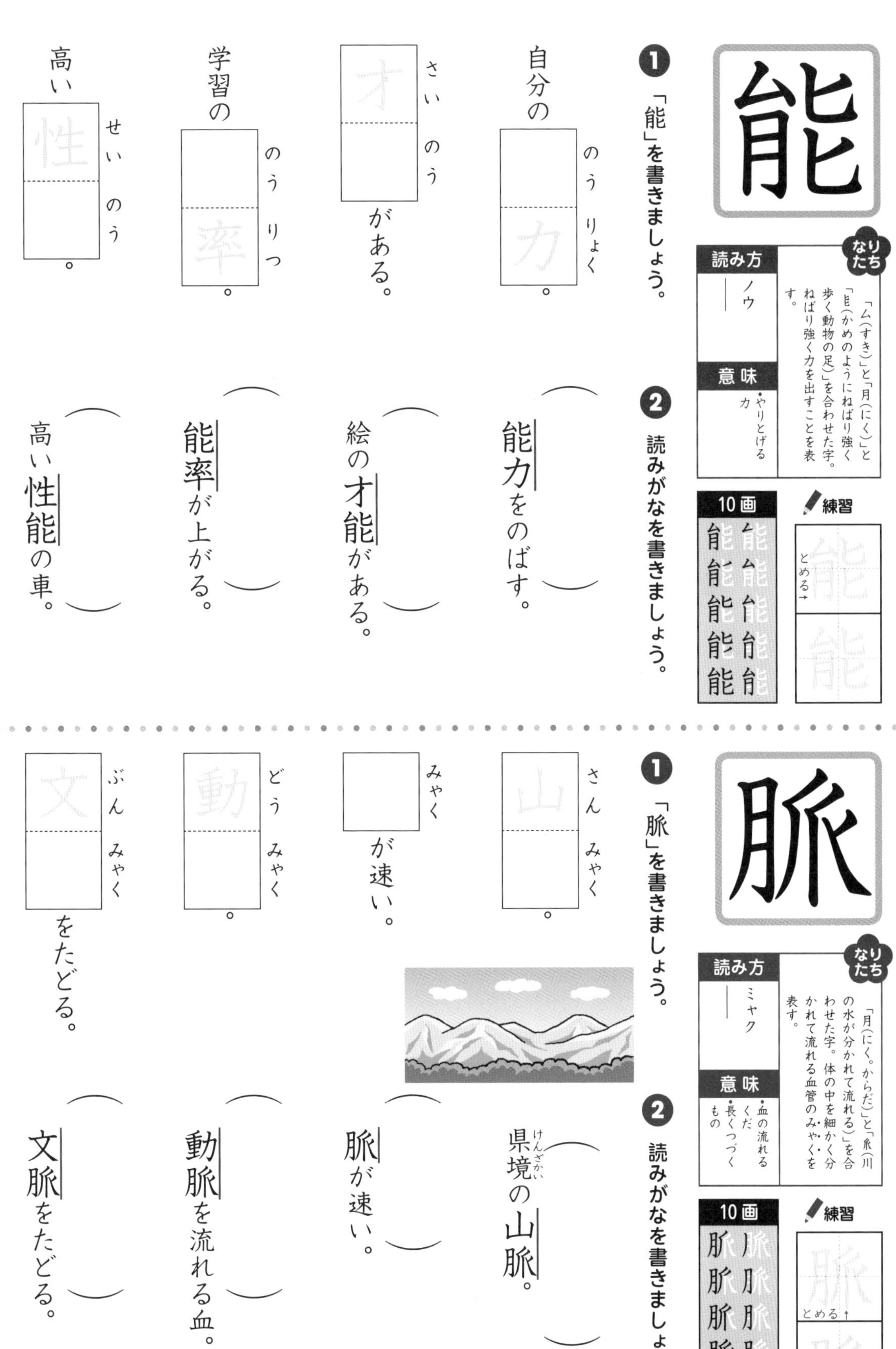

能

なりたち
「ム（すき）」と「月（にく）」と「⾅（かめのようにねばり強く歩く動物の足）」を合わせた字。ねばり強く力を出すことを表す。

読み方
ノウ

意味
•やりとげる力

10画
能 能 能 能 能

✎練習 とめる→

1 「能」を書きましょう。

- 自分の［のう］力（りょく）。
- 才（さい）［のう］がある。
- 学習の［のう］率（りつ）。
- 高い性（せい）［のう］。

2 読みがなを書きましょう。

- 能力をのばす。（　　）
- 絵の才能がある。（　　）
- 能率が上がる。（　　）
- 高い性能の車。（　　）

脈

なりたち
「月（にく。からだ）」と「⺢（川の水が分かれて流れる）」を合わせた字。体の中を細かく分かれて流れる血管のみゃくを表す。

読み方
ミャク

意味
•血の流れるくだ
•長くつづくもの

10画
脈 脈 脈 脈 脈

✎練習 とめる↑

1 「脈」を書きましょう。

- 山（さん）［みゃく］。
- ［みゃく］が速い。
- 動（どう）［みゃく］。
- 文（ぶん）［みゃく］をたどる。

2 読みがなを書きましょう。

- 県境（けんざかい）の山脈。（　　）
- 脈が速い。（　　）
- 動脈を流れる血。（　　）
- 文脈をたどる。（　　）

ドリル

点

1つ・5点

1 ―線の漢字の読みがなを書きましょう。

① 脈をとる。（　　）

② 作物の肥料。（　　）

③ 音楽の才能。（　　）

④ 土地を肥やす。（　　）

⑤ 畑の肥。（　　）

⑥ 高い性能の車。（　　）

⑦ 山脈をこえる。（　　）

⑧ 能力をのばす。（　　）

⑨ 文脈をたどる。（　　）

⑩ 肥やしをまく。（　　）

2 読みがなにあう漢字を書きましょう。

① 作物の［ひ りょう］。

② 高い［さん みゃく］。

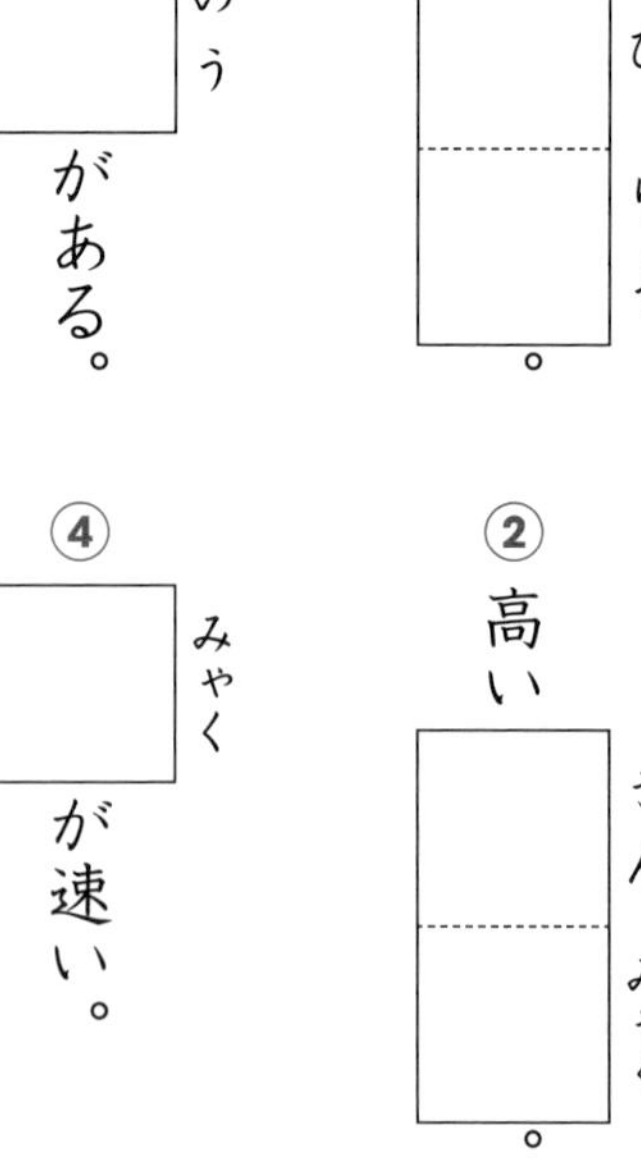

③ ［さい のう］がある。

④ ［みゃく］が速い。

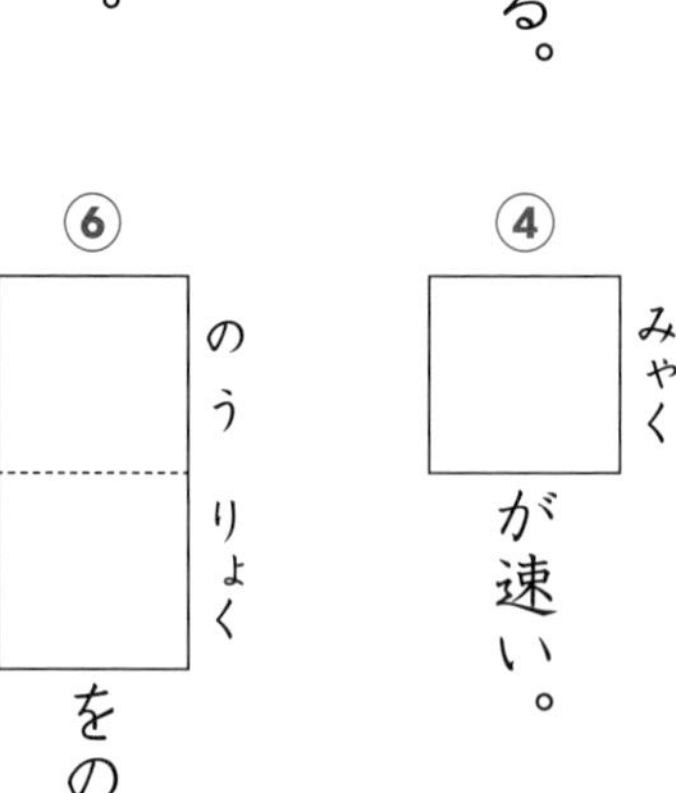

⑤ 土地を［こ］やす。

⑥ ［のう りょく］をのばす。

⑦ ［どう みゃく］。

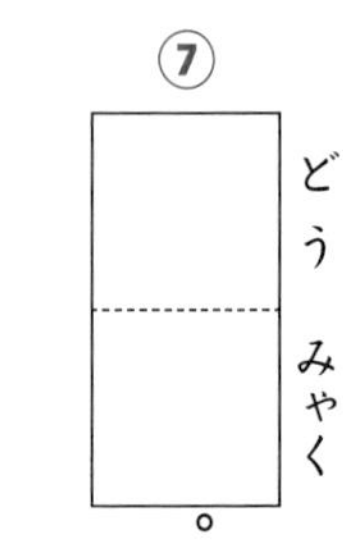

⑧ 高い［せい のう］。

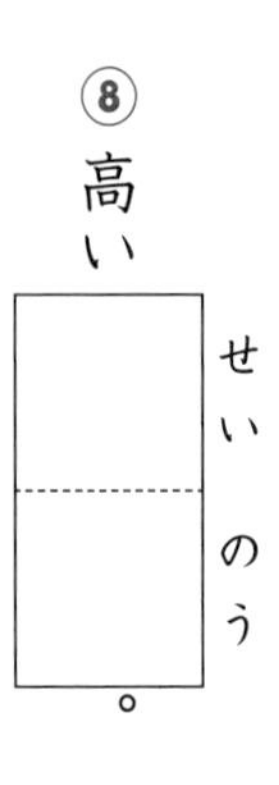

⑨ 畑の［こえ］。

⑩ 作物の［こ やし］。

まとめドリル

点

1つ・5点

1 読みがなにあう漢字を書きましょう。

① よく［き］く薬。

② ［ひと］り言を言う。

③ 防［はん］ベル。

④ ［みゃく］をとる。

⑤ 父の病［じょう］。

⑥ 才［のう］をのばす。

⑦ 畑の［こ］やし。

⑧ 姿［せい］を正す。

⑨ ［い］間に入る。

⑩ 作物の［ひ］料。

2 読みがなにあう漢字を書きましょう。

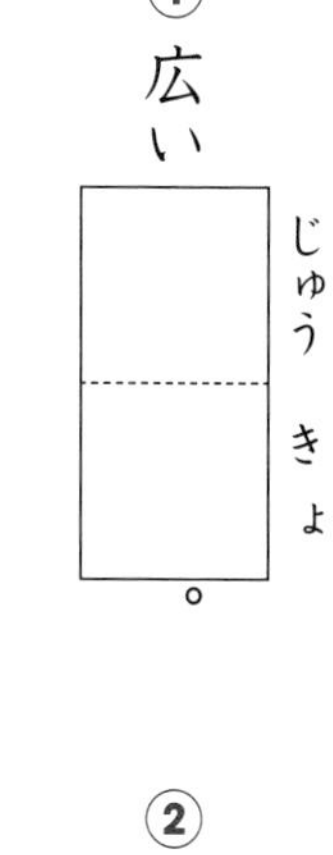

① 広い［じゅう きょ］。

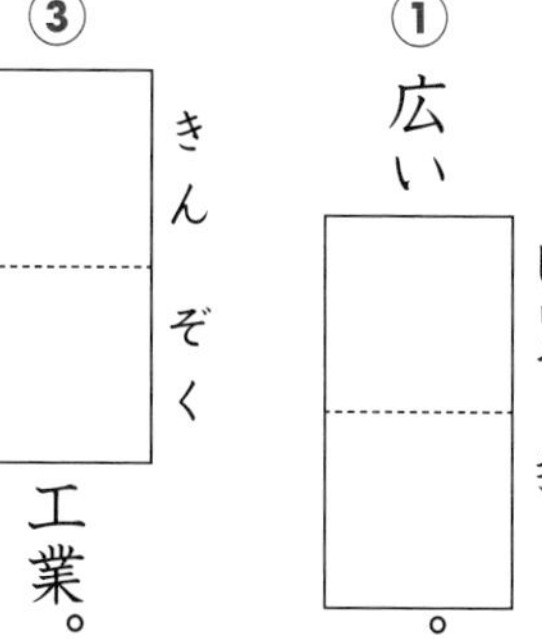

② ［こう か］的な音。

③ ［きん ぞく］工業。

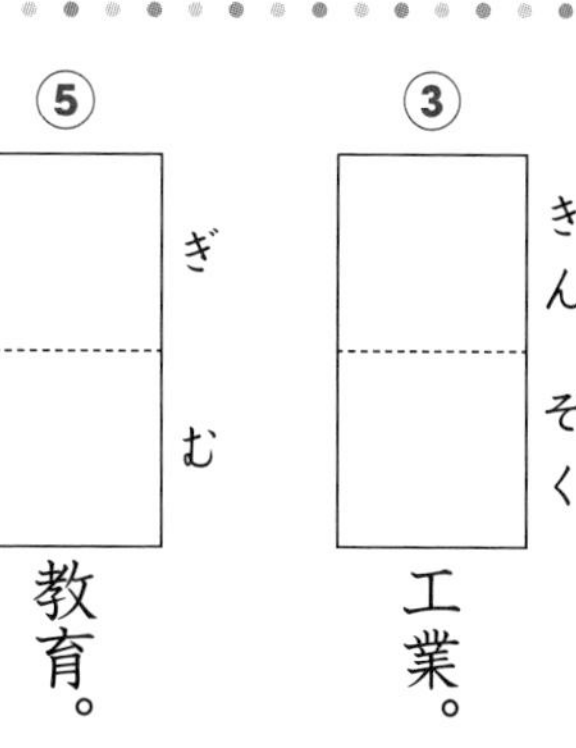

④ ［せい かく］な時刻。

⑤ ［ぎ む］教育。

⑥ ［どく りつ］する。

3 次のことばを漢字と送りがなで〔　〕に書きましょう。

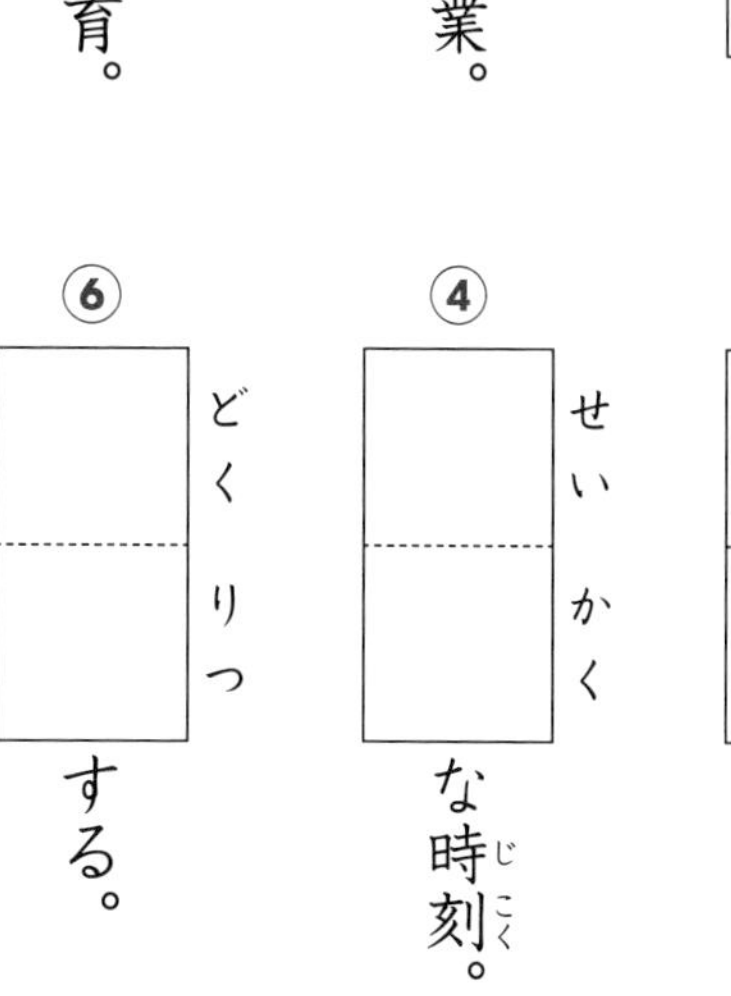

① 紙が〔やぶれる〕。

② 〔たしか〕にわたす。

③ 水の〔いきおい〕。

④ 委員長を〔つとめる〕。

28 「金（かね）・釒（かねへん）」のつく漢字

鉱・銅

金 なりたち

「金（かね）（釒（かねへん））」は、土の中にきんぞくのつぶが散らばっている様子をえがいたものです。
「金」のつく漢字には、金属（きんぞく）でできた物に関係するものが多くあります。

※○数字は習う学年

漢字	主な読み方
金 ①	キン・コン かね・かな
鉄 ③	テツ
銀 ③	ギン
録 ④	ロク
鏡 ④	キョウ かがみ
鉱 ⑤	コウ
銅 ⑤	ドウ

鉱

なりたち　もとの字は「鑛」。「金（きんぞく）」と「廣（先が黄色く光っている矢）」を合わせた字。黄色く光る金属（きんぞく）をふくんだ石を表す。

読み方　コウ

意味　●金ぞくをふくんだ岩石

練習

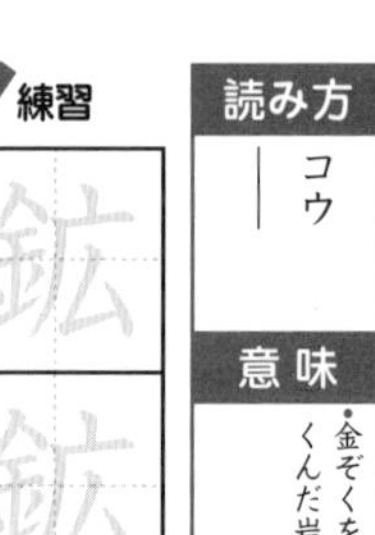

13画

❶「鉱」を書きましょう。

こうざん［　］山。

てっこう［鉄　］石（せき）。

❷読みがなを書きましょう。

銅（どう）の鉱山。（　　　）

鉄鉱石を輸入（ゆにゅう）する。（　　　）

銅

なりたち　「金（きんぞく）」と「同（板にあなをあける）」を合わせ、鉄に比べてあなをあけやすい、やわらかい金属（きんぞく）のどうを表す。

読み方　ドウ

意味　●金ぞくのどう

練習　とめる

14画

❶「銅」を書きましょう。

どう［　］メダル。

どうぞう［　像］。

❷読みがなを書きましょう。

銅メダルをもらう。（　　　）

駅前の銅像。（　　　）

29 「行(いく・ゆきがまえ／ぎょうがまえ)」のつく漢字

術・衛

行

なりたち

「行(いく・ゆきがまえ／ぎょうがまえ)」は、十字路の形をえがいたもので、道を進んでいくことを表します。

「行」のつく漢字には、行くことや道、行うことに関係するものがあります。

※○数字は習う学年

漢字	主な読み方
行②	コウ・ギョウ いく・ゆく おこなう
街④	ガイ まち
術⑤	ジュツ
衛⑤	エイ

術

なりたち

「行(道。やり方)」と「朮(くっつく)」を合わせた字。人がいつも通ってきた道のことから、きまったやり方やわざを表す。

11画

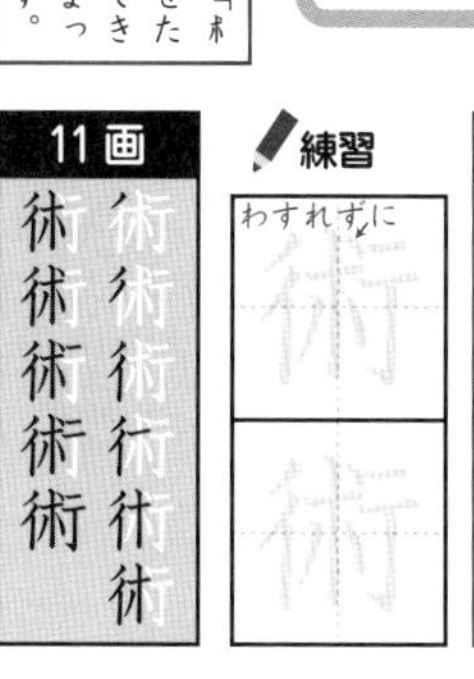

練習

わすれずに

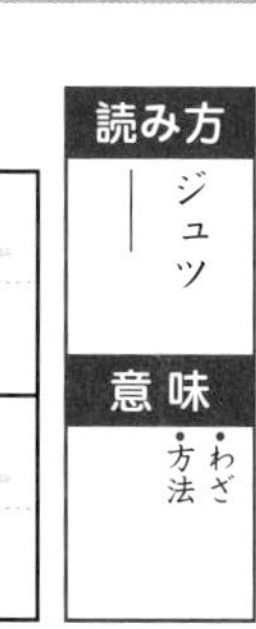

読み方：ジュツ

意味：・わざ ・方法

❶「術」を書きましょう。

ぎじゅつ（技□）。

びじゅつ（美□）館(かん)。

❷読みがなを書きましょう。

工業技術の発達。（　　）

県の美術館。（　　）

衛

なりたち

「行(いく)」と「韋(周りをめぐる)」を合わせ、中のものをまもるために外側を歩き回って、まもるという意味を表す。

16画

練習

「五」としない

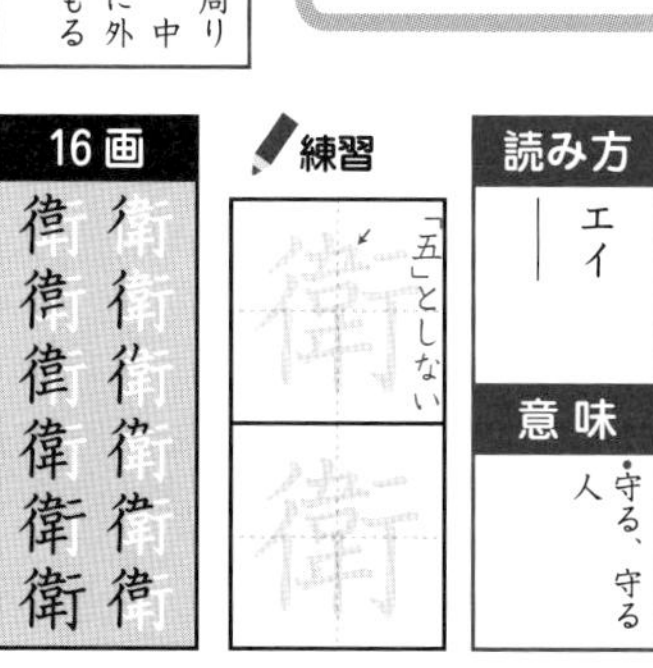

読み方：エイ

意味：・守る、守る人

❶「衛」を書きましょう。

えいせい（□生）。(病気を予ぼうし健康をたもつこと)

えいせい（□星）。

❷読みがなを書きましょう。

衛生に気をつける。（　　）

人工衛星の打ち上げ。（　　）

ドリル

点

1つ・5点

1 ――線の漢字の読みがなを書きましょう。

① <u>美術</u>館に行く。（　　　）

② <u>鉱山</u>で金をとる。（　　　）

③ 病院で手(しゅ)<u>術</u>をする。（　　　）

④ <u>銅</u>メダルをとる。（　　　）

⑤ 金(きん)<u>鉱</u>の発見。（　　　）

⑥ 工業<u>技術</u>の発達。（　　　）

⑦ 駅前の<u>銅像</u>。（　　　）

⑧ <u>衛生</u>に注意する。（　　　）

⑨ 人工<u>衛星</u>。（　　　）

⑩ 昔の<u>銅</u>貨(か)。（　　　）

2 読みがなにあう漢字を書きましょう。

① □(どう)メダル。

② □□(びじゅつ)作品。

③ 金(きん)□(こう)の発見。

④ 十円□□(どうか)。

⑤ 公衆(こうしゅう)□□(えいせい)。
（多くの人々によって、病気を予ぼうし、健康に努めること）

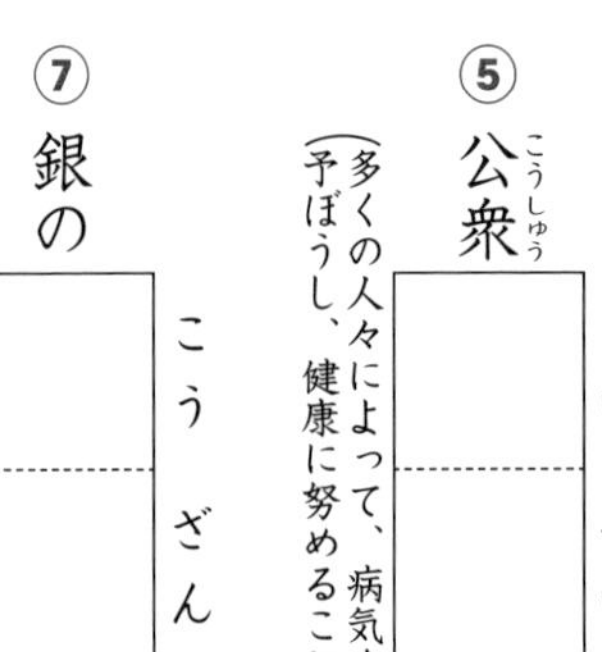

⑥ 科学□□(ぎじゅつ)。

⑦ 銀の□□(こうざん)。
（金・銀・銅などの、役に立つこう物をほり出すやま）

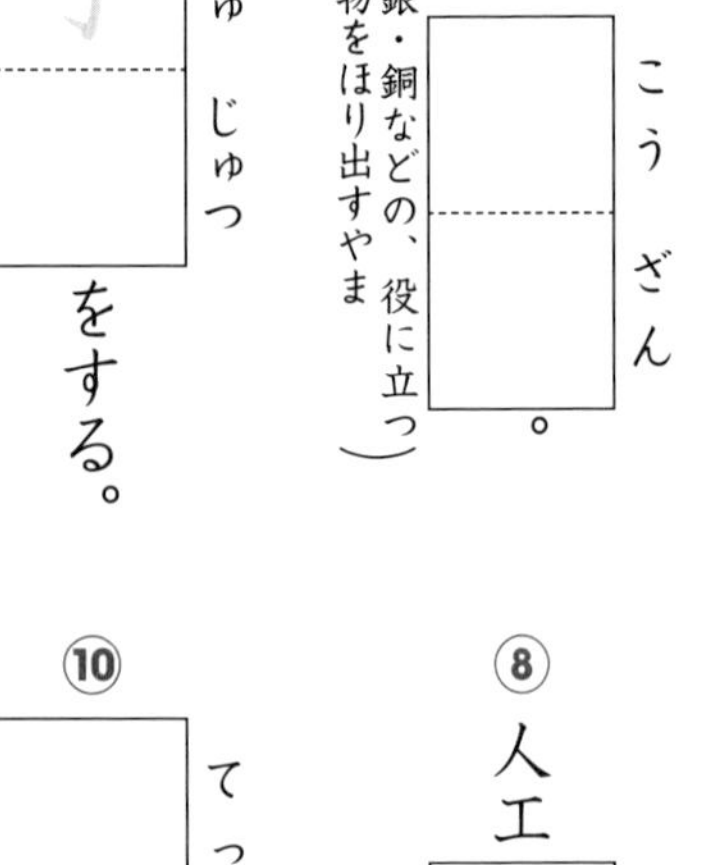

⑧ 人工□□(えいせい)。

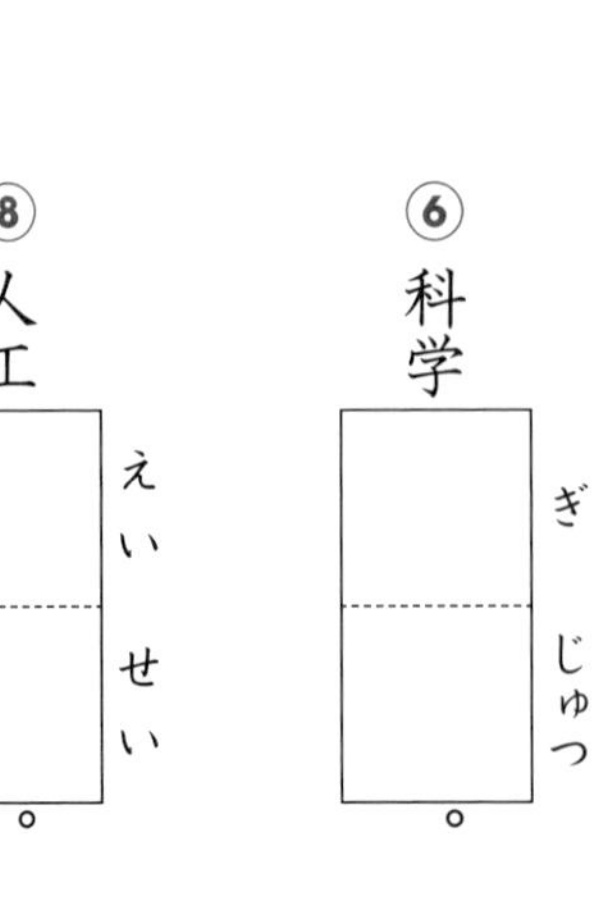

⑨ □□(しゅじゅつ)をする。

⑩ □□□(てっこうせき)。

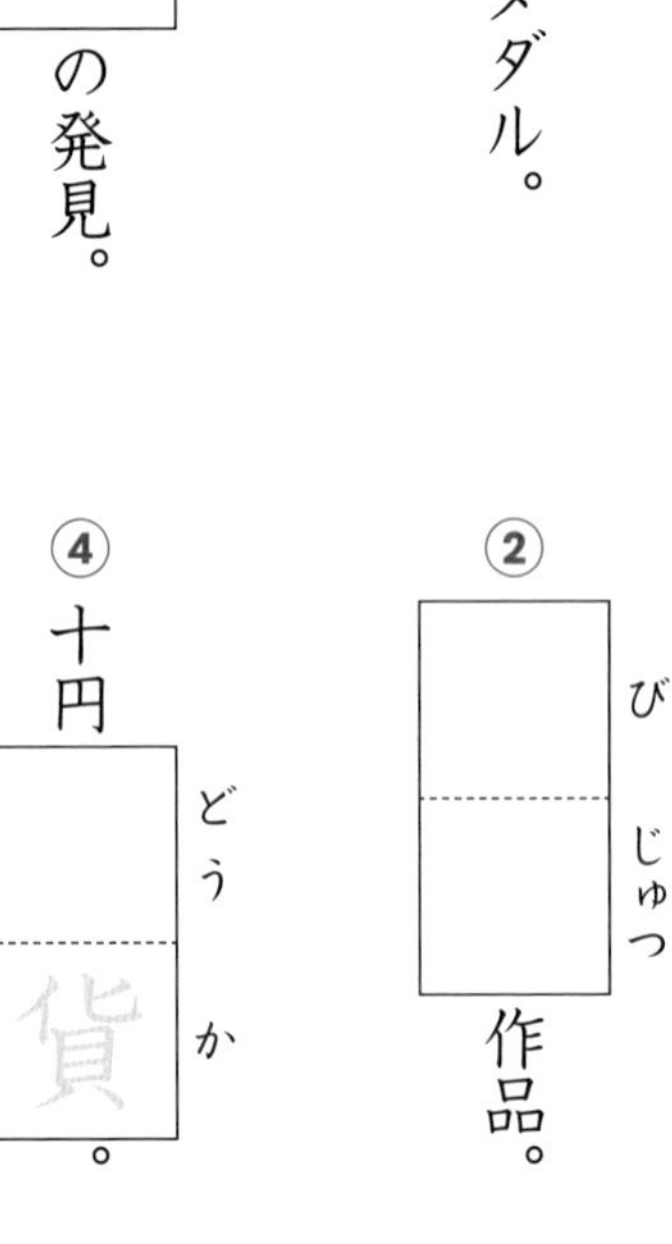

30 「頁(おおがい)」のつく漢字

頁 なりたち

頁 ← (古代文字) ← (人の顔)

「頁(おおがい)」は、頭を大きくした人のすがたをえがいたもので、人の「あたま」を表します。

「頁」のつく漢字には、頭や上の部分に関係するものがあります。

※○数字は習う学年

漢字	主な読み方
②頭	トウ・ズ あたま
②顔	ガン かお
③題	ダイ
④順	ジュン
④類	ルイ たぐい
④願	ガン ねがう
⑤領	リョウ
⑤額	ガク ひたい

領・額

領

なりたち：「令（めいれいする）」と「頁（人の頭）」を合わせた字。人体の器官に命令を出す頭脳(のう)が首すじにつながっていることから、首すじを表す。

14画

読み方：リョウ

意味：
- 支配する
- 受け取る
- 大切なところ

練習（短く）

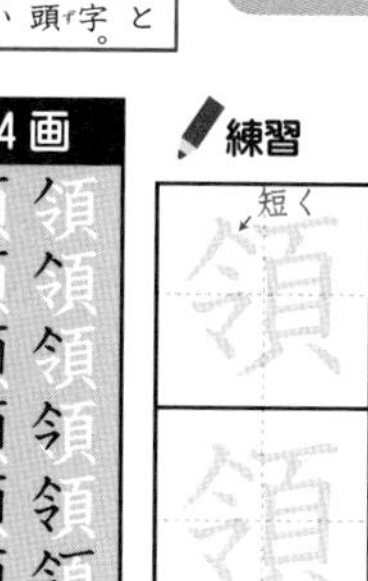

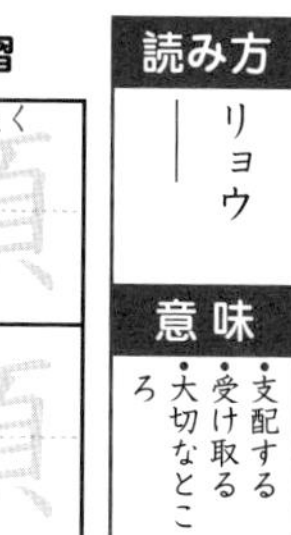

❶「領」を書きましょう。

りょう ど（　　）土。

だい とう りょう 大統（　　）。

❷読みがなを書きましょう。

国の領土。（　　）

外国の大統領。（　　）

額

なりたち：「客（足の先が固いものにつかえる。ひとところにとまる きゃく）」と「頁（人の頭）」を合わせた字。頭の中で、特に固いほねのあるひたいを表す。

18画

読み方：ガク ひたい

意味：
- お金の高
- 絵のがく
- ひたい

練習

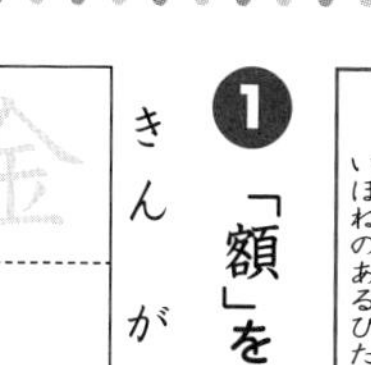
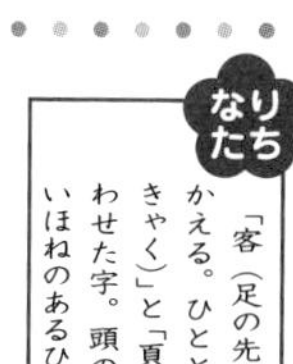
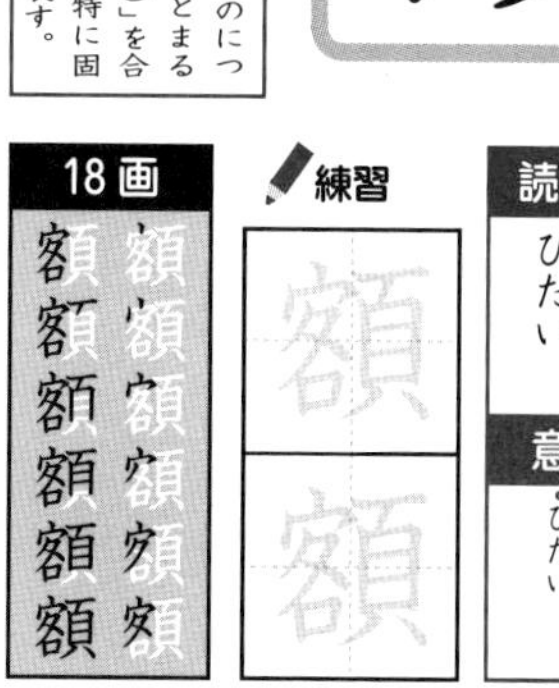

❶「額」を書きましょう。

きん がく 金（　　）。

ひたい（　　）のあせ。

❷読みがなを書きましょう。

しはらう金額。（　　）

額のあせをふく。（　　）

31 「衣（ころも）・衤（ころもへん）」のつく漢字

製・複

衣

なりたち

「衣（ころも）」は、後ろのえりを立て、前のえり元を合わせた着物のえりの部分をえがいた形で、「衤（ころもへん）」は「衣」の変化したものです。

「衣」や「衤」のつく漢字には、着物や布（ぬの）に関係するものが多くあります。

漢字	主な読み方
表③	ヒョウ おもて あらわす
衣④	イ （ころも）
製⑤	セイ ―
複⑤	フク ―

※○数字は習う学年

漢字	主な読み方
裁⑥	サイ さばく
装⑥	ソウ （よそおう）
補⑥	ホ おぎなう
裏⑥	（リ） うら

製

なりたち　「制（木を「ノ」の線の所で切る）」と「衣（着物）」を合わせ、着物をつくるために布（ぬの）を切ることから、ものをつくることを表す。

14画

練習

←はねる

読み方　セイ　―

意味　•品物をつくる、品物

❶ 「製」を書きましょう。

新（しん）［せい］品（ひん）。

ガラス［せい］。

❷ 読みがなを書きましょう。

新製品の宣伝（せんでん）。（　　）

ガラス製の花びん。（　　）

複

なりたち　「衤（着物）」と「复（重なる）」を合わせた字。何まいも着物を重ねることから、重なって二つ以上になることを表す。

14画

練習

わすれずに

読み方　フク　―

意味　•重なる、二つ以上　•ふたたび

❶ 「複」を書きましょう。

［ふく］雑（ざつ）。

［ふく］写（しゃ）。（コピー）

❷ 読みがなを書きましょう。

複雑な海岸線。（　　）

複写する機械。（　　）

ドリル

点　1つ・5点

1 ―線の漢字の読みがなを書きましょう。

① ガラス**製**の容器（ようき）。（　　）

② しはらう**金額**。（　　）

③ 本（ほん）**領**を発揮（はっき）する。（　　）

④ **領土**の広さ。（　　）

⑤ **複**数（すう）の問題。（　　）

⑥ 新（しん）**製品**の宣伝（せんでん）。（　　）

⑦ **大統領**の演説（えんぜつ）。（　　）

⑧ **複雑**な海岸線。（　　）

⑨ **複写**する機械。（　　）

⑩ **額**のあせ。（　　）

2 読みがなにあう漢字を書きましょう。

① 絵の［がく］ぶち。

② 外国（がいこく）の［せい］の服。

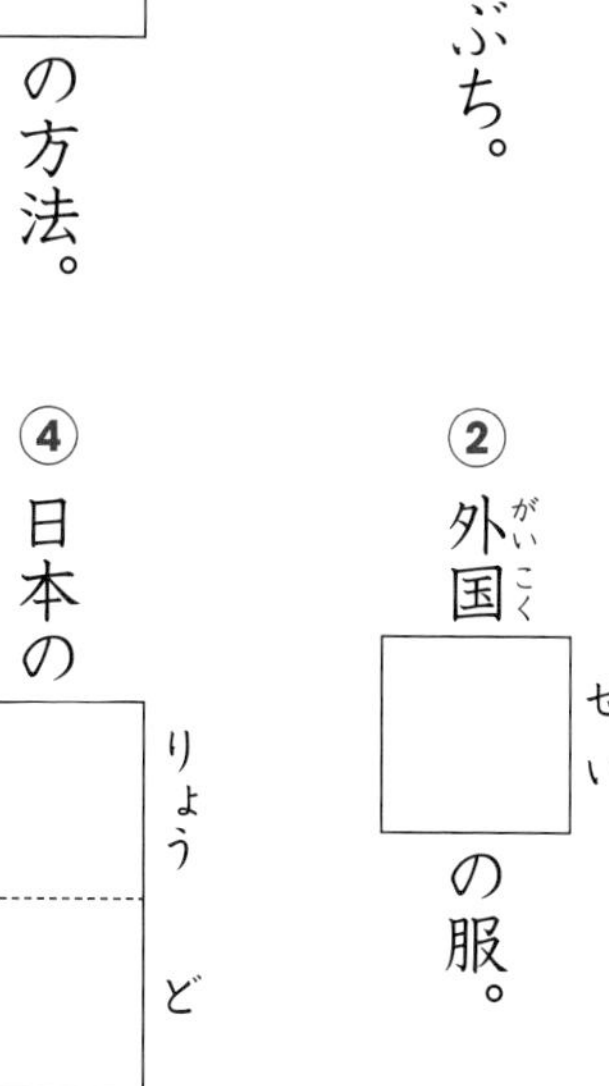

③ ［ふくすう］の方法。

④ 日本の［りょうど］。

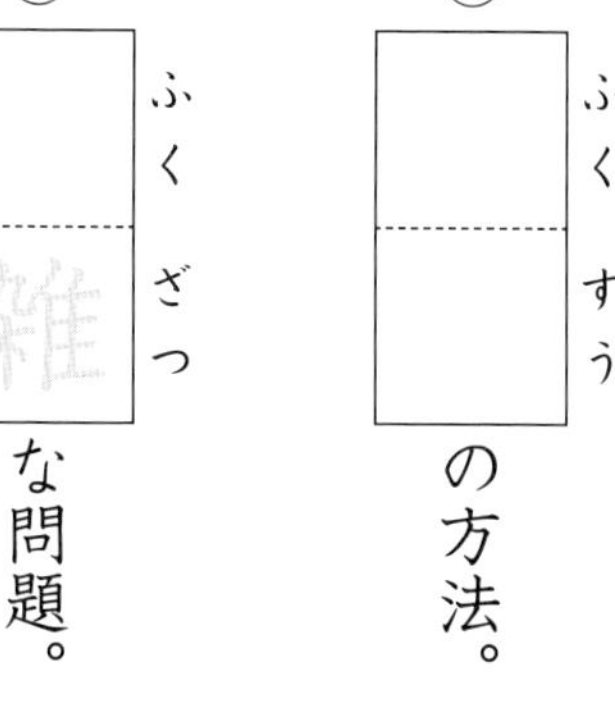

⑤ ［ふくざつ］な問題。

⑥ ［ひたい］のはちまき。

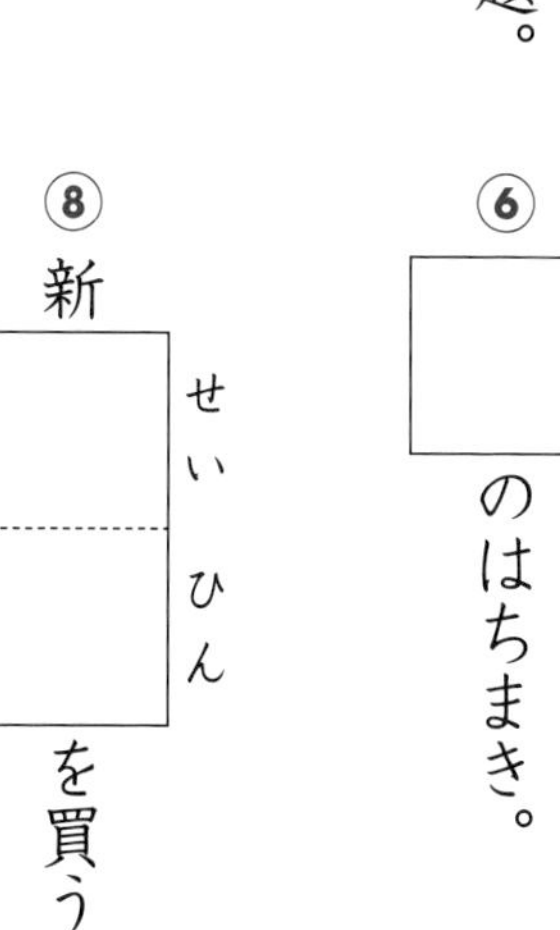

⑦ 本（ほん）［りょう］発揮（はっき）。

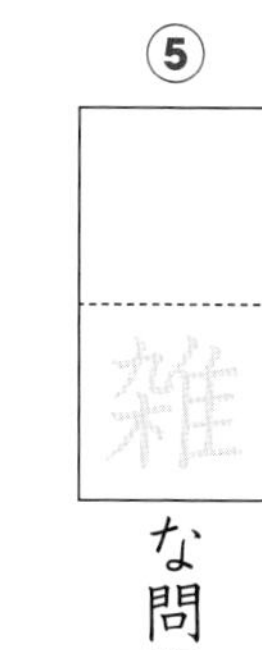

⑧ 新［せいひん］を買う。

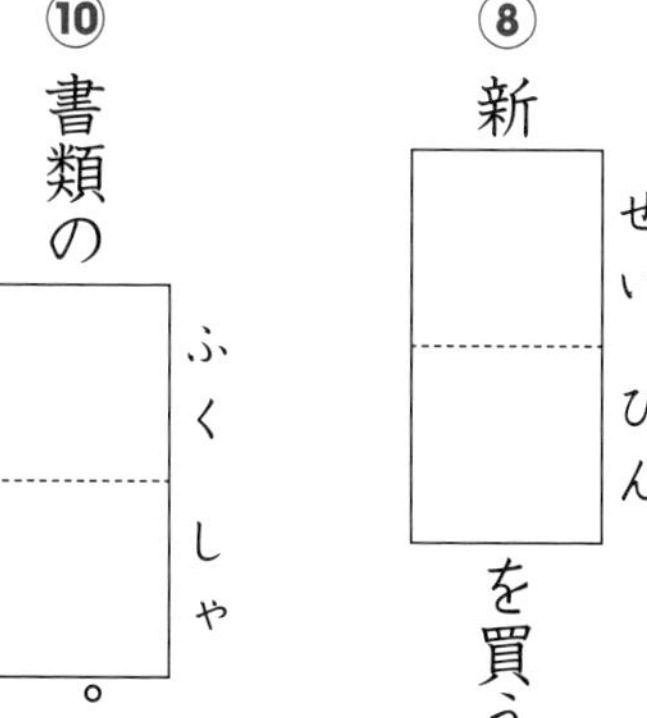

⑨ 高い［きんがく］。

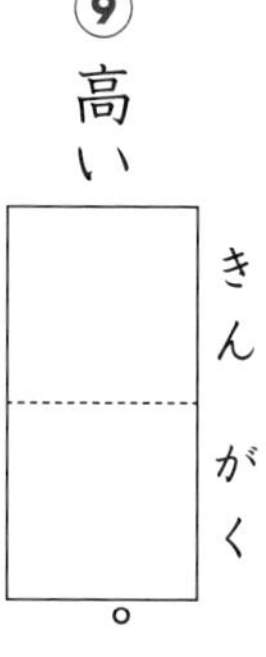

⑩ 書類の［ふくしゃ］。

32

「巾(はば)」のつく漢字

布・師・常

巾

なりたち

「巾(はば)」は、たれ下がった布(ぬの)をえがいた形で、「ぬの」や「おりもの」という意味を表します。

「巾」のつく漢字には、布(ぬの)に関係するものがあります。

※○数字は習う学年

漢字	主な読み方
②市	シ いち
②帰	キ かえる
③帳	チョウ
④希	キ
④席	セキ
④帯	タイ おびる おび
⑤布	フ ぬの
⑤師	シ
⑤常	ジョウ つね
⑥幕	マク バク

読み方
フ
ぬの

意味
・きれ、ぬの
・広くゆきわたる

なりたち
「ナ(=父)」の字の略(りゃく)。おのを手に持つ様子。『フ』の音が『くっつくこと』」と「巾(ぬの)」を合わせた字。ぴったりくっつくぬののことを表す。

5画
布布布布布

練習
はらう
布 布

1 「布」を書きましょう。

白い［ぬの］。

厚(あつ)い［毛(もう)］［ふ］。

人口の［分(ぶん)］［ぷ］。

［配(はい)］［ふ］する。

2 読みがなを書きましょう。

白い布(　　)でふく。

厚い毛布(　　)。

人口の分布(　　)。

ちらしを配布(　　)する。

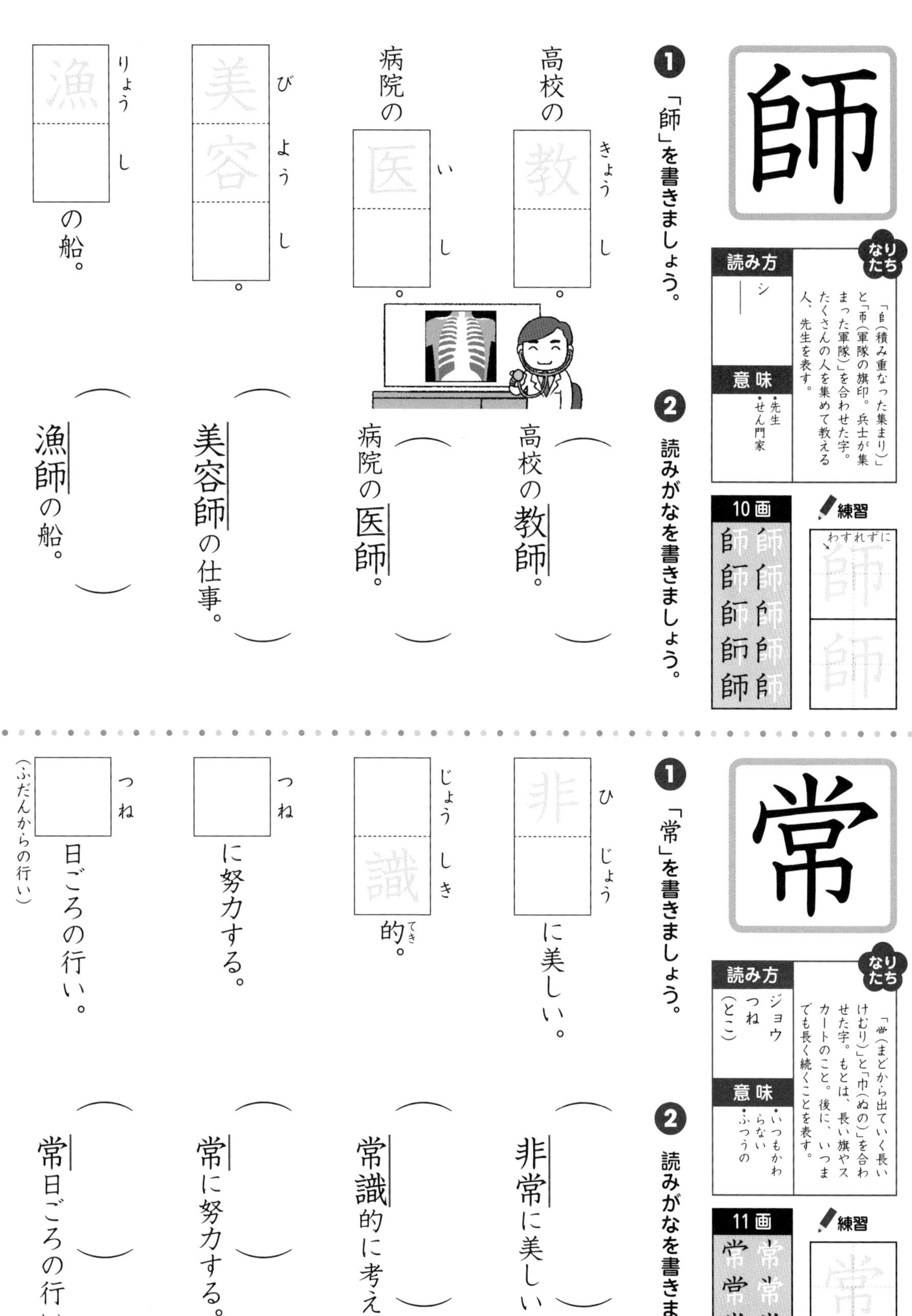

師

なりたち
「𠂤（積み重なった集まり）」と「帀（軍隊の旗印。兵士が集まった軍隊）」を合わせた字。たくさんの人を集めて教える人、先生を表す。

読み方	
シ	――

意味
・先生
・せん門家

10画

練習 わすれずに

❶「師」を書きましょう。

高校の きょうし（教□）。

病院の いし（医□）。

びようし（美容□）。

りょうし（漁□）の船。

❷ 読みがなを書きましょう。

高校の教師。（　）

病院の医師。（　）

美容師の仕事。（　）

漁師の船。（　）

常

なりたち
「尚（まどから出ていく長いけむり）」と「巾（ぬの）」を合わせた字。もとは、長い旗やスカートのこと。後に、いつまでも長く続くことを表す。

読み方	
ジョウ	つね（とこ）

意味
・いつもかわらない
・ふつうの

11画

練習

❶「常」を書きましょう。

ひじょう（非□）に美しい。

じょうしき（□識）的（てき）。

つね（□）に努力する。

つね（□）日ごろの行い。（ふだんからの行い）

❷ 読みがなを書きましょう。

非常に美しい風景。（　）

常識的に考える。（　）

常に努力する。（　）

常日ごろの行い。（　）

33 「火（ひ）・⺣（ひへん）・灬（れんが）」のつく漢字

災・燃

火

「火（ひ）・⺣（ひへん）」は、ひが燃えている様子をえがいたもので、「灬（れんが）」は「火」の変化した形です。火や火（れっか）のはたらきに関係するものがあります。

※○数字は習う学年

漢字	主な読み方
火①	カ ひ・(ほ)
点②	テン ―
炭③	タン すみ
灯④	トウ (ひ)
焼④	(ショウ) やく
然④	ゼン ネン ―
無④	ム・ブ ない
照④	ショウ てる
熊④	― くま
熱④	ネツ あつい
災⑤	サイ (わざわい)
燃⑤	ネン もえる
灰⑥	(カイ) はい
熟⑥	ジュク (うれる)

なりたち
「巛（流れをせき止めるせき）」と「火（ひ）」を合わせ、もとは、生活の流れを止める火事のこと。後に、不幸なわざわいを表す。

読み方
サイ
(わざわい)

意味
・思いがけなく起こる悪いできごと

7画

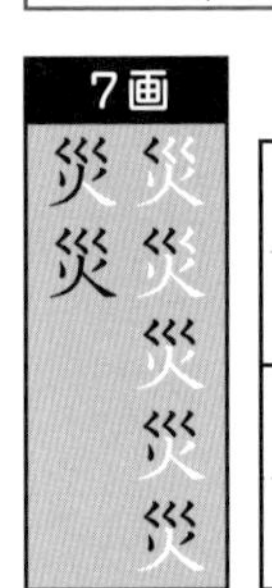

練習
同じ形を二つ

❶「災」を書きましょう。

さいがい　害。

かさい　火　。

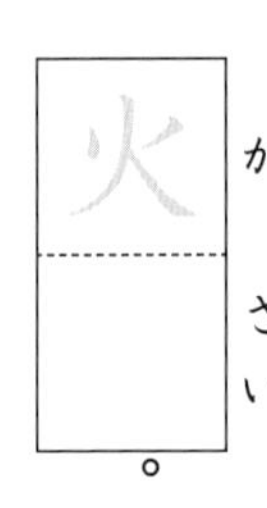

❷読みがなを書きましょう。

（　　）災害に備（そな）える。

（　　）火災の原因（げんいん）を調べる。

なりたち
「⺣（ひ）」と「然（犬の肉のあぶらを火でもやす）」を合わせた字。火がさかんにもえることを表す。

読み方
ネン
もえる
もやす

意味
・もえる

16画

練習
わすれずに

❶「燃」を書きましょう。

ねんりょう　料。

木を　（も）やす。

❷読みがなを書きましょう。

石油などの燃料。（　　）

キャンプで木を燃やす。（　　）

ドリル

点

1つ・5点

1 ——線の漢字の読みがなを書きましょう。

① 常に努力する。（　　）
② 木を燃やす。（　　）
③ 災害に備(そな)える。（　　）
④ 白い布。（　　）
⑤ 美容師の仕事。（　　）
⑥ 常識的(てき)に考える。（　　）
⑦ 石油などの燃料。（　　）
⑧ 火災の原因(げんいん)。（　　）
⑨ 人口の分布。（　　）
⑩ 漁師の船。（　　）

2 読みがなにあう漢字を書きましょう。

① 大きな［ぬの］。
② 高校の［きょうし］。

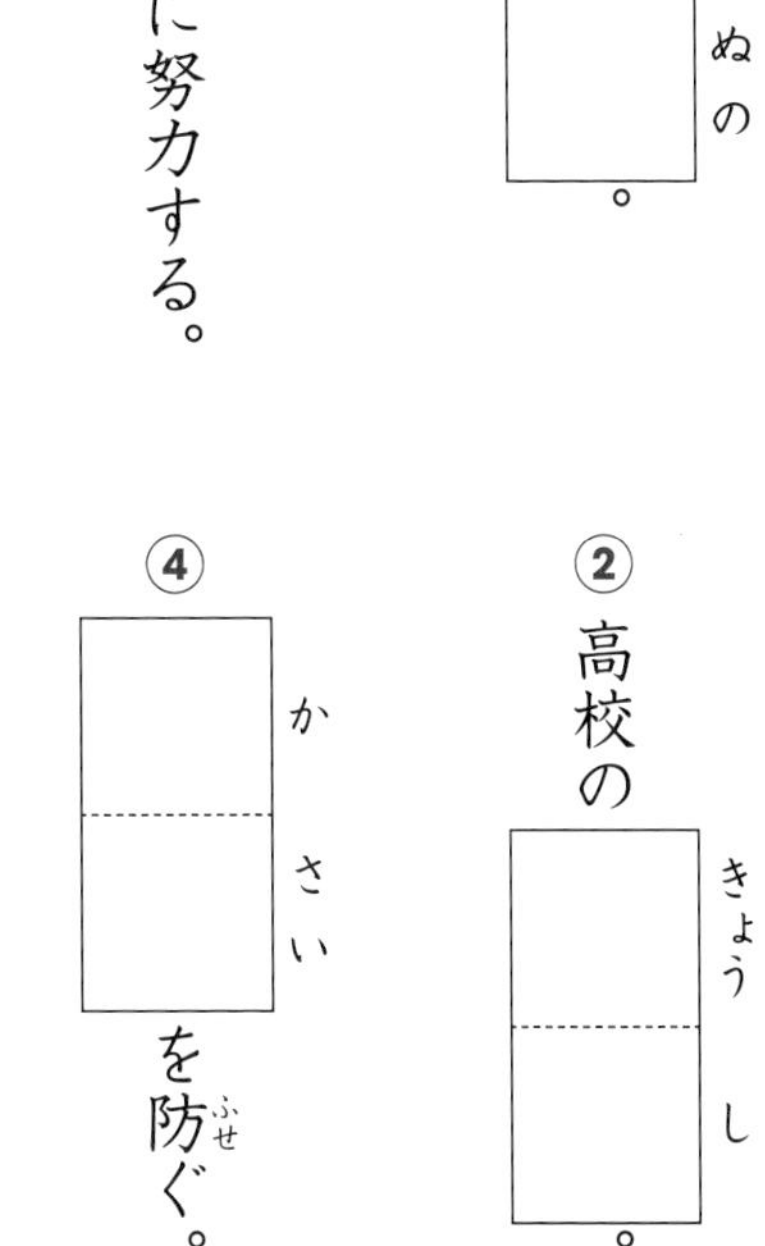

③ ［つね］に努力する。
④ ［かさい］を防(ふせ)ぐ。
⑤ 車の［ねんりょう］。
⑥ 病院の［いし］。

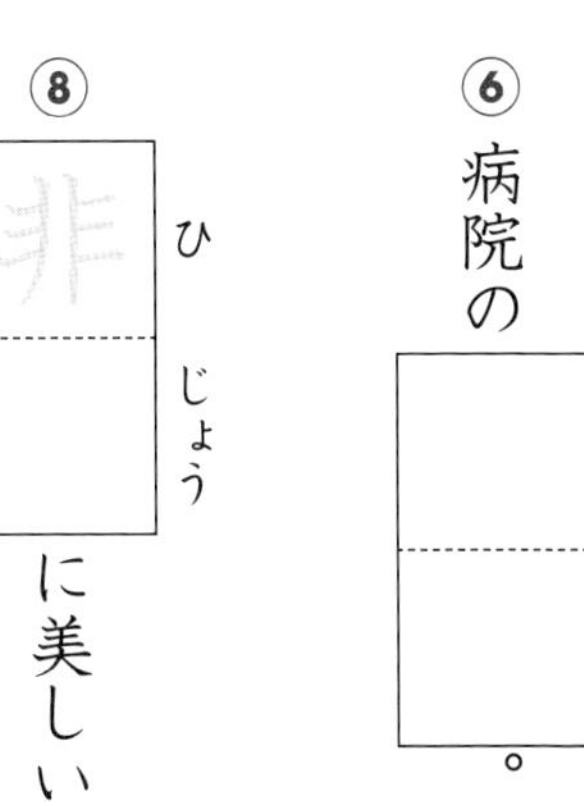

⑦ 厚(あつ)い［もうふ］。
⑧ ［ひじょう］に美しい。
⑨ 大きな［さいがい］。

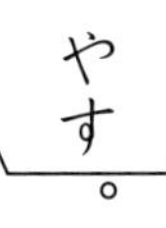

⑩ 木を［も　やす］。

まとめドリル

1つ・5点　　点

1 読みがなにあう漢字を書きましょう。

① 高い金(きん)［　　］(がく)。

② 市の美(び)［　　］(じゅつ)館(かん)。

③ 白い［　　］(ぬの)をほす。

④ ［　　］(どう)メダル。

⑤ ［　　］(ふく)雑(ざつ)な形。

⑥ ［　　］(ひたい)のあせ。

⑦ 外国の鉄(てつ)［　　］(こう)石(せき)。

⑧ 外国(がいこく)［　　］(せい)の時計(とけい)。

⑨ ビルの非(ひ)［　　］(じょう)口(ぐち)。

⑩ ［　　］(えい)生(せい)に注意する。

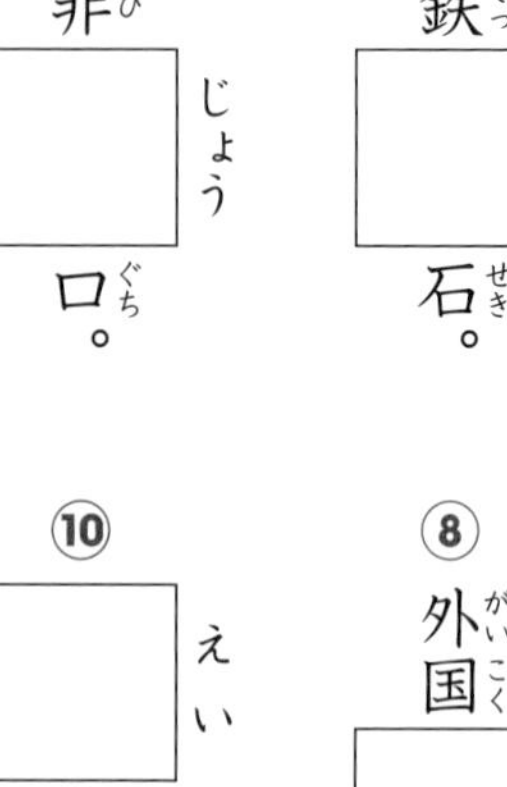

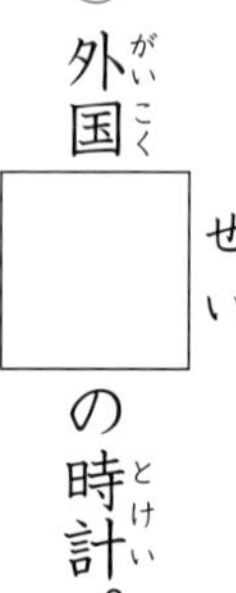

2 読みがなにあう漢字を書きましょう。

① 大(だい)［　　｜　　］(とうりょう)。

② 人口の［　　｜　　］(ぶんぷ)。

③ 工業［　　｜　　］(ぎじゅつ)。

④ 高校の［　　｜　　］(きょうし)。

⑤ 新(しん)［　　｜　　］(せいひん)。

⑥ ［　　｜　　］(かさい)の原因(げんいん)。

⑦ 銀の［　　｜　　］(こうざん)。

⑧ ［　　｜　　］(じょうしき)的(てき)。

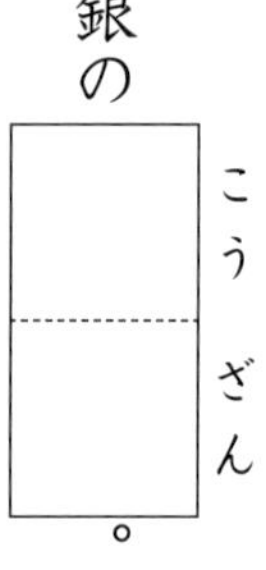
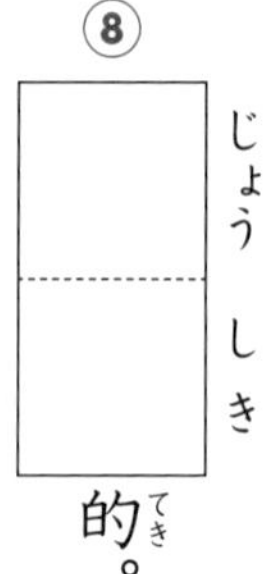
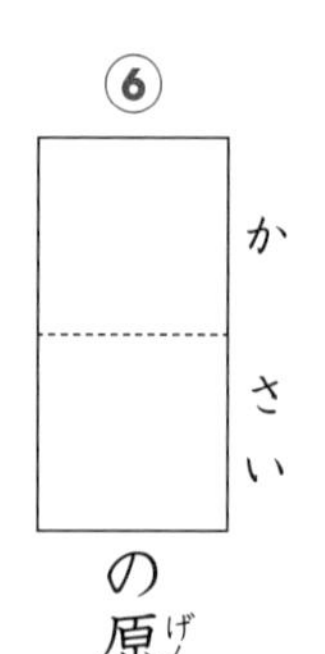
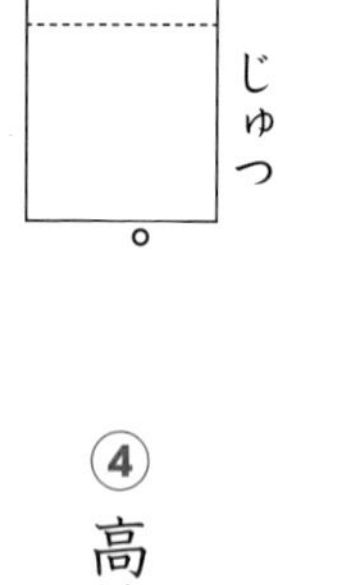
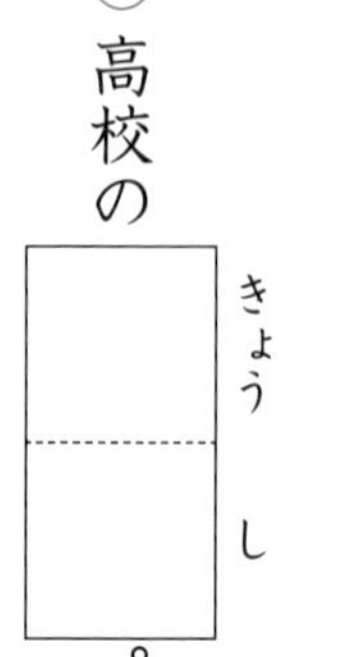
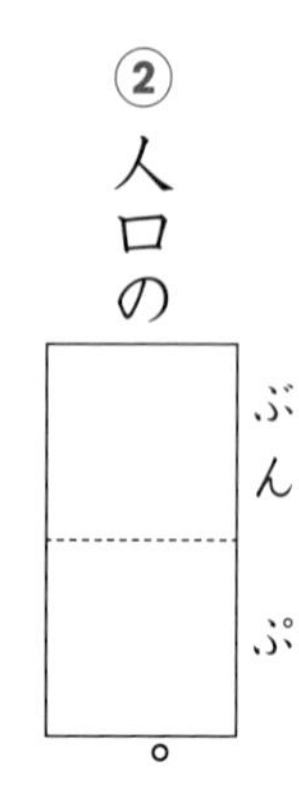

3 次のことばを漢字と送りがなで〔　〕に書きましょう。

① 火を〔　　　〕(もやす)。

② 土地を〔　　　〕(こやす)。

34 二つ（右と左）に分かれる漢字

比・版・断・規・現・耕・眼・張・幹・飼・酸・解・雑・精・輸・職・航・殺・粉

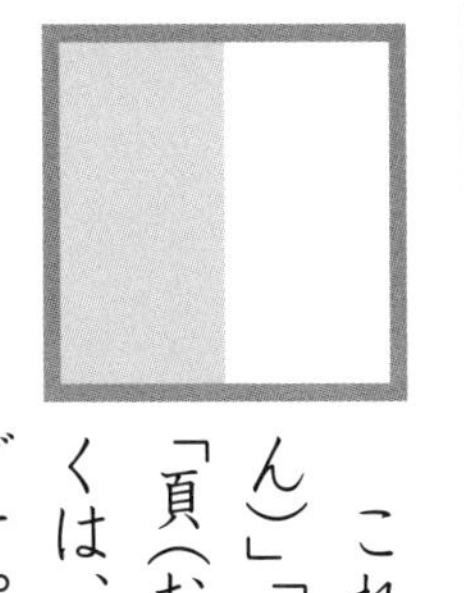

これまでに学習した、「亻（にんべん）」「扌（てへん）」「刂（りっとう）」「頁（おおがい）」などのつく漢字の多くは、右と左の部分に分かれる漢字です。このような右と左の部分が合わさってできた漢字は、ほかにもたくさんあります。

ここでは、五年生で習う下の十九の漢字を覚えましょう。

二つに分けられる漢字は、それぞれの部分に分けてみると、覚えやすいよ。

漢字	主な読み方
比	ヒ　くらべる
版	ハン　―
耕	コウ　たがやす
航	コウ　―
殺	サツ　ころす
粉	フン　こ・こな
眼	ガン　（まなこ）
規	キ　―
現	ゲン　あらわす
断	ダン　ことわる
張	チョウ　はる
解	カイ　とく
幹	カン　みき
飼	シ　かう
雑	ザツ・ゾウ　―
酸	サン　（すい）
精	セイ　―
輸	ユ　―
職	ショク　―

読み方
ヒ
くらべる

意味
・くらべる
・わりあい

なりたち
二人の人が、同じ方向にならんだ様子をえがいた字。ならべてくらべるという意味を表す。

4画

練習
右から　はねる

1 「比」を書きましょう。

身長を［くら］べる。

力（ちから）［くら］べをする。

男女の［ひ］率。

重さの［ひ］かく。

2 読みがなを書きましょう。

身長を比（　　）べる。

力比（　　）べをする。

男女の比率（　　）。

重さの比（　　）かく。

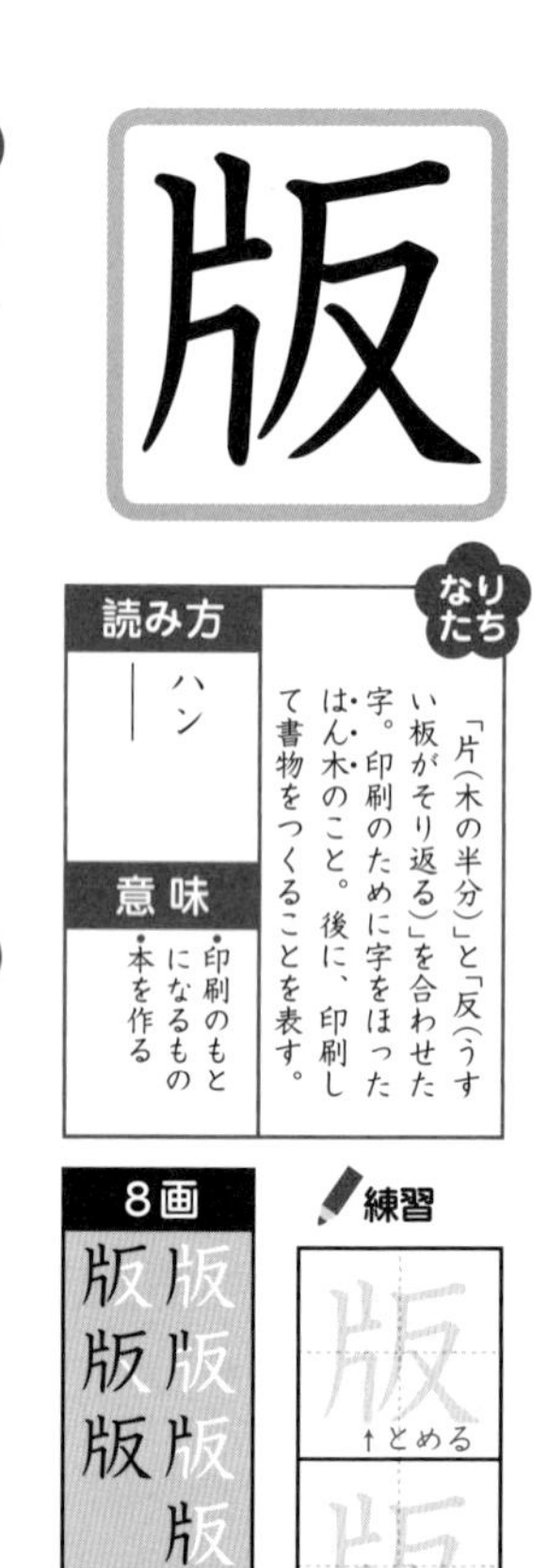

版

なりたち
「片(木の半分)」と「反(うすい板がそり返る)」を合わせた字。印刷のために字をほったはん木のこと。後に、印刷して書物をつくることを表す。

読み方	意味
ハン	•印刷のもとになるもの •本を作る

8画 練習

❶「版」を書きましょう。

しゅっぱん
出□する。

はんが
□画。

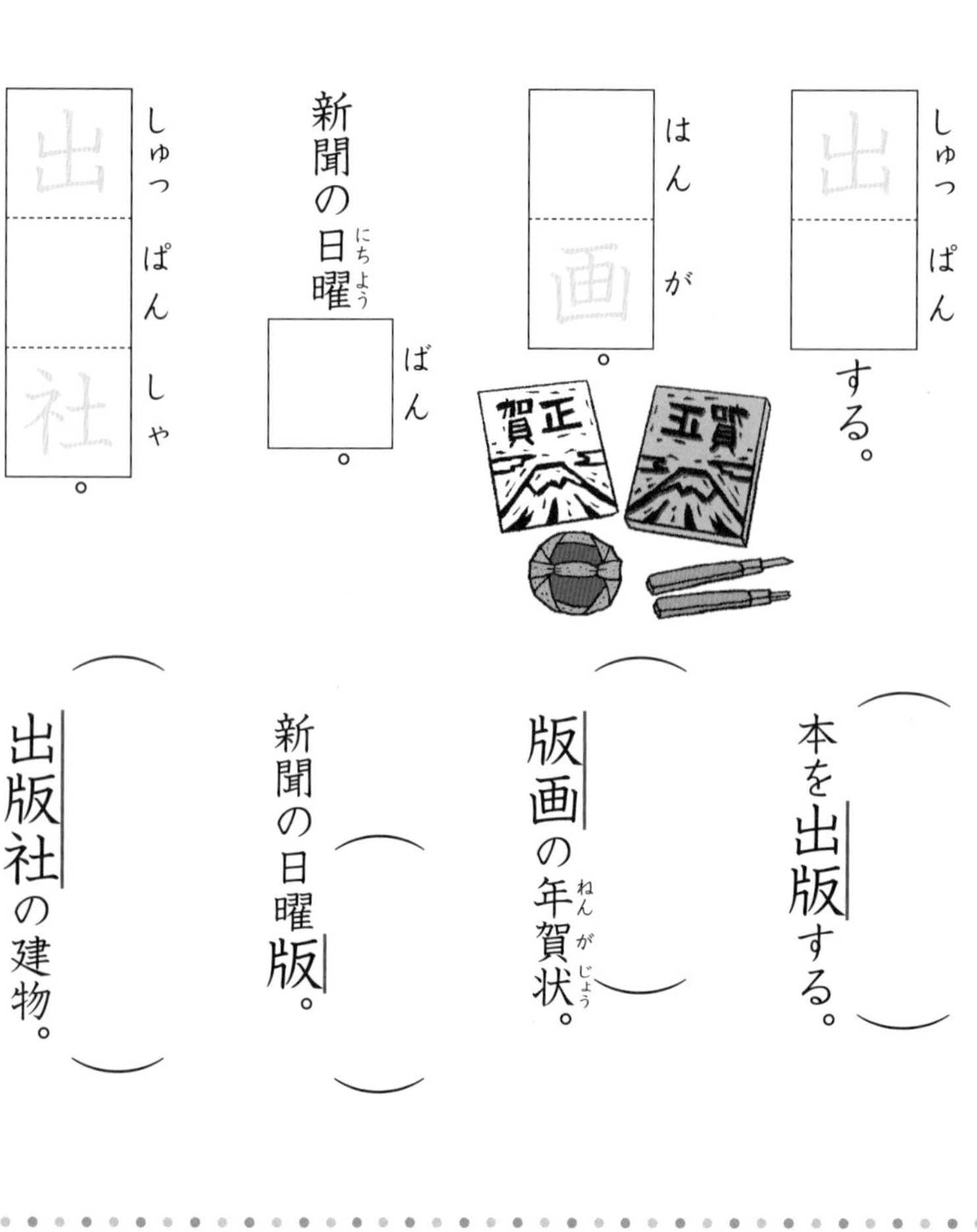

新聞の日曜(にちよう)□(ばん)。

しゅっぱんしゃ
出□社。

❷ 読みがなを書きましょう。

本を出版(　　)する。

版画(　　)の年賀状(ねんがじょう)。

新聞の日曜版(　　)。

出版社(　　)の建物。

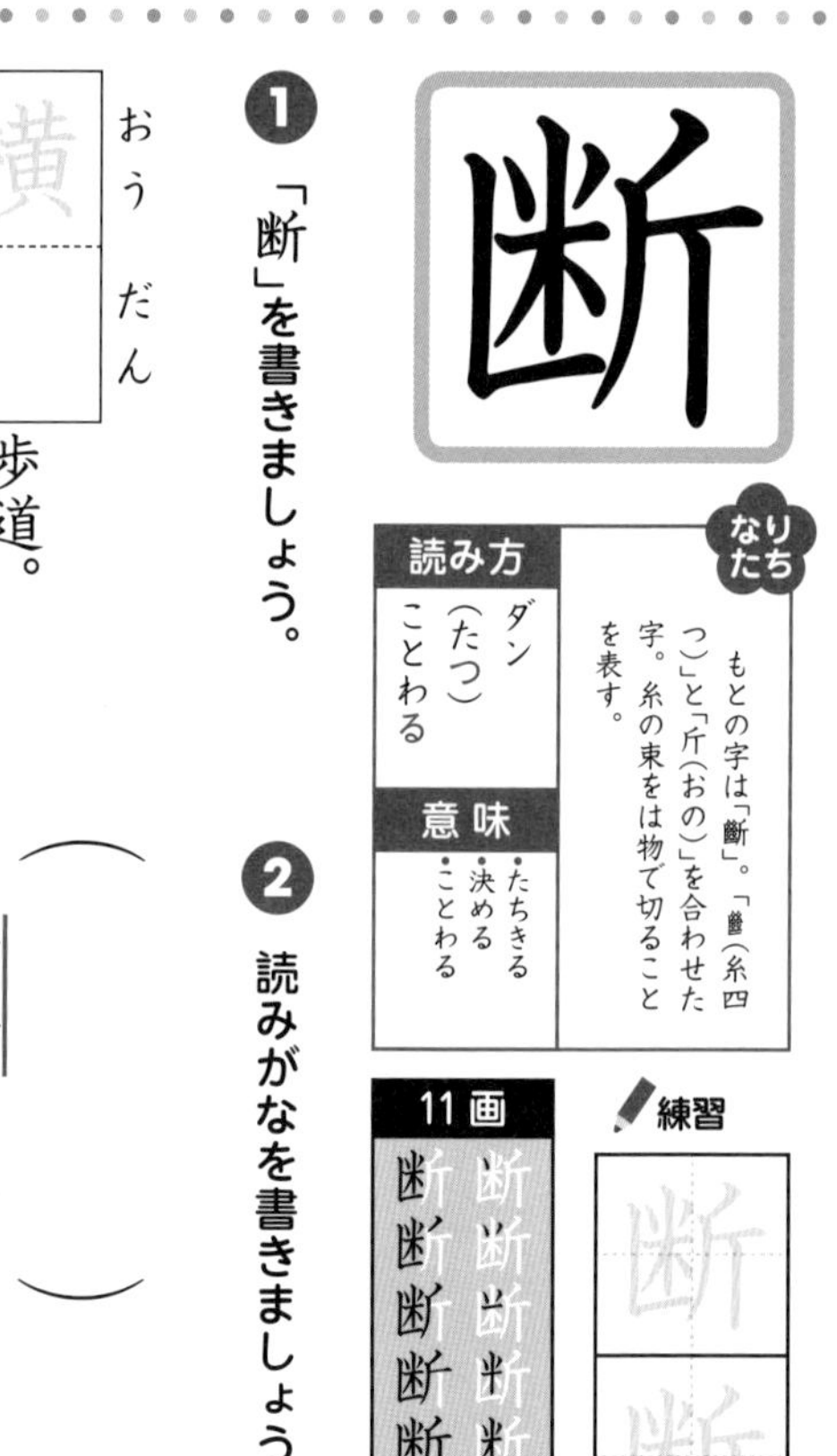

断

なりたち
もとの字は「斷」。「㡭(糸四つ)」と「斤(おの)」を合わせた字。糸の束をはもので切ることを表す。

読み方	意味
ダン (たつ) ことわる	•たちきる •決める •ことわる

11画 練習

❶「断」を書きましょう。

おうだん
横□歩道。

けつだん
決□力(りょく)がある。

さそいを□(ことわ)る。

ことわ
□りの電話。

❷ 読みがなを書きましょう。

横断(　　)歩道をわたる。

決断(　　)力がある。

さそいを断(　　)る。

断(　　)りの電話。

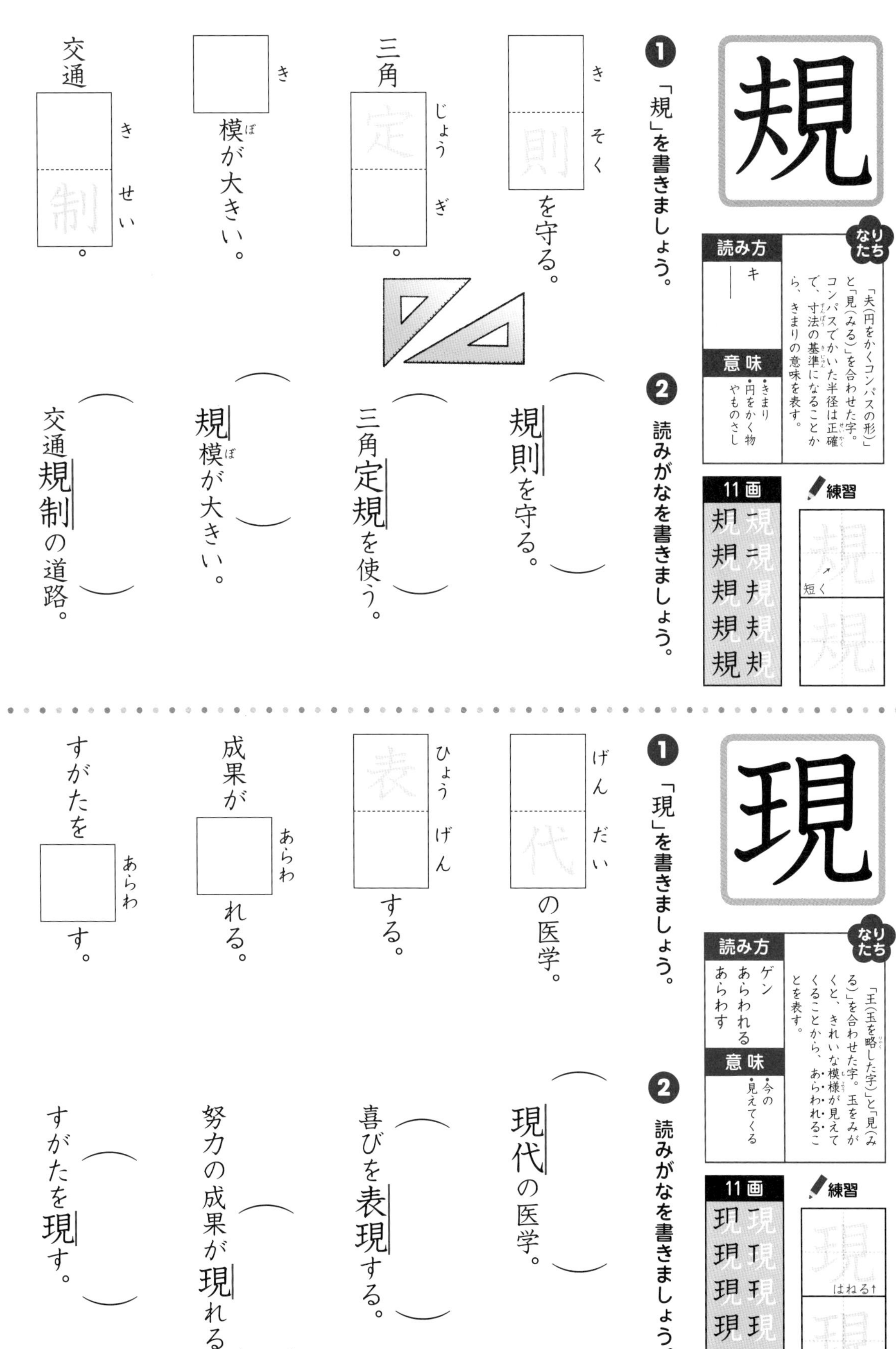

規

なりたち
「夫(円をかくコンパスの形)」と「見(みる)」を合わせた字。コンパスでかいた半径は正確で、寸法の基準になることから、きまりの意味を表す。

読み方
キ
―

意味
・きまり
・円をかく物やものさし

11画

練習
短く

❶「規」を書きましょう。

きそく（□則）を守る。

三角じょうぎ（定□）。

き（□）模が大きい。

交通きせい（□制）。

❷ 読みがなを書きましょう。

規則を守る。（　）

三角定規を使う。（　）

規模が大きい。（　）

交通規制の道路。（　）

現

なりたち
「王(玉を略した字)」と「見(みる)」を合わせた字。玉をみがくと、きれいな模様が見えてくることから、あらわれることを表す。

読み方
ゲン
あらわれる
あらわす

意味
・今の
・見えてくる

11画

練習
はねる↑

❶「現」を書きましょう。

げんだい（□代）の医学。

ひょうげん（表□）する。

成果があらわ（□）れる。

すがたをあらわ（□）す。

❷ 読みがなを書きましょう。

現代の医学。（　）

喜びを表現する。（　）

努力の成果が現れる。（　）

すがたを現す。（　）

ドリル

1つ・5点　　点

1 ――線の漢字の読みがなを書きましょう。

① 力（ちから）比べをする。（　　）
② 成果が現れる。（　　）
③ 決断力（りょく）がある。（　　）
④ 版画の年賀状（ねんがじょう）。（　　）
⑤ 規則を守る。（　　）
⑥ 重さの比かく。（　　）
⑦ 現代の医学。（　　）
⑧ 断りの電話。（　　）
⑨ 出版社の建物。（　　）
⑩ 規模（ぼ）が大きい。（　　）

2 読みがなにあう漢字を書きましょう。

① おうだん 歩道。
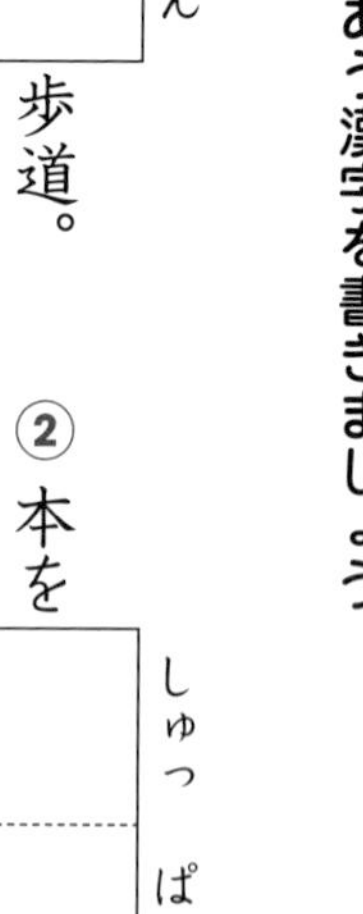
② 本を しゅっぱん する。
③ 喜びの ひょうげん。
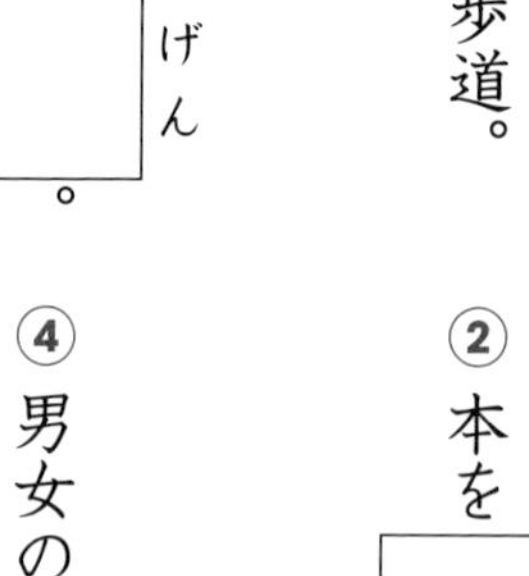
④ 男女の ひりつ（率）。
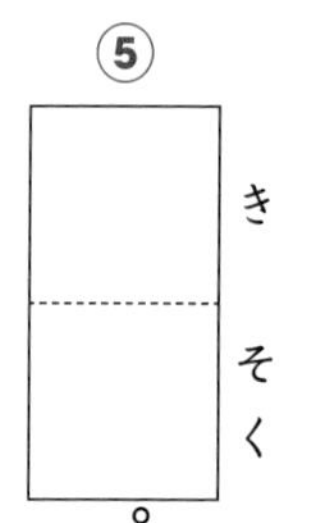
⑤ きそく。
⑥ さそいを ことわ る。
⑦ じょうぎ。

⑧ 身長を くら べる。
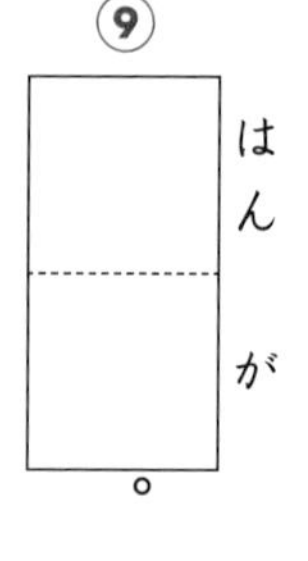
⑨ はんが。
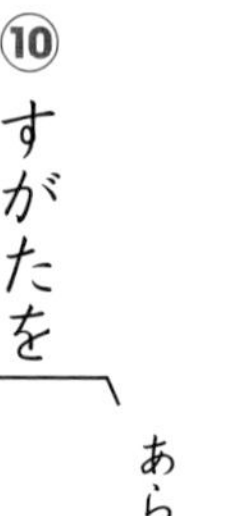
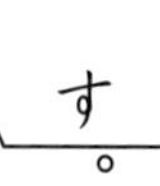
⑩ すがたを あらわ す。

耕

なりたち 「耒(畑をたがやす道具のすき)」と「井(四角いわく)」を合わせた字。すきで四角く区切って、たがやすことを表す。

10画 耕

練習 耕 ↑はらう

読み方 コウ たがやす

意味 ・田畑の土をほり返してたがやす

1 「耕」を書きましょう。

畑を□(たがや)す。

□作(こうさく)。(田畑をたがやして、作物をつくること)

農□(のうこう)に馬を使う。

2 読みがなを書きましょう。

畑を耕す。( )

耕作の機械。( )

農耕に馬を使う。( )

眼

なりたち 「目(め)」と「艮(目に小刀でいれずみをして、それが残る)」を合わせた字。死んだ後、がいこつになっても残る目のあなのこと。

11画 眼

練習 眼 右から

読み方 ガン (ゲン) (まなこ)

意味 ・目 ・だいじなところ

1 「眼」を書きましょう。

肉□(にくがん)。(めがねなどを使わないで見ること)

□科(がんか)。

着□(ちゃくがん)点(てん)。(目のつけどころ)

2 読みがなを書きましょう。

肉眼で見る。( )

眼科の医者。( )

着眼点のよさ。( )

張

なりたち 「弓(ゆみ)」と「長(かみの毛の長い老人)」を合わせた字。たるんだ弓のつるをのばして、ぴんとはることを表す。

11画 張

練習 張 ↑はねる

読み方 チョウ はる

意味 ・ひっぱってのばす ・大きく広げる

1 「張」を書きましょう。

むねを□(は)る。

主□(しゅちょう)。

きん□(ちょう)する。

2 読みがなを書きましょう。

むねを張る。( )

強く主張する。( )

スタート前にきん張する。( )

幹

なりたち 「𠦝（日や旗が上がるように力強い）」と「干（太いぼう）」を合わせた字。力強くのびた太い木のみきを表す。

読み方 カン　みき

意味 ・木の太い部分　・だいじなところ

13画 幹

練習 幹

❶「幹」を書きましょう。

木の［みき］。

新（しん）［かん］線（せん）。

会社の［かん］部。（会社の中心となる人々）

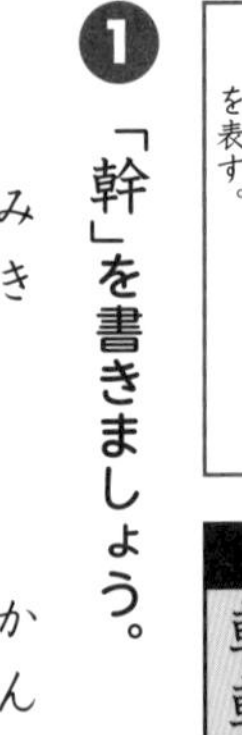

❷ 読みがなを書きましょう。

木の幹。（　　）

新幹線に乗る。（　　）

会社の幹部。（　　）

飼

なりたち 「食（食べ物）」と「司（小さい）」を合わせた字。動物をかうために、小さくくだいた食べ物を表す。

読み方 シ　かう

意味 ・動物を世話して育てる

13画 飼

練習 飼

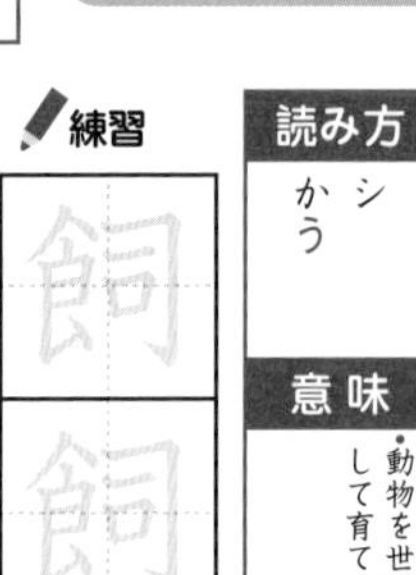
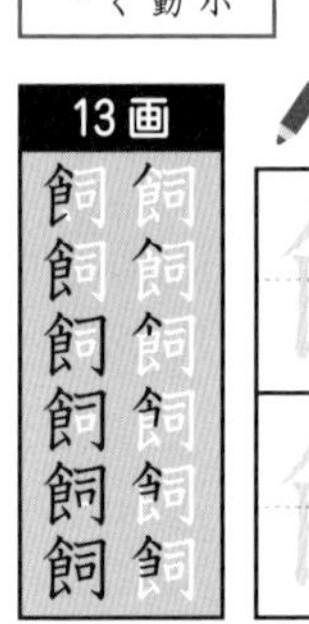
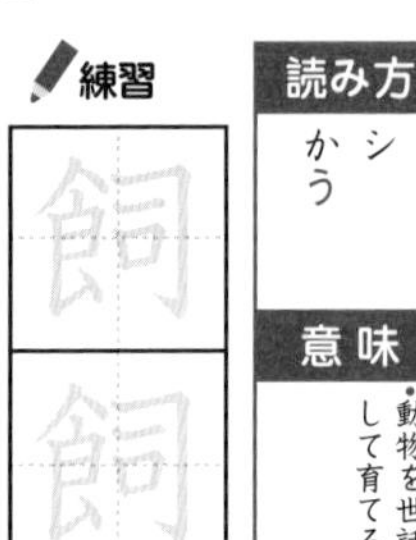
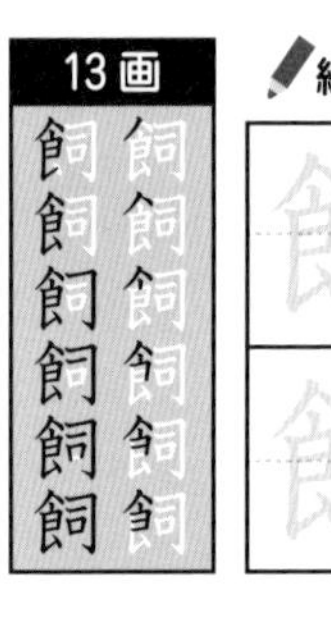

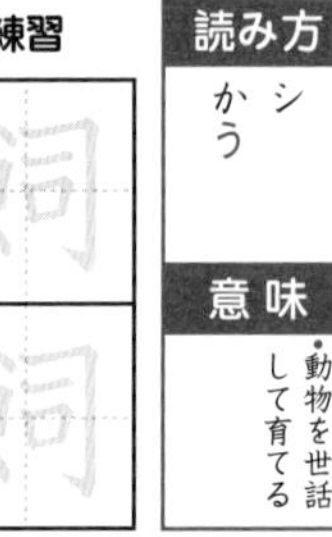

❶「飼」を書きましょう。

犬を［か］う。

［か］い主（ぬし）。

［しいく］係（がかり）。

❷ 読みがなを書きましょう。

犬を飼う。（　　）

ねこの飼い主。（　　）

飼育係になる。（　　）

酸

なりたち 「酉（さけ）」と「夋（ひきしまる）」を合わせた字。酒が古くなって、人の体をひきしめるような飲み物のすっぱさを表す。

読み方 サン　（すい）

意味 ・すっぱい　・「さんそ」のりゃく

14画 酸

練習 酸（曲げる）

❶「酸」を書きましょう。

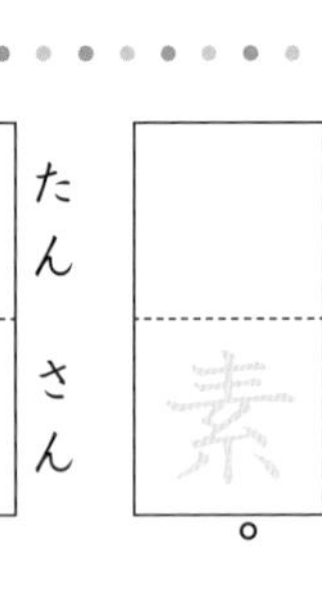
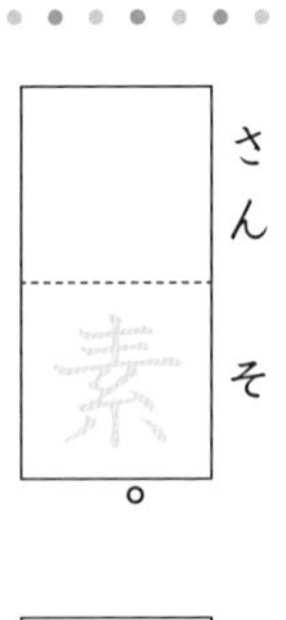
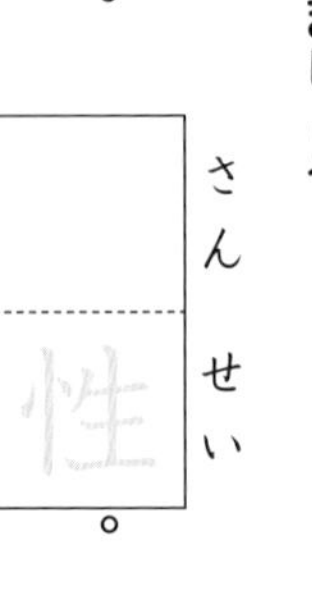
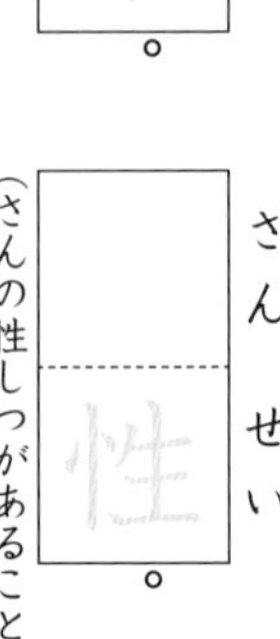

［さんそ］。

［さんせい］。（さんの性しつがあること）

［たんさん］飲料。

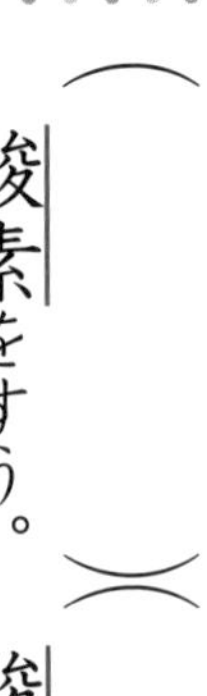

❷ 読みがなを書きましょう。

酸素をすう。（　　）

酸性の液体（えきたい）。（　　）

炭酸飲料のかん。（　　）

ドリル

1つ・5点　　点

1 ――線の漢字の読みがなを書きましょう。

① ねこの飼（　　）い主。
② むねを張（　　）る。
③ 畑を耕（　　）す。
④ 新幹線（　　）に乗る。
⑤ 炭酸（　　）飲料を飲む。
⑥ うさぎの飼育（　　）係。
⑦ きん張（　　）する。
⑧ 耕作（　　）の機械。
⑨ 木の幹（　　）。
⑩ 星を肉眼（　　）で見る。

2 読みがなにあう漢字を書きましょう。

① しゅちょう□□する。
② さんそ□□をすう。
③ がんか□□の医者。
④ しんかんせん□□□。
⑤ しいく□□係。
⑥ 畑をたがや［　］す。
⑦ 木のみき□。
⑧ むねをは［　］る。
⑨ のうこう□□民族。（田畑をたがやして作物をつくる民族）
⑩ 家で鳥をか［　］う。

解

なりたち
「角（つの）」と「刀（かたな）」と「牛（うし）」を合わせた字。もとは刀で牛の肉をとったことから、ものをばらばらにして、とき・ほぐすことを表す。

読み方
カイ・（ゲ）
とく
とかす
とける

意味
・わかるようにする
・ばらばらにする

13画

練習
はねる

❶「解」を書きましょう。

ドリルの［かい］答（とう）。

［り］理［かい］する。

問題を［と］く。

なぞが［と］ける。

❷読みがなを書きましょう。

ドリルの解答。（　　）

内容（ないよう）を理解する。（　　）

問題を解く。（　　）

なぞが解ける。（　　）

雑

なりたち
「衣」のかわった「𠆢」と、「隹」と「木（き）」を合わせた字。ものが集まってまじっていることを表す。

読み方
ザツ
ゾウ

意味
・重要でない
・入りまじっている

14画

練習
はねる

❶「雑」を書きましょう。

庭の［ざっ］草（そう）。

混（こん）［ざつ］する。

［ぞう］きんでふく。

［ぞう］木（き）林（ばやし）。

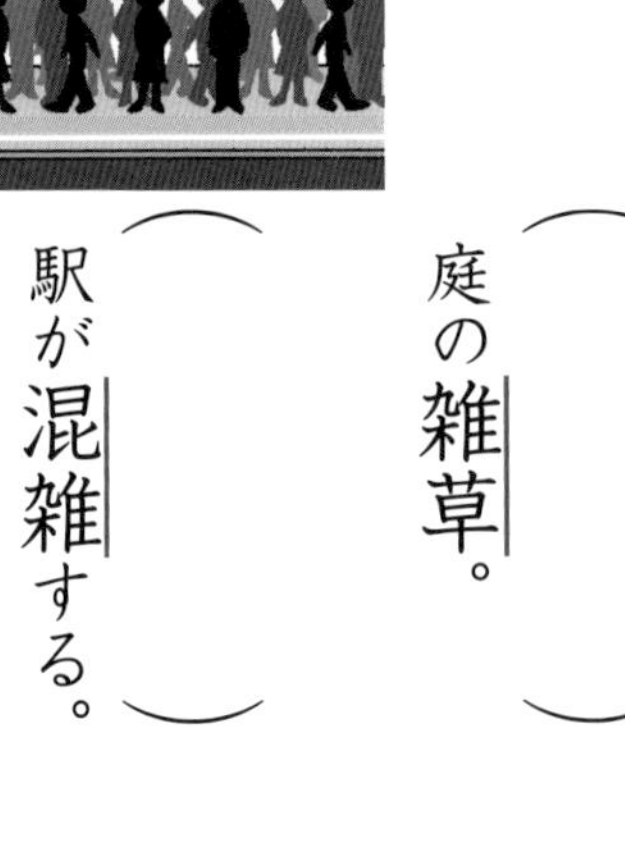

❷読みがなを書きましょう。

庭の雑草。（　　）

駅が混雑する。（　　）

雑きんでふく。（　　）

雑木林で休む。（　　）

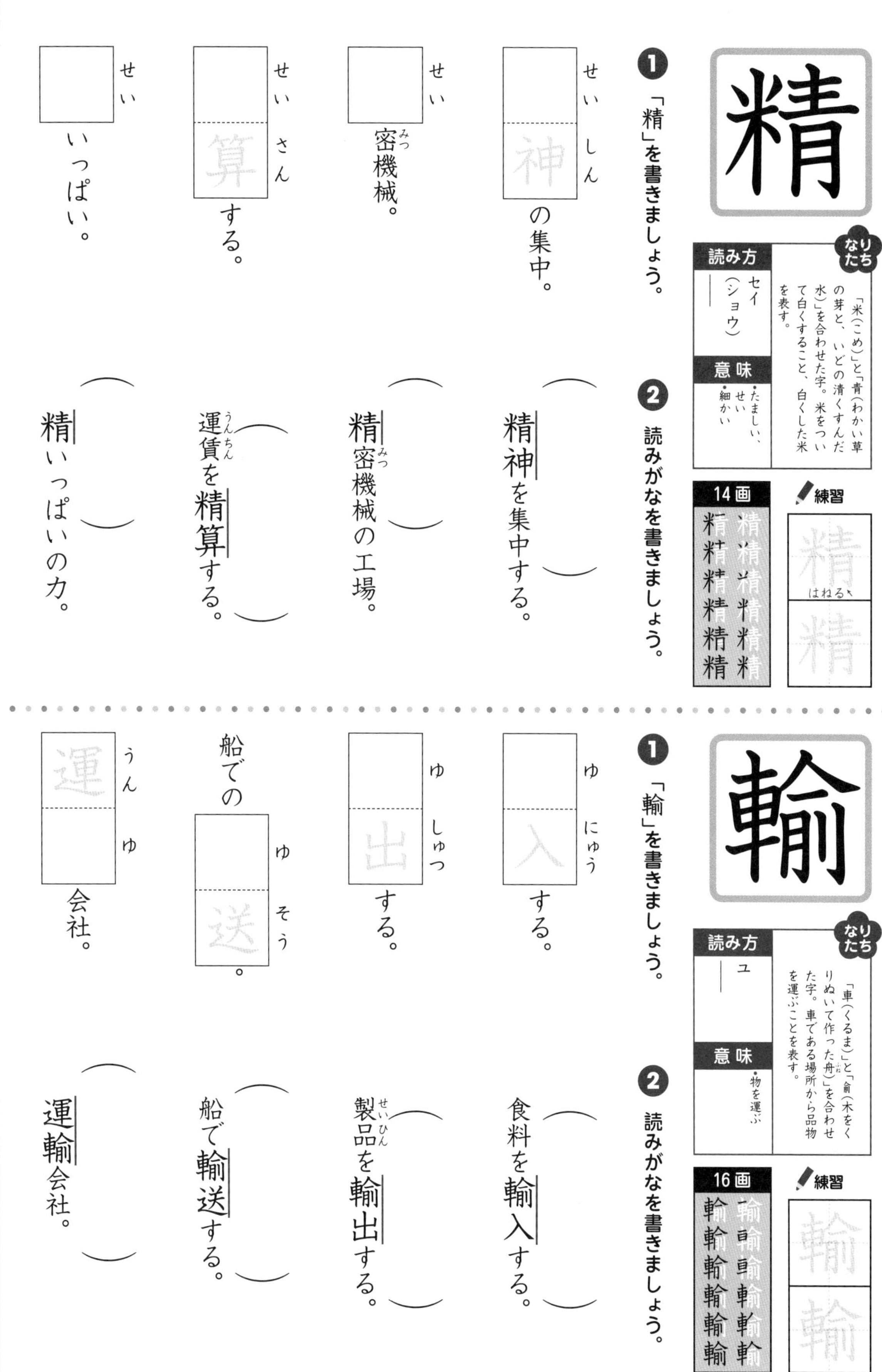

精

なりたち
「米（こめ）」と「青（わかい草の芽と、いどの清くすんだ水）」を合わせた字。米をついて白くすることと、白くした米を表す。

読み方
セイ
（ショウ）
―

意味
・たましい、せい
・細かい

14画

練習
はねる

1 「精」を書きましょう。

せいしん　□神の集中。
せい　□密機械。
せいさん　□算する。
せい　□いっぱい。

2 読みがなを書きましょう。

精神を集中する。（　）
精密機械の工場。（　）
運賃を精算する。（　）
精いっぱいの力。（　）

輸

なりたち
「車（くるま）」と「俞（木をくりぬいて作った舟）」を合わせた字。車である場所から品物を運ぶことを表す。

読み方
ユ
―

意味
・物を運ぶ

16画

練習

1 「輸」を書きましょう。

ゆにゅう　□入する。
ゆしゅつ　□出する。
船でのゆそう　□送。
うんゆ　運□会社。

2 読みがなを書きましょう。

食料を輸入する。（　）
製品を輸出する。（　）
船で輸送する。（　）
運輸会社。（　）

ドリル

点

1つ・5点

1 ――線の漢字の読みがなを書きましょう。

① 問題を<u>解</u>く。（　　）

② <u>運輸</u>会社。（　　）

③ <u>精神</u>の発達。（　　）

④ 駅が<u>混雑</u>する。（　　）

⑤ 製品(せいひん)を<u>輸出</u>する。（　　）

⑥ 内容(ないよう)を<u>理解</u>する。（　　）

⑦ <u>雑木林</u>で休む。（　　）

⑧ <u>精</u>いっぱいの力。（　　）

⑨ 結び目が<u>解</u>ける。（　　）

⑩ 船で<u>輸送</u>する。（　　）

2 読みがなにあう漢字を書きましょう。

① 庭の［ざっそう］。

② ドリルの［かいとう］。

③ ［せいしん］の集中。

④ ［こんざつ］する。

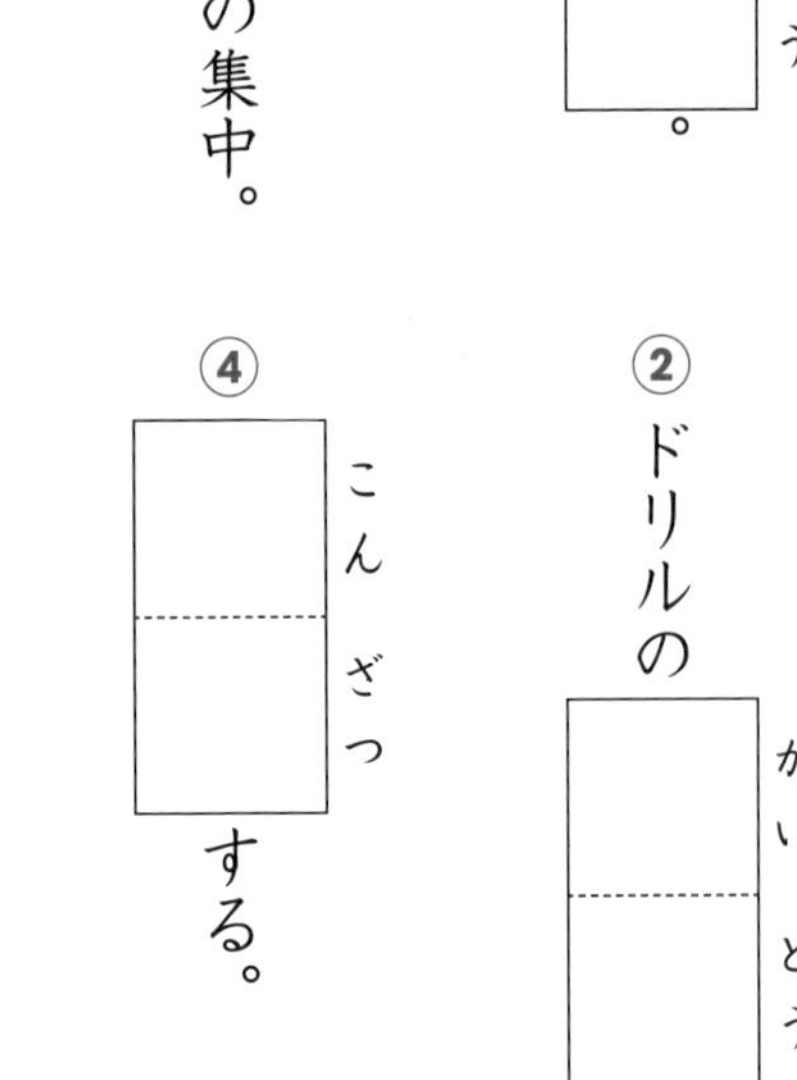

⑤ 原料の［ゆにゅう］。

⑥ ［せい］密(みつ)機械。

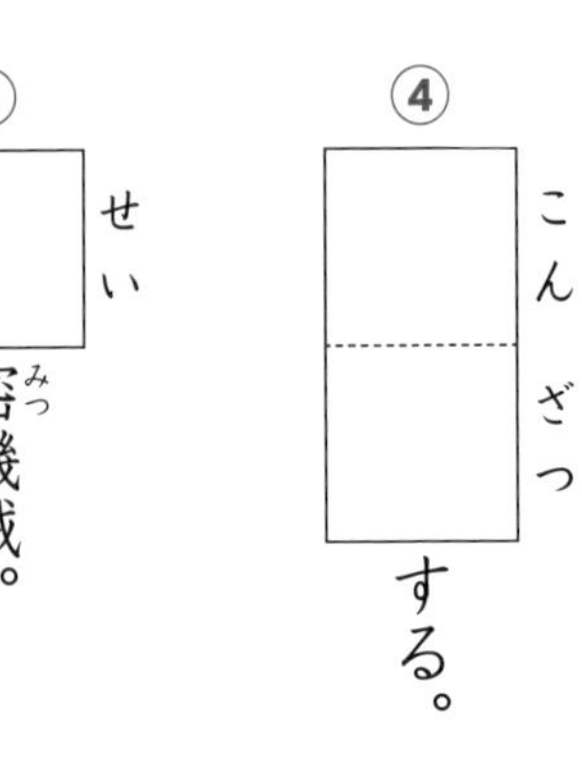

⑦ ［ぞう］きんでふく。

⑧ 船で［ゆそう］する。

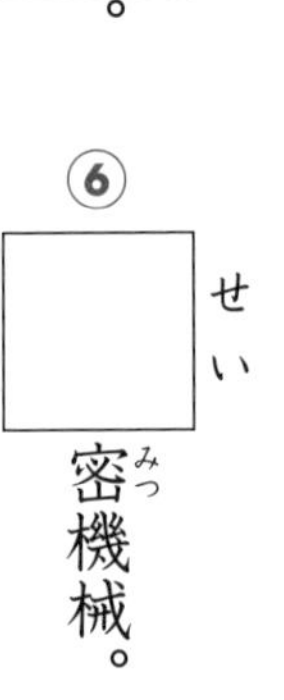

⑨ 運賃(うんちん)の［せいさん］。

⑩ なぞが［と］ける。

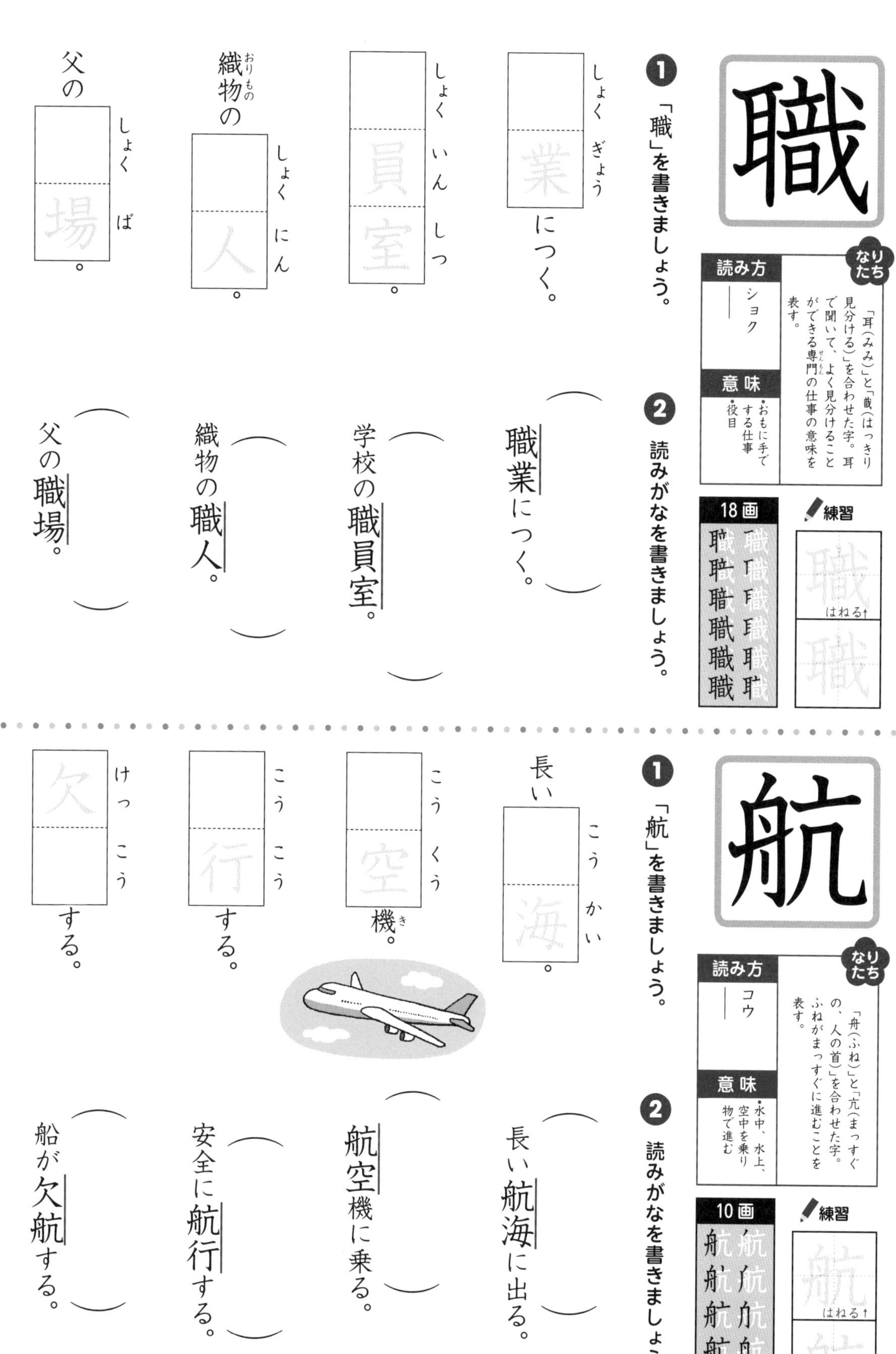

職

なりたち
「耳（みみ）」と「戠（はっきり見分ける）」を合わせた字。耳で聞いて、よく見分けることができる専門（せんもん）の仕事の意味を表す。

読み方
ショク
—

意味
・おもに手でする仕事
・役目

18画

練習
はねる↑

❶ 「職」を書きましょう。

しょくぎょう（　業）につく。

しょくいんしつ（　員室）。

織物（おりもの）のしょくにん（　人）。

父のしょくば（　場）。

❷ 読みがなを書きましょう。

職業につく。（　　）

学校の職員室。（　　）

織物の職人。（　　）

父の職場。（　　）

航

なりたち
「舟（ふね）」と「亢（まっすぐの、人の首）」を合わせた字。ふねがまっすぐに進むことを表す。

読み方
コウ
—

意味
・水中、水上、空中を乗り物で進む

10画

練習
はねる↑

❶ 「航」を書きましょう。

長いこうかい（　海）。

こうくう（　空）機（き）。

こうこう（　行）する。

けっこう（欠　）する。

❷ 読みがなを書きましょう。

長い航海に出る。（　　）

航空機に乗る。（　　）

安全に航行する。（　　）

船が欠航する。（　　）

なりたち
「⺙(こく物をはものでかりとる)」と「殳(武器を手に持つすがた)」を合わせた字。後に生き物をころす意味になった。

読み方
サツ
(サイ)
(セツ)
ころす

意味
・命をうばう

10画
殺 殺 殺 殺 殺 殺 殺 殺 殺 殺

練習
殺 殺 はねる

❶ 「殺」を書きましょう。

害虫を［ころ］す。

息を［ころ］して待つ。
(息を止めるようにしてじっとしずかに待つ)

［さっ］虫(ちゅう)ざい。

［さっ］きんする。

❷ 読みがなを書きましょう。

害虫を殺す。（　　）

息を殺して待つ。（　　）

殺虫ざいをまく。（　　）

熱湯で殺きんする。（　　）

なりたち
「米(こめ)」と「分(はものでわける)」を合わせた字。こく物をくだいて、細かくこなごなにしたこなを表す。

読み方
フン
こ
こな

意味
・こな
・細かくくだく

10画
粉 粉 粉 粉 粉 粉 粉 粉 粉 粉

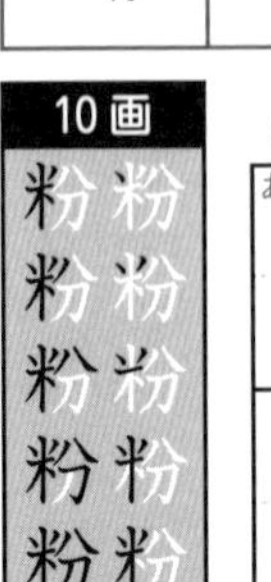

練習
粉 粉 あける

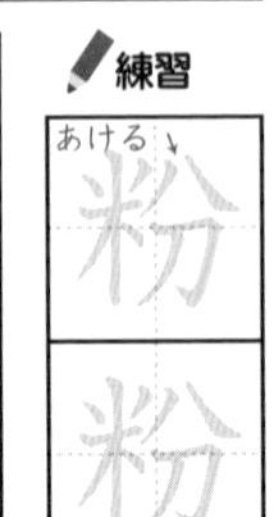

❶ 「粉」を書きましょう。

［こな］雪(ゆき)がふる。

小麦(こむぎ)［こ］を練る。

すぎの花(か)［ふん］。

［ふん］末(まつ)の薬。

❷ 読みがなを書きましょう。

粉雪がふる夜。（　　）

小麦粉を練る。（　　）

すぎの花粉が飛ぶ。（　　）

粉末の薬を飲む。（　　）

ドリル

点

1つ・5点

1 ——線の漢字の読みがなを書きましょう。

① 粉末の薬を飲む。（　　）

② 織物(おりもの)の職人。（　　）

③ 安全に航行する。（　　）

④ 害虫を殺す。（　　）

⑤ 学校の職員室。（　　）

⑥ 殺虫ざいを使う。（　　）

⑦ 船が欠航する。（　　）

⑧ 小麦(こむぎ)粉を練る。（　　）

⑨ 職業を選ぶ。（　　）

⑩ 粉雪がふる夜。（　　）

2 読みがなにあう漢字を書きましょう。

① □□（こう　くう）機(き)。

② 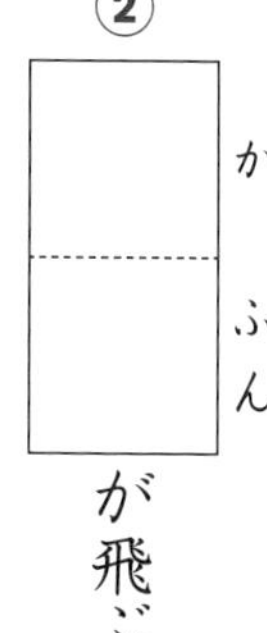（か　ふん）が飛ぶ。

③ 父の□□（しょく　ば）。

④ 長い□（こう）海(かい)に出る。

⑤ □（さっ）きんする。

⑥ 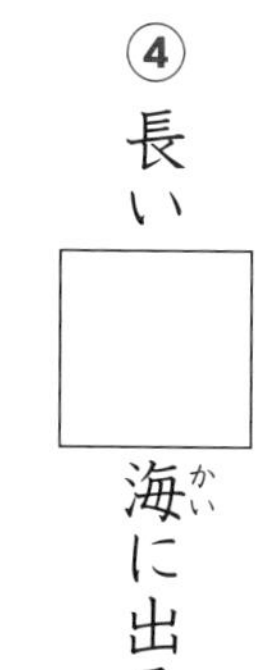（こな　ゆき）がふる。

⑦ 父の（しょく　ぎょう）。

⑧ 船の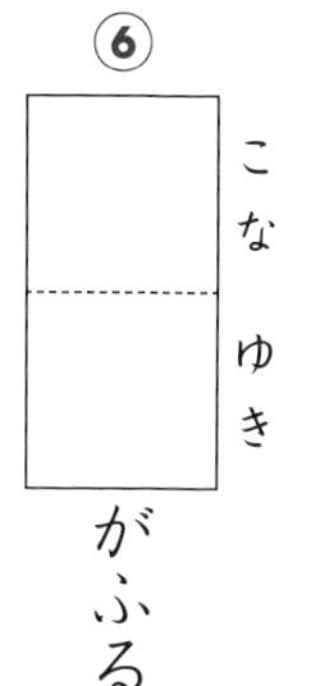（けっ　こう）。

⑨ 小麦(こむぎ)□（こ）を使う。

⑩ 息を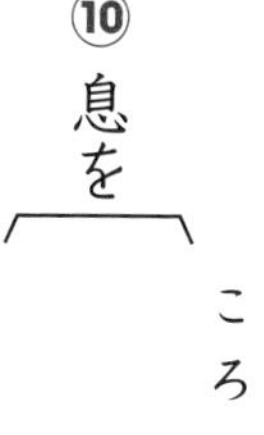（ころ）す。

まとめドリル

点

1つ・5点

❶ 読みがなにあう漢字を書きましょう。

① □(こう)空機(くうき)。

② 新(しん)□(かん)線(せん)に乗る。

③ 犬の□(か)い主(ぬし)。

④ 小麦を□(ゆ)入(にゅう)する。

⑤ □(さっ)きんする。

⑥ 問題を□(と)く。

⑦ □(しょく)員室(いんしつ)。

⑧ 強く言い□(は)る。

⑨ □(がん)科(か)の医師(いし)。

⑩ □(さん)素(そ)ボンベ。

❷ 読みがなにあう漢字を書きましょう。

① 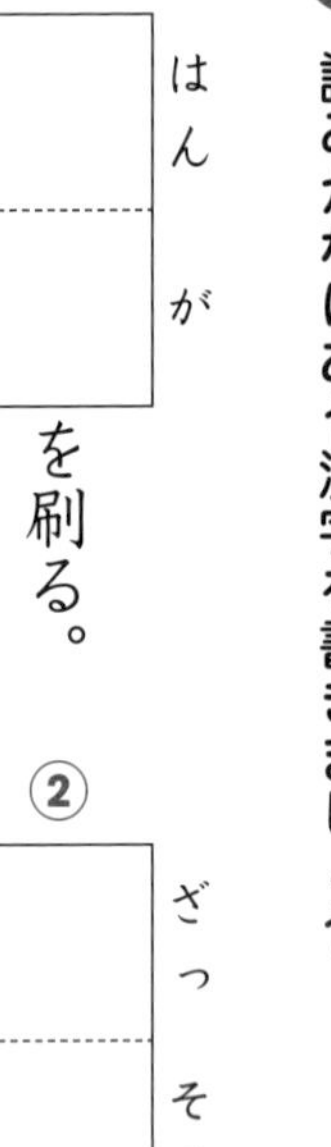(はんが)を刷る。

② □□(ざっそう)。

③ 交通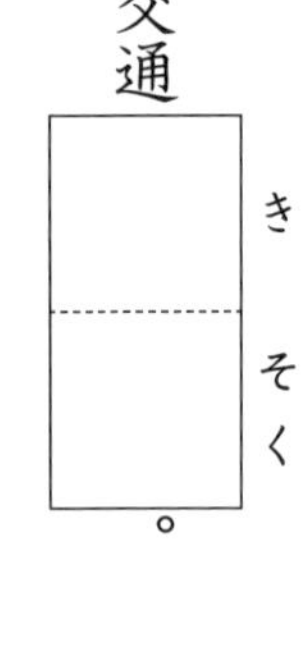(きそく)。

④ 喜びの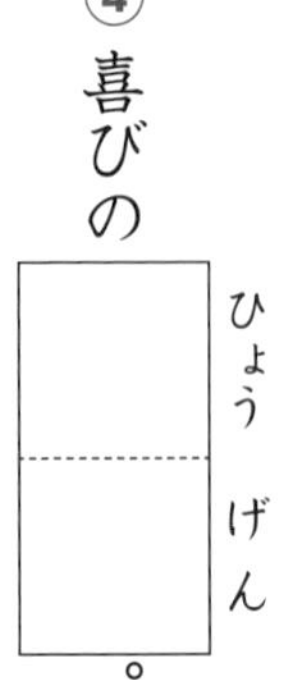(ひょうげん)。

⑤ □□(せいしん)統一(とういつ)。

⑥ □□(ふんまつ)の薬。

❸ 次のことばを漢字と送りがなで〔　〕に書きましょう。

① 畑を〔　　〕(たがやす)。

② 正体を〔　　〕(あらわす)。

③ 形を〔　　〕(くらべる)。

④ 電話で〔　　〕(ことわる)。

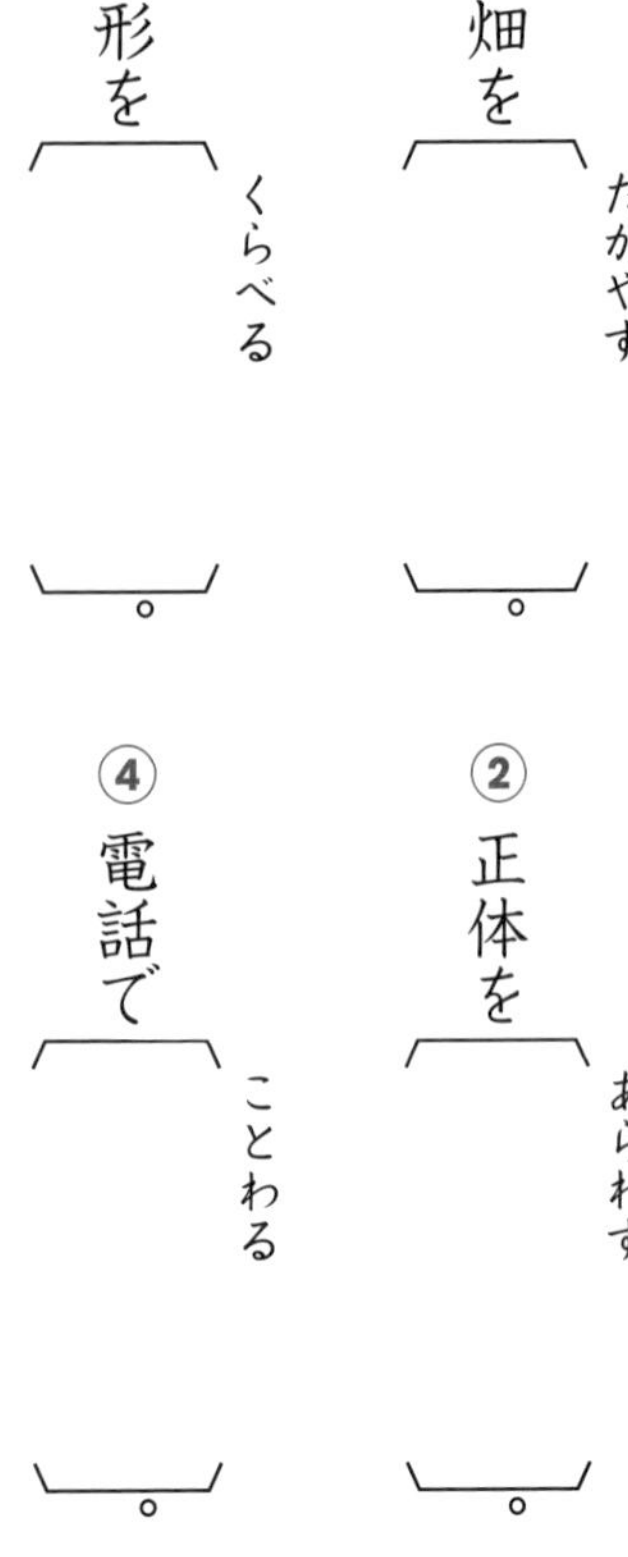

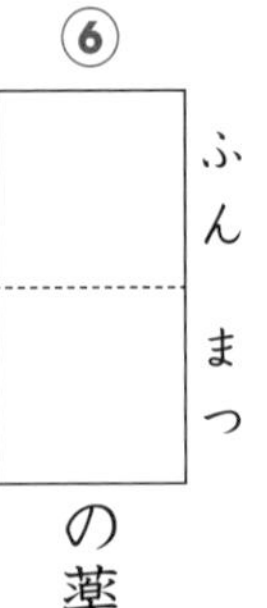

35 二つ（上と下）に分かれる漢字

営・益・率・夢・罪・豊・導・築・毒・歴・義

「宀（うかんむり）」「艹（くさかんむり）」や、「貝（かい）」「心（こころ）」などのつく漢字の多くは、上と下の部分に分かれる漢字です。このような上と下の部分が合わさってできた漢字で、五年生で習う次の十一の漢字を覚えましょう。

上の部分は「かんむり」や「かしら」、下の部分は「あし」とよぶよ。

漢字	毒	益	率	営	罪	豊
主な読み方	ドク ―	エキ ―	リツ ひきいる	エイ いとなむ	ザイ つみ	ホウ ゆたか

漢字	夢	義	歴	導	築
主な読み方	ム ゆめ	ギ ―	レキ ―	ドウ みちびく	チク きずく

営

読み方
エイ
いとなむ

意味
・仕事を行う

なりたち
もとの字は「營」。「𤇾（火がとりまく）」と「呂（つながった建物）」を合わせた字。夜も建物の周りに火がともる兵舎のことを表す。

12画
営営営営営営営営営営営営

練習

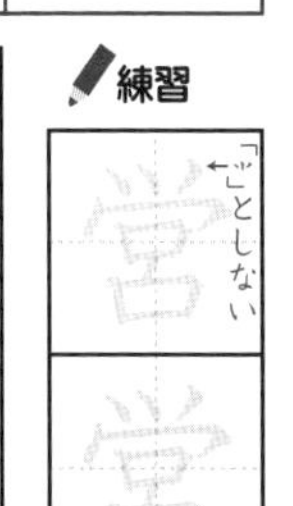

1 「営」を書きましょう。

（えい）□（ぎょう）業 時間。

会社の（けい）経（えい）□。

農業を（いとな）□む。

生命の（いとな）□み。（生物が生きるためのはたらき）

2 読みがなを書きましょう。

店の営業時間。（　　）

会社の経営。（　　）

農業を営む。（　　）

生命の営み。（　　）

益

なりたち
もとの字は「益」。水の字を横にした形と「皿（さら）」を合わせ、皿に水がいっぱいあふれる様子から、ふえることを表す。

10画

練習 長く

読み方 エキ （ヤク）

意味 ・もうけ ・役に立つ

❶ 「益」を書きましょう。

利□。（りえき） 損□。（そんえき）（損することと得すること）

害虫と□虫。（えきちゅう）（害虫と人間の役に立つ虫）

❷ 読みがなを書きましょう。

利益が多い。（　　）

損益の計算。（　　）

害虫と益虫。（　　）

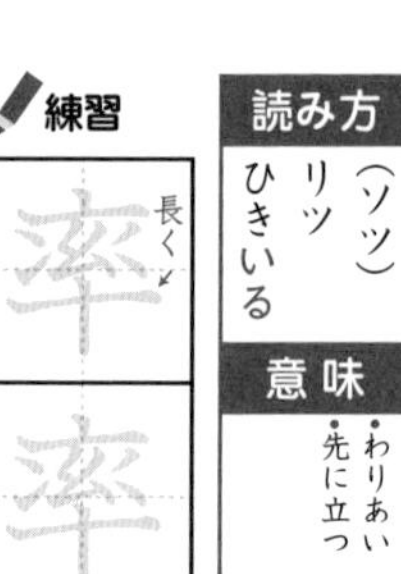

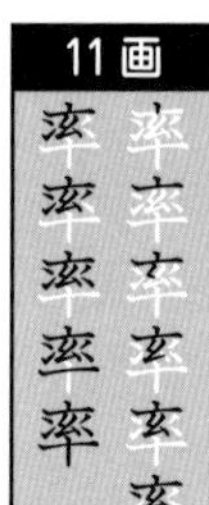
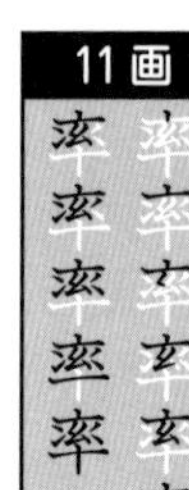
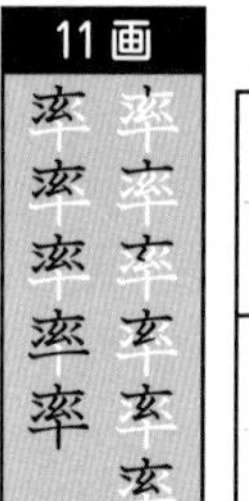
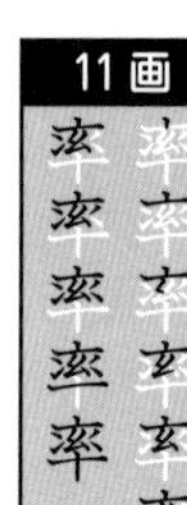
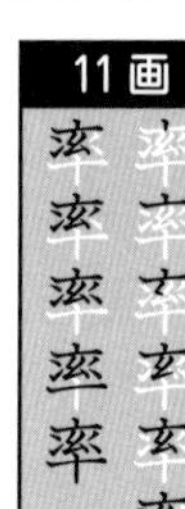

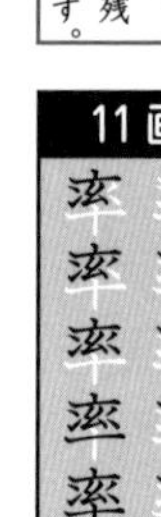
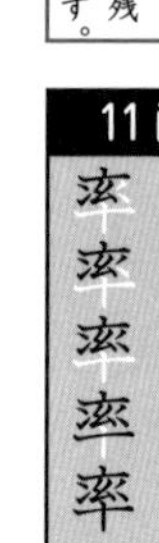
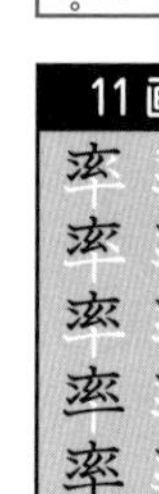

率

なりたち
「玄（細い糸）」と「ハ（はらいのける印）」と「十（まとめる）」を合わせた字。はみ出た糸をのぞき、残りをまとめることを表す。

11画

練習 長く

読み方 （ソツ） リツ ひきいる

意味 ・わりあい ・先に立つ

❶ 「率」を書きましょう。

能□。（のうりつ） 確□。（かくりつ）

生徒を□いる。（ひき）

❷ 読みがなを書きましょう。

能率がよい。（　　）

確率が高い。（　　）

生徒を率いる。（　　）

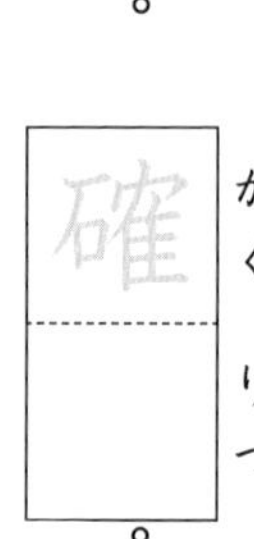
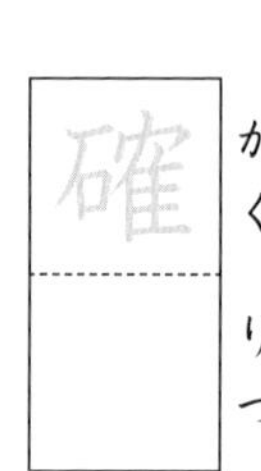
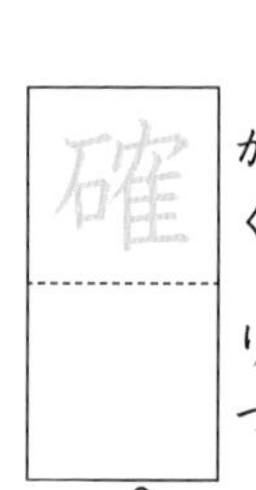
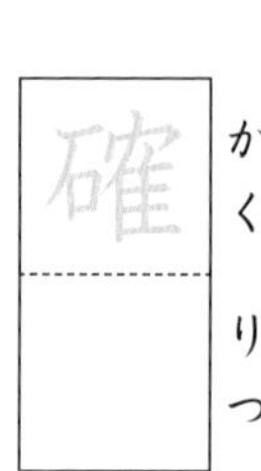

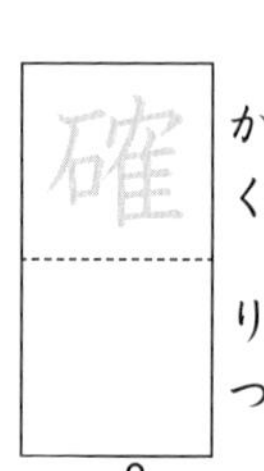
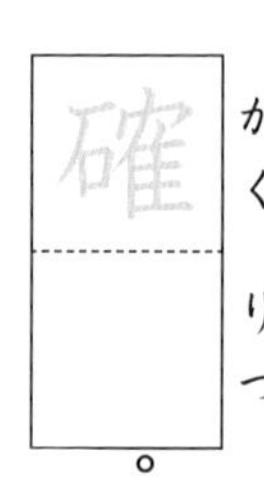
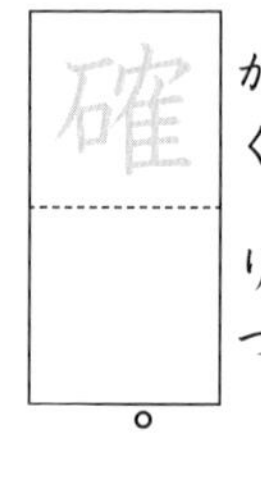

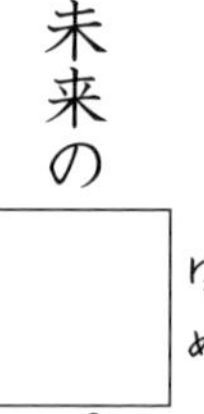
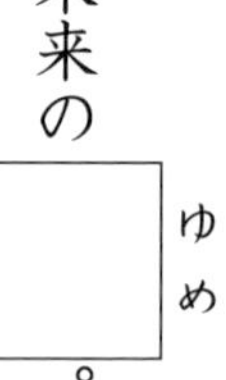
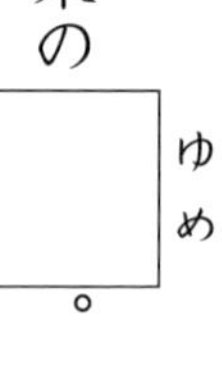
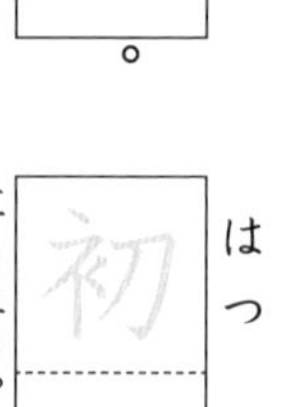
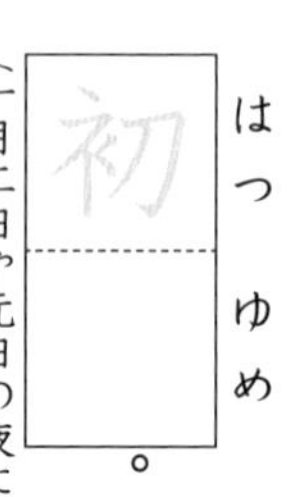
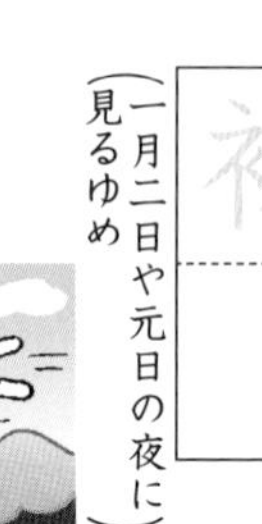

夢

なりたち
「苜（まつげが下向きの目）」と「冖（おおう）」と「夕（ゆうべ）」を合わせた字。暗くて見えない夜、まぶたのうらで見るゆめを表す。

13画

練習 つけない

読み方 ム ゆめ

意味 ・ゆめ ・あこがれやのぞみ

❶ 「夢」を書きましょう。

未来の□。（ゆめ） 初□。（はつゆめ）（一月二日や元日の夜に見るゆめ）

□中になる。（むちゅう）

❷ 読みがなを書きましょう。

未来の夢。（　　）

初夢を見る。（　　）

ゲームに夢中になる。（　　）

ドリル

点

1つ・5点

1 ――線の漢字の読みがなを書きましょう。

① 初夢を見る。（　　）

② 能率を上げる。（　　）

③ 店の営業時間。（　　）

④ 利益が多い。（　　）

⑤ 生徒を率いる。（　　）

⑥ 夢中で本を読む。（　　）

⑦ 害虫と益虫。（　　）

⑧ 会社の経営。（　　）

⑨ 生命の営み。（　　）

⑩ 確率が高い。（　　）

2 読みがなにあう漢字を書きましょう。

① 未来の［ゆめ］。

② ［りえき］。

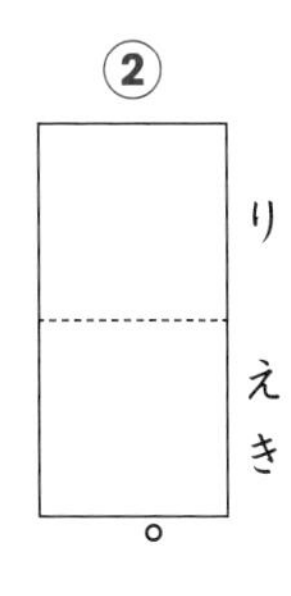

③ ［のうりつ］がよい。

④ ［えいぎょう］時間。

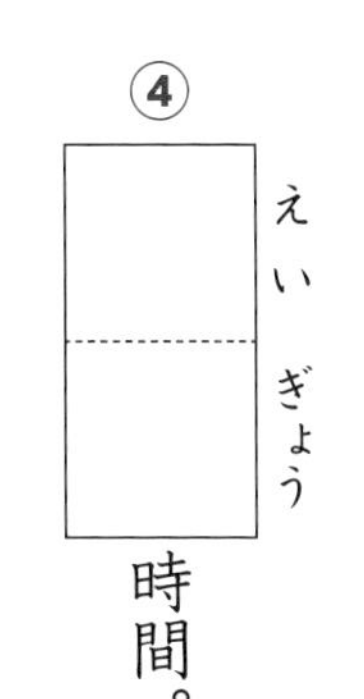

⑤ 害虫と［えきちゅう］。

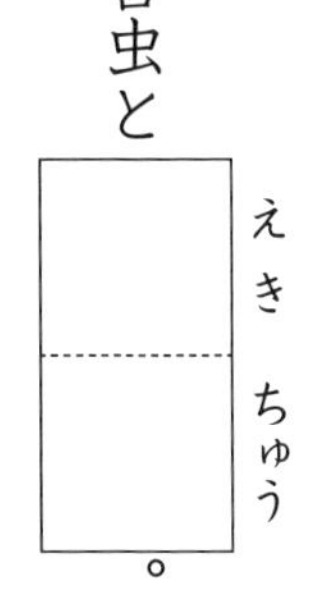

⑥ ［むちゅう］になる。

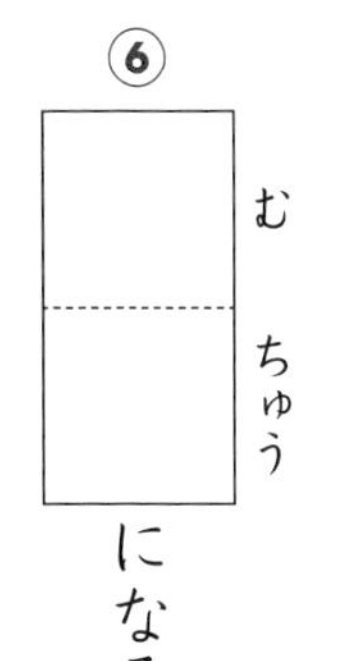

⑦ ［けいえい］者（しゃ）。

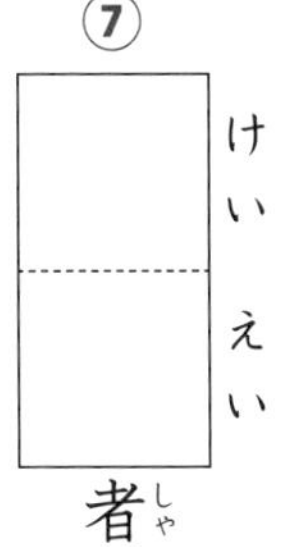

⑧ 生徒を［ひき］いる。

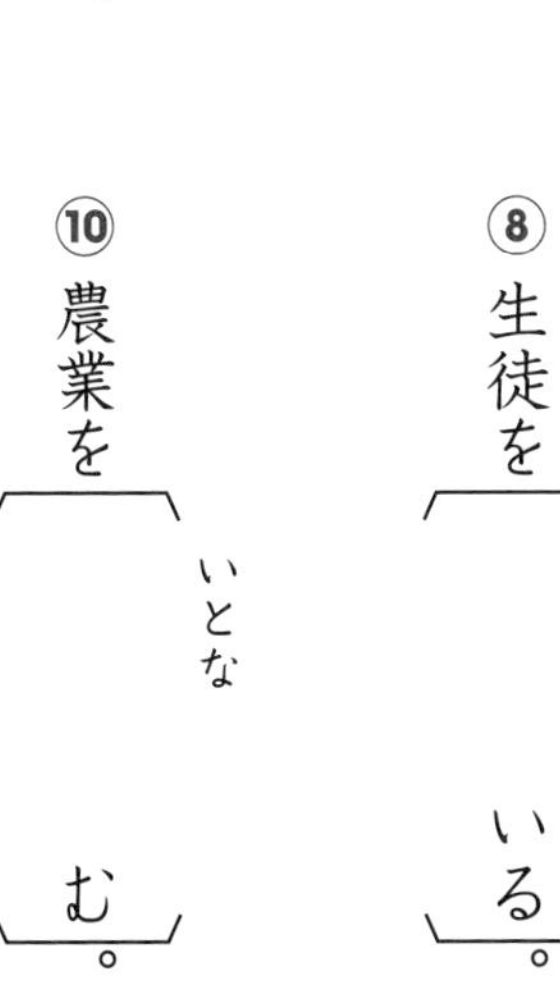

⑨ 高い［かくりつ］。

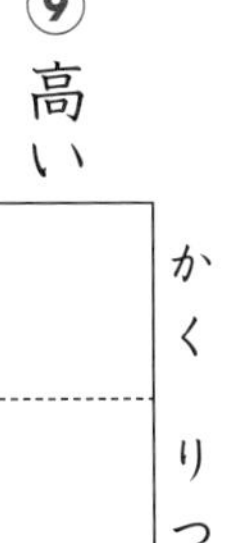

⑩ 農業を［いとな］む。

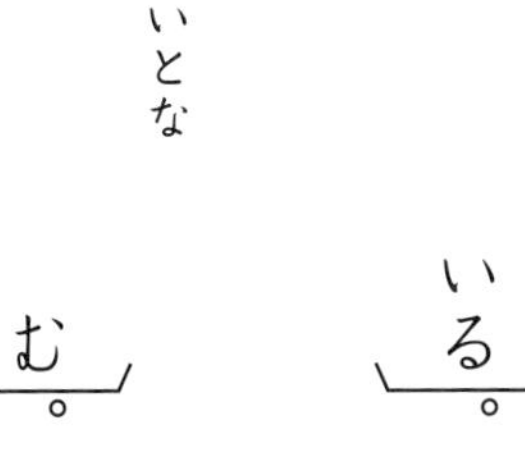

罪

なりたち
「罒（あみ）」と「非（鳥の羽が右と左に分かれていること）」を合わせた字。まちがっていること。法律のあみにかかるような、悪いつみを表す。

読み方	意味
ザイ つみ	・悪い行い ・してはいけないこと

13画

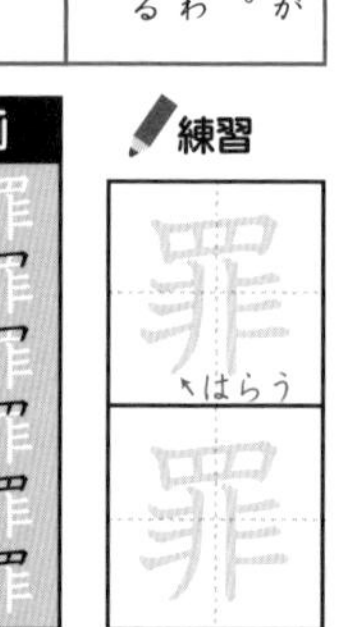

練習

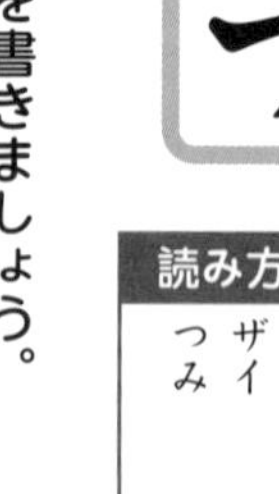

❶ 「罪」を書きましょう。

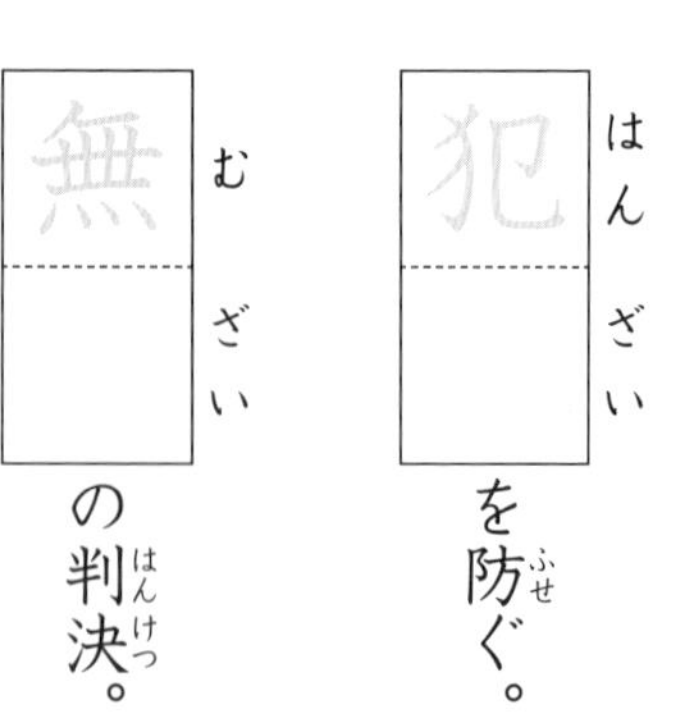

（つみ）をおかす。

（つみ）深い人。

（はん）（ざい）を防ぐ。

（む）（ざい）の判決。

❷ 読みがなを書きましょう。

罪（　）をおかす。

罪（　）深い人。

犯罪（　）を防ぐ。

無罪（　）の判決。

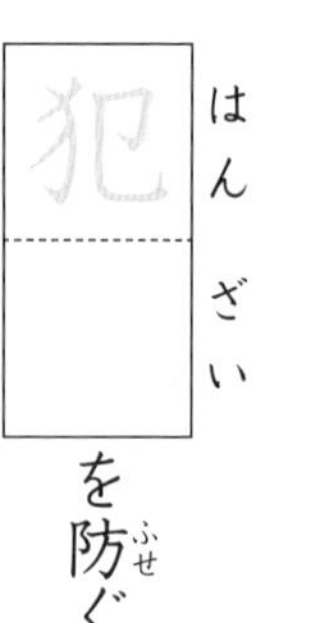

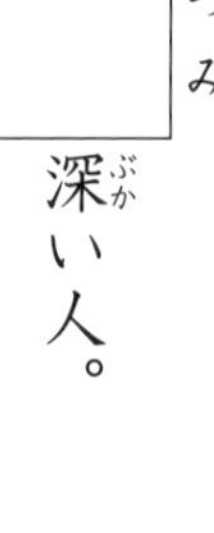

豊

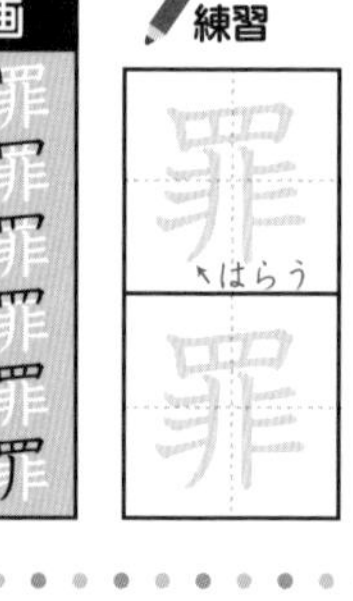

なりたち
もとの字は「豐」。「𧯛（実った穀物を山のように積み重ねた形）」と「豆（おそなえをするときのうつわ）」を合わせた字。ゆたかであることを表す。

読み方	意味
ホウ ゆたか	・たくさんある様子 ・作物のできがよい

13画

練習

❶ 「豊」を書きましょう。

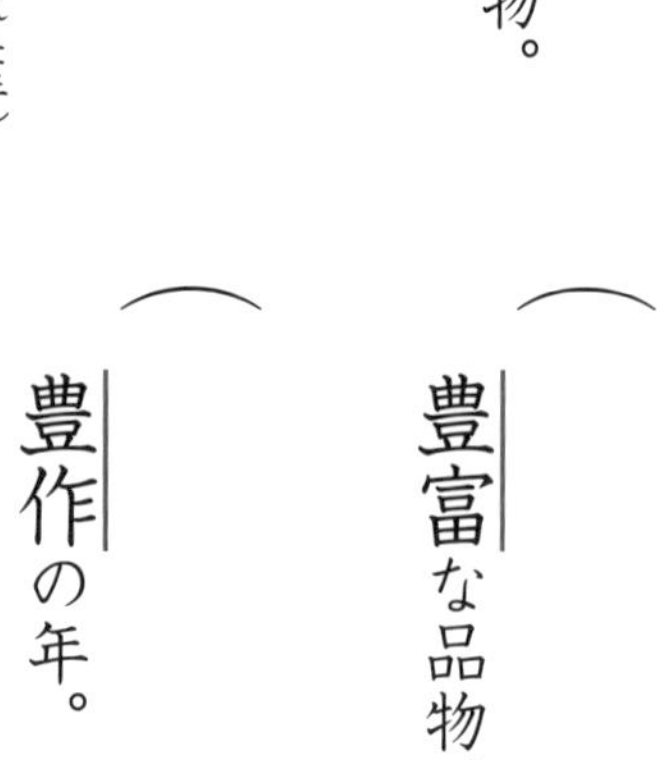

（ゆた）かな才能。

緑（ゆた）かな公園。

（ほう）（ふ）な品物。

（ほう）（さく）の年。

（作物がよく実ってたくさんとれた年）

❷ 読みがなを書きましょう。

豊（　）かな才能。

緑豊（　）かな公園。

豊富（　）な品物。

豊作（　）の年。

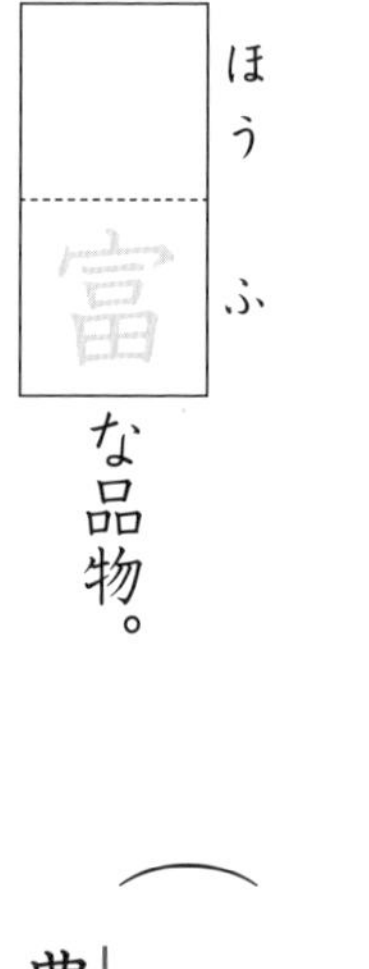

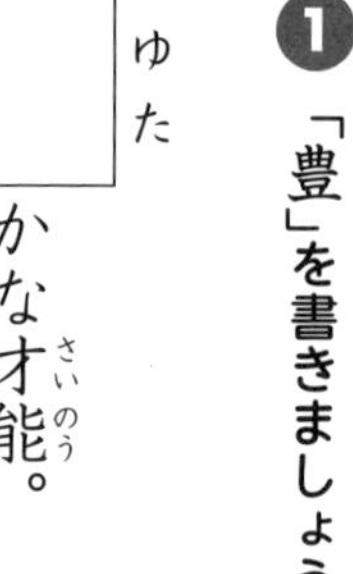

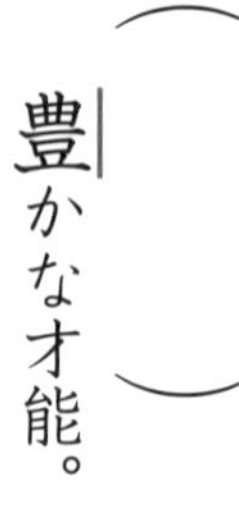

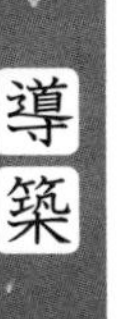

導

なりたち
「道（頭を向けて進んでいくみち）」と「寸（て）」を合わせた字。道にそって手で引っぱっていくこと、みちびくことを表す。

読み方
ドウ みちびく

意味
•みちびく •伝える、通す

15画

（筆順）

練習　長く

1 「導」を書きましょう。

指［しどう］する。

［どう］入［にゅう］する。

先生が［みちび］く。

成功に［みちび］く。

2 読みがなを書きましょう。

先生が指導する。（　　　）

機械を導入する。（　　　）

先生が生徒を導く。（　　　）

成功に導く。（　　　）

築

なりたち
「⺮（たけ）」と「巩（ぼうで地ならしをする）」と「木（き）」を合わせた字。木や竹のわく組みに土を入れて工事をすることを表す。

読み方
チク きずく

意味
•建物や港などをつくる

16画

（筆順）

練習　はねる

1 「築」を書きましょう。

城を［きず］く。

文化を［きず］く。

ビルの建［けんちく］。

家を新［しんちく］する。

2 読みがなを書きましょう。

城を築く。（　　　）

新しい文化を築く。（　　　）

ビルの建築。（　　　）

家を新築する。（　　　）

ドリル

1つ・5点

点

1 ——線の漢字の読みがなを書きましょう。

① 先生の指導。（　　）

② 緑豊かな公園。（　　）

③ 成功に導く。（　　）

④ 文化を築く。（　　）

⑤ 豊作の年。（　　）

⑥ 罪をおかす。（　　）

⑦ 豊富な商品。（　　）

⑧ 機械を導入する。（　　）

⑨ 犯罪を防（ふせ）ぐ。（　　）

⑩ 家を新築する。（　　）

2 読みがなにあう漢字を書きましょう。

① □□（しどう）する。

② □□（ほうふ）な品物。

③ ビルの□□（けんちく）。

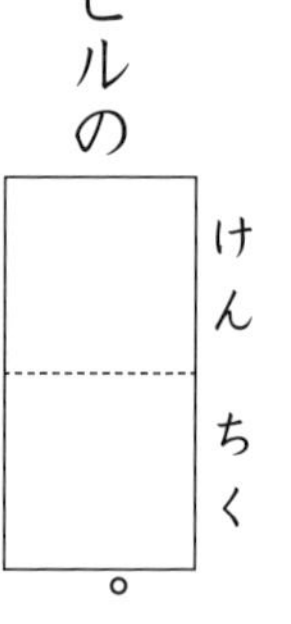

④ □□（むざい）の判決（はんけつ）。

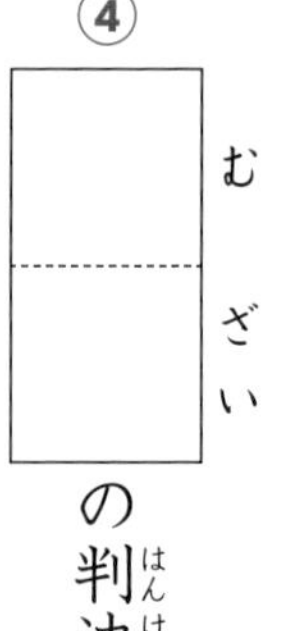

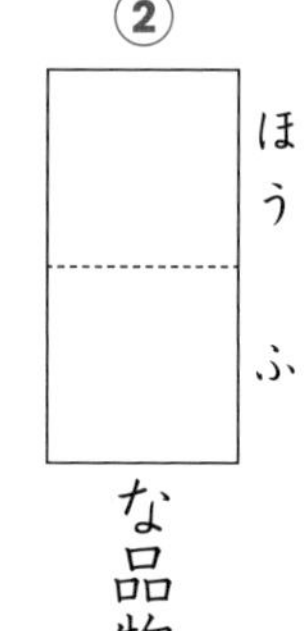

⑤ 重い□（つみ）。

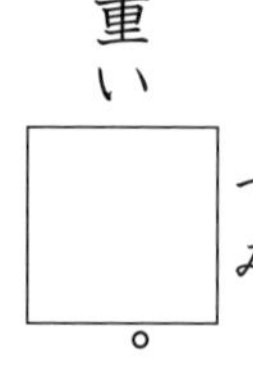

⑥ 教え［　　］（みちび）く。

⑦ □□（しんちく）の家。

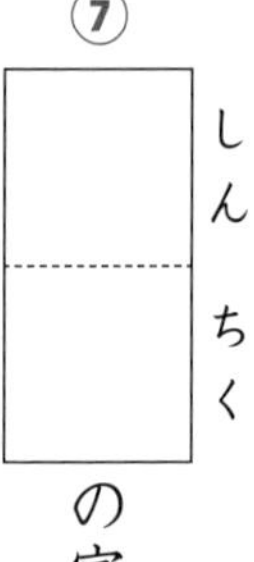

⑧ ［　　］（ゆた）かな心。

⑨ □□（はんざい）。

⑩ 城を［　　］（きず）く。

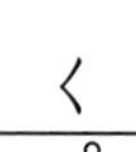

毒

なりたち
「𠂤（草の芽）」と「毋（子をうむ母）」で、元気な子をうむための薬草を表す。飲みすぎると体に悪いので、どくの意味となる。

読み方
ドク

意味
・体にがいのあるもの

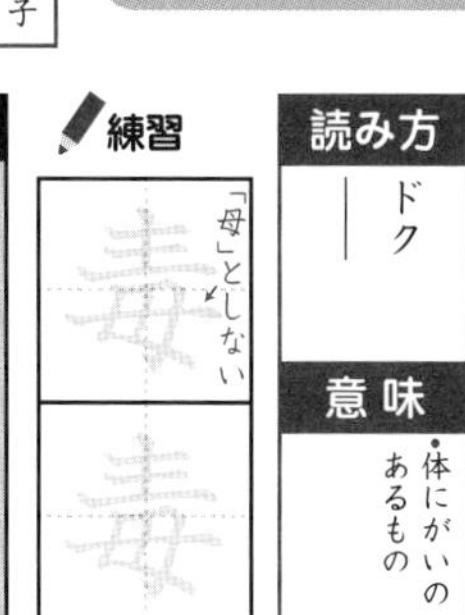

練習
「母」としない

8画

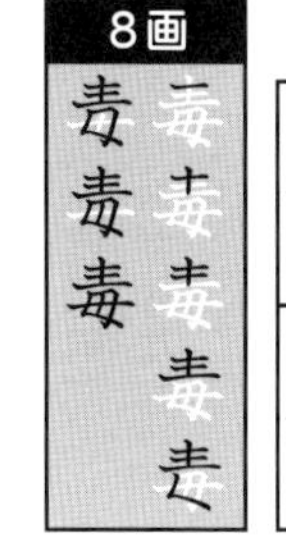

❶「毒」を書きましょう。

どく［　］へび。

しょうどく［消］［　］。

食べ物による　ちゅうどく［中］［　］。
（食べ物のどくによって、体のぐあいが悪くなること）

❷ 読みがなを書きましょう。

毒へび。（　　）

きずの消毒。（　　）

食べ物による中毒。（　　）

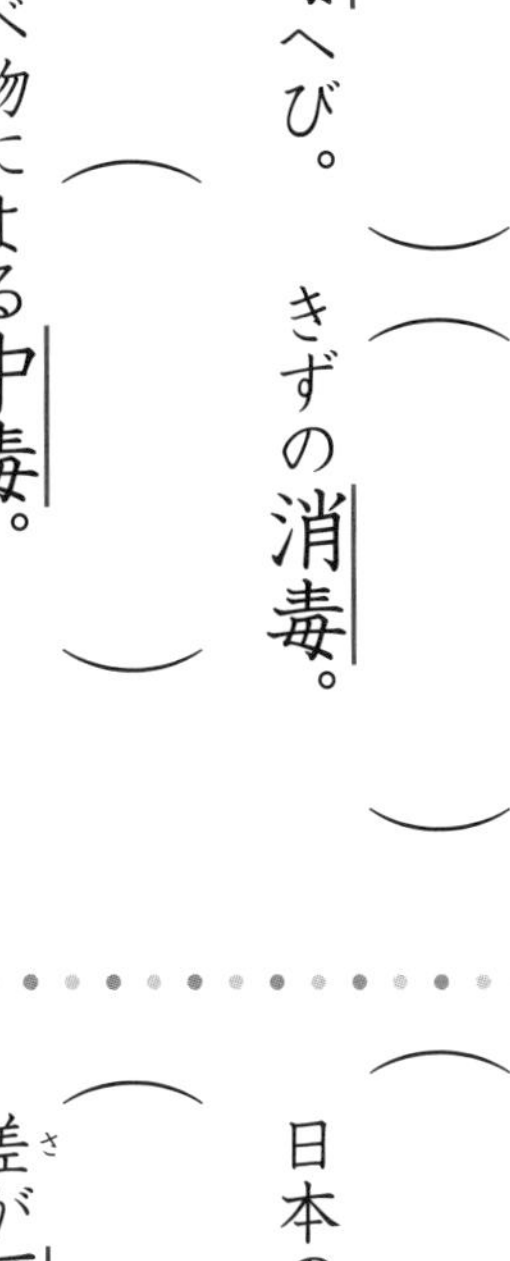

歴

なりたち
もとの字は「歷」。「厤（のき下にいねを順にならべる）」と「止（足）」を合わせた字。順序よく次々と通りすぎたあとを表す。

読み方
レキ

意味
・すぎる
・じゅんに
・はっきりしている

練習
はらう

14画

❶「歴」を書きましょう。

れきし［　］［史］。

がくれき［学］［　］。

れきぜん［　］［然］とする。
（はっきりとする）

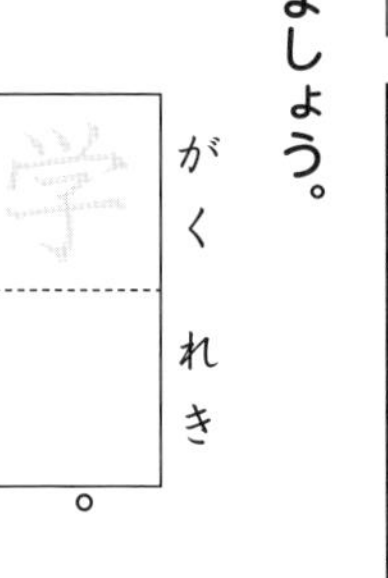

❷ 読みがなを書きましょう。

日本の歴史。（　　）

父の学歴。（　　）

差が歴然とする。（　　）

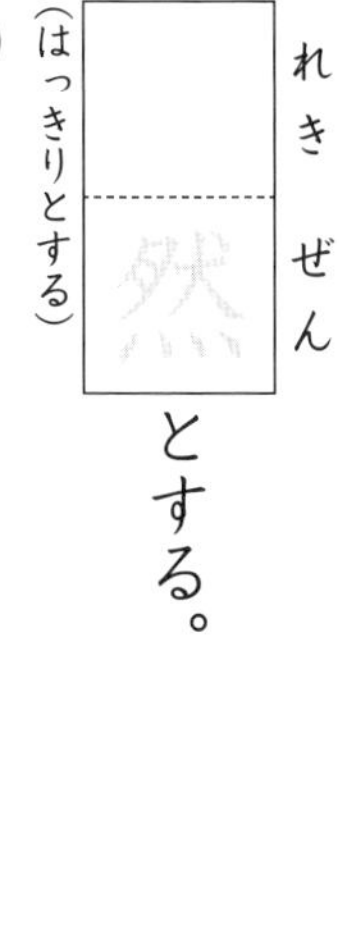

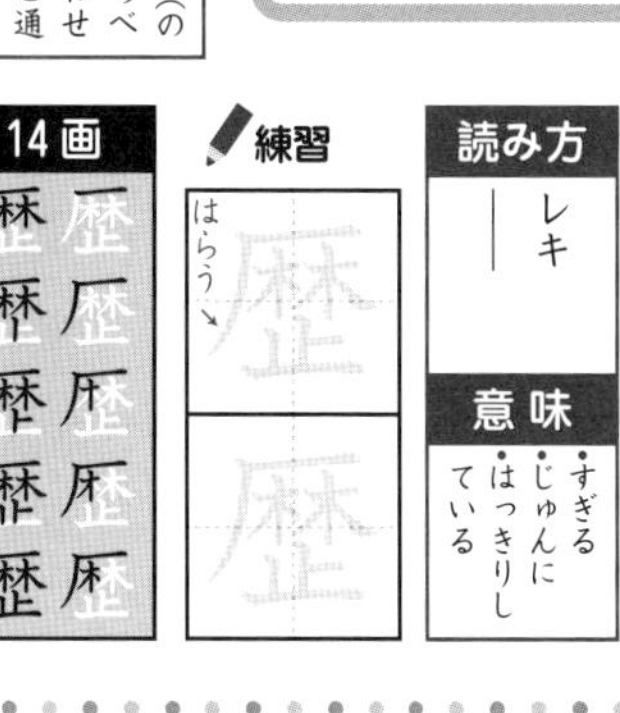

義

なりたち
「𦍌（美しいひつじ）」と「我（角ばったほこ）」を合わせた字。すじみちの通った正しい行いや、本当の意味を表す。

読み方
ギ

意味
・正しいすじ道

練習
わすれずに

13画

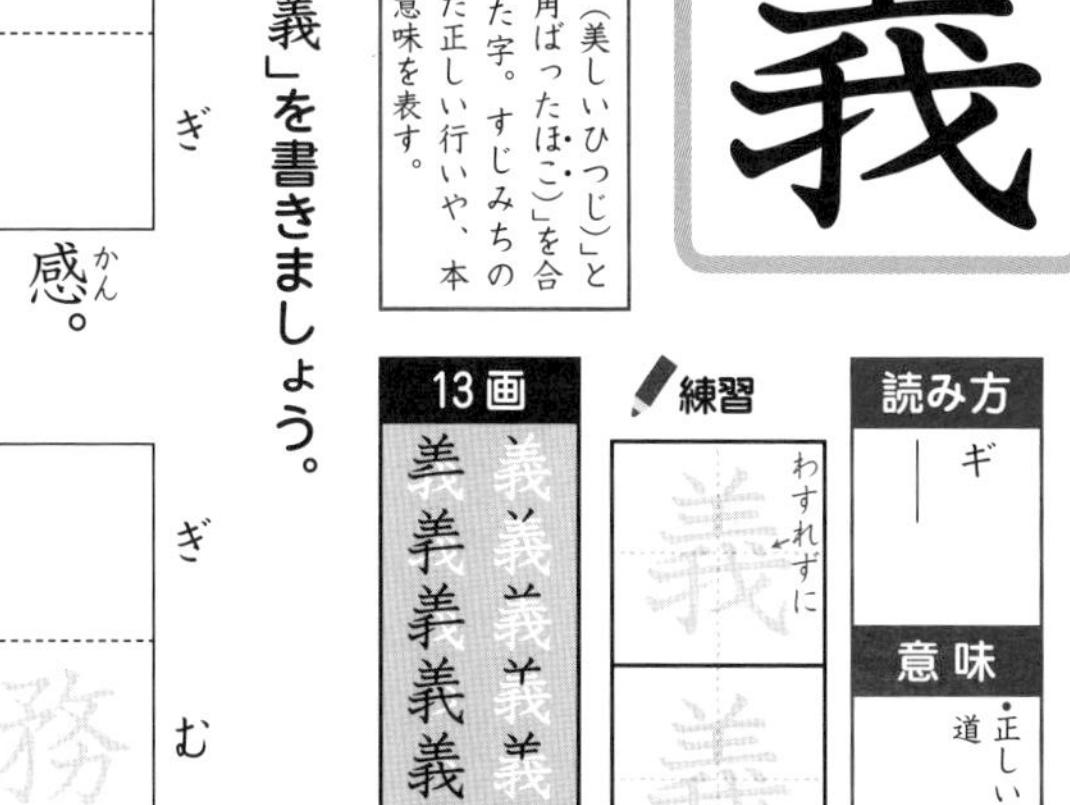

❶「義」を書きましょう。

せいぎ［正］［　］感。

ぎむ［　］［務］。

ぎり［　］［理］がある。

❷ 読みがなを書きましょう。

正義感。（　　）

義務教育。（　　）

義理がある。（　　）

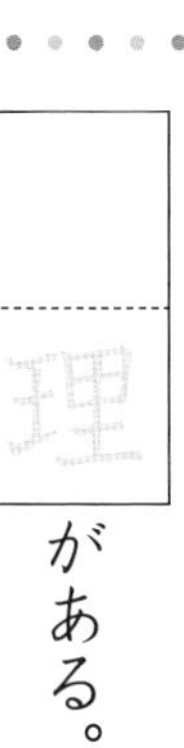

36 二つ（その他）に分かれる漢字

序・厚

二つに分かれる漢字には、上下、左右に分かれるもののほかに、次のような組み立てのものがあります。

{述 逆}　{因 団}　{術 衛}

ここでは、五年生で習う次のように分かれる漢字を取り上げています。

漢字	主な読み方
序	ジョ
厚	（コウ）あつい

广（まだれ）、厂（がんだれ）の漢字だよ。

序

なりたち 「广（いえ）」と「予（のびる）」を合わせた字。おも屋のわきにのび出た小さい建物から、もののならび方、じゅんじょを表す。

7画 序序序序序序序

練習 序 序（はねる）

読み方 ジョ

意味 •ならび方 •物事のはじめ

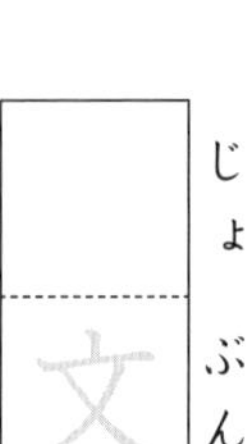

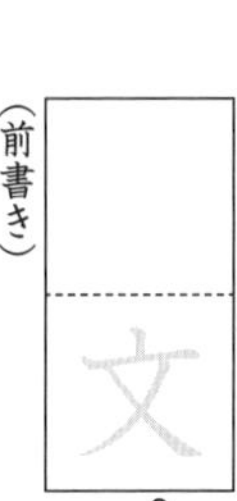

❶ 「序」を書きましょう。

じゅんじょ　順□。

じょぶん　□文。（前書き）

❷ 読みがなを書きましょう。

順序（　　）正しくならぶ。

本の序文（　　）を読む。

厚

なりたち 「厂（がけ）」と「㫗（「高」を逆さにした字）」を合わせた字。がけの土が地面の下に、あつく積み重なっている様子を表す。

9画 厚厚厚厚厚厚厚厚厚

練習 厚 厚（長く）

読み方 （コウ）あつい

意味 •あつい •真心がこもっている様子

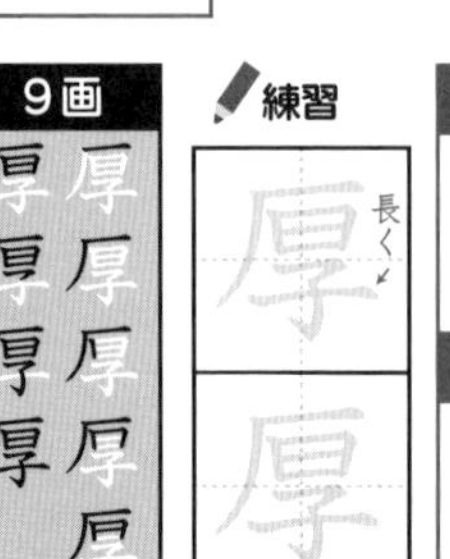

❶ 「厚」を書きましょう。

ぶあつ　ぶ□い本。

あつ　□い友情。

❷ 読みがなを書きましょう。

ぶ厚（　　）い本。

厚（　　）い友情。

ドリル

点

1つ・5点

❶ ——線の漢字の読みがなを書きましょう。

① 歴史を学ぶ。（　　）

② 順序よくならぶ。（　　）

③ 毒がある魚。（　　）

④ 国民の義務。（　　）

⑤ ぶ厚い辞書。（　　）

⑥ きずを消毒する。（　　）

⑦ 本の序文を読む。（　　）

⑧ 厚い友情(ゆうじょう)。（　　）

⑨ 義理がある。（　　）

⑩ 差が歴然とする。（　　）

❷ 読みがなにあう漢字を書きましょう。

① 正しい［じゅんじょ］。

② ［せいぎ］感(かん)。

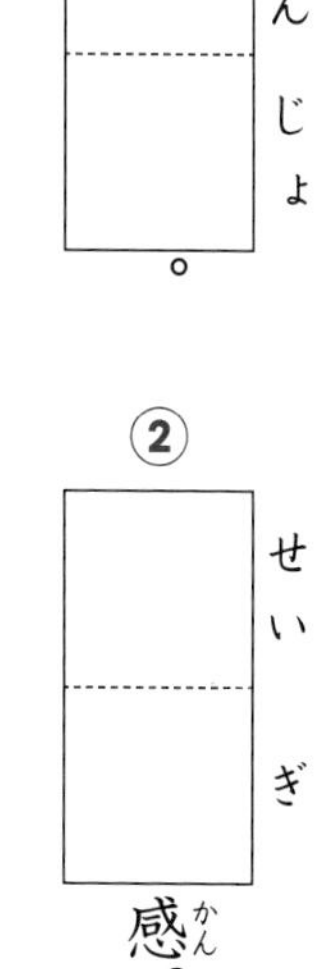

③ 食(しょく)［ちゅうどく］。

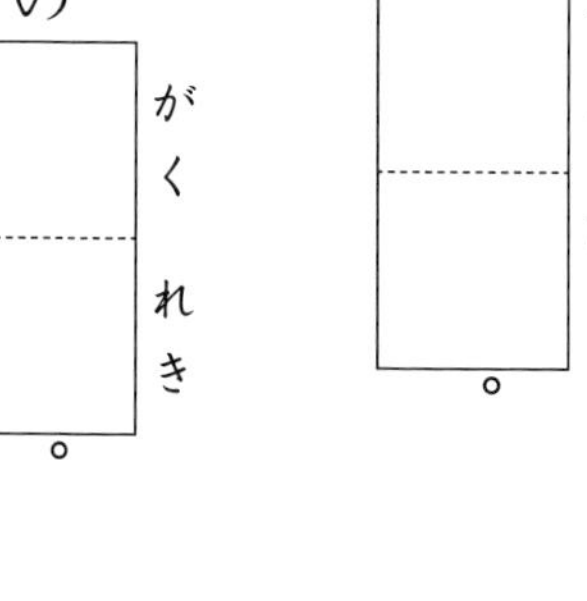

④ ぶ［あつ］い本。

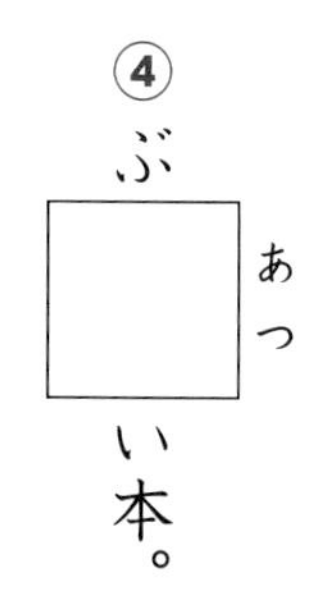

⑤ 父の［がくれき］。

⑥ ［どく］へびの写真。

⑦ ［ぎむ］教育。

⑧ 世界の［れきし］。

⑨ 本の［じょぶん］。

⑩ ［あつい］友情。

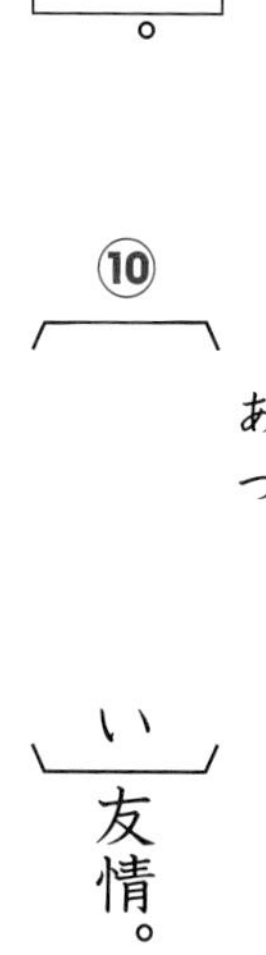

37 二つに分けられない漢字

これまでは、二つに分けられる漢字を取り上げてきましたが、二つに分けられないものもあります。このような漢字の中には、二つの部分が組み合わさるときの部分になるものがあります。

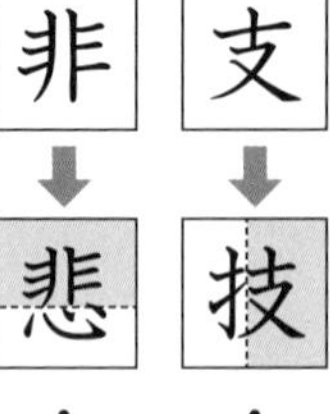

支 → 技・枝
非 → 悲・罪

「興」は書きまちがえやすいよ。左のように上の部分は、①→②→③の順で書くよ。

漢字	久	士	支	弁	再	非	武	象	興
主な読み方	キュウ ひさしい	シ ―	シ ささえる	ベン ―	サイ・サ ふたたび	ヒ ―	ブ・ム ―	ショウ・ゾウ ―	コウ・キョウ (おこる)

久・支・弁・士・再・非・武・興・象

読み方
キュウ
(ク)
ひさしい

意味
・長い時間
・ものごとが長く変わらない

なりたち
「ク(背中の曲がった老人)」と「乀(ひき止める印)」を合わせた字。曲がりくねって長いこと、ひさしい、また、長く止まる意味を表す。

3画
久 久 久

練習
久 (はらう)
久

❶ 「久」を書きましょう。

(ひさ)□しぶりに会う。

別れて(ひさ)□しい。
(別れて長い時間がたっている様子)

(えいきゅう)永□の平和。

(じきゅうりょく)持□力。
(長く持ちこたえる力)

❷ 読みがなを書きましょう。

久しぶりに会う。( )

別れて久しい。( )

永久の平和を願う。( )

持久力がつく。( )

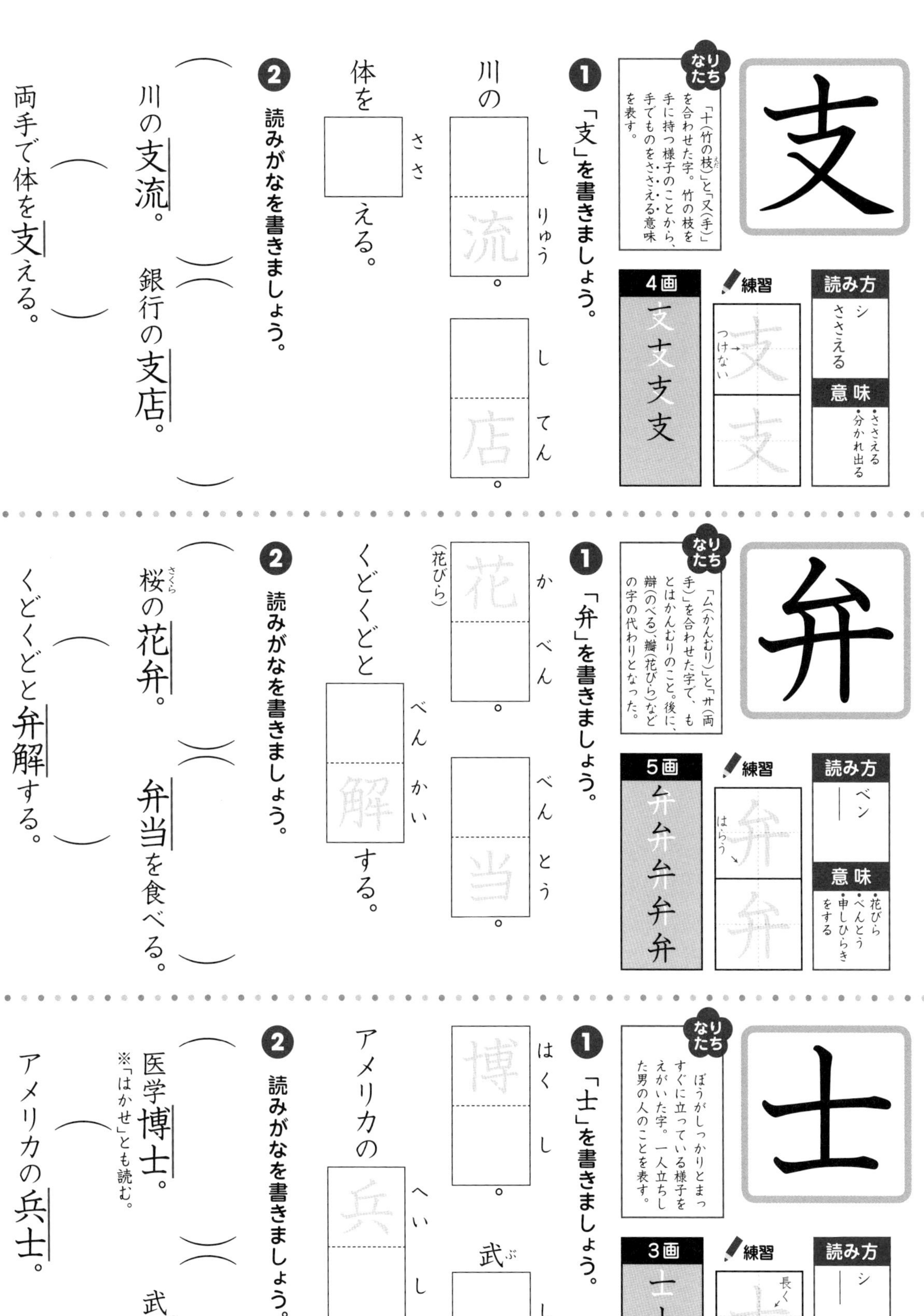

支

なりたち
「十(竹の枝)」と「又(手)」を合わせた字。竹の枝を手に持つ様子のことから、手でものをささえる意味を表す。

読み方：シ　ささえる
意味：・ささえる・分かれ出る
4画
練習（つけない）

❶ 「支」を書きましょう。
川の しりゅう(流)。　してん(店)。
体を ささ える。

❷ 読みがなを書きましょう。
川の支流。（　）　銀行の支店。（　）
両手で体を支える。（　）

弁

なりたち
「ム(かんむり)」と「廾(両手)」を合わせた字で、もとはかんむりのこと。後に、辯(のべる)、瓣(花びら)などの字の代わりとなった。

読み方：ベン
意味：・花びら・べんとう・申しひらきをする
5画
練習（はらう）

❶ 「弁」を書きましょう。
かべん(花)。（花びら）　べんとう(当)。
くどくどと べんかい(解) する。

❷ 読みがなを書きましょう。
桜(さくら)の花弁。（　）　弁当を食べる。（　）
くどくどと弁解する。（　）

士

なりたち
ぼうがしっかりとまっすぐに立っている様子をえがいた字。一人立ちした男の人のことを表す。

読み方：シ
意味：・りっぱな男の人・さむらい、ぐん人
3画
練習（長く）

❶ 「士」を書きましょう。
はくし(博)。　武(ぶ) し の刀。
アメリカの へいし(兵)。

❷ 読みがなを書きましょう。
医学博士。（　）※「はかせ」とも読む。　武士の刀。（　）
アメリカの兵士。（　）

ドリル

1つ・5点

点

1 ――線の漢字の読みがなを書きましょう。

① 久しぶりに会う。（　　）

② 銀行の支店。（　　）

③ 武士の刀。（　　）

④ 桜の花弁。（　　）

⑤ 体を支える。（　　）

⑥ 外国の兵士。（　　）

⑦ 弁解する。（　　）

⑧ 永久の平和。（　　）

⑨ 持久力がつく。（　　）

⑩ お昼の弁当。（　　）

2 読みがなにあう漢字を書きましょう。

① 武［　］（し）の時代。

② ［　　］（べんとう）を食べる。

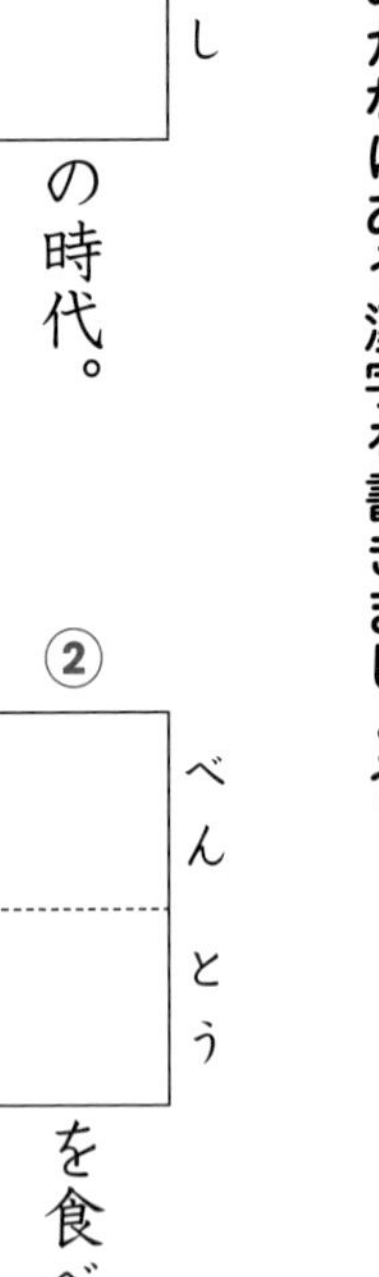

③ ［　　］（えいきゅう）の平和。

④ 銀行の［　　］（してん）。

⑤ 川の［　　］（しりゅう）。

⑥ ［　　　］（じきゅうりょく）。

⑦ 医学［　　］（はくし）。

⑧ 体を〔　〕（ささ）える。

⑨ ［　　］（べんかい）する。

⑩ 別れて〔　〕（ひさ）しい。

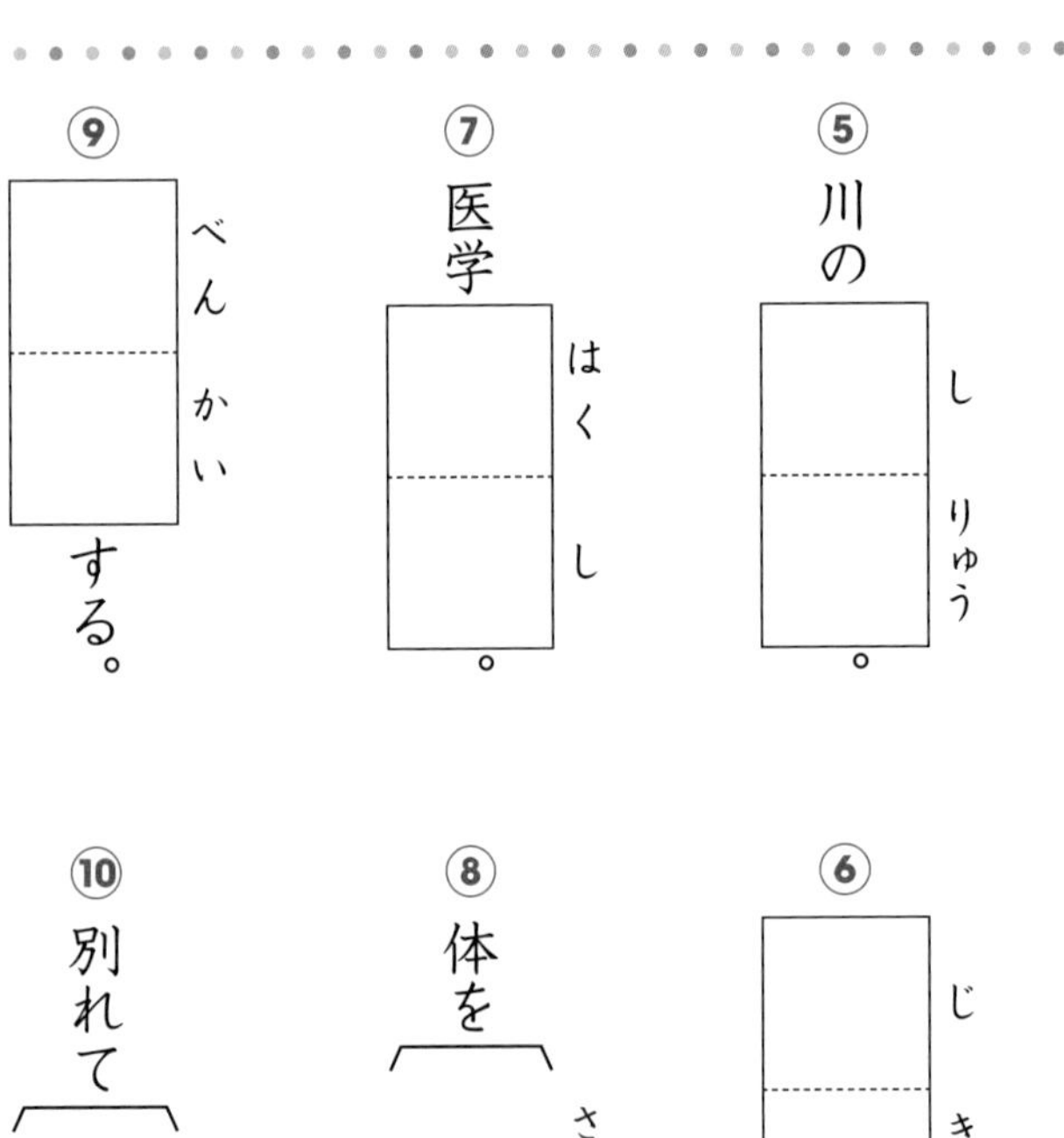

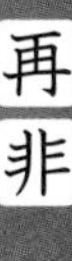

再

なりたち
「一（いち）」と「冓（冓の下半分。つり合っている）」を合わせた字。下と同じものごとがもう一つある。ふたたびあることを表す。

読み方	意味
サイ サ ふたたび	・もう一度

6画 再

練習 再（長く）

❶「再」を書きましょう。

- ふたた[　]び会う。
- さいかい[　]開する。（一度中止したものを、また始める）
- さいど[　]度試みる。
- さらいねん[　]来年。

❷ 読みがなを書きましょう。

- 級友に再び会う。（　）
- 試合を再開する。（　）
- 再度試みる。（　）
- 再来年に卒業する。（　）

非

なりたち
鳥が羽を左右に開いている様子をえがいた字。羽が左右に分かれて反対の方を向いていることから、そうでないことを表す。

読み方	意味
ヒ ―	・正しくない ・〜でない

8画 非

練習 非（とめる）

❶「非」を書きましょう。

- ひじょう[　]常に暑い日。
- ひこう[　]行をなくす。（悪い行いをなくす）
- ひじょうぐち[　]常口。
- 失敗をひ[　]難（なん）する。（失敗したことに対してとがめる）

❷ 読みがなを書きましょう。

- 非常に暑い日。（　）
- 非行をなくす。（　）
- 非常口からにげる。（　）
- 失敗を非難（なん）する。（　）

武

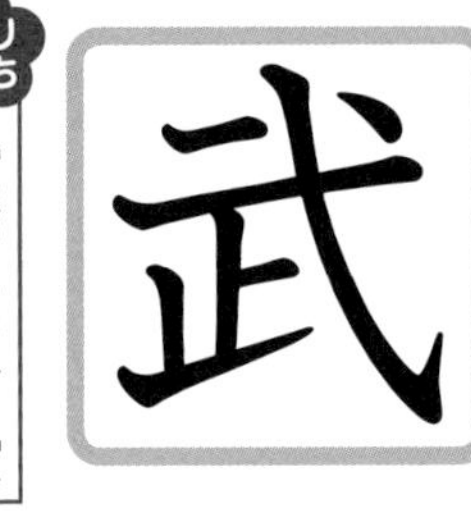

なりたち
「弋（ぶきのほこ）」と「止（足）」を合わせた字。戦争のとき、兵士がほこを持って勇ましく進むことから、勇ましい様子を表す。

読み方：ブ　ム
意味：・戦い　・勇ましい
練習：はねる
8画

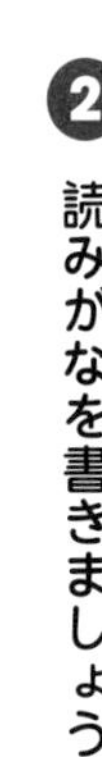

❶「武」を書きましょう。

ぶし（　）士。　ぶき（　）器。
むしゃ（　）者ぶるいをする。

❷読みがなを書きましょう。

武士（　）の時代。　古い武器（　）。
武者（　）ぶるいをする。

興

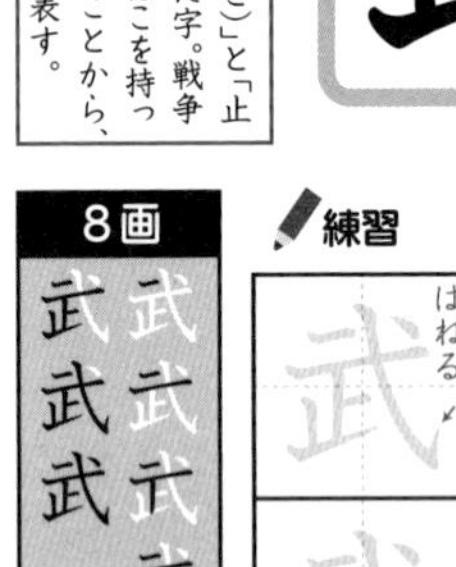

なりたち
「舁（上からと下からと、合わせて四つの手がのびて、何かを持ち上げる）」と「同（おなじようにする）」を合わせた字。いっせいにおこすことを表す。

読み方：コウ　キョウ　（おこる）（おこす）
意味：・おもしろみ　・さかんになる
練習
16画

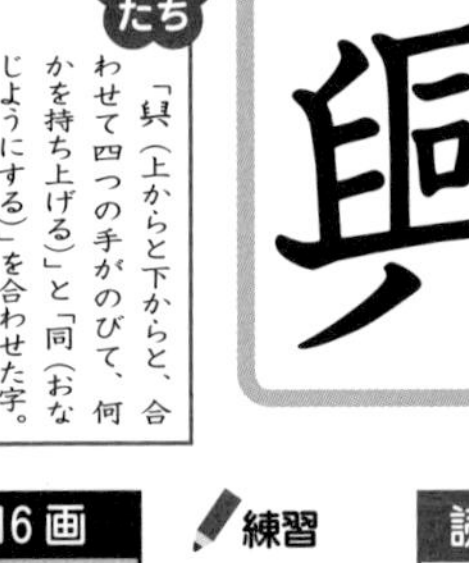

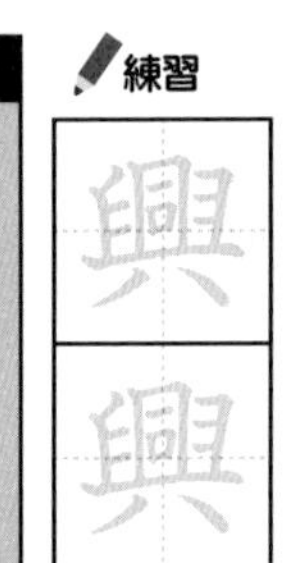

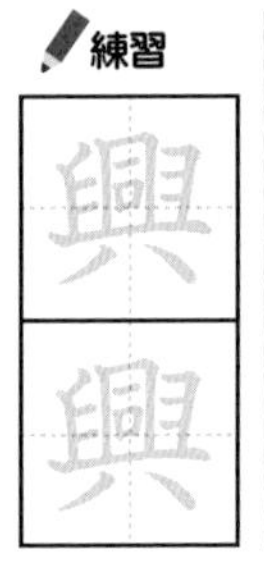
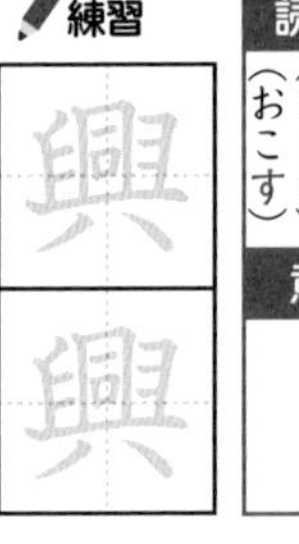

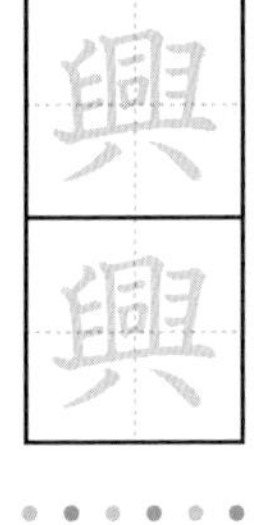

❶「興」を書きましょう。

きょうみ（　）味。　きょう（　）じる。
ふっこう（　）復（　）。　こう（　）奮（ふん）する。

❷読みがなを書きましょう。

興味（　）や関心。　遊びに興（　）じる。
町の復興（　）。　興（　）奮（ふん）する。

象

なりたち
動物のぞうのすがたをえがいた字。大きなすがたから、すがたや形の意味にも使う。

読み方：ショウ　ゾウ
意味：・ぞう　・目に見える形
練習：はねる
12画

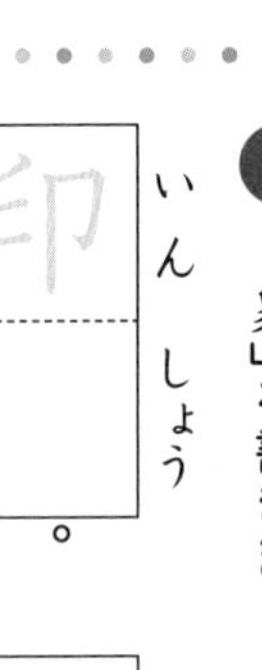
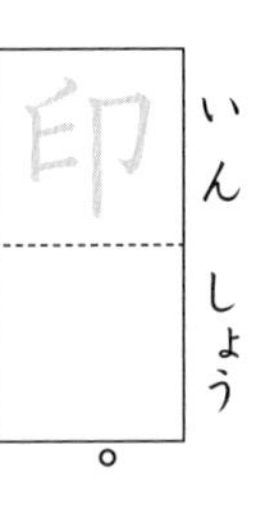
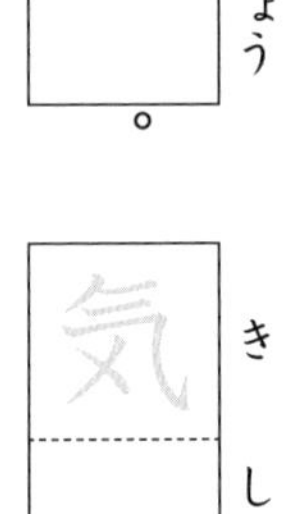

❶「象」を書きましょう。

いんしょう（　）印（　）。　きしょう（　）気（　）庁（ちょう）。
動物園のぞう（　）。

❷読みがなを書きましょう。

印象（　）深い。　気象（　）の変化。
動物園で象（　）を見る。

ドリル

点

1つ・5点

1 ――線の漢字の読みがなを書きましょう。

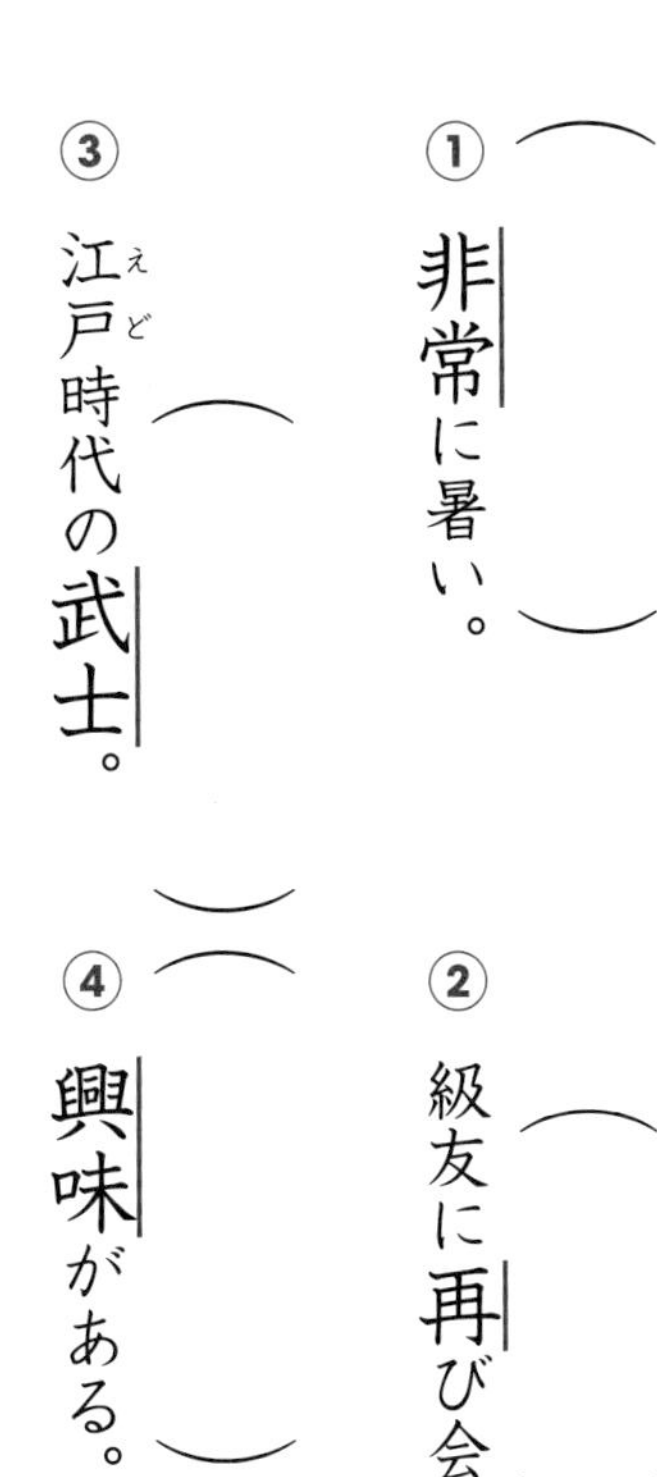

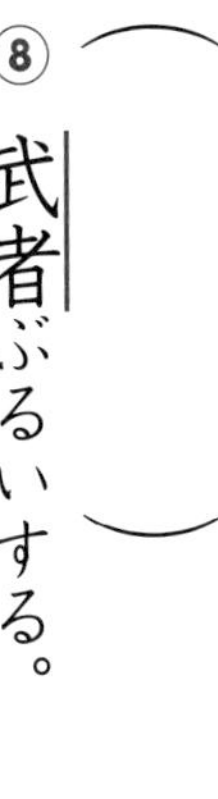
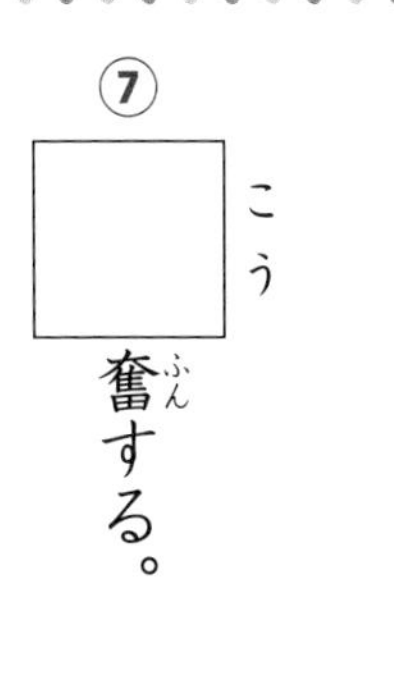

① **非常**に暑い。（　　）

② 級友に**再**び会う。（　　）

③ 江戸(えど)時代の**武士**。（　　）

④ **興味**がある。（　　）

⑤ **再度**行う。（　　）

⑥ **象**の長い鼻。（　　）

⑦ 試合に**興**奮(ふん)する。（　　）

⑧ **武者**ぶるいする。（　　）

⑨ **気象**の変化。（　　）

⑩ **再来年**に卒業する。（　　）

2 読みがなにあう漢字を書きましょう。

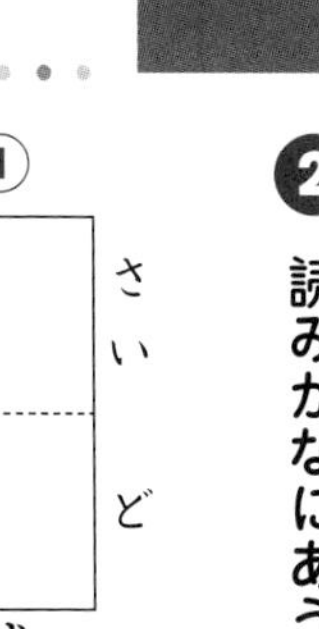
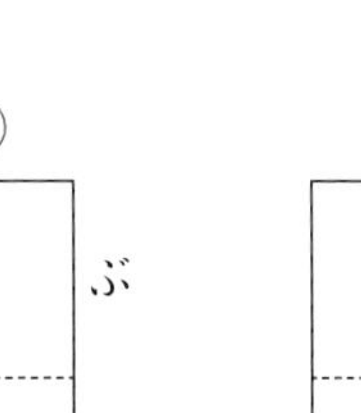
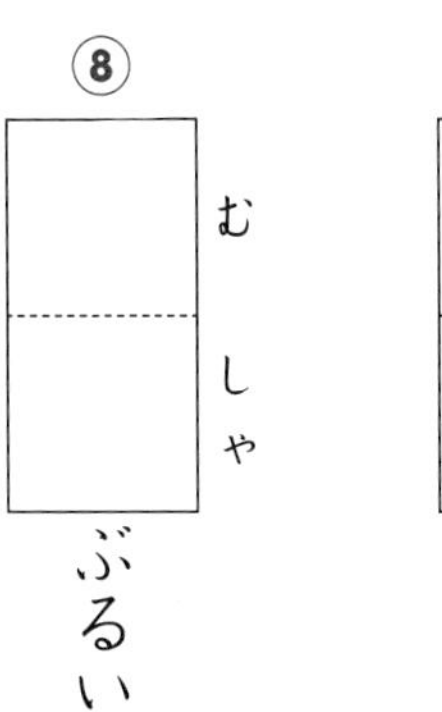
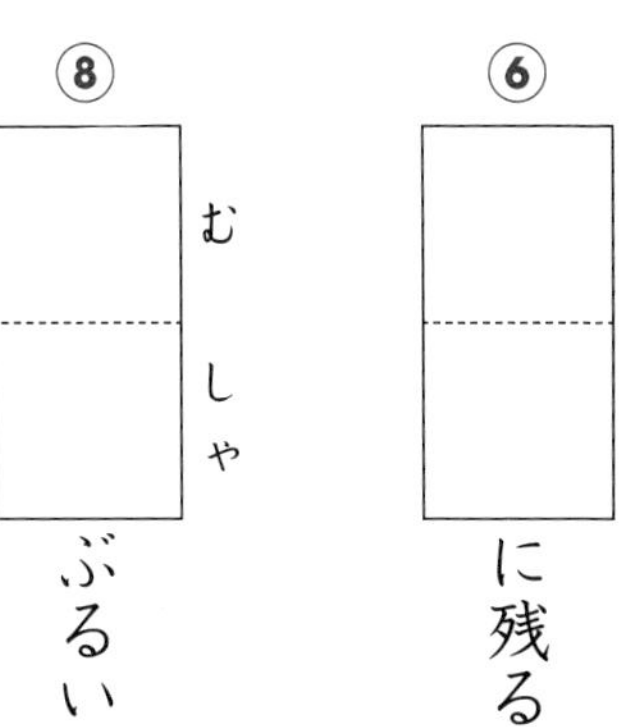
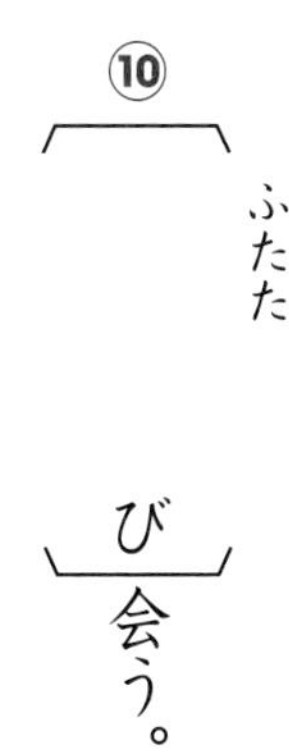

① □□（さいど）試みる。

② □□□（ひじょうぐち）。

③ □□（きょうみ）を示(しめ)す。

④ □□（ぶし）の刀。

⑤ □□□（さらいねん）。

⑥ □□（いんしょう）に残る。

⑦ □（こう）奮(ふん)する。

⑧ □□（むしゃ）ぶるい。

⑨ 動物園の□（ぞう）。

⑩ （ふたた）び会う。

まとめドリル

点

1つ・4点

❶ 読みがなにあう漢字を書きましょう。

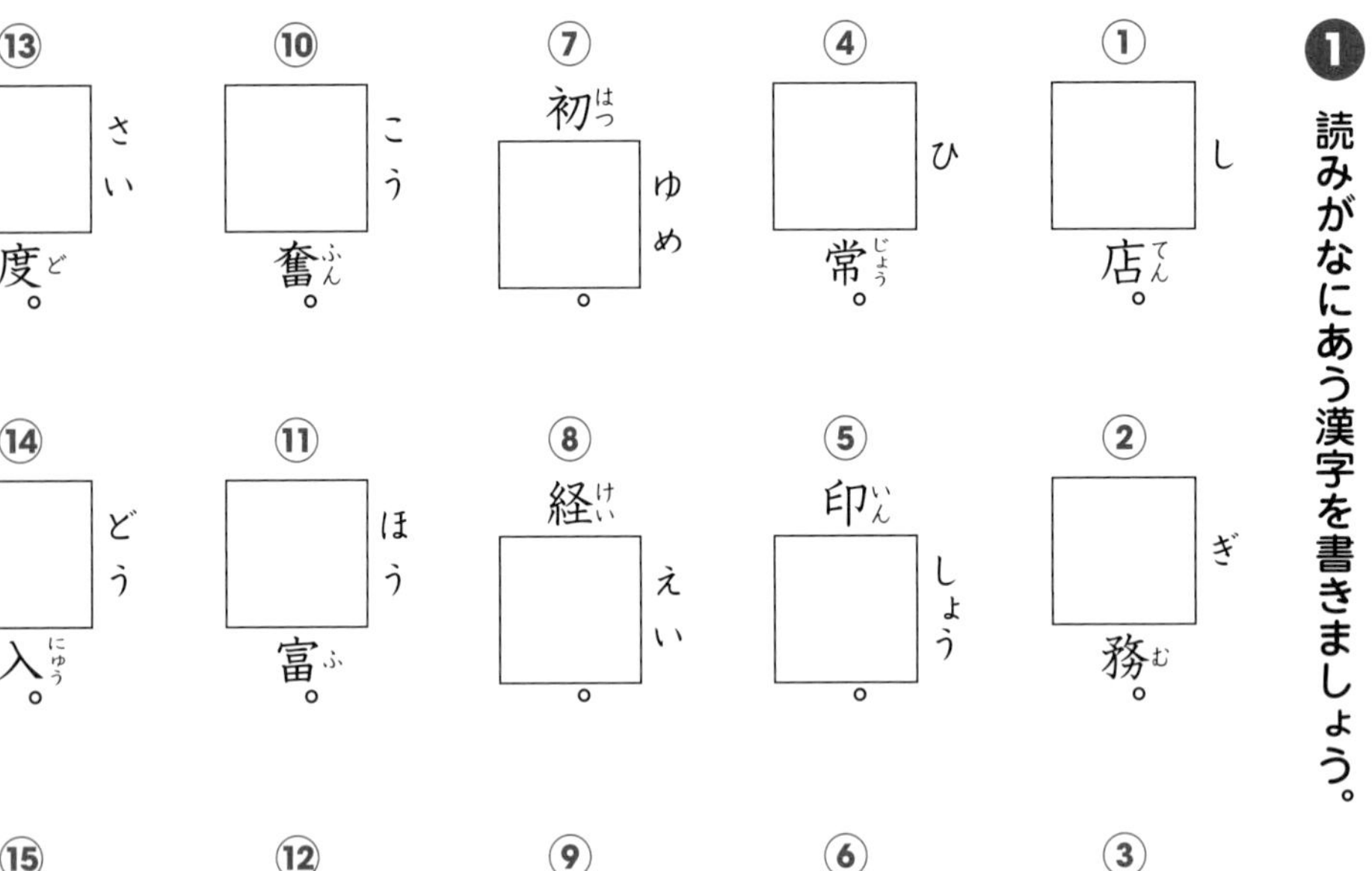

① □（し）店（てん）。
② □（ぎ）務（む）。
③ 永（えい）□（きゅう）。
④ □（ひ）常（じょう）。
⑤ 印（いん）□（しょう）。
⑥ □（つみ）深（ぶか）い。
⑦ 初（はつ）□（ゆめ）。
⑧ 経（けい）□（えい）。
⑨ 能（のう）□（りつ）。
⑩ □（こう）奮（ふん）。
⑪ □（ほう）富（ふ）。
⑫ □（きず）く。
⑬ □（さい）度（ど）。
⑭ □（どう）入（にゅう）。
⑮ □（どく）へび。

❷ 読みがなにあう漢字を書きましょう。

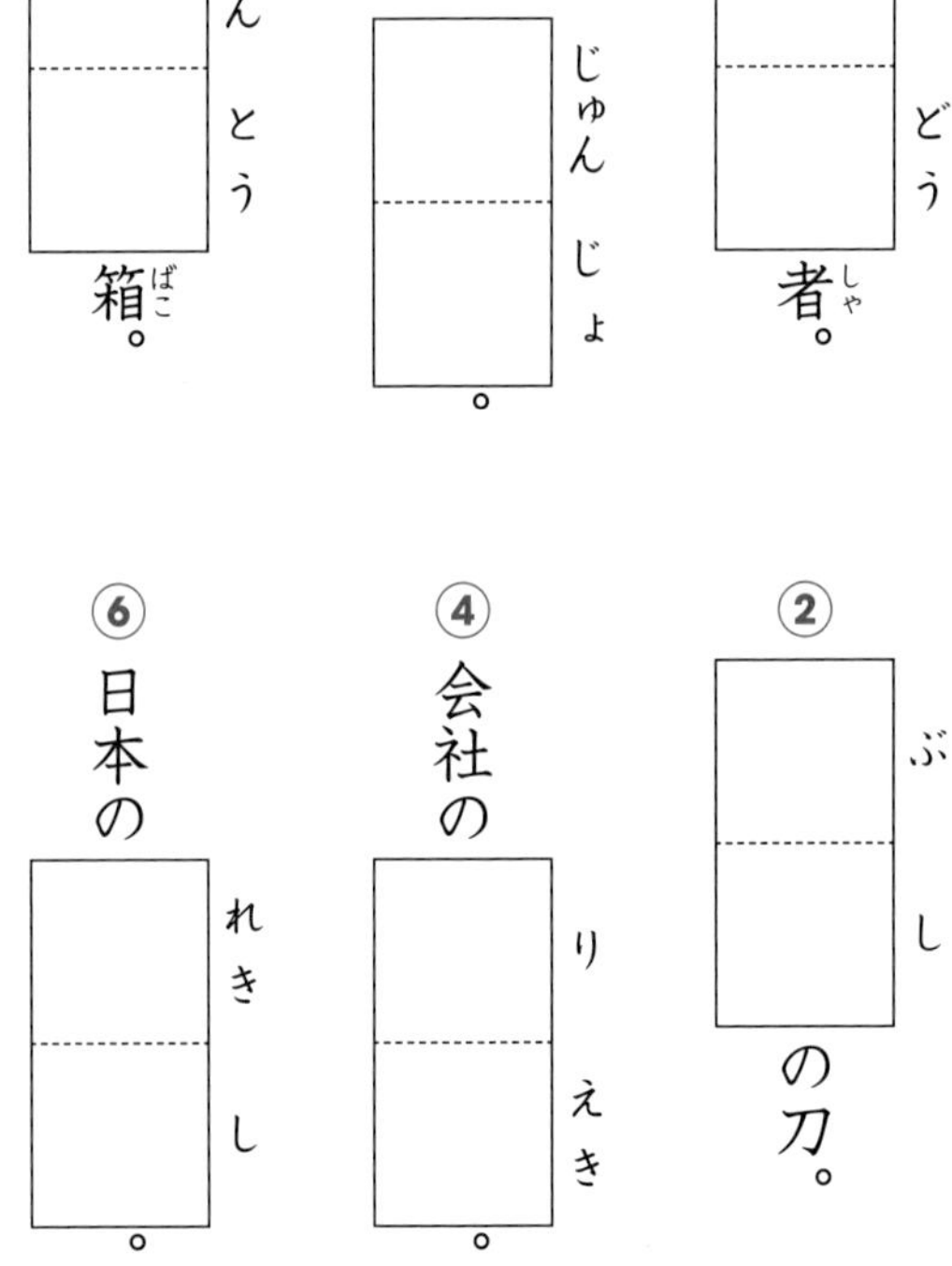

① □□（し どう）者（しゃ）。
② □□（ぶ し）の刀。
③ 席の□□（じゅん じょ）。
④ 会社の□□（り えき）。
⑤ □□（べん とう）箱（ばこ）。
⑥ 日本の□□（れき し）。

❸ 次のことばを漢字と送りがなで〔　〕に書きましょう。

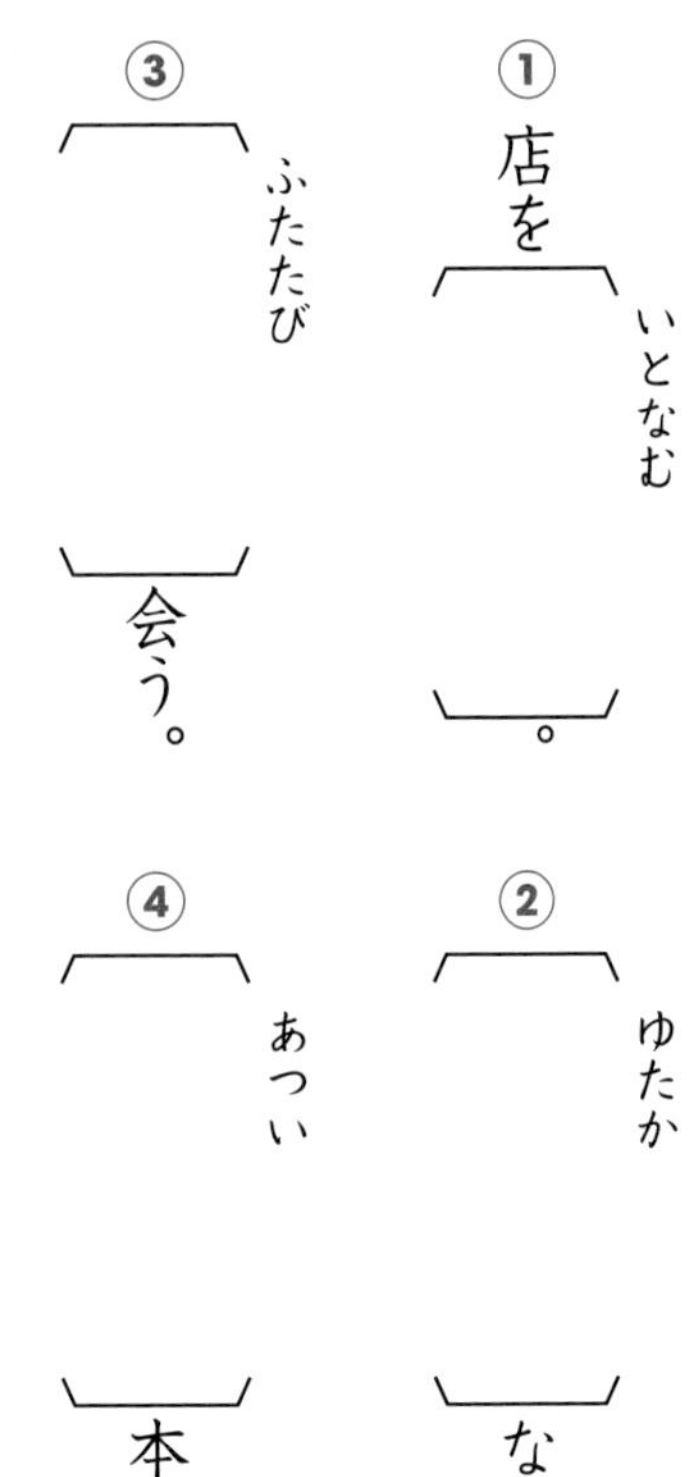

① 店を〔　　〕（いとなむ）。
② 〔　　〕（ゆたか）なくらし。
③ 〔　　〕（ふたたび）会う。
④ 〔　　〕（あつい）本。

38 同じ部分をもつ漢字

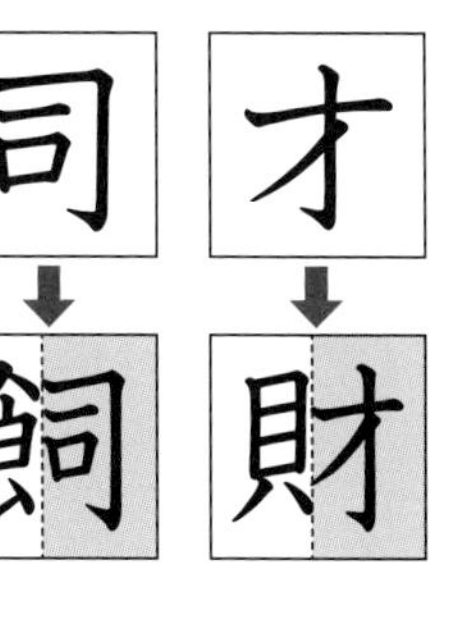

上の漢字を見て、何か気づいたことはありませんか。

そうです。「財」には「才」が、「飼」には「司」という字が入っています。

このような漢字をさがして、音の読み方を調べたり、字の形を比べたりしてみましょう。

皮→波・破

長→帳・張

各→客・格・略

「長・帳・張」は、どれも、音は「チョウ」という読み方だね。

◆ ⬚の部分をえん筆でなぞりましょう。

同 — 三位の銅（どう）メダル。

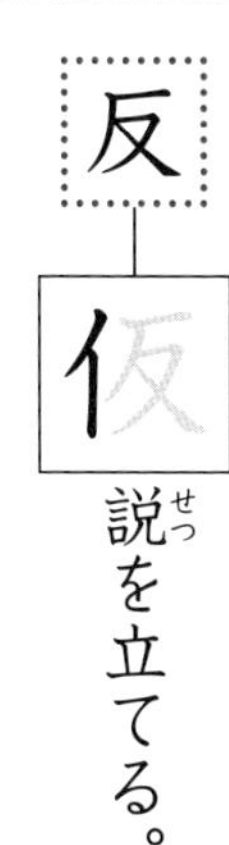

生 — 明るい性（せい）格。

広 — 鉄鉱（こう）石。

豆 — 豊（ゆた）かな生活。

次 — 社会の資（し）料。

道 — 先生の指導（どう）。

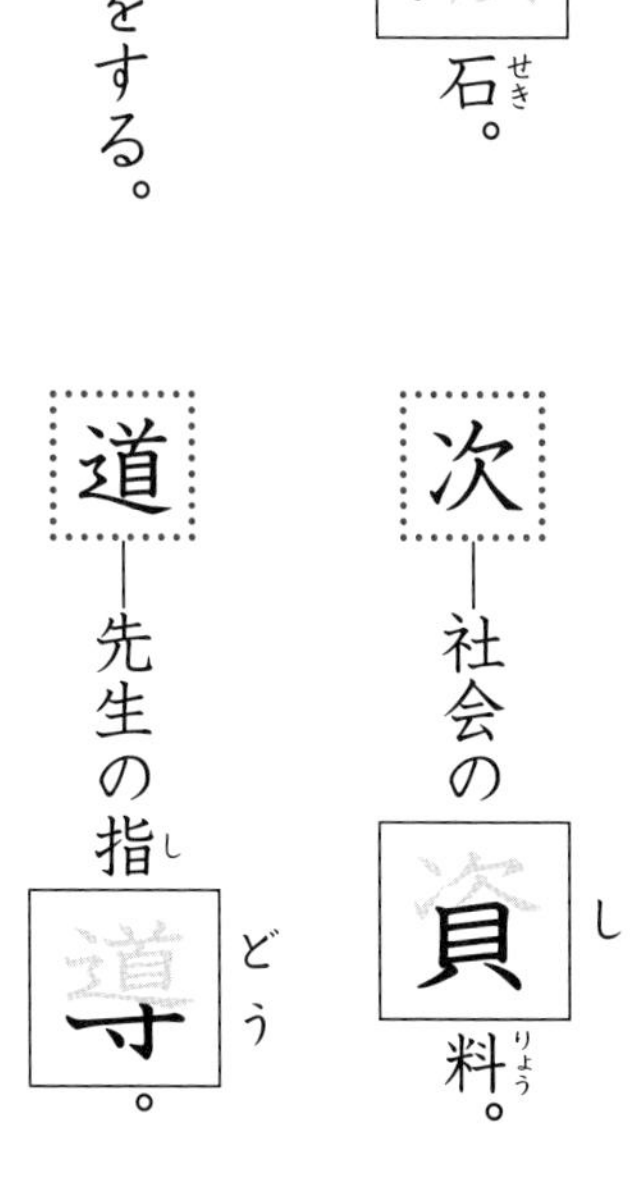

それぞれ、漢字のどの位置に当たるかを確かめておこう！

ドリル①

点

1つ・5点

❶ ⬚の部分をもつ漢字を書きましょう。

① 才 ― □（ざい）料（りょう）を選ぶ。市の文化（ぶんか）□（ざい）。

② 皮 ― □（なみ）がよせる。表紙が□（やぶ）れる。

③ 士 ― 父の□（し）事（ごと）。医者を□（こころざ）す。

④ 各 ― 体（たい）□（かく）がよい。□（りゃく）図（ず）を見る。

⑤ 長 ― メモ□（ちょう）。意見を主（しゅ）□（ちょう）する。

❷ 同じ部分をもつ漢字を書きましょう。

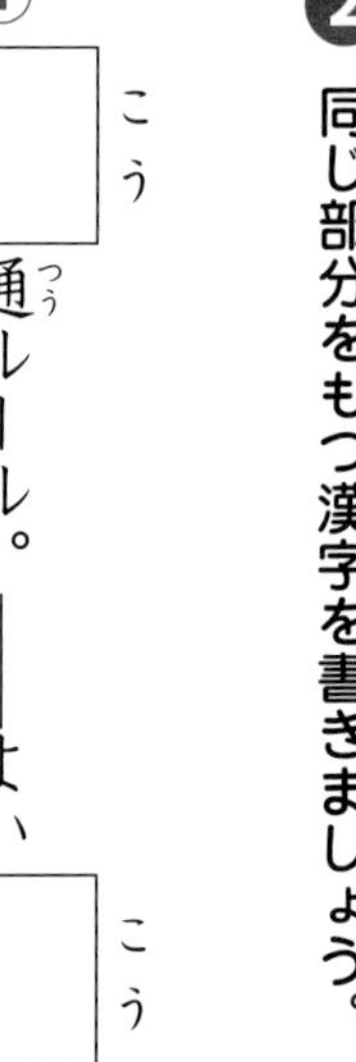

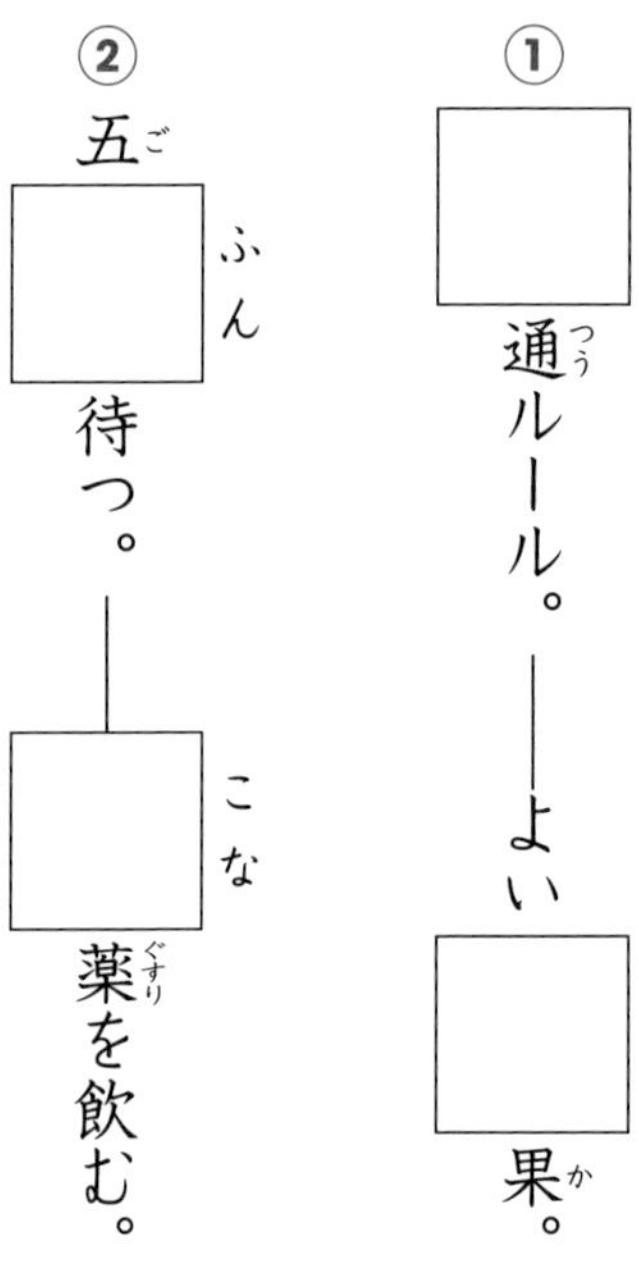

① □（こう）通（つう）ルール。――よい□（こう）果（か）。

② 五（ご）□（ふん）待つ。――□（こな）薬（ぐすり）を飲む。

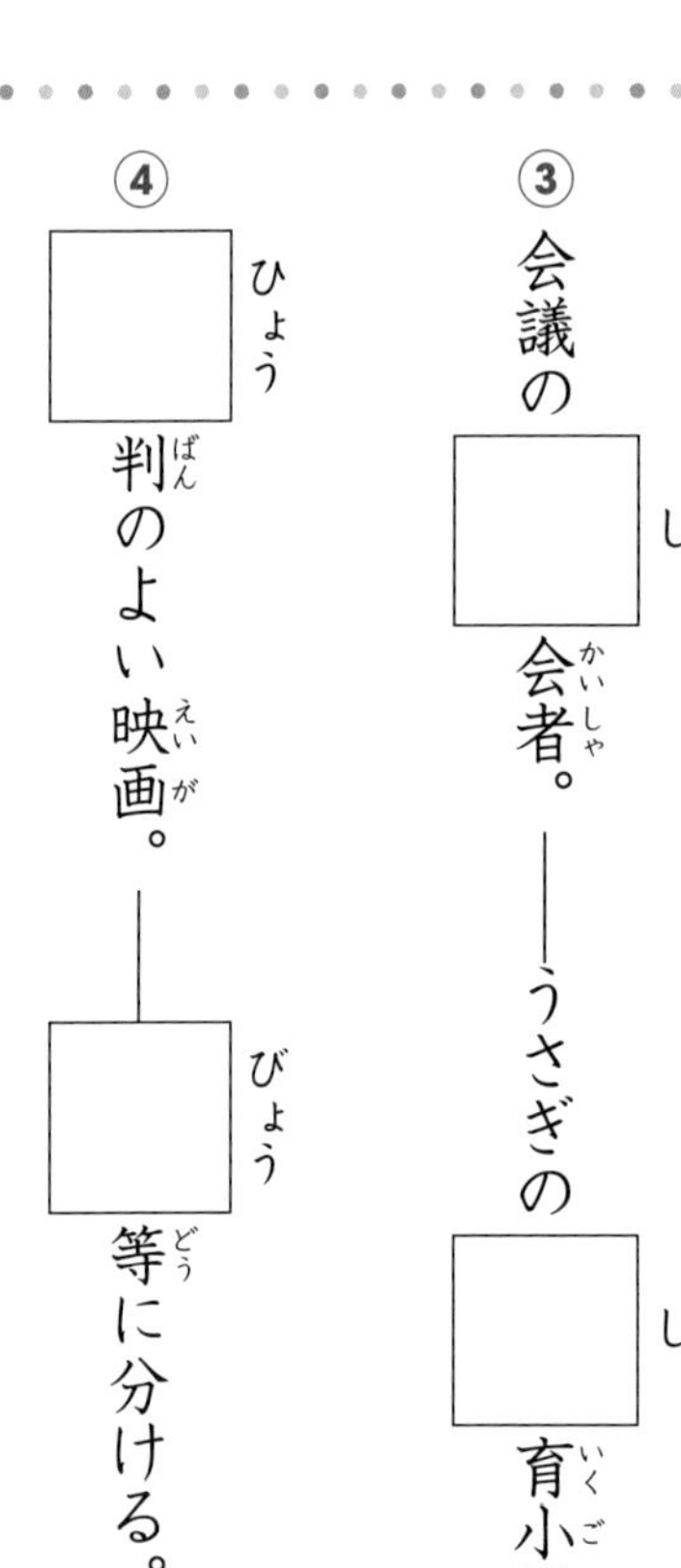

③ 会議の□（し）会者（かいしゃ）。――うさぎの□（し）育小屋（いくごや）。

④ □（ひょう）判（ばん）のよい映画（えいが）。――□（びょう）等（どう）に分ける。

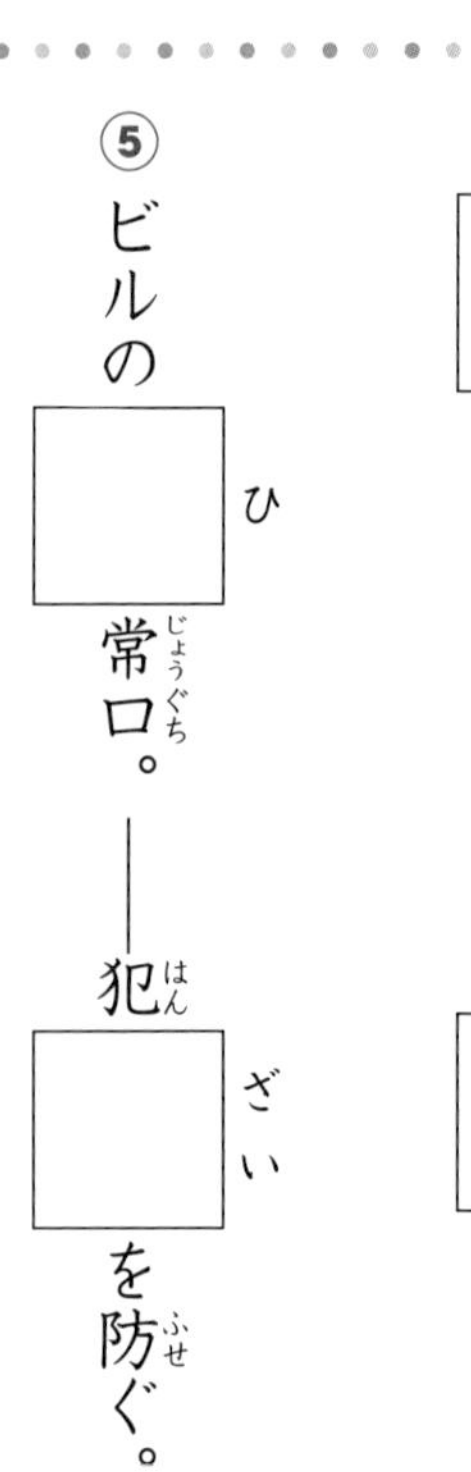

⑤ ビルの□（ひ）常口（じょうぐち）。――犯（はん）□（ざい）を防（ふせ）ぐ。

ドリル②

1 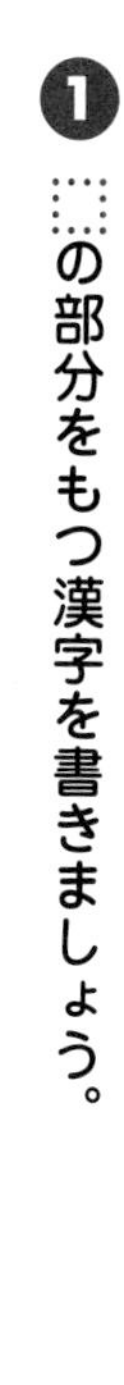の部分をもつ漢字を書きましょう。

① 予
- 銀行の□（よ）金。
- ならぶ順□（じょ）。

② 主
- 家の□（じゅう）所。
- 車に□（ちゅう）意する。
- □（はしら）時計。
- 人の□（おう）来。

③ 反
- ゆか□（いた）。
- 本を□（かえ）す。
- 朝ご□（はん）。
- 本の出□（ぱん）社。

2 同じ部分をもつ漢字を書きましょう。

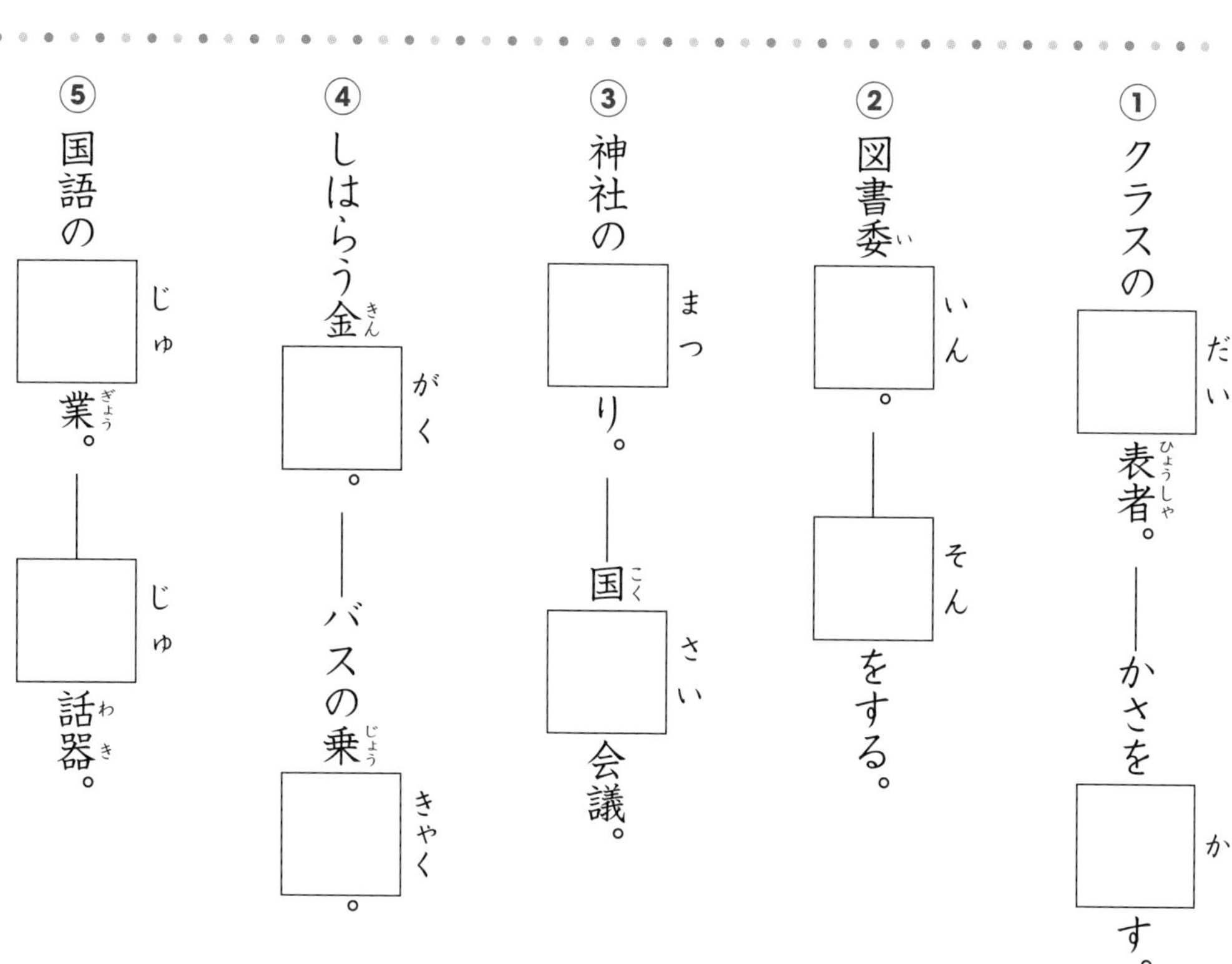

① クラスの□（だい）表者。――かさを□（か）す。

② 図書委□（いん）。――□（そん）をする。

③ 神社の□（まつ）り。――国□（さい）会議。

④ しはらう金□（がく）。――バスの乗□（きゃく）。

⑤ 国語の□（じゅ）業。――□（じゅ）話器。

ドリル③

点
1つ・5点

❶ □の部分をもつ漢字を書きましょう。

① 支 ― すぐれた□（ぎ）術（じゅつ）。折れた□（えだ）。

② 則 ― 向（む）こう□（がわ）。天体観（かん）□（そく）。

③ 責 ― 長方形の面（めん）□（せき）。成（せい）□（せき）がよい。

④ 青 ― □（きよ）い川の流れ。□（しず）かな夜。親の愛（あい）□（じょう）。スポーツマン□（せい）神（しん）。

❷ 同じ部分をもつ漢字を書きましょう。

① 役所の許（きょ）□（か）。―氷（ひょう）□（が）がくずれる。

② アフリカ□（ぞう）。―将来（しょうらい）を想（そう）□（ぞう）してみる。

③ たきぎが□（も）える。―美しい自（し）□（ぜん）。

④ □（せい）限（げん）速度。―ガラス□（せい）。

⑤ 絵の才（さい）□（のう）。―□（たい）度（ど）がよい。

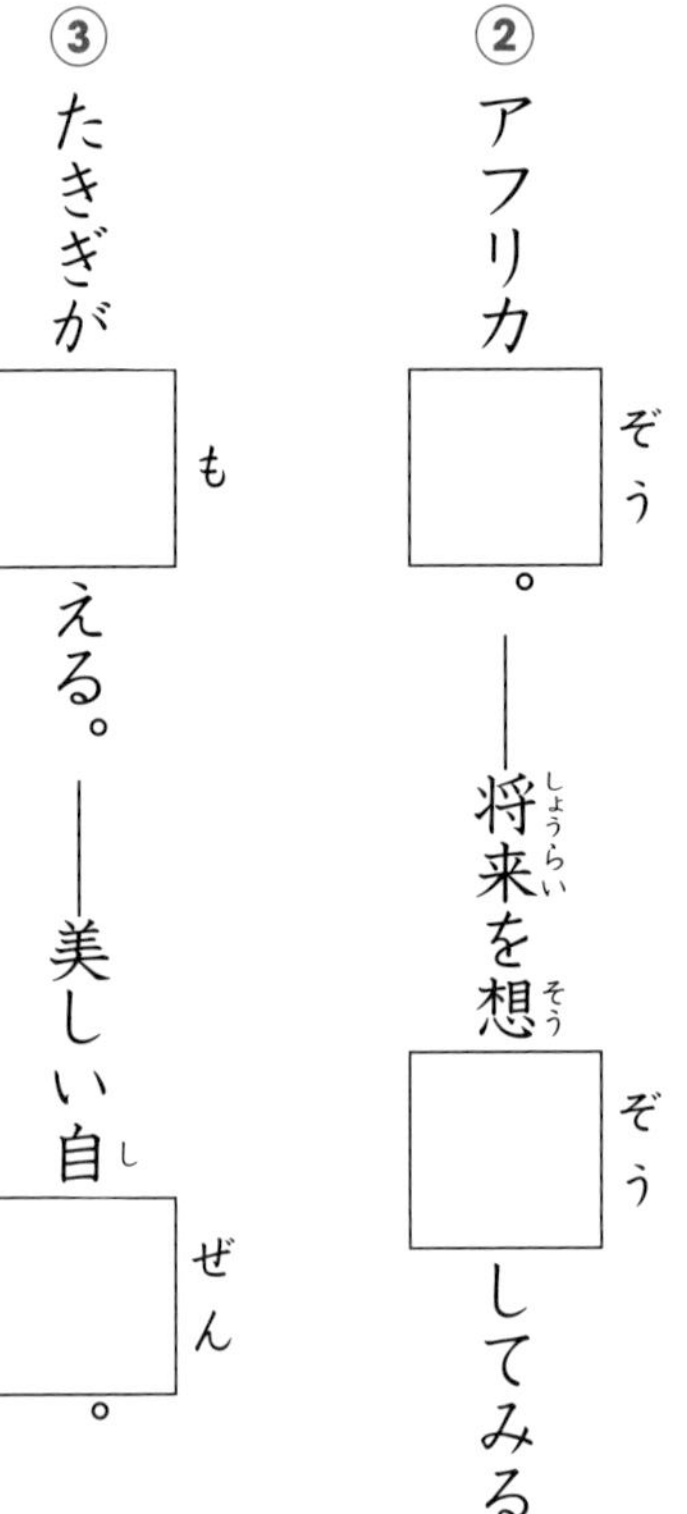

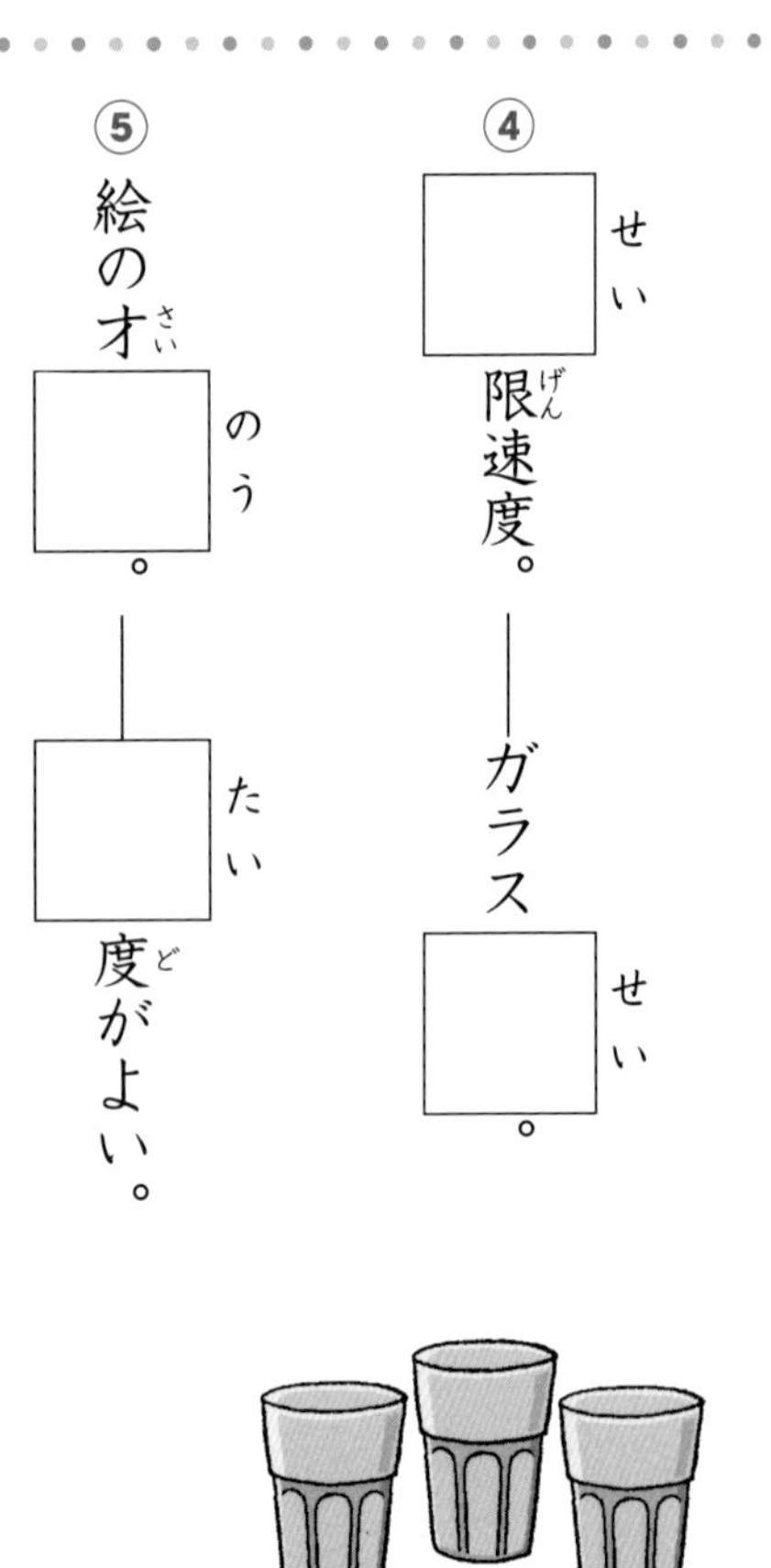

39 形が似(に)ている漢字

司　句　可

仕　任

径　経　軽

上の漢字を見てみましょう。よく似(に)ていますね。「𠃌」と「𠃌」と「𠃌」の部分に注目してみると、「𠃌」は二画で書き、「𠃌」の「丿」の部分は少し外にふくらんだ曲線になっていることがわかります。

このような形が似ている漢字は、書きまちがえやすいものです。字形のちがいをはっきりさせ、それぞれ漢字の意味や使い方をとらえ、区別して覚えるようにしましょう。

また、部首やある部分が同じために、字形が似ている漢字もあります。注意して覚えましょう。

◆ 上と下の漢字で、ちがうところをえん筆でなぞりましょう。

① 複(ふく)写(しゃ)の機械。——体力が回(かい)復(ふく)する。

② 水の圧(あつ)力(りょく)。——生物が存(そん)在(ざい)する。

③ 放(ほう)送(そう)局(きょく)の建物。——逆(ぎゃく)の方向に進む。

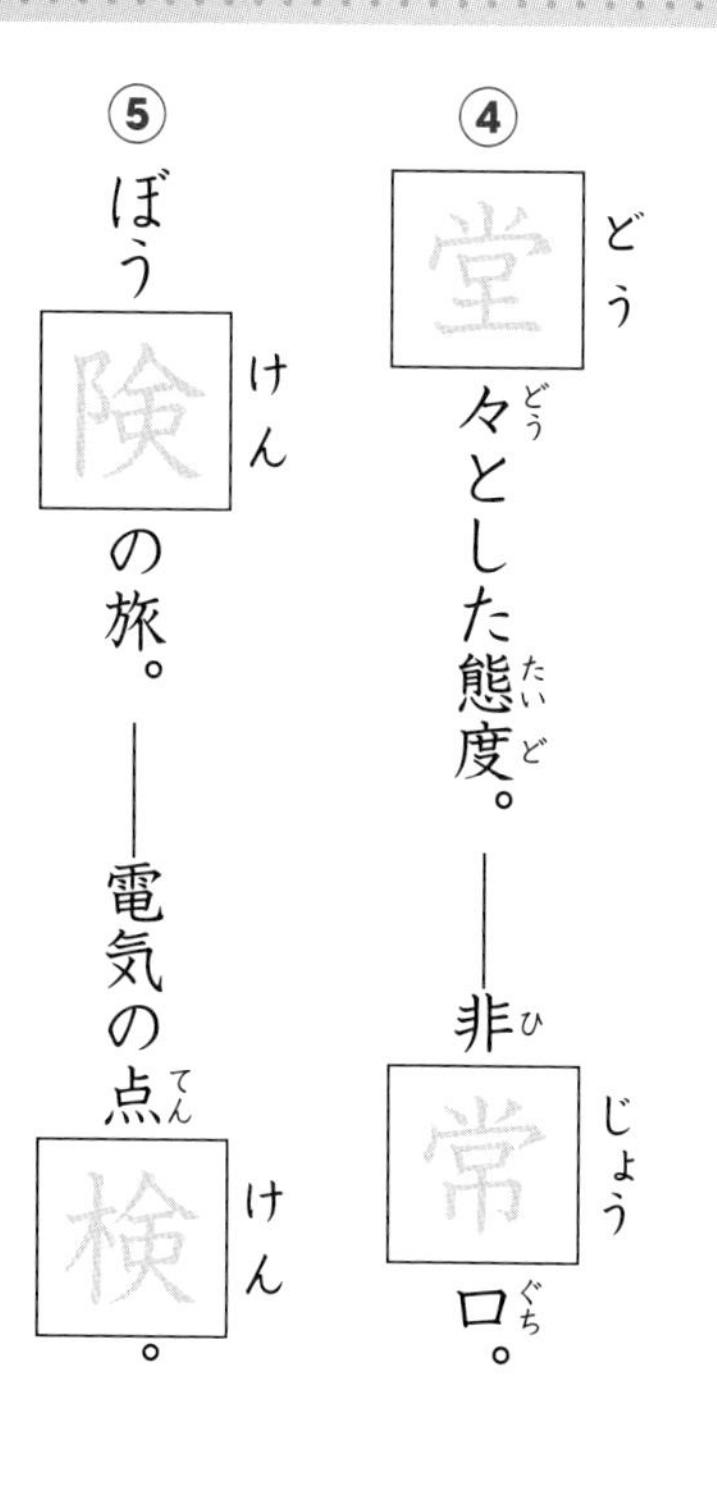

④ 堂(どう)々(どう)とした態(たい)度(ど)。——非(ひ)常(じょう)口(ぐち)。

⑤ ぼう険(けん)の旅。——電気の点(てん)検(けん)。

答え ①ネ—彳　②厂—ナ　③关—屰　④土—巾（呈—吊）　⑤阝—木

ドリル①

点

1つ・5点

1 たりない部分を書きたして、正しい漢字にしましょう。

① 日［己］(き)を書く。二十一世［己］(き)。

② 古い［亻］(ぶつ)像。——用件を［亻］(つた)える。

③ ［召］(しょう)和五十年。——［召］(しょう)待した客。

④ 提出の期［艮］(げん)。——［艮］(がん)科の医者。

2 形に気をつけて、漢字を書きましょう。

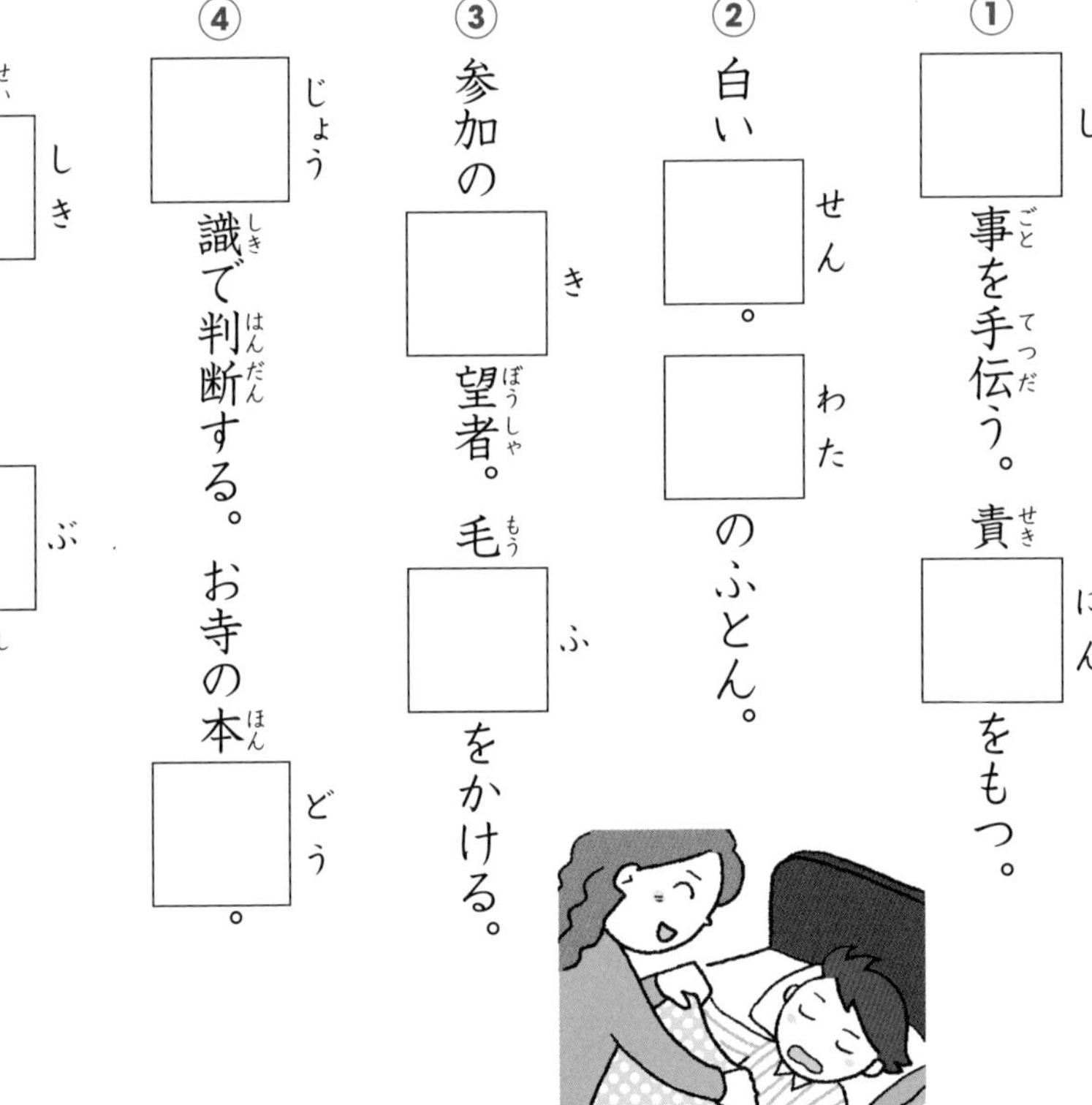

① □(し)事を手伝う。責□(にん)をもつ。

② 白い□(せん)。□(わた)のふとん。

③ 参加の□(き)望者。毛□(ふ)をかける。

④ □(じょう)識で判断する。お寺の本□(どう)。

⑤ 正□(しき)の書類。□(ぶ)士の時代。

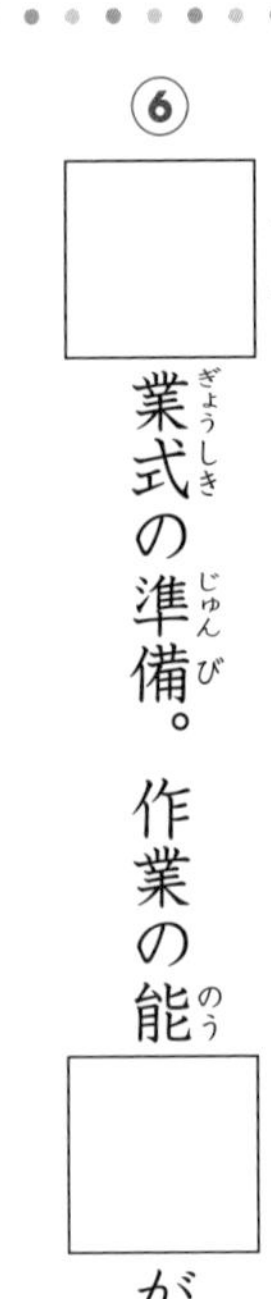

⑥ □(そつ)業式の準備。作業の能□(りつ)が悪い。

ドリル②

点

1つ・5点

❶ 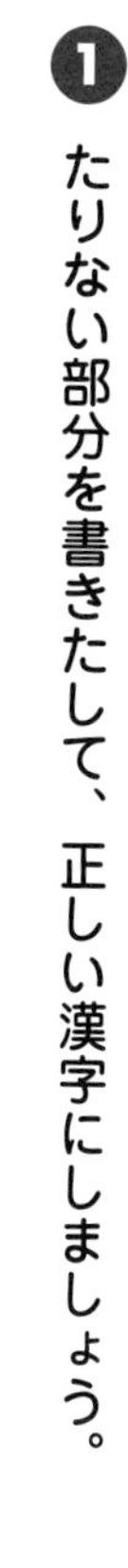
たりない部分を書きたして、正しい漢字にしましょう。

① 国の［兑］(ぜい)金(きん)。――くわしく［兑］(せつ)明(めい)する。

② みんなで［央］(き)める。――［央］(こころよ)い風。

③ 意見を［辶］(の)べる。――道に［辶］(まよ)う。

④ ［殳］(さっ)虫(ちゅう)ざい。――建［殳］(せっ)工事。

⑤ ［貝］(さん)成(せい)する人。――先生に［貝］(しっ)問(もん)する。

❷ 形に気をつけて、漢字を書きましょう。

① 低気(ていき)［　］(あつ)が近づく。現(げん)［　］(ざい)と未来。

② 算数の［　］(ふく)習(しゅう)。［　］(ふく)雑(ざつ)な仕組み。

③ ［　］(し)会者(かいしゃ)が話す。語(ご)［　］(く)の使い方。［　］(か)能性(のうせい)がある。

④ ［　］(かる)く走る。［　］(けい)験(けん)を生かす。円の直(ちょっ)［　］(けい)を測(はか)る。

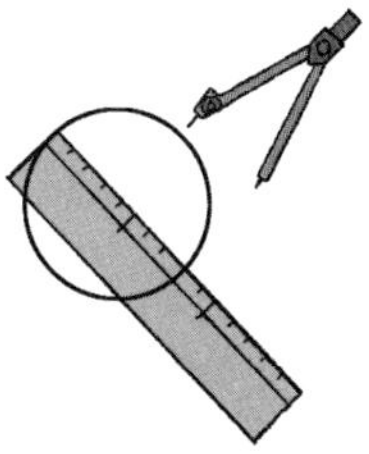

ドリル③

□点
1つ・5点

❶ たりない部分を書きたして、正しい漢字にしましょう。

① テレビ番(ばん)［且］(ぐみ)。――［且］(そ)父(ふ)の家。

② 手紙を［辶］(おく)る。――流れに［辶］(さか)らう。

③ ［貝］(か)物(もつ)列車。――本の［貝］(か)し出し。

④ ［見］(げん)代(だい)の医学。――［見］(き)則(そく)を守る。

⑤ 国(こっ)［竟］(きょう)の町。――［竟］(かがみ)で顔を見る。

❷ 形に気をつけて、漢字を書きましょう。

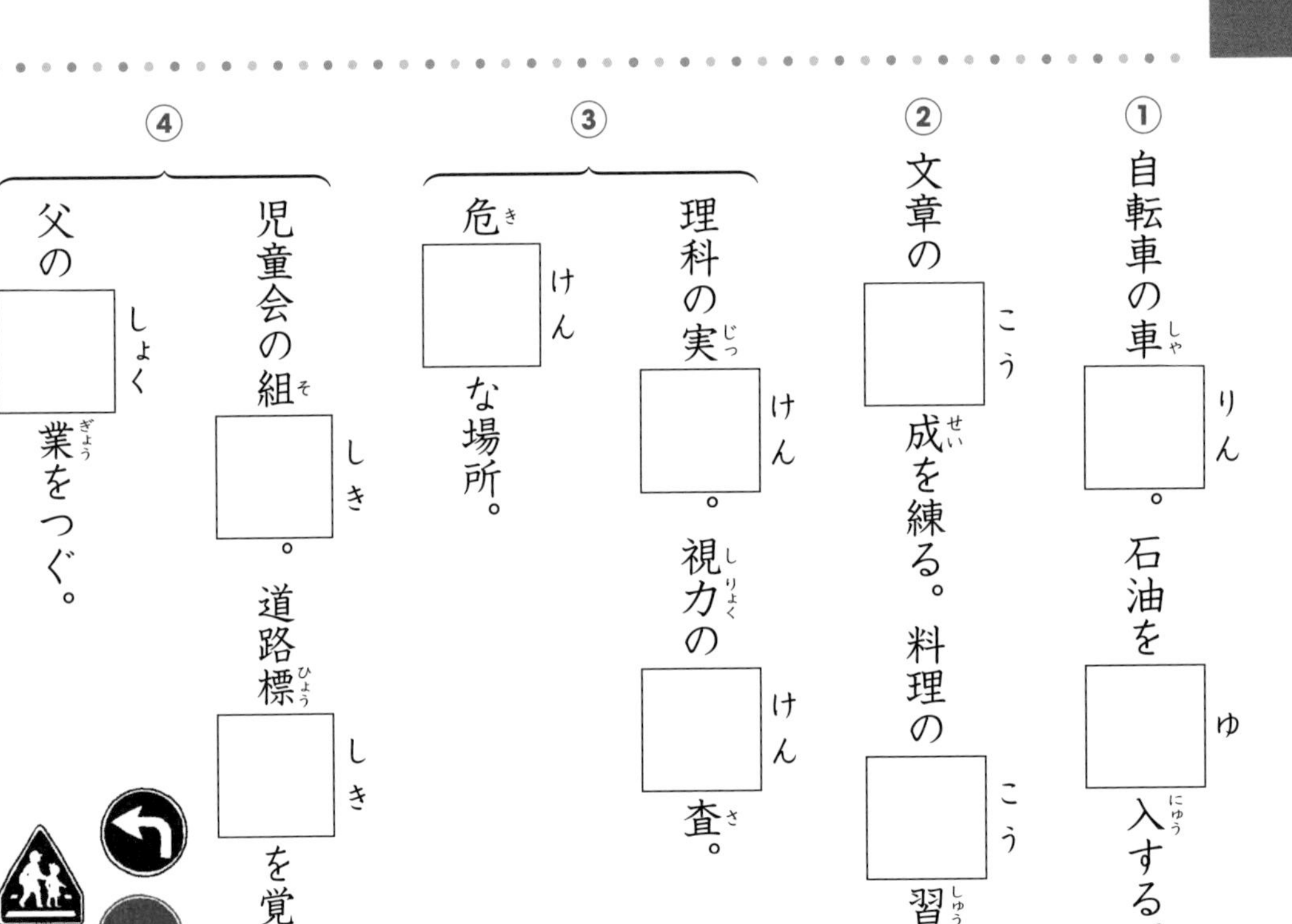

① 自転車の車(しゃ)［　］(りん)。石油を［　］(ゆ)入(にゅう)する。

② 文章の［　］(こう)成(せい)を練る。料理の［　］(こう)習会(しゅうかい)。

③ 理科の実(じっ)［　］(けん)。視力(しりょく)の［　］(けん)査(さ)。
危(き)［　］(けん)な場所。

④ 児童会の組(そ)［　］(しき)。道路標(ひょう)［　］(しき)を覚える。
父の［　］(しょく)業(ぎょう)をつぐ。

40 同じ読み方の漢字

次の――線の読み方の漢字を考えてみましょう。

・けん康に気をつける。

「けん」という読み方の漢字は、たくさんあります。これまでに、「犬・件・見・建・研・県・健・険・検・験」を習いました。「けん康」ということばから、「健」が当てはまることがわかります。

・子犬をかう。

「かう」には、「買う」と「飼う」の両方が使えます。漢字によって意味がちがうことに注意して、漢字を正しく使うようにしましょう。

子犬を買う。

子犬を飼う。

◆――線のことばを正しい漢字で書き表したほうに、○をつけましょう。

① とう明なえきたい。 （　）益体　（　）液体

② 人口がげんしょうする。 （　）限少　（　）減少

③ 空気中のさんそ。 （　）酸素　（　）賛素

④ しょうじょうをもらう。 （　）賞条　（　）賞状

⑤ もくぞうの家。 （　）木造　（　）木像

答え　①液体　②減少　③酸素　④賞状　⑤木造

ドリル①

□点
1つ・5点

❶ □に当てはまる漢字を、〔 〕から選んで書きましょう。

① 〔営・衛〕… □（えい）業時間。人工□（えい）星。

② 〔刊・慣〕… 習□（かん）づける。週□（かん）誌。

③ 〔基・寄〕… □（き）本練習。□（き）付のお金。

④ 〔比・肥〕… 男女の□（ひ）率。畑の□（ひ）料。

⑤ 〔旧・救〕… □（きゅう）助する。□（きゅう）式の車。

❷ ――線のように読む漢字を書きましょう。

① キン　テストの平□点。立ち入り□止。

② ショウ　客を□待する。□明書の発行。

③ ハン　的確に□断する。□画を刷る。

④ ホウ　明日の天気予□。□富な知識。

⑤ ボウ　事故の□止。外国との□易。

ドリル②

1つ・5点　点

1 □に当てはまる漢字を、〔　〕から選んで書きましょう。

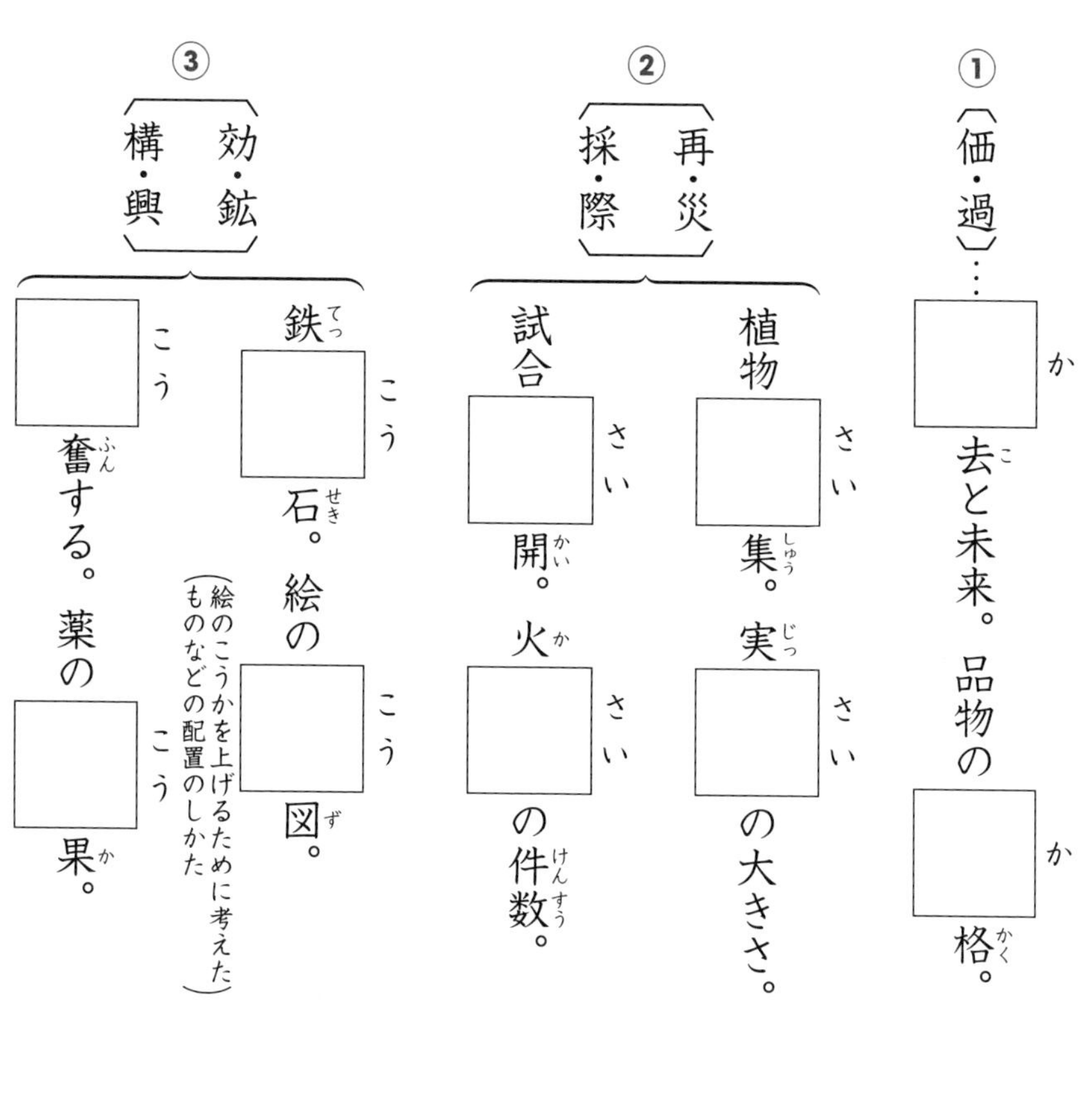

① 〔価・過〕…□（か）去と未来。品物の□（か）格。

② 〔再・災 採・際〕 植物□（さい）集。実□（さい）の大きさ。試合□（さい）開。火□（さい）の件数。

③ 〔効・鉱 構・興〕 鉄□（こう）石。絵の□（こう）図。（絵のこうかを上げるために考えたものなどの配置のしかた）□（こう）奮する。薬の□（こう）果。

2 ――線のように読む漢字を書きましょう。

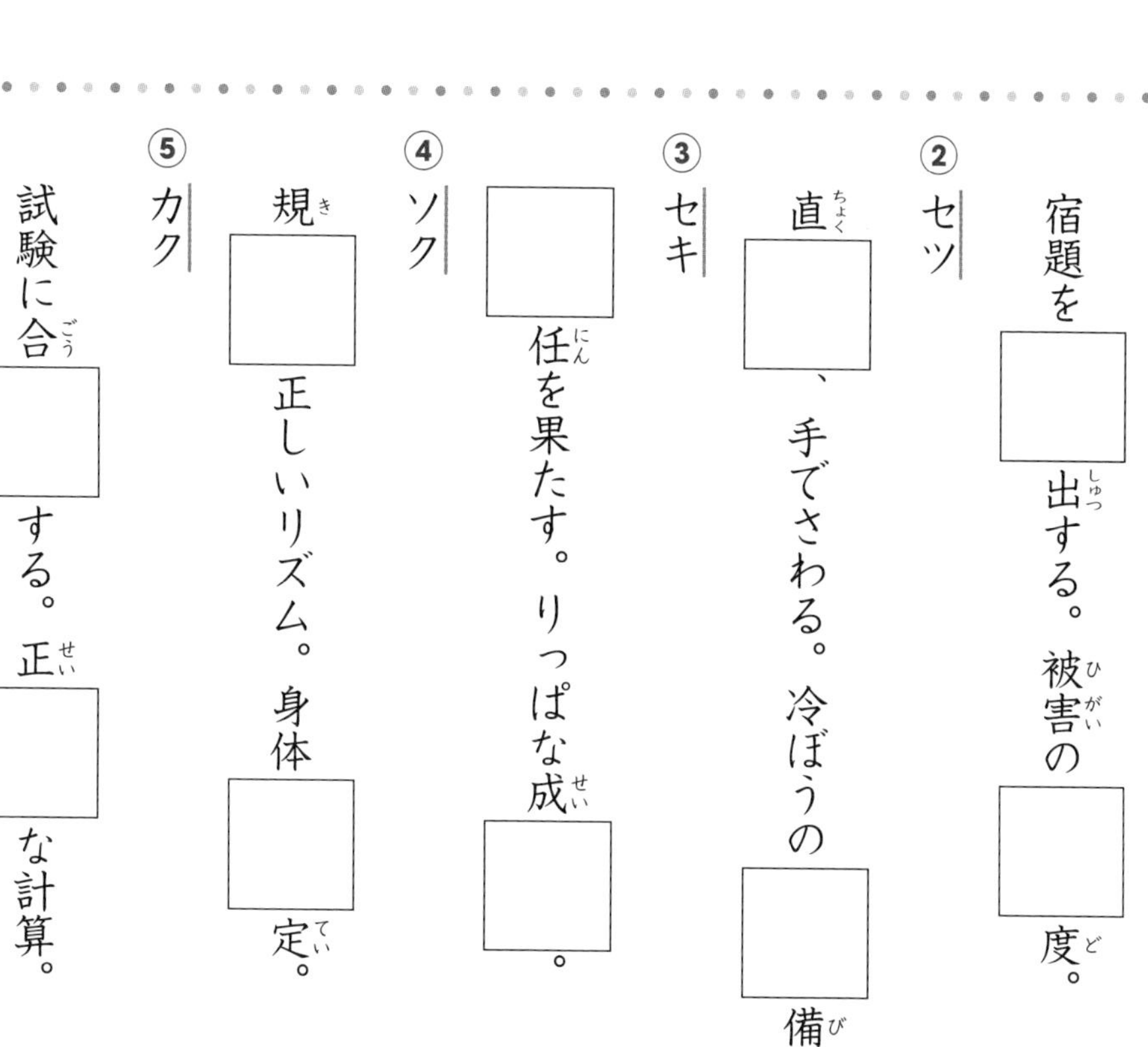

① テイ　宿題を□出する。被害の□度。

② セツ　直□、手でさわる。冷ぼうの□備。

③ セキ　□任を果たす。りっぱな成□。

④ ソク　規□正しいリズム。身体□定。

⑤ カク　試験に合□する。正□な計算。

ドリル③

□点
1つ・5点

❶ □に当てはまる漢字を、〔　〕から選んで書きましょう。

① 〔買・飼〕…本を□(か)う。庭で犬を□(か)う。

② 〔熱・厚〕…□(あつ)いお茶。□(あつ)いかべ。

③ 〔敗・破〕…紙が□(やぶ)れる。敵(てき)に□(やぶ)れる。

④ 〔折・織〕…二つに□(お)る。布(ぬの)を□(お)る。

⑤ 〔説・解〕…問題を□(と)く。教えを□(と)く。

❷ ――線のように読む漢字を書きましょう。

① うつす
字を書き□す。箱の中身をたなに□す。

② とめる
球を受け□める。紙に書き□める。

③ はかる
荷物の重さを□る。ひもの長さを□る。

④ つとめる
委員長を□める。体力の向上に□める。

⑤ あらわれる
喜びが顔に□れる。太陽が□れる。

答え

「ドリル」「まとめドリル」の答えです。

1 「人・亻・𠆢」のつく漢字

8ページ ドリル

❶ ①ほとけさま ②にん ③じけん ④かり ⑤に ⑥ぶつ ⑦まか ⑧かせつ ⑨にがおえ ⑩けんすう

❷ ①責任 ②大仏 ③条件 ④仮 ⑤似 ⑥用件 ⑦仏 ⑧任 ⑨仮定 ⑩似

12ページ ドリル

❶ ①ひょうか ②あま ③かんしゃ ④ほご ⑤よけい ⑥ていし ⑦たも ⑧しゃ ⑨ていりゅうじょ ⑩とっか

❷ ①保育園 ②価格 ③余分 ④宿舎 ⑤価 ⑥停電 ⑦校舎 ⑧保 ⑨停止 ⑩余

15ページ ドリル

❶ ①せつび ②げんぞう ③おさ ④こじん ⑤そな ⑥そうぞう ⑦じがぞう ⑧じゅんび ⑨こすう ⑩しゅう

❷ ①個 ②準備 ③個性 ④銅像 ⑤想像 ⑥個数 ⑦修理 ⑧備 ⑨設備 ⑩修

16ページ まとめドリル

❶ ①個 ②停 ③価 ④仮 ⑤備 ⑥件 ⑦仏 ⑧像 ⑨仮 ⑩任

❷ ①校舎 ②保育 ③修理 ④大仏

❸ ①似る ②余る ③備える ④保つ ⑤任せる ⑥修める

2 「手・扌」のつく漢字

19ページ ドリル

❶ ①ぎじゅつ ②しょうしゅう ③まね ④と ⑤きゅうぎ ⑥きょうぎ ⑦さいよう ⑧しょうたい ⑨とくぎ ⑩さいけつ

❷ ①採集 ②採用 ③競技 ④招待 ⑤招 ⑥特技 ⑦技術 ⑧招 ⑨採決 ⑩採

22ページ ドリル

❶ ①じゅぎょう ②ちょくせつ ③そんしつ ④ていじ ⑤せっ ⑥でんじゅ ⑦そんとく ⑧てい ⑨じゅしょう ⑩せっきん

❷ ①損 ②接続 ③直接 ④提出 ⑤損失 ⑥教授 ⑦授業 ⑧損害 ⑨提案 ⑩接近

3 「水・氵」のつく漢字

26ページ ドリル

❶ ①ま ②けつえき ③へ ④さんが ⑤えき ⑥なが ⑦えいきゅう ⑧こんどう ⑨かわ ⑩げんしょう

❷ ①銀河 ②液 ③混雑 ④増減 ⑤液体 ⑥永 ⑦永遠 ⑧混 ⑨氷河 ⑩減

29ページ ドリル

❶ ①じゅんけっしょう ②はか ③えん ④せいけつ ⑤かんそく ⑥すいじゅん ⑦けつ ⑧しゅつえん ⑨ひょうじゅん ⑩そくてい

❷ ①測定 ②準備 ③準決勝 ④観測 ⑤清潔 ⑥演 ⑦演説 ⑧潔 ⑨不潔 ⑩測

30ページ まとめドリル

❶ ①損 ②永 ③提 ④液 ⑤授 ⑥技 ⑦減 ⑧演 ⑨測 ⑩混

❷ ①直接 ②銀河 ③清潔 ④準備

❸ ①混む ②採る ③減らす ④測る ⑤招く ⑥混ぜる

4 「木・木」のつく漢字

33ページ ドリル

❶ ①えだ ②じょうけん ③じょう ④さくら ⑤さくら ⑥えだ ⑦じょうやく ⑧さくらいろ ⑨こえだ ⑩しんじょう

❷ ①条件 ②桜 ③小枝 ④桜 ⑤枝 ⑥条 ⑦枝 ⑧信条 ⑨条約 ⑩桜色

36ページ ドリル

❶ ①せいかく ②けんさ ③こうせい ④ちょうさ ⑤けん ⑥がま ⑦かかく ⑧さ ⑨こうぞう ⑩けんてい

❷ ①調査 ②構成 ③検査 ④合格 ⑤査 ⑥点検 ⑦体格 ⑧構造 ⑨検定 ⑩構

5 「糸」のつく漢字

40ページ ドリル

❶ ①さんそ ②けいか ③きぜつ ④そうり ⑤けっとうしょ ⑥ぞざい ⑦へ ⑧た ⑨そうがく ⑩だいとうりょう

❷ ①絶対 ②総数 ③栄養素 ④総合 ⑤総額 ⑥伝統 ⑦素質 ⑧経 ⑨経験 ⑩絶

43ページ ドリル

❶ ①わた ②へんせい ③お ④せいせき ⑤あ ⑥ふうき ⑦せき ⑧めんか ⑨そしき ⑩きこうぶん

❷ ①成績 ②綿織物 ③世紀 ④紀行文 ⑤実績 ⑥組織 ⑦編集 ⑧織 ⑨綿 ⑩編

44ページ まとめドリル

❶ ①綿 ②格 ③枝 ④編 ⑤桜 ⑥素 ⑦紀 ⑧構 ⑨経 ⑩編

❷ ①総理 ②条件 ③伝統 ④検査 ⑤成績 ⑥組織

❸ ①経る ②織る ③構える ④絶える

6 「言」のつく漢字

47ページ ドリル

❶ ①ゆる ②ほしょう ③けんせつ ④ひょうか ⑤しょうめい ⑥きょか ⑦きょ ⑧せつび ⑨もう ⑩ひょうばん

❷ ①許証 ②建設 ③好評 ④証明 ⑤設備 ⑥評判 ⑦許可 ⑧設 ⑨保証 ⑩許

50ページ ドリル

❶ ①ご ②ひょうしき ③げっしゃ ④こうえん ⑤じょうしき ⑥しゃざい ⑦きゅうご ⑧ちしき ⑨かんしゃ ⑩こうどう

❷ ①感謝 ②保護 ③講習 ④意識 ⑤救護 ⑥講堂 ⑦月謝 ⑧常識 ⑨知識 ⑩愛護

7 「貝」のつく漢字

54ページ ドリル

❶ ①せきにん ②ざいさん ③まず ④しかく ⑤かざい ⑥せ ⑦びん ⑧しざい ⑨し ⑩ざい

❷ ①財産 ②責任感 ③資格 ④貧 ⑤文化財 ⑥資料 ⑦資

⑧貧 ⑨財 ⑩責

56ページ ドリル

❶ ①か ②しょう ③ぼうえき ④にゅうしょう ⑤か ⑥ぼうえきせん ⑦しょうひん ⑧ぼうえき ⑨か ⑩しょう

❷ ①賞 ②貸 ③賞品 ④貿易 ⑤貸 ⑥貿易 ⑦貿易船 ⑧賞 ⑨入賞 ⑩貸

59ページ ドリル

❶ ①ちょきん ②しょうさん ③せいしつ ④さんびか ⑤ひよう ⑥そしつ ⑦さんどう ⑧しょくひ ⑨ちょすいち ⑩ひんしつ

❷ ①賛成 ②質問 ③貯 ④費用 ⑤消費量 ⑥品質 ⑦性質 ⑧貯水 ⑨賛同 ⑩会費

60ページ まとめドリル

❶ ①財 ②評 ③貯 ④許 ⑤貸 ⑥証 ⑦賛 ⑧講 ⑨賞 ⑩貿

❷ ①消費 ②資格 ③質問 ④知識 ⑤感謝 ⑥保護

❸ ①貧しい ②責める ③許す ④設ける

8 「土・土」のつく漢字

63ページ ドリル

❶ ①げんざい ②へいきん ③きあつ ④ざいこうせい ⑤きんとう ⑥ざい ⑦あっ ⑧けつあつ ⑨きんいつ ⑩あ

❷ ①現在 ②均一 ③平均 ④圧力 ⑤圧 ⑥在校生 ⑦在 ⑧均等 ⑨気圧 ⑩血圧

65ページ ドリル

❶ ①はか ②きほん ③ほうどう ④きち ⑤ぼち ⑥よほう ⑦ほう ⑧はか ⑨きじゅん ⑩ほうこく

❷ ①報告 ②墓 ③基準 ④基地 ⑤報道 ⑥墓地 ⑦基本 ⑧予報 ⑨墓 ⑩基

68ページ ドリル

❶ ①けい ②しょくどう ③ま ④こっきょう ⑤きょう ⑥どうどう ⑦おおがた ⑧ふ ⑨きゅうぞう ⑩さかい

❷ ①増加 ②公会堂 ③国境 ④型 ⑤典型 ⑥境 ⑦食堂 ⑧増 ⑨境 ⑩増

9 「心・忄」のつく漢字

72ページ ドリル

❶ ①こころよ ②いし ③たいど ④おう ⑤はんのう ⑥かいせい ⑦こころざし ⑧せいたい ⑨じったい ⑩しぼう

❷ ①応用 ②態度 ③快 ④意志 ⑤志 ⑥状態 ⑦軽快 ⑧応 ⑨反応 ⑩志

74ページ ドリル

❶ ①せいかく ②しゅうかん ③な ④ひょうじょう ⑤じょうほう ⑥こせい ⑦なさ ⑧せいしつ ⑨あいじょう ⑩かんようく

❷ ①性格 ②慣用 ③愛情 ④習慣 ⑤個性 ⑥情 ⑦表情 ⑧慣 ⑨性質 ⑩慣

75ページ まとめドリル

❶ ①圧 ②型 ③墓 ④応 ⑤報 ⑥基 ⑦境 ⑧快 ⑨在 ⑩堂

❷ ①平均 ②墓地 ③性質 ④態度

❸ ①増える ②志す ③情け ④応える ⑤慣れる ⑥快い

10 「辶」のつく漢字

78ページ ドリル

❶ ①ぎゃく ②まよ ③きじゅつ ④さか ⑤まよ ⑥じゅつご ⑦ぎゃくてん ⑧の ⑨まよ ⑩さか

❷ ①逆転 ②述語 ③迷 ④逆 ⑤逆 ⑥迷 ⑦記述 ⑧逆 ⑨迷 ⑩述

81ページ ドリル

❶ ①もくぞう ②す ③かいてき ④す ⑤つうか ⑥つく ⑦てき ⑧てきせつ ⑨せいぞう ⑩かこ

❷ ①通過 ②適当 ③木造 ④適 ⑤快適 ⑥適切 ⑦製造 ⑧造 ⑨過去 ⑩過

11 「刀・刂」のつく漢字

84ページ ドリル

❶ ①ゆうかん ②はんだん ③せいげん ④ほうそく ⑤ひょうばん ⑥げっかん ⑦ぞうかん ⑧せいど ⑨はんそく ⑩こばん

❷ ①法則 ②制限 ③規則 ④月刊 ⑤判断 ⑥制度 ⑦制服 ⑧反則 ⑨評判 ⑩新刊

12 「阝」のつく漢字

87ページ ドリル

❶ ①ふせ ②きげん ③けわ ④こくさい ⑤げんかい ⑥ぼうし ⑦さい ⑧けん ⑨よぼう ⑩かぎ

❷ ①防止 ②実際 ③険 ④限界 ⑤国際 ⑥限 ⑦険 ⑧防 ⑨予防 ⑩険

88ページ まとめドリル

❶ ①迷 ②逆 ③刊 ④制 ⑤述 ⑥判 ⑦造 ⑧則 ⑨限 ⑩険

❷ ①実際 ②予防 ③適当 ④逆転

❸ ①過ごす ②防ぐ ③険しい ④述べる ⑤限る ⑥逆らう

13 「宀」のつく漢字 14 「口」のつく漢字

91ページ ドリル

❶ ①よ ②かけつ ③よう ④かのうせい ⑤もんく ⑥きふ ⑦よう ⑧ごく ⑨きょか ⑩ようい

❷ ①語句 ②容器 ③容易 ④可能性 ⑤文句 ⑥内容 ⑦許可 ⑧寄宿舎 ⑨寄付 ⑩寄

93ページ ドリル

❶ ①つ ②き ③し ④よろこ ⑤こうこく ⑥れきし ⑦ほうこく ⑧しじょう ⑨き ⑩よろこ

❷ ①喜 ②史 ③広告 ④喜 ⑤喜 ⑥史上 ⑦歴史 ⑧告 ⑨報告 ⑩喜

15 「彳」のつく漢字

96ページ ドリル

❶ ①はんぷく ②とくてん ③おうらい ④え ⑤おうふく ⑥ふくげん ⑦とくい ⑧おうろ ⑨ふくしゅう ⑩うおうさおう

❷ ①得 ②回復 ③往復 ④得 ⑤往来 ⑥反復 ⑦得点 ⑧往・往 ⑨復元 ⑩復習

16 「囗」のつく漢字

99ページ ドリル

❶ ①だん ②げんいん ③しゅうい

④だんたい ⑤はいいん
⑥かこ ⑦ほうい ⑧しょういん
⑨だんち ⑩かこ

2
①周囲 ②勝因 ③合唱団
④団 ⑤包囲 ⑥原因 ⑦団地
⑧敗因 ⑨団体 ⑩囲

17 「攵」のつく漢字

102ページ ドリル

1
①じこ ②すく ③せいじ
④こ ⑤きゅうご ⑥ざいせい
⑦こ ⑧きゅうきゅうしゃ
⑨せい ⑩こい

2
①政治 ②救護 ③救助
④政府 ⑤財政 ⑥事故 ⑦故
⑧救急車 ⑨故 ⑩救

103ページ まとめドリル

1
①団 ②可 ③因 ④史 ⑤復
⑥故 ⑦寄 ⑧政 ⑨得 ⑩得

2
①寄付 ②往復 ③容器
④広告 ⑤語句 ⑥救助

3
①寄せる ②喜ぶ ③告げる
④囲む

18 「日」のつく漢字 19 「女・女」のつく漢字

107ページ ドリル

1
①つま ②きゅうしき
③あんい ④ぼう ⑤ふ
⑥ふさい ⑦きゅうゆう
⑧やさ ⑨ぼうえき ⑩あば

2
①婦人 ②夫妻 ③復旧
④新旧 ⑤貿易 ⑥容易 ⑦妻
⑧暴 ⑨暴力 ⑩易

20 「禾」のつく漢字 21 「田」のつく漢字

111ページ ドリル

1
①ていりゅう ②うつ
③しょうりゃく ④ていど
⑤ぜい ⑥るす ⑦かてい
⑧いてん ⑨と ⑩ぜいきん

2
①日程 ②移動 ③略図
④停留 ⑤程度 ⑥留守
⑦税金 ⑧移 ⑨省略 ⑩留

22 「示・ネ」のつく漢字

114ページ ドリル

1
①しめ ②きんし ③そぼ
④しじ ⑤きん ⑥そふ ⑦しめ
⑧きんもつ ⑨せんぞ ⑩じ

2
①祖父 ②示 ③指示 ④禁止
⑤禁物 ⑥祖母 ⑦示
⑧禁 ⑨先祖 ⑩示

115ページ まとめドリル

1
①妻 ②旧 ③税 ④示 ⑤略
⑥暴 ⑦祖 ⑧示 ⑨留 ⑩易

2
①留守 ②婦人 ③程度
④移動 ⑤禁止 ⑥容易

3
①移る ②暴れる ③留まる
④易しい

23 「力」のつく漢字 24 「石」のつく漢字

119ページ ドリル

1
①やぶ ②せいかく ③き
④せい ⑤む ⑥は ⑦たし
⑧こうか ⑨いきお ⑩つと

2
①効果 ②確 ③事務 ④勢
⑤大勢 ⑥務 ⑦破 ⑧効
⑨正確 ⑩破

25 「犬・犭」のつく漢字 26 「尸」のつく漢字

123ページ ドリル

1
①どくとく ②じゅうきょ
③きんぞく ④はんにん
⑤じょうたい ⑥ひと ⑦いま
⑧はんざい ⑨びょうじょう
⑩どくりつ

2
①年賀状 ②独立 ③金属
④賞状 ⑤独特 ⑥防犯
⑦犯人 ⑧居間 ⑨住居 ⑩独

27 「肉・月」のつく漢字

126ページ ドリル

1
①みゃく ②ひりょう
③さいのう ④こ ⑤こえ
⑥せいのう ⑦さんみゃく
⑧のうりょく ⑨ぶんみゃく ⑩こ

2
①肥料 ②山脈 ③才能 ④脈
⑤肥 ⑥能力 ⑦動脈 ⑧性能
⑨肥 ⑩肥

127ページ まとめドリル

1
①効 ②独 ③犯 ④脈 ⑤状
⑥能 ⑦肥 ⑧勢 ⑨居 ⑩肥

2
①住居 ②効果 ③金属
④正確 ⑤義務 ⑥独立

3
①破れる ②確か ③勢い ④務める

28 「金・金」のつく漢字 29 「行」のつく漢字

130ページ ドリル

1
①びじゅつ ②こうざん ③じゅつ
④どう ⑤こう ⑥ぎじゅつ
⑦どうぞう ⑧えいせい
⑨えいせい ⑩どう

2
①銅 ②美術 ③鉱 ④銅貨
⑤衛生 ⑥技術 ⑦鉱山
⑧衛星 ⑨手術 ⑩鉄鉱石

30 「頁」のつく漢字 31 「衣・ネ」のつく漢字

133ページ ドリル

1
①せい ②きんがく ③りょう
④りょうど ⑤ふく ⑥せいひん
⑦だいとうりょう ⑧ふくざつ
⑨ふくしゃ ⑩ひたい

2
①額 ②製 ③複数 ④領土
⑤複雑 ⑥額 ⑦領 ⑧製品
⑨金額 ⑩複写

32 「巾」のつく漢字 33 「火・火・灬」のつく漢字

137ページ ドリル

1
①つね ②も ③さいがい
④ぬの ⑤びょうし ⑥じょうしき
⑦ねんりょう ⑧かさい
⑨ぶんぷ ⑩りょうし

2
①布 ②教師 ③常 ④火災
⑤燃料 ⑥医師 ⑦毛布
⑧非常 ⑨災害 ⑩燃

138ページ まとめドリル

1
①額 ②術 ③布 ④銅 ⑤複
⑥額 ⑦鉱 ⑧製 ⑨常 ⑩衛

2
①統領 ②分布 ③技術 ④教師
⑤製品 ⑥火災 ⑦鉱山 ⑧常識

3
①燃やす ②肥やす

34 二つ（右と左）に分かれる漢字

142ページ ドリル

1
①くら ②あらわ ③けつだん
④はんが ⑤きそく ⑥ひ
⑦げんだい ⑧ことわ
⑨しゅっぱんしゃ ⑩き

2
①横断 ②出版 ③表現
④比率 ⑤規則 ⑥断 ⑦定規
⑧比 ⑨版画 ⑩現

145ページ ドリル

1
①か ②は ③たがや
④しんかんせん ⑤たんさん
⑥しいく ⑦ちょう ⑧こうさく
⑨みき ⑩にくがん

2
①主張 ②酸素 ③眼科
④新幹線 ⑤飼育 ⑥耕 ⑦幹
⑧張 ⑨農耕 ⑩飼

148ページ　ドリル

❶ ①と　②うんゆ　③せいしん　④こんざつ　⑤ゆしゅつ　⑥りかい　⑦ぞうきばやし　⑧せい　⑨と　⑩ゆそう

❷ ①雑草　②解答　③精神　④混雑　⑤輸入　⑥精　⑦雑　⑧輸送　⑨精算　⑩解

151ページ　ドリル

❶ ①ふんまつ　②しょくにん　③こうこう　④ころ　⑤しょくいんしつ　⑥さっちゅう　⑦けっこう　⑧こ　⑨しょくぎょう　⑩こなゆき

❷ ①航空　②花粉　③職場　④航　⑤殺　⑥粉雪　⑦職業　⑧欠航　⑨粉　⑩殺

152ページ　まとめドリル

❶ ①航　②幹　③飼　④輸　⑤殺　⑥解　⑦職　⑧張　⑨眼　⑩酸

❷ ①版画　②雑草　③規則　④表現　⑤精神　⑥粉末

❸ ①耕す　②現す　③比べる　④断る

35 二つ（上と下）に分かれる漢字

155ページ　ドリル

❶ ①はつゆめ　②のうりつ　③えいぎょう　④りえき　⑤ひき　⑥むちゅう　⑦えきちゅう　⑧けいえい　⑨いとな　⑩かくりつ

❷ ①夢　②利益　③能率　④営業　⑤益虫　⑥夢中　⑦経営　⑧率　⑨確率　⑩営

158ページ　ドリル

❶ ①しどう　②ゆた　③みちび　④きず　⑤ほうさく　⑥つみ　⑦ほうふ　⑧どうにゅう　⑨はんざい　⑩しんちく

❷ ①指導　②豊富　③建築　④無罪　⑤罪　⑥導　⑦新築　⑧豊　⑨犯罪　⑩築

36 二つ（その他）に分かれる漢字

161ページ　ドリル

❶ ①れきし　②じゅんじょ　③どく　④ぎむ　⑤あつ　⑥しょうどく　⑦じょぶん　⑧あつ　⑨ぎり　⑩れきぜん

❷ ①順序　②正義　③中毒　④厚　⑤学歴　⑥毒　⑦義務　⑧歴史　⑨序文　⑩厚

37 二つに分けられない漢字

164ページ　ドリル

❶ ①ひさ　②してん　③し　④かべん　⑤ささ　⑥へいし　⑦べんかい　⑧えいきゅう　⑨じきゅうりょく　⑩べんとう

❷ ①士　②弁当　③永久　④支店　⑤支流　⑥持久力　⑦博士　⑧支　⑨弁解　⑩久

167ページ　ドリル

❶ ①ひじょう　②ふたた　③ぶし　④きょうみ　⑤さいど　⑥ぞう　⑦こう　⑧むしゃ　⑨きしょう　⑩さらいねん

❷ ①再度　②非常口　③興味　④武士　⑤再来年　⑥印象　⑦興　⑧武者　⑨象　⑩再

168ページ　まとめドリル

❶ ①支　②義　③久　④非　⑤象　⑥罪　⑦夢　⑧営　⑨率　⑩興　⑪豊　⑫築　⑬再　⑭導　⑮毒

❷ ①指導　②武士　③順序　④利益　⑤弁当　⑥歴史

❸ ①営む　②豊か　③再び　④厚い

38 同じ部分をもつ漢字

170ページ　ドリル①

❶ ①材・財　②波・破　③仕・志　④格・略　⑤帳・張

❷ ①交・効　②分・粉　③司・飼　④評・平　⑤非・罪

171ページ　ドリル②

❶ ①預・序　②住・注／柱・往　③板・返／飯・版

❷ ①代・貸　②員・損　③祭・際　④額・客　⑤授・受

172ページ　ドリル③

❶ ①技・枝　②側・測　③積・績　④清・静／情・精

❷ ①可・河　②象・像　③燃・然　④制・製　⑤能・態

39 形が似ている漢字

174ページ　ドリル①

❶ ①記・紀　②仏・伝　③昭・招　④限・眼

❷ ①仕・任　②線・綿　③希・布　④常・堂　⑤式・武　⑥卒・率

175ページ　ドリル②

❶ ①税・説　②決・快　③述・迷　④殺・設　⑤賛・質

❷ ①圧・在　②復・複　③司・句／可　④軽・経／径

176ページ　ドリル③

❶ ①組・祖　②送・逆　③貨・貸　④現・規　⑤境・鏡

❷ ①輪・輸　②構・講　③験・検／険　④織・識／職

40 同じ読み方の漢字

178ページ　ドリル①

❶ ①営・衛　②慣・刊　③基・寄　④比・肥　⑤救・旧

❷ ①均・禁　②招・証　③判・版　④報・豊　⑤防・貿

179ページ　ドリル②

❶ ①過・価　②採・際／再・災　③鉱・構／興・効

❷ ①提・程　②接・設　③責・績　④則・測　⑤格・確

180ページ　ドリル③

❶ ①買・飼　②熱・厚　③破・敗　④折・織　⑤解・説

❷ ①写・移　②止・留　③量・測　④務・努　⑤表・現